VERLAG
FRITZ
MOLDEN

Wolfgang Menge

DER VERKAUFTE KÄUFER

Die Manipulation der Konsumgesellschaft

VERLAG FRITZ MOLDEN · WIEN–MÜNCHEN–ZÜRICH

2. Auflage
8.—13. Tausend

Schutzumschlag und Ausstattung: Hans Schaumberger, Wien
Schrift: Garamond-Antiqua
Satz: Filmsatz auf Linofilm-Super-Quick
Druck: Carl Ueberreuter Druck und Verlag (M. Salzer), Wien
Bindearbeit: A. Popek, Wien
ISBN 3-217-00354-3

Inhalt

„Ich habe nur auf mich genommen, die Glocke zu läuten, um andere Geister zusammenzurufen.“

Francis Bacon

Der Untergang von Pompeji

Dieses Buch kommt auf den Markt, als wäre ein Markt noch ein Markt, als könnten wir die angebotenen Waren noch überblicken, ihre Qualität bewerten und vergleichen. So, als könnten wir uns noch unbefangen und frei entscheiden, als hätten wir einen Bedarf bemerkt und beeilten uns nun, ihn zu befriedigen.

Aber dieses Buch erscheint, wie Produkte eben heutzutage zu erscheinen pflegen: als eines von schätzungsweise 20.000 oder 30.000 anderen Büchern, die in der Bundesrepublik dieses Jahr den Markt betreten.

Im Gegensatz allerdings zu den meisten anderen Produkten haben wir vorher weder den Markt analysiert noch geprüft, ob katholische Malzbiertrinker als Käufer in Frage kommen könnten oder eher niederbayrische Melker mit Obersekundareife; auch haben wir nicht den Markt getestet, weder in Itzehoe noch in Nielsen III b (Baden-Württemberg), nicht mal an einem kleinen Vorstadtkiosk.

Wir haben nirgendwo Kaufverhalten erforscht, keine Psychologen beschäftigt, keine Panels eingesetzt, wir haben ein bißchen geworben für dieses Buch, doch wohl ziemlich altfränkisch.

Mit diesen Anmerkungen soll übrigens nicht geprotzt werden. Nicht alle Verleger sind stolz darauf, als Unternehmer so hoffnungslos unmodern zu handeln und dieses damit zu entschuldigen, daß sie sich vor allem der Kultur verpflichtet fühlten, und erst wenn die durchgefüttert sei, blicke man auch schon mal in die Kasse. Nicht alle Verleger handeln nach der Marketingtechnik des alten Rowohlt: „Ich habe das Verlegen im Urin." In der Regel jedoch ist die Bücherbranche auf der Marketingkarte weiß.

So haben auch wir uns auf die Mitteilung beschränkt: Bitte, hier ist ein Buch, in dem einige Informationen stehen, deren Kenntnis vielen nützlich sein dürfte. Auch den Preis haben wir nicht verschleiert, wie es bei anderen Produkten – ganz besonders bei Kraftfahrzeugen in der Bundesrepublik – alltäglich geworden ist; etwa: 368 Seiten Inhalt DM 16,80, als Sonderausstattung wird ein Einband offeriert für DM 5,20.

Wir haben es auch nicht verpackt in irgendwas mit Zusatznutzen. Also nichts verwendet, aus dem man später Racke – rauchzart trinken kann, in das man Orchideen stellen oder es als Reisekoffer benutzen kann. Auch legen wir keinen Photoapparat bei, nicht mal eine Leselupe, keinen Gutschein, von denen man fünfzig braucht, um eine Sammlung der beliebtesten Haustiere der Lüneburger Heide (per Nachnahme für die Schutzgebühr) zugeschickt zu erhalten.

Da die übliche Verpackung fehlt, kann jeder vorher prüfen. Deshalb befindet sich auch keine Nachkaufwerbung im Buch, wie es sich in letzter Zeit bei einigen Produkten eingebürgert hat, um den Schock zu mildern, den Käufer erleiden, wenn sie sich beispielsweise eine Höhensonne gekauft haben und draufkommen, daß sie schon eine haben oder sich aus sonst einem Grunde ärgern, daß sie sie gekauft haben, aber nun beruhigt werden mit der Begrüßung: „Wir können Ihnen nur gratulieren zum Kauf unserer Höhensonne. Sie haben vortrefflich gewählt. Sie haben sich selbst und Ihrer Gesundheit den besten Dienst erwiesen. Die Sonne wird Ihnen viel Freude bereiten."

Beim Buch ist es anders. Sie könen vorher schnuppern, und deshalb ist im Buch auch das enthalten, was vorher versprochen worden ist: Es geht um die Tricks und die Taktiken von Handel und Industrie, um Methoden, Kniffe und Strategien, kurz, es wird beabsichtigt, anzudeuten – mehr ist nicht drin, nur anzudeuten –, mit welch gigantomanischem Aufwand die Herren Verkäufer Absatz sichern und Absatz fördern.

Wer jedoch eine savonarolische Predigt gegen den Massenkonsum erwartet, wird enttäuscht werden. Erstens spreche ich ungern schmeichelnd oder pathetisch, eigne mich demnach nicht zum Missionar; zweitens haben mich weder die (viel zahlreicheren)

Verteidiger des Massenkonsums von dessen wirtschaftlicher Notwendigkeit überzeugen können noch seine (viel sympathischeren) Gegner und Kritiker davon, daß der Verzicht auf Konsum uns geradeaus ins Paradies führe.

So bin ich mir im klaren darüber, daß ich im folgenden nur versuche, an den oberflächlichen Symptomen herumzudoktern, und mich demnach letzten Endes damit abfinde, daß sich unsere sogenannten „gesellschaftlichen Werte und Bedürfnisse" einer florierenden Wirtschaft unterordnen. Hier tröste ich mich mit manchem Arzt, der froh ist, wenn er Symptome kurieren kann, weil er gegen die Ursachen vieler Krankheiten kein Mittel kennt.

Ich unterstelle, daß David Riesman recht hat, wenn er sagt, wir befänden uns am Beginn einer zweiten Revolution, wobei er in die erste immerhin sämtliche politischen Revolutionen des 17., 18. und 19. Jahrhunderts einschließt, dazu die Renaissance, die Reformation und Gegenreformation und auch die industrielle Revolution. Kurz: Wir stehen am Ende des Zeitalters der Produktion und am Beginn des Zeitalters des Konsums.

Ich habe mich also damit abgefunden, in einer widersprüchlichen Welt zu leben, schon deshalb, weil eine konfliktlose Gesellschaft jenseits meiner Vorstellungskraft liegt. Ich kann mir nicht einmal eine vorstellen, in der nicht auf die eine oder andere Weise Leistungen gefordert werden.

Ich finde mich damit ab, daß in unseren Industrienationen mehr produziert wird, als verbraucht werden kann, daß etwa in den USA 3 Prozent der Bevölkerung mehr Nahrungsmittel erzeugen, als sämtliche Amerikaner essen könnten.

Wenn einige von diesem Überfluß gar nichts oder viel zuwenig abbekommen,

wenn gar in anderen Ländern Millionen verhungern und Milliarden unterernährt sind,

wenn im EWG-Bereich im Jahre 1970 (nur bis einschließlich Oktober) 553 Millionen Kilogramm Obst vernichtet worden sind,

wenn italienische Bauern für die Zerstörung von Obstplantagen pro Hektar mit der Zahlung von 25.000 Lire belohnt werden, gleichzeitig in Bologna 5 Prozent der Kinder nie Obst essen, weil es zu teuer ist,

wenn Kinder bestraft werden, weil sie zwei Orangen gestohlen haben, gleichzeitig aber in der Nachbarschaft 5 Millionen Kilo Orangen vernichtet worden sind, dann sei das hier nur erwähnt, weil das einfach zum anderen gehört und eine Tatsache nie ohne die andere erwähnt werden darf. Mit meinem Thema jedoch hat das nichts zu tun.

Ich beschränke mich auf Erscheinungen, die entstanden sind, weil zum ersten Male in der Geschichte der Menschheit in einigen Teilen der Erde wesentlich mehr Waren hergestellt werden, als auf halbwegs normale Weise verbraucht werden können.

Die Hersteller und Händler haben diese neue Situation schnell und viel früher begriffen als wir. Sie haben monumentale Armeen aufgestellt, Experten aller Art, Ökonomen, Agronomen, Mediziner, Juristen, Chemiker, Psychologen, Schriftsteller, Photographen, Verhaltensforscher, Maler, Soziologen, Physiker, Philosophen, Statistiker – es ist eigentlich kein wissenschaftlicher Fachbereich ausgespart –, und sie alle sind auf uns angesetzt, um uns das neue Evangelium einzuhämmern: Kaufen! Kaufen! Kaufen!

Natürlich würden wir auch ohne sie kaufen, aber eben nur Bruchteile von dem, was wir kaufen sollen (oder möglicherweise aus Eigennutz müssen).

Aber wir stehen ein bißchen hilflos in der Gegend herum. Wenn wir auch nur flüchtig in die Kulissen geblickt haben, die Methoden ahnen, sind wir verängstigt, in jedem Fall betäubt, meistens freilich ahnungslos und doof.

Der Homo oeconomicus ist eine Märchenfigur, der kritische Käufer steckt noch im Reagenzglas, und sollte er wirklich mal lebendig werden, wird er eine Umwelt vorfinden, die zum Teil verseucht, auf alle Fälle aber ihm feindlich gesonnen ist.

Allein in der Bundesrepublik hat die Riege der Verkäufer im Jahre 1970 rund 20 Milliarden Mark investiert, um ihre Waren besser loszuwerden. Dagegen hat die Bundesregierung im Haushaltsjahr 1970 „zum Zwecke der Verbraucheraufklärung" folgende Beträge eingesetzt:

Das Ressort	Bundesminister für Wirtschaft	DM 6,360.000.—
Das Ressort	Bundesminister für Ernährung, Landwirtschaft und Forsten	DM 2,800.000.—

Das Ressort	Bundesminister für Jugend, Familie und Gesundheit (für gesundheitliche Ernährungsaufklärung und für aktuelle Fragen des Lebensmittel- und Veterinärwesens)	DM 1,208.000.—
Das Ressort	Bundesminister für Städtebau und Wohnungswesen	DM 74.000.—

Das sind insgesamt DM 10,442.000.—, ein schöner Haufen Geld, dann jedenfalls, wenn man ihn in Markstücken transportieren müßte. Selbst eine sehr anspruchsvolle Familie mit Kindern könnte eine Weile mit diesem Betrag gut auskommen. Wenn man jedoch bedenkt, daß allein die Subventionen für die Deutsche Oper Berlin weit mehr als doppelt so hoch sind, überwältigt einen dieser Betrag nicht mehr ganz so sehr.

Und wer sich dann die Mühe macht und die einzelnen Posten durchgeht und sieht, wer alles von diesen 10,4 Millionen ernährt werden muß (die Länder geben auch noch Trinkgelder): etwa fünf Frauenverbände für ihre 22 Hauswirtschaftlichen Beratungsstellen, elf Verbraucherzentralen der Länder mit fünfzig Beratungsstellen, acht Wohnberatungsstellen, die Stiftung Warentest, der Verein zum Schutz der Verbraucher gegen unlauteren Wettbewerb, das Deutsche Grüne Kreuz usw.

Zugegeben, die Berliner Oper und Verbraucheraufklärung sind miteinander nicht zu vergleichen. Aber Verbraucheraufklärung des Ministeriums für Gesundheit auch nicht immer mit der des Ministeriums für Landwirtschaft. Sorgen sich die einen, daß wir zu viel und zu fett essen, sorgen sich die anderen, daß wir zu wenig, vor allem zu wenig Butter essen. Doch nicht zu vergleichen auf alle Fälle sind die 20 Milliarden und die Millionen. (Wem das Rechnen mit Milliarden nicht so geläufig ist: Das Verhältnis ist 1:2000.)

Aber dieses Mißverhältnis drückt sich nicht allein in den Zahlen aus, wir haben ja kein mathematisches Problem vorliegen. Die Übermacht der Verkäufer wird erst dann deutlich, wenn man sich einmal ein bißchen darum kümmert, was die mit den 20 Milliarden machen.

Frappierend, ja bestürzend ist die unbestrittene Ahnungslosigkeit des Käufers, Konsumenten, Verbrauchers – ich kann hier hoffentlich darauf verzichten, alles auf den Begriff zu bringen –, weil ja keineswegs eine hinterlistige Verschwörung der Verkäufer besteht, zu verheimlichen, was uns das Geld aus der Tasche locken soll. Gut – einiges bleibt tatsächlich verborgen, oder es bleibt zumindest unbeweisbar. Aber es wird unendlich viel publiziert. Doch eben derjenige, durch dessen Hände mehr als die Hälfte des Bruttosozialprodukts rinnt, bleibt naiv.

Er hat Salz vergessen, geht schnell in den Supermarkt, um ein Pfund zu holen, und findet sich an der Kasse wieder, den Karren randvoll gepackt – vielleicht hat er das Salz sogar wiederum vergessen. Wird er mißtrauisch? Macht er sich Gedanken? Kommt er auf die Idee, daß das möglicherweise kein Zufall, sondern geplant war?

Aber nein, er bleibt naiv. Er ist so naiv, daß er nicht mal jene Informationen zur Kenntnis nimmt, die ihm durch die Ware selbst aufgedrängt werden. So haben wir etwa in der Bundesrepublik ein ziemlich gutes Lebensmittelgesetz. Ob die Bonner Behauptung stimmt, es sei das beste der Welt, mag unerörtert bleiben. Perfekt kann es nicht sein, sonst wäre man nicht schon wieder dabei, es gründlich zu reformieren. Aber es ist ganz brauchbar. So zwingt es immerhin Produzenten von bestimmten Lebensmitteln, bei bestimmten Packungen nicht nur Bilder aufs Etikett zu drucken, sondern auch Text – schließlich sind mittlerweile bei uns die Analphabeten in der Minderzahl. Der Text muß bei bestimmten Artikeln bestimmte Angaben über den Inhalt enthalten. Dieser Text muß auch optisch sichtbar sein. Es wird demnach nicht gern gesehen, wenn der Hersteller seine Angaben etwa in blauer Schrift auf dunkellila Hintergrund macht. Das weiß die Hausfrau offenbar auch, und damit ist für sie dann der Fall eben erledigt.

Ich kann mir nicht vorstellen, daß sie bei allem, was sie da kauft, den Text auch noch liest. Nein, sie geht hin, nimmt sich eine Dose aus dem Regal, sagen wir, mit dem Titel: „Zartes Vierländer-Frühjahrsgemüse."

Dieses zarte Vierländer-Frühjahrsgemüse ist auch photographiert worden und auf dem Etikett abgebildet. Man spürt die Mühe, die sich der Photograph da gemacht hat, es sieht unheimlich appetitlich aus. Auch wer nicht scharf auf Gemüse ist, wird vielleicht nach der Dose greifen. Strahlend grüne, klitzekleine

Erbsen, dazu halb verborgen, aber mit dem Grün kontrastierend, sicherlich preisgekrönte blaßrote Karöttchen, vollendet durch einige Zentner herrlichen Maisspargels Klasse I aus Schwetzingen. Dann der übrige Text, sehr viel kleiner zwar, seitlich angebracht, aber eben gerade noch lesbar. Der geht dann so:

„Gesamt-Netto-Inhalt 800 g.

Ungeschälter, kalifornischer Spargel 12 g.“

Warum wird so was gekauft? Weil es nicht gelesen wird. Aber warum wird es nicht gelesen? Das ist das Problem.

Ein amerikanisches Marktforschungsunternehmen (Opinion Research Corporation) hat kürzlich untersucht, wie viele Leute sich beim Kauf von Lebensmitteln, Autos und Haushaltgeräten betrogen fühlen. Es stellte sich heraus, daß nur jeder fünfte Amerikaner der Meinung sei, beim Einkauf betrogen worden zu sein. Mir sind aus der Bundesrepublik keine Vergleichszahlen bekannt; freilich kann ich mir nicht vorstellen, daß sie hier höher liegen, eher niedriger.

Wenn dieses „Betrogensein“ so ausgelegt wird, wie es gemeint ist, also nicht bedeutet, daß den Verkäufern Delikte vorgeworfen werden könnten, die sie ins Kittchen bringen würden – das geht aus der Befragung auch einwandfrei hervor, denn genannt werden die üblichen Beschwerden: irreführende Werbung, Mogelpackungen, unsichere Autos –, dann glauben also vier von fünf Amerikanern, daß die Verkäufer in einer Idylle leben und sich dort in erster Linie dem Gemeinwohl verpflichtet fühlen.

Natürlich tun sie es nicht, und es wäre auch Unfug, so etwas von ihnen zu erwarten. Sie wollen Geld verdienen, sie wollen verkaufen.

Das ist aber schon darum nicht immer leicht, weil andere auch verkaufen wollen und/oder wir nicht immer alles kaufen wollen.

Informationen über die wirkliche Lage liegen vor. Wir können sogar – wider besseres Wissen – unterstellen, daß die Wissenschaftler funktionieren und über Daten verfügen. Dann bleibt als Erklärung dieser Diskrepanz zwischen Ahnungslosigkeit des Käufers und Wissen der Eingeweihten eigentlich nur, daß der Kommunikationsweg ausbesserungsbedürftig ist. Es reicht nicht, daß Informationen vorliegen, sogar intern veröffentlicht werden. Sie müssen vom Käufer gelesen, gesehen, gehört werden. Informationen, die nicht so verbreitet werden, daß die Betroffenen sie kennenlernen können, sind so gut wie überflüssig.

Bei einer Leseranalyse vornehmlich regionaler Tageszeitungen hat sich herausgestellt, daß bis 77 Prozent der männlichen und 88 Prozent der weiblichen Leser den Wirtschaftsteil einfach überschlagen. Die Münchener Publizistikforscher Glotz und Langenbucher betonen, daß daraus auf keinen Fall geschlossen werden darf, es interessiere sich kaum jemand für wirtschaftliche Probleme.

Diese Mißachtung hat verschiedene Gründe. Es kann zunächst einmal – ganz läppisch – am Umbruch liegen, an der Auswahl der Bilder, die sich ja, wenn es hoch kommt, auf Paßphotos von Unternehmern beschränkt. Aber ganz sicher ist einer der Gründe der, daß Inhalt und Stil im Blick auf Profis hin hochgestapelt werden. Aktienbesitzer und Unternehmer mögen Themen finden, die sie interessieren. Sie verstehen möglicherweise auch, was da geschrieben wird; der normale Bürger, der Verbraucher, findet nichts oder ganz wenig, versteht noch weniger.

Aber es wäre in höchstem Maße ungerecht, die Schuld an der allgemeinen Unkenntnis ausgerechnet bei den Journalisten zu suchen. Mich würde wirklich interessieren, wieviel Unkenntnis gerade durch jene erzeugt wird, die auf diesem Gebiet forschen und Daten vorlegen.

Die Möglichkeit, auch ganz schlichte Vorgänge so ungeheuer präzise zu formulieren, daß außer jenen, die ohnehin Bescheid wissen, niemand etwas versteht, wird ja gerade von deutschen Wissenschaftlern bestimmter Fachrichtungen gründlich genützt. Dieser schon vor Jahrhunderten errungene Ruhm ist ihnen bis heute weltweit erhalten geblieben. Tanzt ein Wirtschaftsprofessor aber mal aus der Reihe, wird er ganz schnell von Kollegen zurückgepfiffen.

Verschlimmert wird dieser beklagenswerte Zustand noch dadurch, daß viele, die besser können, sich nicht trauen, weil sie fürchten müssen, von ihren Kollegen nicht mehr ernst genommen zu werden. An deren Spitze stehen dann immer die Nacheiferer, die allein durch Imponierstil akademische Würdigkeit vorzutäuschen versuchen.

Wenn sich dann aber, schon aus Notwehr, Außenseiter auf ökonomisches Territorium wagen, werden sie als „Kulturkritiker" abqualifiziert, und man tut dies in der (irrigen) Annahme, diese Vokabel sei ehrenrühriger als etwa Scharlatan oder schlicht Idiot. Ohne empirisch nachzuweisen, was sie sonst verlangen, behaupten die Querulanten, daß diese „Kulturkritiker" der Sache schaden.

Dabei sind sie sich vermutlich am besten über den notwendigen Kompromiß zwischen Sprache und Realität im klaren. Diese Kollision ist ja die Basis des journalistischen Berufs. Wir brauchen die Journalisten, wenn ein paar Menschen mehr erfahren sollen, wie unsere Welt beschaffen ist. Da reichen eben die Professoren nicht aus.

Sie sind sicherlich klüger als wir, durchschauen alles besser, wissen mehr. Daß es nicht die Aufgabe von Außenseitern sein kann, schwierige wissenschaftliche Probleme zu versimpeln, notwendige wissenschaftliche Fachsprache einfach in verständliches Deutsch zu übersetzen, wissen die meisten doch selbst. Sie brauchen gar nicht erst eingeschüchtert zu werden.

Aber ich bin ziemlich sicher, daß, wäre der junge Plinius einer von dieser Sorte deutscher Professor gewesen und nicht journalistisch begabter Neffe, wir heute noch denken würden, Pompeji sei durch eine Überschwemmung vernichtet worden.

Vielleicht sollte ich an dieser Stelle ausdrücklich versichern, daß ich nicht die Absicht habe, Ökonomie in Volkslieder umzudichten. Daß ich auch nicht beabsichtige, als „Kulturkritiker" aufzutreten, habe ich bereits mitgeteilt. Was bleibt?

Ich möchte versuchen, äußerliche Vorgänge zu schildern, banale und triviale Alltäglichkeiten, Bekanntes und Erfahrenes zu notieren, das jeder oder doch viele vor Augen haben, aber ganz offenbar nicht sehen, ein bißchen an den aufgebauten Kulissen zu rütteln. Es reicht nicht aus, daß nur die Eingeweihten alles wissen.

Wir leben in einer Welt, die von wissenschaftlichen Bedingungen genormt, geprägt ist. Aber ist beispielsweise jenen, die sich magnetisch von den großen Straßen unserer Städte angezogen fühlen, klar, daß alles, aber auch alles in diesen Straßen darauf angelegt ist, zum Kaufen anzuregen, zum Verbrauchen aufzufordern? Auch nur ein einziges Haus ohne Schaufenster oder Restaurant ohne Leuchtreklame oder doch wenigstens ohne Plakat irritiert den Passanten und wirkt wie tot. (Allein für Schaufensterwerbung werden in der Bundesrepublik jährlich rund 1,1 Milliarden Mark ausgegeben.)

Doch vieles wird eben auch absichtlich verborgen. Das wird an einigen Beispielen – so hoffe ich – deutlich werden. Sollte es also glücken, auch nur einige verschlafene Käufer zwar nicht gleich zu kritischen, aber doch zu mißtrauischen Käufern zu machen, sollte es glücken, ein paar von Ihnen davon zu überzeugen, daß der Aschenregen Pompeji begraben hat, wäre schon vieles erreicht.

Die Professionellen unter den Lesern möchte ich noch bitten, über Mängel nicht einfach hinwegzulesen, sondern ausführlich zu widersprechen und zu ergänzen. Von Prozessen bitte ich jedoch grundsätzlich abzusehen.

Die Masche „neu“

„Bedürfnisse kennen und Bedürfnisse schaffen ist die Grundlage aller Geschäfte.“ Dieser Satz stammt vom ehemaligen Reichsaußenminister Walther Rathenau, freilich vor seinem Rapallo-Sonderangebot, zu einer Zeit, da er noch bei der AEG war, vor allem jedoch zu einer Zeit, da bei unsereinem tatsächlich noch versteckte Bedürfnisse geschlummert haben mögen.

Heute schlummert da nichts mehr in uns, heute schlummern nur noch wir selbst, oder präziser: wir schlummern nicht, wir befinden uns in einer Art Trance. In der Lebensmittelabteilung eines Kaufhauses beobachtete mein äußerst präzise und viel eleganter schreibender entfernter Kollege Horst Krüger: „Deutsche Hausfrauen haben in diesen Konsumparadiesen eine Art vor den Regalen zu stehen, die ich nur als andächtig bezeichnen kann. Frömmigkeit steht da mit – vor Blechdosen. Sie blicken mit großen glasigen Augen auf Waschmittel, auf Seifenkartons. Sie sind in Babyfeinkost und Mehltüten versenkt und starren und starren mit merkwürdig leblosen, verinnerlichten Blicken auf Coca-Cola-Flaschen. Sie sind wie in Trance. Wenn man mit seinem Körbchen ... etwas anstößt bei ihnen, zufällig, spürt man, wie man sie aus tiefer Andacht und Versenkung weckt. Es ist fast so, als wenn man jemanden in der Kirche beim Kommuniongang stört. Sie zucken dann immer zusammen, blicken einen verständnislos mit leeren Augen an, murmeln: Schon gut, der Herr, und wenden sich wieder den großen, festlichen Altären des Essens zu.“

Leider war Krüger von seiner Hausfrau so fasziniert, daß er es versäumte, sich deren Partner anzusehen – oder Gegner –, jedenfalls den Oberpriester, den Arrangeur der Reliquien, den Veranstalter dieser größten Schau der Erde. Er hätte sicher in den Augen dieses Mannes auf der anderen Seite der Barriere, die den Käufer vom Verkäufer trennt, eine besondere Art stolzer Befriedigung erkennen können. Denn nur in diesem Zustand gefallen wir ihnen, so wollen sie uns immer sehen, als Anbeter und Gläubige, gelähmt, hypnotisiert.

Ein störrischer Kunde wie Krüger dagegen, der in der Kathedrale noch andere Gläubige beobachtet, dabei womöglich ganze Regalmeter abschreitet, ohne die Ware zu betrachten, an Stoppern vorbei und geschütteten Scheinangeboten, vom Kaufen gar nicht zu reden, ein derart verbohrter Kunde kann beim Unternehmer Depressionen erzeugen. Am Ende gehört Krüger gar zu jenen Kunden, die einen Laden betreten, sich das kaufen, was sie vorher wollten, und dann wieder verschwinden. Wird ein Mann wie Krüger entdeckt, zieht sich der Chef in seine Sakristei zurück und grübelt: „Was habe ich bloß falsch gemacht? Schließlich hatte ich ihn doch schon im Laden, die schwierigste Aufgabe also gelöst?"

Nobody is perfect, gottlob, noch nicht, jedenfalls. Aber sie werden täglich perfekter.

Noch stehen nicht alle Konsumenten betäubt vor den Auslagen, um sich Träume injizieren zu lassen, die dann durch Kauf verwirklicht werden können. Doch als Sigmund Freud die Wachträume oder, wie er sie nannte, Tagträume als „Produkte der Phantasie" bezeichnete, ahnte er vermutlich noch nichts von dem, was sich heute alles hinter dem Zauberwort Marketing verbirgt. Er sah die Ursache dieser Träume im Lustverzicht. Das waren noch Zeiten; heute wird die Lust produziert, aber eben gerade, um nicht darauf zu verzichten.

So hat auch ein Handlungsgehilfe bereits in seiner Lehrzeit kapiert, daß heute niemand so naiv ist und Waren anbietet, Produkte, Gegenstände – sondern Wünsche, Sehnsüchte, Träume. Eine Gesellschaft, in der nicht mehr gefragt wird: Was essen wir heute?, sondern: Wo essen wir, wie essen wir? Japanisch, jugoslawisch oder italienisch – in einer solchen Gesellschaft wird die Liste der Wünsche endlos, und noch schneller und leichter lassen sich diese zu Bedürfnissen umfunktionieren.

„Weil die Verbraucher in allem Einkaufen mehr durch das Gefühl geleitet werden als durch den Intellekt, besteht die Kunst des Gestalters darin, jeder Ware über ihre Zweckdienlichkeit hinaus noch Poesie zu verleihen. Und weil in allem Verkaufen das Emotionale die stärkere Bewegkraft ist, wird der Händler nicht nur die Zweckdienlichkeit erwähnen, sondern auch die Poesie anklingen lassen." Soweit Peter Kaufmann, Generaldirektor des schweizerischen Kaufhauskonzerns Globus, romantischer Hoherpriester moderner Händler. Nur ist die Wirklichkeit eher Prosa. Die Zweckdienlichkeit vieler Waren scheint eben doch niemanden wirklich zu interessieren. Das Geheimnisvolle der Ware liegt auch jenseits des Zweckdienlichen, oder, um ausnahmsweise Karl Marx zu zitieren: „Soweit sie (die Ware) Gebrauchswert, ist nichts Mysteriöses an ihr." Und weiter oben: „Eine Ware scheint auf den ersten Blick ein selbstverständliches, triviales Ding. Ihre Analyse ergibt, daß sie ein sehr vertracktes Ding ist, voll metaphysischer Spitzfindigkeit und theologischer Mucken." Und er folgert dann später (wie auch vorher in einer Kapitelüberschrift), daß den Waren eben ein Fetischismus anklebt, Ware habe einen Fetischcharakter.

Die Verkäufer reagierten dementsprechend. Und in dieser Richtung haben sie auch ganz nette Erfolge vorzuweisen.

Bruzzeln verkaufen – nicht das Steak

Elmer Wheelers erste Verkaufsregel: „Don't sell the steak – sell the sizzle!" ist schon lange überholt. Denn das Bruzzeln würden wir uns ja gern verkaufen lassen.

Als Bruzzeln kann vermutlich noch eingeordnet werden, wenn uns ein Auto (Ro 80) nicht als Auto, sondern als Legende angepriesen wird. Wir nehmen sogar in Kauf, wenn unseren Kindern Erdnüsse mit Vollmilchschokolade überzogen (Treets) als Gesundheit verkauft werden: „Knackig und kerngesund!"

Nicht ganz so einleuchtend wird diese Praxis freilich, wenn wir Produkte, die Lungenkrebs, Herzinfarkt, Gastritis, Zahnausfall oder, ganz bescheiden, chronische Bronchitis erzeugen können, nun „frohen Herzens genießen" sollen. Das ist dann eben wirklich „Genuß im Stil der neuen Zeit".

Wenn dieses Buch erscheint, sind diese Sätze möglicherweise bereits vergessen. Bleiben werden uns jedoch mit einiger Sicherheit jene Athleten, die mindestens so viele Schuhe verbrauchen wie Zigaretten, weil sie meilenweit nach einer Camel laufen. Es wird ja auch niemand behaupten können, daß lange Spaziergänge ungesund seien. Man könnte bestenfalls an der Qualität der Schuhe zweifeln. Niemand wird behaupten können, daß Leute, die den ganzen Tag im Sattel zugebracht haben, bei ihrer Rinderherde, ebenfalls ungesund leben, und wenn sie sich abends in ihre Decke wickeln und nach ihrer Marlboro greifen, muß man ihnen den Genuß gönnen. (Daß sie am nächsten Morgen vor, während oder nach den Spiegeleiern gleich wieder nach der Marlboro greifen, ist schon weniger empfehlenswert.)

Die Zahl der Nikotintoten wird in diesem Jahr bei uns nur auf 50.000 geschätzt. Das muß unsere Gesellschaft schon verkraften können. Und sollte sich unter diesen 50.000 zufällig ein Angehöriger befinden, ist niemand darauf angewiesen, seinen Trost nun ebenfalls in einer Zigarette zu suchen. Anderes ist da, uns beizustehen. Ganz bescheiden nach dem Motto: „Geht im Leben was daneben, nimm's leicht, nimm . . ." Oder Hasch.

Betrunkene Autofahrer haben schließlich im Gebiet der BRD 1970 nur eine Strecke von rund 6000 Mitbürgern aufzuweisen. Auch rangieren Zigaretten und alkoholische Getränke weder an der Spitze des Konsums noch an der Spitze der werbeaktivsten Branchen. Zigaretten stehen hinter Waschmitteln und Kosmetika auf dem dritten Rang, mit lächerlichen 170 Millionen.

Aber an den Zigaretten läßt sich ein Dilemma der Verkäufer illustrieren. Menschen, die sensibler sind, als ich es sein kann, werden möglicherweise den Hersteller bemitleiden, wenn sie sich selbst einmal die Frage zu beantworten versuchen:

Wie verkaufe ich etwas, das sich weder in der Qualität noch im Preis von konkurrierenden Produkten unterscheidet?

Daß die Zigarettenverkäufer nicht werben, weil sie uns unbedingt Lungenkrebs wünschen, ist schon deshalb einzusehen, weil an Tote ja nichts, oder sagen wir wenig, jedenfalls keine Zigarette mehr, verkauft werden kann. Der Zigarettenhersteller ist sicherlich nicht einmal besonders daran interessiert, allgemein den Konsum zu steigern – obwohl er das oft erreicht –, sondern er will, daß, wenn ohnehin schon geraucht wird, möglichst viele Raucher nach jenen Marken greifen, die er produziert.

Aber genau das beabsichtigt auch der Konkurrent – vorausgesetzt, es gibt Konkurrenten.

Dem Hersteller von Zigaretten ist eben etwas versagt, was bei den meisten anderen Produkten das erfolg- und ertragreichste Mittel ist, den Käufer bei der Stange zu halten:

Der Zigarettenproduzent kann nicht jedes Jahr oder jedes zweite ein neues Zigarettenmodell auf den Markt werfen, oder überhaupt irgend etwas anderes, das die Zigarette ersetzt. Möglicherweise wird er es eines Tages können, und es sollte mich nicht wundern, wenn sich dann herausstellte, daß die großen Zigarettenfabriken bereits längst über Anbaugebiete für Marihuana und Haschisch verfügt haben. Als vor rund zwei Jahren Bodo Rieger Marketingchef bei Reemtsma wurde, kündigte er in einem Interview an, daß er sich durchaus vorstellen könne, „daß Reemtsma irgendwann auch Haschischzigaretten auf den Markt bringen wird."

Aber solange das noch nicht geht, sind Produkte wie die Zigarette „Crest", die Oldenkott 1970 auf den Markt brachte, eben noch Zigaretten wie alle anderen, auch wenn man die schwarze Packung mit einem Totenkopf verziert, der eine rote Rose zwischen den Zähnen hat, und auf die Packung druckt: „Wer Crest raucht, braucht nicht zu haschen." Es bleibt eine Zigarette, und empört haben sich nur die Konkurrenten. Der zuständige Verband und die Hamburger Zigarettenhersteller Reemtsma, Brinkmann und BAT ließen Oldenkott wissen, daß solche Produktionsgestaltung dem Ansehen der Zigarettenhersteller kaum dienlich sei.

Sie alle sind verdammt, immer weiter Zigaretten, und nur Zigaretten zu verkaufen, wie sie immer waren, mit Filter oder ohne Filter, naturrein im Rauch oder – wie ich in einer Sendung von Radio Luxemburg hörte, die mir wegen der raffinierten Ehrlichkeit gut gefiel – „naturrein wie deutscher Wein".

Da aber gerade das Prädikat „Neu" als eine der wirksamsten Behauptungen gilt, ist die Inflation dieses Begriffes nur normal. Allerdings sind einige Werbefachleute genau entgegengesetzter Ansicht. Nach ihrer Ansicht ist das ständige „Erneuern" Ursache für viele Flops. Wie auch immer, die Praxis zeigt, daß „neu" zweifellos bevorzugt wird, ob mit oder gegen die Überzeugung der Werber.

Jahrzehntelang hieß etwa der Werbeslogan für Persil „Persil

bleibt Persil". 1907 auf den Markt gekommen, galt Persil (und gilt noch heute) als geradezu klassisches Beispiel für eine dauerhafte Markenpolitik. Aber mit „Persil bleibt Persil" war eben wohl in unserer Zeit kein Blumentopf zu gewinnen. Spätestens 1959 kam ja auch ein verändertes Produkt auf den Markt und hieß nicht mehr Persil, sondern „Persil 59". Auch das hielt nicht länger als sechs Jahre; dann kam „Persil 65", heute haben wir „Persil 70, biologisch aktiv" und den glaubhaften Werbeslogan „Nur Persil ist 100 Prozent Persil."

Für diese Veränderung gibt es viele Gründe. Nicht zuletzt passiert es immer wieder, daß ein Werbeslogan gerade wegen seines Erfolges, wegen seiner übermäßig weiten Verbreitung abgenutzt wird und gar keinen Bezug zum werbenden Unternehmen mehr herstellt. Er wird überstrapaziert und muß ausgewechselt werden. Ich weiß nicht, wie viele von Ihnen das Berliner Lebensmittelfilialunternehmen Meyer kennen (mittlerweile – gemeinsam mit der Kette Hefter – unter den Fittichen des Oetker-Konzerns), doch ich bin sicher, daß Ihnen der Werbeslogan dieser ehemaligen Bezugsquelle für Spirituosen bekannt ist, mit dem jahrzehntelang geworben worden ist: Keine Feier ohne Meyer.

Aber im Frühjahr 1968 kam der alte Slogan ins Kabuff, und heute heißt er: „Mit Meyer läßt sich's besser leben."

Nun mag es einfacher sein, für eine Firma zu werben, die, sagen wir, Neckermann oder Sprengel heißt, als für eine, die Müller oder Meyer heißt. Selbst auf dem heiligen Gebiet der Dichtkunst fällt auf, daß sich Namen wie Krüger oder Schmidt nicht annähernd so gut ausmachen wie, na, Enzensberger; vor allem, wenn man noch den Vorzug hat, vorn Hans Magnus gerufen zu werden und nicht Horst oder Arno.

Ohne neue Produkte kann man eben offenbar einpacken. Nur mit ihnen kann man sich angeblich auf dem Markt behaupten. Wer keine neuen Produkte vorweisen kann, befindet sich auf dem Wege ins Nirwana.

Hans Oberwelland jun. (August Storck GmbH) gab kürzlich eine schlichte, aber schlüssige Begründung: „Wir brauchen neue Produkte, weil alte Produkte eben alt sind ... Wir brauchen neue Produkte, damit der Konsument immer wieder von neuem aufgefordert wird, zu konsumieren."

Wenn wir hier über alte Produkte reden, das heißt also über

verbrauchte, verschlissene, ist selbstverständlich der natürliche Verschleiß gemeint, das heißt oft ein funktioneller Verschleiß. Das finden wir bei vielen Haushaltgeräten und Dingen des trivialen Luxus. So waren beispielsweise Monoplattenspieler weg vom Fenster, als Stereo auf den Markt kam. Es gibt darüber hinaus die verschiedenen Arten des geplanten Verschleißes, des künstlich vom Hersteller geplanten. Aber darüber sind bereits eine Menge Bücher geschrieben worden.

Interessant dagegen wäre eine Untersuchung über Neuheiten, die nicht eingeführt werden, beziehungsweise über mögliche Neuheiten und Verbesserungen, deren Herstellung so lange hinausgezögert wird, bis die alten Produkte verkauft sind. (Auch bei der Erfindung des Stereohörens tauchte dieser sicherlich nicht unbegründete Verdacht auf.) Und wir sehen täglich Beispiele hierfür, schon wenn wir den amerikanischen und den europäischen Markt vergleichen. Als man hier etwa die Rasierbänder einführte, waren sie in den USA schon jahrelang auf dem Markt, ja sie waren kurz davor, durch die sogenannten Kroma-Chrome oder bonded blades, je nach Marke mit anderen Namen belegte Klingen, abgelöst zu werden, die ich zur Stunde hier noch nicht entdeckt habe.

Aber wer kann in die Schubladen der Unternehmer blicken und nachsehen, wie viele Patente da zurückgehalten werden?

Vermutlich würden uns die Augen übergehen, wenn wir das könnten, wenn wir erfahren würden, was alles verbessert werden könnte und nicht wird, weil eben die alten Produkte noch in zu großen Mengen vorhanden sind... weil Fabrikanlagen noch nicht ausgenutzt sind...

Interessant ist, daß in den USA nicht nur Produkte von diesem Verschleiß betroffen sind, sondern bereits der Handel direkt.

Durch die unerhört schnelle Veränderung der Wichtigkeit von Standorten haben die Läden oft auch nur eine Lebensdauer, die jener der Produkte entspricht, die sie führen. Ein Laden, der heute noch zentral gelegen ist, inmitten einer guten Käuferschicht, kann eines Morgens mitten in einer Käuferwüste erwachen.

Dazu gehört der Trend zu immer größeren Läden.

Außerdem scheint der Käufer immer mobiler zu werden.

Auch hier reizt dann das Neue, der „neue“ Laden.

Neu ist Magie.

So wird der pfiffige Verkäufer auch dafür sorgen, daß mindestens ein Produkt dramatisch als „neu“ herausgestellt wird.

„Neue Produkte haben ein eingebautes Drehmoment“, meint der amerikanische Marketingfachmann E. B. Weiss. Damit sind die „Schnelldreher“ gemeint, jene Produkte, die sich häufig verkaufen.

Und was den Verkäufer außerdem reizt: Neue Produkte haben oft monopolartigen Charakter. Für kürzere oder längere Zeit existiert dieses Produkt ohne Konkurrenz. Deshalb wird man mit besonderer Intensität alles daransetzen, während dieser Zeit möglichst viel zu verkaufen, bevor der Konkurrent auf dem Markt erscheint.

E. B. Weiss fragt dann auch seine Händler:

„Sind die neuen Produkte, die im letzten Monat ins Sortiment genommen wurden, auch

1. an einer erstklassigen Stelle präsentiert?
2. Hat man ihnen das klare und aufregende Kennzeichen ‚Neu‘ angebracht?
3. Ist alles andere getan worden, damit auch jeder Kunde das Produkt sofort sieht?
4. Hat es einen speziellen Aufbau erhalten? Und vor allem,
5. wie oft hat das Personal Kunden noch einmal auf das Produkt hingewiesen?“

Der Händler wird außerdem aufgefordert, ein paar seiner Freunde in den Laden zu schicken, um zu testen, wie sie auf dieses „neue Produkt“ reagieren und ob seine Angestellten sich entsprechend verhalten haben.

Wenn ein neues Produkt da ist, gehört nicht viel dazu, auf der Woge dieses Neuen mitzuschwimmen. Aber dabei sollte es niemand belassen. Er soll ein heißes Produkt noch heißer machen, als es schon ist. Alles ausspielen, was drin ist. „Denn nur dann ist dem Händler ein gesunder Profit sicher“, rät Weiss.

Zum gleichen Thema Dr. Hans Wilhelm Herrmann, Geschäftsführer der Deutschen Nestlé GmbH: „Wachstum ist für jedes Unternehmen, ob Industrie oder Handel, die Grundlage der Rentabilität auch in der Zukunft."

Das heißt, die Umsätze müssen ständig gesteigert werden. „Der Weg dahin führt über die ständige Aktualisierung des Angebots... Hierfür hat der Hersteller drei Möglichkeiten:

a) Er kann ein bereits auf dem Markt befindliches Produkt in Aufmachung und Substanz modifizieren;
b) er kann auch aus bestehenden Produkten durch Hinzufügung zusätzlicher Eigenschaften neue Erzeugnisse ableiten;
c) er kann originär neue Produkte schaffen."

Dem Resultat solcher Bemühungen sehen wir uns nun täglich gegenüber, in den Supermärkten, Kaufhäusern, beim kleinen Einzelhändler; es genügt sogar, wenn wir die Jahrgänge von Versandhauskatalogen nebeneinander legen. Wir werden sofort sehen, daß sie ständig dicker geworden sind.

Zu Beginn des vorigen Jahrhunderts bestand das komplette Warenangebot aus insgesamt 1000 Artikeln. Allein die Elektroindustrie bietet dem Händler heute 100.000 verschiedene Waren an. Oder, um einen ziemlich läppischen (in diesem Zusammenhang natürlich nur) Artikel herauszugreifen: In der Bundesrepublik können wir heute unter 1200 verschiedenen Zahnbürsten wählen. Natürlich hat nicht jeder Drogist alle vorrätig. Sein Laden ist auch ohne diese Zahnbürsten voll genug. In den letzten zwanzig Jahren sollen allein vier Millionen neue Konsumgüter auf den Markt gekommen sein.

Ein Warenhaus führt heute 120.000 bis 140.000 verschiedene Artikel, ein Lebensmittelsupermarkt im Durchschnitt 4000. Die Zahlen muß man im Mund zergehen lassen.

Im Lebensmitteleinzelhandel hat sich das Sortiment in drei Jahren, von 1966 bis 1969, nahezu verdoppelt. Ein mittelgroßer Lebensmittelladen, der 1958 noch mit 970 verschiedenen Artikeln auskam, hatte bereits zehn Jahre später 2567. Noch höher war die Verbreiterung des Sortiments bei den Selbstbedienungsläden der Konsumgenossenschaften (co op). Von 1958 bis 1969 stieg er um rund 190 Prozent. Eine Untersuchung des Instituts für Selbstbedienung ergab, daß allein in SB-Läden mit einer Durchschnittsgröße von 122,5 m² – beileibe keine Handelsschlösser also –, 78 verschiedene Sorten Babynahrung angeboten wurden. Angeboten – denn das ist nur ein Bruchteil von dem, was hergestellt wird und beim Händler ins Regal möchte.

Außerdem versucht der Lebensmittelhandel intensiv, sein Sortiment auszudehnen, weil der Verbrauch im Vergleich zu anderen Waren beschränkt ist; man kann sich sattessen und noch ein bißchen drüber, man kann feinere, teurere Dinge essen, aber eben das allein genügt dem Expansionsstreben nicht. So wundert sich eigentlich niemand mehr, wenn er heute beim Lebensmittelhändler Spielwaren erhält, Schulhefte, Bleistifte, Schreibpapier, Kugelschreiber, Campingartikel, Geschirr, Bekleidung von Strumpfhosen bis zu Oberhemden, Photoapparate, Filme und natürlich auch Wasch- und Putzmittel und kosmetische Artikel. Daß die Verdienstspannen bei den meisten dieser Artikel noch ein bißchen höher sind als bei vielen Lebensmitteln, ist ein zusätzliches Vergnügen. Anderseits erweitern die Kaufhäuser ihre Lebensmittelabteilungen; Verbrauchermärkte und SB-Warenhäuser sind neu als Verkaufsstätten entstanden – eine weitere Konkurrenz für den Lebensmitteleinzelhandel.

Das bleibt natürlich nicht ohne Folgen für den Kampf um das Regal beim Händler, über den später noch einmal zu berichten sein wird.

Sollte die These stimmen, daß die Entwicklung in den USA der unsren einige Jahre voraus ist, dann sind diese Erscheinungen bei uns erst in der ersten Phase. Die Schnelligkeit, mit der dort neue Produkte ins Regal kommen und alte rausfliegen, läßt sich aus einem Untersuchungsergebnis ablesen. Bei 38 Supermärkten mit einem durchschnittlichen Sortiment von 33.000 Artikeln kamen in einem Jahr 7300 neu hinzu, 5500 wurden ausgeschieden.

Offenbar wird in den USA dieser Prozeß (vom Händler) auch noch dadurch gefördert, daß bei neuen Produkten stets höhere Preise gefordert werden als bei den alten, aber gleichwertigen.

Angeblich akzeptieren die Käufer die höheren Preise, weil ihnen konventionell verpackte, alte Produkte nicht mehr gefallen. Es gelingt den amerikanischen Händlern obendrein, diese überhöhten Preise lange zu halten. Diese Artikel werden als Sonderangebote kaum benutzt und, was besonders betrüblich ist, gerade von jungen Familien besonders gern gekauft.

Wir sehen uns also einer Sortimentsexplosion gegenüber, und unter diesen Umständen vom Kunden als König zu sprechen, ist böse Ironie. Wenn einer der lebenden Päpste der Wirtschaftswissenschaftler, der 1970 mit dem Nobelpreis ausgezeichnete Paul Samuelson, behauptet: „Der Kunde ist sozusagen der König. Jeder ist ein Wähler, der seine Stimme dazu benutzt, das zu erreichen, was er erreichen möchte“, muß wirklich die Frage erlaubt sein, ob er uns absichtlich verschaukeln will.

Natürlich kann der Kunde wählen, aber er weiß als Wähler einer Ware viel weniger darüber, als er als Wähler einer Partei von deren Politik weiß, und selbst das ist bekanntlich herzlich wenig und meistens noch falsch. Daß er aber nach Gesichtspunkten wählt, die den Schluß zulassen, er erreiche damit das, was er erreichen möchte, ist blanker Hohn.

Er kann schon die unübersehbare Anzahl der Waren gleicher Sorte nicht mehr kontrollieren; hinzu kommt, daß sich das Warenangebot in ständig steigendem Tempo ändert. Rund die Hälfte der Artikel, die wir heute in unseren Geschäften haben, waren vor zehn Jahren noch gar nicht da, sie existierten noch gar nicht, jedenfalls nicht so, wie sie sich uns heute darbieten.

Wenn wir vor zehn Jahren zu unserem Lebensmittelhändler gingen, um Käse zu kaufen, was gab's denn da? Tilsiter, Schweizer, Emmentaler vielleicht, zwei Sorten Camembert, Harzer, Quark. Sonst noch? Viel mehr sicher nicht. Heute können wir uns in einem modernen Supermarkt zwischen 130 bis 150 Sorten Käse durchkämpfen. Als die Kaufhof AG Anfang 1970 ihr Haus in Nürnberg, nach Umbau neu eingerichtet, vorstellte – in einer neuen Konzeption übrigens –, bot man in der Lebensmittelabteilung 150 Sorten Käse an, dazu ebenso viele Sorten Wurst, wobei das nur eine geringe Auswahl ist, denn allein in der Bundesrepublik werden rund 1500 Sorten Wurst hergestellt, 150 Sorten Wein, 120 Sorten Brot.

Das bringt – insbesondere beim Käse – keine Gefahren mit sich. Aber das Käsebeispiel habe ich gewählt, weil es besonders alltäglich ist und jedem von Ihnen schon aufgefallen sein dürfte. Immerhin ist es auch deshalb nicht so bedeutend, weil der neu ins Sortiment aufgenommene Käse wirklich neu ist, jedenfalls bei uns.

Tatsächlich ist es jedoch so, daß eben nicht jeder neue Artikel eine Polaroidkamera, ein sich selbst reinigender Backofen, eine Teflon-Bratpfanne, ein Video-tape-Recorder, ein Auto mit Wankelmotor ist. Täglich werden mehr wissenschaftliche Erfindungen und Entdeckungen gemacht, die immer schneller zu Waren in unseren Geschäften werden. Von der Erfindung der Schreibmaschine bis zur ersten Schreibmaschine im Geschäft vergingen 150 Jahre. Robert B. Young vom Stanford Research Institute hat ausgerechnet, daß Staubsauger, Elektroherd und Kühlschrank, die in den zwanziger Jahren neu auf den Markt kamen, noch durchschnittlich 34 Jahre brauchten – von ihrer Erfindung bis zur Ware im Geschäft.

In den dreißiger bis fünfziger Jahren waren es nur noch acht Jahre. Heute geht es noch schneller, Transistor, integrierte Schaltungen – sind von heute auf morgen im Laden. Grundsätzlich werden Änderungen schneller akzeptiert. Das Gesamt-Make-up, Augenmalerei und ähnliches, setzte sich wesentlich schneller durch als seinerzeit der Lippenstift. Nicht zuletzt eben deshalb sind die Verkäufer der Ansicht, daß sich mit dem Prädikat „neu" leicht verkaufen läßt. Und es läßt sich gut daran verdienen, jedenfalls vom Händler.

Abgesehen von den oft fast kriminellen Vorteilen, die dem Händler heute bei der Einführung eines neuen Produktes eingeräumt werden, ja oft eingeräumt werden müssen, dürfen sich viele Bereiche ansehnlicher Umsatzsteigerungen rühmen.

„Bringen neue Produkte dem Einzelhandel Gewinn oder Verlust?" fragte kürzlich Dr. Stelz von Colgate-Palmolive die Händler und lieferte die Antwort gleich mit: 1959 betrug der Gesamtumsatz von Zahnpasten im Lebensmittelhandel 36 Millionen DM, neun Jahre später waren es bereits 117 Millionen – also mehr als das Dreifache. Noch bessere Umsatzsteigerer waren Haarsprays: 1959 erzielten alle Lebensmittelgeschäfte in dieser Warenklasse nur ca. 4 Millionen DM, 1968 waren es aber glatte 115 Millionen.

In den Katalogen der meisten Versandhäuser werden die Artikel, die neu aufgenommen worden sind, deutlich herausgestellt. Sie kriegen den Aufdruck „Neu". Sie können so alt sein, wie sie wollen. Mit dem Hinweis „Gegründet 1792" oder „Unsere Firma besteht seit 1811" wirbt man vielleicht noch in Wien, aber selbst in London kaum noch. Mit Altbewährtem sind bei uns keine Geschäfte mehr zu machen. Die Artikel, die sich lange halten, können ganz schnell aus dem Kopf aufgesagt werden, ob das nun Persil ist, Chanel Nr. 5, 4711 oder Maggi. Hin und wieder treffen bei der Maggi GmbH auch heute Briefe ein, die beginnen: „Sehr geehrter Herr Maggi“ ... Aber das sind Ausnahmen, tatsächlich glaubt niemand daran, daß es einen Menschen mit diesem Namen gibt oder je gegeben hat. Indessen hieß jedoch der Herr, der die Firma in Deutschland eintragen ließ, Julius Maggi. Aber das war im Jahre 1887. Und bereits damals waren seine Produkte gelb-rot ausgestattet. Das hat Vorteile, bringt aber auch wieder Schwierigkeiten. Dr. Arno Cramer, Maggis Marketingdirektor, freut sich einerseits darüber, daß 90 Prozent der Bevölkerung die Maggi-Farben kennen, grübelt anderseits aber ständig darüber nach, wie er das Altwerden vermeiden kann: „Das Sortiment muß ständig verjüngt und mit modernen Produkten aufgefüllt werden, wenn man erreichen will, daß das Image der Marke jung und modern bleiben soll.“

Gewisse Produkte kann er gar nicht einführen; Hundefutter und Erbsensuppe lassen sich schwer unter der gleichen Marke verkaufen. Dazu kann es passieren, daß ein erfolgloses Neuprodukt dem ganzen Verein schadet. Es muß auf eine gewisse Einheitlichkeit des Preises geachtet werden, weil eben Preise auch zum Image gehören.

Selbst bekannte und alte Marken müssen also Zellkuren zur Verjüngung durchmachen. Das kann durch neue Produkte geschehen. Aber viel einfacher und häufiger erreichen die Hersteller diesen Eindruck einfach durch andere Verpackung oder andere Werbung.

Das Notwendige ist vertraut und deshalb meistens alt und langweilig. Das braucht man sowieso und kann so bleiben. *Déja vu* ist kein Erlebnis mehr.

„Wir vermitteln etwas, ohne welches der moderne Mensch nicht mehr auskommt: die Faszination des Neuen. Entwürfe zu neuem Dasein. Proposition des Wandels.“ Das sagte Peter Kaufmann. Früher wurden die Schallplatten als Musik verkauft. Kaufmann würde vermutlich sagen, die Poesie lag damals in der Musik. Heute kaufen wir in großem Maße die aufgepopten Umschläge. Mode spielt nicht nur in der Bekleidung eine Rolle.

Die Sucht nach Neuem unterwirft banale Haushaltgeräte der Mode. Die Technik der Radios ändert sich selten, nur noch die Gehäuse.

Da werden Waschmaschinen, Herde, Kühlschränke, Haartrockenapparate in neuen Farben angeboten, nicht mehr einfach in Weiß. Bettwäsche, jahrhundertelang nach Qualität bewertet, unterliegt heute der Mode, bei Kraftfahrzeugen wird die Mode erzeugt. Da kommen Kinkerlitzchen an die Karosserie, von denen der Hersteller weiß, daß man in wenigen Monaten davon die Schnauze voll hat. Sie werden gebaut, damit man sich ein neues Auto kauft, bevor das alte abgenutzt ist.

Das heißt: Neben dem eingeplanten funktionellen Verschleiß – indem etwa in Glühlampen Sollbruchstellen eingebaut werden, indem man die Karosserie von Autos nach drei, vier Jahren verrosten läßt, obwohl ohne besonderen Aufwand durch eine entsprechende Untergrundbeschichtung eine längere Lebensdauer möglich wäre – gibt es eben noch diesen geplanten psychologischen Verschleiß.

Walter Marzen spricht hier von „psychologischer Schrottreife“. Allein Werbe- und Verkaufsmaßnahmen sorgen dafür, daß Konsumgüter veralten, obwohl sie technisch noch einwandfrei arbeiten. Im Besitzer des „alten“ Modells wird ein „Beschämungsgefühl“ erzeugt. Er soll veranlaßt werden, sich das neue Produkt zu kaufen. Marzen erwähnt den französischen Couturier, der von der Bekleidung gesagt hat: „Wir müssen dafür sorgen, daß jede aktuelle Mode möglichst rasch wieder altmodisch wird.“ Das gilt heute eben auch für die meisten Konsumprodukte.

Wer stopft heute noch Socken? Wo werden noch Strippen (Bindfäden) von Paketen, die ins Haus kommen, sorgfältig aufgeknotet und aufbewahrt? Noch vor zwanzig Jahren haben die Mütter der jungen Mädchen Laufmaschen mit kleinen Spezialnadeln wieder repariert oder die Strümpfe zur Reparatur gegeben. Das paßt heute nicht mehr zu uns; selbst in Familien, die zu den sozial schwachen gerechnet werden müssen, hat sich das Verhältnis zu den Dingen geändert.

Wir leben in einer Gesellschaft, die als „Wegwerf-Gesellschaft“ klar definiert ist. Die Liste solcher Produkte, die nach einmaliger Benutzung weggeworfen werden, wird täglich länger. Der breiteren (rauchenden) Öffentlichkeit dürfte dieser Prozeß vielleicht erst bei einem Feuerzeug aufgefallen sein, das vor Jahren aus Frankreich kam, nicht mehr nachgefüllt werden kann, sondern eben weggeworfen wird, wenn das Butangas alle ist; den Nichtrauchern vielleicht bei den Papierkleidern (mit passender Tischdecke und Servietten) oder Papierdamenslips.

Ebenfalls aus Frankreich kam zur Hannover-Messe 1971 eine Taschenlampe, nach dem gleichen Prinzip hergestellt. Da wird die Batterie nicht mehr ausgewechselt, sondern die ganze Lampe weggeworfen, wenn die Batterie verbraucht ist. (Brenndauer laut Behauptung der Hersteller: 40 bis 50 Stunden.)

Zum Wegwerfen gibt es so absurde Produkte wie Holzkohlengrills – in den USA –; wenn die in ihnen enthaltene Holzkohle verbrannt ist, ist der ganze Grill hin. Also einmal zu benutzen.

Auf einigen Testmärkten tauchte im Herbst 1970 eine Vase inklusive Blumen auf. Auch sie sollte hauptsächlich für Krankenbesuche gedacht, ihren Dienst beenden, wenn die Blumen verwelken.

Wir haben nicht nur Möbel, sondern bereits Häuser aus Pappe. Auf der 4. Deutschen Bauausstellung in Essen wurden Anfang 1971 Häuser aus Papier und Pappe vorgestellt – nach japanischen Modellen der Papierfaltkunst aus dem 7. Jahrhundert. Da gab es Häuser zum Zusammenknüpfen, einen Hartschaumbungalow, der sich in einer Stunde aus zwei Fässern sprudeln läßt. Auch im Baubereich ist Haltbarkeit kein Kriterium mehr.

Gordon Rattray Taylor erwähnt in seinem Buch „Das Selbstmordprogramm“ sogar das Konzept von ganzen „Wegwerfstädten“ in Kanada: „Für die kurzfristige Ausbeutung begrenzter Bodenschätze zum Beispiel denkt man an steckdosenfertige, vorfabrizierte Behausungen, die an eine ‚Energieleiste‘ (Wasser, Wärme, Klimaanlagen und Müllschlucker) angeschlossen werden.“

Zweifellos werden wir immer mobiler.

Gesinnungen schmeißen wir ja schon lange ziemlich schnell über Bord. Heute links, morgen rechts ist eine normale Entwicklung – umgekehrt geht es oft sogar noch flinker. Selbst mühsam erworbene Kenntnisse erweisen sich schnell als überholt.

„An Grundsätzen hält man nur fest, solange sie nicht auf die Probe gestellt werden; geschieht das, so wirft man sie fort wie der Bauer die Pantoffeln und läuft, wie einem die Beine von Natur gewachsen sind.“ So schrieb Bismarck bereits 1847 in einem Brief an seine Braut.

Wer das nicht wahrhaben will, wird nach jahrelangem, strebsamem Klettern nur feststellen müssen, daß er auf dem Gipfel des falschen Baums sitzt. Aufbewahren wie damals, Sparen wie damals gelten heute als Eigenschaften von Spießern.

Die Art, in der wir uns ernähren, ändert sich ebenso schnell, Diäten wechseln fast schneller als Automodelle. Heute Yin, morgen Yang. Unsere Großeltern oder sagen wir Urgroßeltern haben sich, zugegeben, sehr eintönig ernährt. Sie hatten oft keine Ahnung, was da alles drin ist in den Nahrungsmitteln: Mineralien, Enzyme, Phosphate, Chloride, Mangan, Kohlehydrate und die Vitamine nicht zu vergessen.

Die logische Folge, wenn uns erklärt wird, wie wichtig die Vitamine seien? Der Händler stellt erfreut fest: „Wir haben noch nie so viele Saftzentrifugen verkauft wie heute."

Kein Mensch kann vermutlich auf die Dauer ohne die Stimulantia des Neuen leben. Daß aber die Übermenge der Waren gefahrlos von uns verarbeitet wird, ist auch nicht zu vermuten.

Die oft zu hörende Behauptung, die Werbung mache uns allmählich immun und wir würden mit der Zeit abstumpfen, das Angebot der Warenmassen habe uns übersättigt, ist schon deshalb unsinnig, weil die natürlichen oder erzeugten Bedürfnisse nie befriedigt werden. Es gibt niemanden, „der trotz Auto, Kühlschrank, Radio, trotz einer reichhaltigen Ernährung von 3500 Kalorien und obwohl er sich in Wolle und Nylon kleidet, eine Armbanduhr trägt, drei Wochen bezahlten Urlaub hat, nicht noch unbefriedigte Bedürfnisse verspürte, nicht noch irgend etwas entbehrte."

Das, was Jean Fourastié in Prosa formuliert, hat Ernst Bloch in Poesie übersetzt: „Die meisten Leute auf der Straße sehen aus, als ob sie an etwas ganz anderes dächten. Das andere ist überwiegend Geld, doch auch dasjenige, in das es umgesetzt werden könnte. Sonst wäre es nicht so leicht, mit Schmuck zu locken, mit schöner Gestalt zu reizen. Es gäbe nicht den Flaneur, nicht die beständige Neigung jedermanns, sich in ihn zu verwandeln. Derart ist auch die Geschäftsstraße überträumt, nicht nur der mehr ländliche Spaziergang oder Leben und Treiben der Vorstadt. Eine Frau steht vor dem Schaufenster, sie blickt auf die Eidechsenschuhe mit Sämischlederbesatz, ein Mann geht vorüber, blickt auf die Frau, und so hat jeder von beiden ein Stück aus dem Wunschland. Glück genug ist in der Welt, nur nicht für mich: das sagt sich überall der so umhergehende Wunsch." Vielleicht konkreter (in unserem Sinne jedenfalls) acht Kapitel danach: „Es besser haben zu wollen, das schläft nicht ein. Vom Wunsch wird man nie oder nur täuschend frei. Es wäre bequemer, diese Sehnsucht zu vergessen als sie zu erfüllen, doch zu was würde das heute führen? Die Wünsche hörten doch nicht auf oder sie verkleideten sich in neue, oder gar: wir Wunschlosen wären die Leichen, über die die Bösen zu ihrem Siege schreiten. Es ist nicht die Zeit, um wunschlos zu sein, die Entbehrenden denken auch gar nicht daran."

Buridans Esel ist bereits daran gestorben, daß er die Wahl zwischen zwei Heuhaufen hatte und sich nicht für einen entscheiden konnte. Wir brauchen uns gar nicht vorzustellen, wie verzweifelt etwa ein Genosse aus Swerdlowsk reagieren würde, sollten wir ihn direkt von dort ins Kaufhaus Karstadt, Düsseldorf, verfrachten mit der Aufforderung: „Nun kauf dir mal die Lederjacke, die du unbedingt haben wolltest."

Die Verkäufer brauchen uns den Vorzug neuer Produkte also gar nicht einzuhämmern, unser normales Verhalten fördert nur die hektische Aktivität des Herstellers. Sein Dilemma ist, daß es auch nicht annähernd so viele neue Produkte gibt, wie er vermutlich verkaufen könnte. Die logische Folge ist – und hier wird es kriminell –, daß er uns als neu verkauft, was uralt ist.

Da werden Waschmaschinen auf den Markt geworfen, die statt bislang drei Knöpfen nun gleich zwölf aufweisen. Aber mehr als waschen kann die Maschine auch nicht. So wundert sich auch niemand, wenn die gleiche Maschine ein, zwei Jahre später mit nur einem Knopf als unglaublicher Fortschritt gefeiert wird. Der einzige Knopf, der wirklich sinnvoll wäre, nämlich einer, der automatisch den Kundendienst herbeizwingt, ist meines Wissens noch an keiner Maschine vorhanden.

Wie rührend dagegen jener Konditor aus Leer/Ostfriesland, der seinen Tortenumsatz erhöhte, indem er statt seiner sonst perfekten Torten Torten mit leichten, aber deutlich von außen erkennbaren Fehlern ins Schaufenster stellte, damit die Ehefrauen ihren Männern diese als selbstgebackene vorsetzen konnten.

Ein bißchen ernster – obwohl es zunächst nicht so wirkt – sind etwa Cornflakes zu beurteilen, die jetzt „neu" fertiggezuckert zu kaufen sind. Der Hausfrau wird die unglaubliche Arbeit abgenommen, Cornflakes eigenhändig zu zuckern. Dennoch scheint mir der größere Vorteil beim Hersteller zu liegen.

Ich kann mir nicht vorstellen, daß er übersehen hat, wieviel mehr er an seinen Cornflakes verdient. Schließlich wird die Hausfrau möglicherweise das Gewicht verschiedener Cornflakes-Packungen vergleichen.

Aber ob sie sich klarmacht, wieviel Gewichtsanteil bei der gezuckerten Sorte dem Zucker zu danken ist und wieviel sie dann wohl dieser Zucker kostet, der da auf die Cornflakes gesprüht ist, darf man bezweifeln. Zucker zaubert eben – insbesondere Gewicht.

Eine andere Methode, aus alt neu zu machen, ist, ungewollt freilich, dem Kontaktbüro für Verbraucheraufklärung in Bonn gelungen. Da war den zuständigen Leuten aufgefallen, daß es nicht nur neue Nüsse in den Geschäften gab, sondern auch noch alte, allerdings billigere. Sie warnten also die Hausfrauen davor, die billigen Nüsse zu kaufen. Die Händler reagierten schneller. Sie setzten die Preise der alten Nüsse hinauf.

Das alles läuft aber unter der Rubrik „Neues Produkt". Das Neue ist nicht durch den Naturwissenschaftler entstanden, sondern auch durch den Marketingfachmann.

Es dürfte einigermaßen fraglich sein, wieweit diese Werbebehauptung in vielen Fällen überhaupt statthaft ist. Im § 3 des „Gesetzes gegen den unlauteren Wettbewerb" steht ziemlich deutlich, daß über die Beschaffenheit von Waren keine unrichtigen Angaben gemacht werden dürfen.

So können wir Werber und Verpacker hoch unter der Zirkuskuppel bei einem lebensgefährlichen Seiltanz bewundern: Auf der einen Seite der Versuch, uns weismachen zu wollen: das, was ich hier in der Hand habe, ist aber nun komplett und wirklich völlig neu – auf der anderen Seite müssen sie notfalls vor Gericht nachweisen können, daß diese Behauptung gar nicht auf das ganze Produkt gemünzt war, man habe nur zärtlich andeuten wollen, daß es anders verwendet werden könne (Ultra-Weiß-Zahncreme ist nicht bloß Zahnpasta, sondern gibt dem Mund Sex-Appeal), eine längere Lebensdauer habe (. . . hält den ganzen Tag an) oder eine völlig neue Eigenschaft besitze (das neue Fakt hat jetzt PSE, Fluor S MFP, Trill Jod S 11, das Haarwasser den grünen Superwirkstoff QC Super).

„Schwieriger ist das Problem, wenn das Erzeugnis nur in dem einen oder anderen Detail verändert wurde. ‚Neu' darf dann nur behauptet werden, wenn die Änderung für das Produkt so erheblich ist, daß von dem Verbraucher als wesentlich beurteilte Eigenschaften, Wirkungsweisen oder Verwendungsmöglichkeiten neu erzielt oder verbessert wurden." So spricht der Jurist (Dr. Volkmar Günther, in der Zeitschrift „absatzwirtschaft").

Aber er meint außerdem: „So wird beispielsweise bei Tonbandgeräten ein neuer Schaltmechanismus durchaus das Recht des Herstellers begründen, mit dem Hinweis ‚Neu' zu werben, auch wenn das Gerät im übrigen in herkömmlicher Weise konstruiert ist." Es stellt sich nur die Frage, was ein neuer Schaltmechanismus ist, was er bewirkt.

„Als unbedenklich wird die Verwendung des Schlagwortes ‚Neu' anzusehen sein, wenn der Verbraucher bei den damit gekennzeichneten Erzeugnissen an Übertreibungen gewohnt ist, so daß die Gefahr einer Irreführung gar nicht auftreten kann. Dies dürfte vor allem für Zahnpflege- und Waschmittel gelten, denn wohl nur ein völlig unerheblicher Teil der Verbraucher glaubt noch daran, daß das ‚neue junge Pepsodent' tatsächlich in Zusammensetzung und Wirkungsweise ‚neu' ist."

Ach wirklich? Glauben das in der Tat nur so wenige? Nur ein Teil der Verbraucher, und der ist unerheblich? Ich bin da gar nicht so sicher. Wer eine Ahnung davon hat, mit welcher Intensität neue Produkte getestet, mit welchem Aufwand und mit welcher Sorgfalt Werbekampagnen vorbereitet werden – das ist ja nicht zuletzt der Grund für dieses Buch –, der findet dann auf eine Frage nur schwer eine Antwort: Warum wird dann immer weiter damit geworben, wenn's eh keiner glaubt?

Ich habe eben, ziemlich flüchtig, zwei zufällig im Hause liegende Zeitschriften durchgeblättert, eine Illustrierte („Stern" Nr. 8/71) und eine Programmzeitschrift („GONG" Nr. 7/71). Ohne mich anzustrengen, habe ich 28 große Anzeigen gefunden, in denen „Neues" angeboten wird.

„Magenquick. Ein neues Produkt der Menadier Heilmittel GmbH." – „Der neue Weiße Riese." Und was ist neu beim „neuen Weißen Riesen"? „Ab sofort: 3 kg. Riesenweiß im Erfolgspaket." – Pepsodent. „Dieses neue Pepsodent ist eine völlig neu entwickelte Zahncreme. Das neue Pepsodent macht makellos weiße Zähne – ohne den Zahnschmelz anzugreifen." Und das machen die, obwohl sie wissen, daß es kaum jemand glaubt? Das sollen wir gar nicht glauben? Ich bin nicht so sicher. Ich glaub's sogar selbst – ein bißchen jedenfalls. – Buerlecithin flüssig. Auch neu. Und hat auch einen neuen Namen: es heißt jetzt „Vita-Buerlecithin". Wobei möglicherweise das alte, ohne Vita, auch noch zu kaufen ist, was ich nicht weiß. – „Neu! Perwoll mit eingebautem Flauschweich-Spüler." – „Mister L., neu in der herben männlichen Duftnote silver dry." – „Kitekat. Jetzt mit der Kraft von hochwertigem Eiweiß und vielen Vitaminen angereichert." – „Merz Spezial Dragées. Sie erleben Neues: Schönheit von innen." – „Neu. Heilende Wärme im Atembereich: Climamaske 500, Hico." – „Leb wohl, Deodorant. Jetzt kommt Spri." – „Neu! Tabac Original After Shave Balm." – Erdgasheizung auch neu. Neu ist der „Neff-Elektro-Wärmespeicher mit elektronischer Steuerung". – Der Fernseher „Spectra" von Nordmende hat das „neue Schalt-Zentrum von Spectra X". – „Das neue Konzept: Der französische Chrysler." Neu ist „Das neue große Reiseunternehmen Transeuropa" von Quelle. Auch die „Rotbart Rostfrei" ist „neu". Platinveredelt. Neue Radios; unter vielen: „Der neue Touring-International. Der Traumkoffer." Neu! „Die junge Allzweckcreme ist da. Creme 21 hält die Haut jung." Da die Konkurrenz auch da ist, ein paar Seiten später: „Nivea. Die Creme de la Creme." Und damit auch niemand auf dumme Gedanken kommt: „Denn keine Creme kann mehr als die Haut gegen äußere Einflüsse schützen und die natürliche Feuchtigkeit der Haut erhalten."

Und wo nun tatsächlich Altes angeboten und partout nicht als Neues angepriesen werden kann, behilft man sich – wie etwa bei Lindt-Pralinen – mit der riesigen Überschrift: „Neuerscheinung. Pralinés-Brevier. 16 Seiten kartoniert. Der Appetit kommt beim Lesen. 16 Seiten und 26 Pralinen." Neu ist, und das wird auch nicht verheimlicht, neu ist eine schmale Broschüre, die im Pralinenkarton liegt. Da es ebenfalls schwerfallen dürfte, den sahnigen Käse mit Kräutern, „Le Tartare", als neu zu verkaufen, weil man gleichzeitig mit einer alten Rezeptur wirbt, wird, als Eröffnung der Anzeige, ein gewisser Henry de Pensey zitiert, mit einer Weisheit: „Die Entdeckung eines neuen Genusses ist weitaus interessanter als die Entdeckung eines neuen Sternes."

Peter Stuyvesant, nun ja auch nicht mehr der Jüngste, macht es anders herum und beginnt die Anzeige: „Kaum hat man sich an Tanker-Riesen und Jumbo-Jets gewöhnt, sind schon wieder neue da. Größere da. Schnellere da. Wieder ein Schritt in die Zukunft, den wir Raucher mit einer Peter Stuyvesant begrüßen!

Denn diese Zigarette hat ein erfreuliches Verhältnis zu allem Neuen dieser Welt."

Hat sie, von mir aus. Aber das eindeutig bessere Verhältnis haben die Verkäufer.

Wir sollten aus alledem nur eines schließen: Neu und alt sind Begriffe, die in der Welt des Verkaufens bedeutungslos sind. Ein als „neu" angepriesenes Produkt hat oft nur eine neue Aufmachung, eine neue Verpackung. Ein neues Produkt kann eine völlig unbedeutende Veränderung enthalten, durch die es aber keineswegs verbessert würde. In ganz seltenen Fällen jedoch ist ein neues Produkt ein wirklich neues Produkt.

Aber wenn die Inflation so weitergeht, wird sich der Hersteller eines Tages vermutlich gar nicht mehr trauen, dieses wirklich neue Produkt als neu zu bezeichnen, weil der Begriff dann schon so abgewertet ist, so ermüdet hat, daß der Verkauf eher erschwert als erleichtert wird.

Noch ist es indessen nicht soweit. Noch werden lediglich Antiquitäten, frisch und neu aus der Fabrik, als alt verkauft.

Der Bonbon mit dem guten Gewissen

Es ist weder beabsichtigt, Leser einzuschüchtern, auch möchte ich nicht prahlen, aber um die nun folgende Bewertung korrekt einordnen zu können, muß ich darauf hinweisen, daß ich so ziemlich alle großen Städte der Welt mehr oder weniger gut kenne und dort dann fast alle Kaufhäuser gründlich besichtigt habe, von Peking bis Mexico City, von Rom bis Rendsburg. Doch nirgendwo habe ich ein Geschäft gesehen, das ich auch nur mit diesem einen Geschäft vergleichen könnte, nämlich mit Hammacher Schlemmer in New York. Ein bißchen schmal, jedenfalls für New Yorker Verhältnisse, in der 57. Straße im Block zwischen Madison und Park Avenue, wenn man von der Fünften kommt, auf der linken Seite.

Da ich aus Gründen, die hier unerörtert bleiben können, die Stadt nur noch selten besuche, lasse ich mir möglichst oft Kataloge schicken, um die Neuaufnahmen ins Sortiment kennenzulernen. Wobei vielleicht noch der Hinweis angebracht ist, daß ein Katalog von Hammacher Schlemmer sich im Umfang nicht mit den

Katalogen amerikanischer, erst recht nicht mit denen deutscher Versender messen kann – gegen die ist der Katalog von Hammacher Schlemmer ein kleines Heftchen, immer so um die 60 Seiten, etwa im Reader's-Digest-Format.

Im letzten Katalog nun wird ein Produkt vorgestellt – und deshalb die lange Vorrede –, das mir als Ware schlechthin erscheint, als das Nonplusultra der Konsumgüterindustrie.

Ein Erzeugnis obendrein, dessen Eigenschaften mir unübertreffbar erscheinen. Ich kann mir nicht vorstellen, daß es irgend etwas irgendwo auf der Welt gibt, was sinnvoller in unsere Zeit paßt als dieser Artikel, der mit 25 Dollar – das kostet er – auch noch relativ billig ist.

Ich werde versuchen, ihn zu beschreiben: Es ist ein Metallkasten, etwas höher als breit, mit den geschätzten Maßen 40 cm hoch, 25 cm breit und 15 cm tief. Er wiegt knapp 3 Kilogramm. Zum besseren Transport ist oben ein verchromter Metallgriff angebracht. Der Apparat ist also leicht überallhin mitzunehmen, selbst auf Reisen braucht niemand auf ihn zu verzichten. Auf der Frontseite des Apparates befinden sich auf der oberen Hälfte insgesamt acht Lämpchen in zwei Reihen zu jeweils vier.

Nach der Beschreibung leuchten diese acht Lämpchen in unregelmäßigen Abständen und ohne erkennbares System hin und wieder auf, nicht alle auf einmal, mal das eine, mal ein anderes. Der Apparat hat eine Lebensdauer von etwa einem Jahr. Nach diesem Jahr ist der Apparat „tot wie eine Makrele und kann auf keinen Fall repariert werden". Der Apparat hat den angemessenen Namen „The Nothing-Box".

Wenn jetzt jemand kommt und fragt: „Was kann man denn mit dem Apparat anfangen?" kann ich nicht mehr sagen, als „irgendwo hinstellen". Ist das aber nichts? Gehen Sie mal durch Ihre Wohnung und sehen Sie sich kritisch an, was da alles rumsteht und nicht mal ein Jahr lang und auch nicht viel sinnvoller funktioniert hat.

Ist denn wirklich alles so nützlich, was wir kaufen? Das glaubt doch ohnehin niemand.

Dieses Problem der Nützlichkeit kann vielleicht deutlichgemacht werden an der Entwicklung eines Produkts aus einer Branche, die es tatsächlich nicht sehr leicht hat, weil ihr allgemein jede Nützlichkeit abgesprochen wird: der Süßwarenindustrie. In einer Zeit, wo fürs Schlanksein Millionen ausgegeben werden, ist es sicher nicht leicht, Schokolade zu verkaufen, der man wohl kaum ohne Grund nachsagt, daß sie nicht gerade zehrt. Kein Nahrungsmittel enthält so viele komprimierte Kalorien in Form von Zucker. Wobei allerdings nicht außer acht gelassen werden kann, daß mit einem Gesamtumsatz von 4,5 Milliarden die deutsche Süßwarenindustrie auf Platz 2 der Weltrangliste steht. Innerhalb der bundesdeutschen Ernährungswirtschaft gilt die Süßwarenbranche umsatzmäßig als viertstärkste Herstellergruppe. Innerhalb der EWG beträgt ihr Anteil 46 Prozent. 1969 hat sie Süßwaren im Wert von 157 Millionen exportiert, gleichzeitig haben wir aber für 355 Millionen eingeführt.

Es gelingt auch immer wieder Herstellern, neu in den Markt einzubrechen – oder ihren Marktanteil zu vergrößern. Allein in den vier Jahren von 1965 bis 1969 sank der Pro-Kopf-Verbrauch von 23,1 Tafeln Schokolade auf 19,3. Diese Entwicklung begann aber nicht erst 1965, sondern bereits viel früher. Dennoch gelang es zum Beispiel dem Italiener Ferrero mit seinem Erfolgsprodukt „Mon chéri“ und ein paar anderen Spezialitäten, etwa Kinderschokolade, nach zehn Jahren mehr zu verkaufen als die meisten anderen Unternehmen; der jährliche Umsatz liegt bei 130 Millionen, eine Steigerungsrate von jährlich 20 Prozent ist nicht ungewöhnlich.

Mit der Angst vor dem Dickwerden wirbt der amerikanische Hersteller von „Mars“; bereits 1968 gab er 10 Millionen Mark für Werbung aus, hauptsächlich, um diese Furcht abzubauen. Als „Mars“-Esser sind uns Fernsehern nicht zufällig schlanke Sportstars bekannt geworden.

Aber geschlafen haben natürlich auch die deutschen Firmen nicht. Die Schokolade der Firma Storck Merci wird auch ganz schön verkauft. Storck startete vor zehn Jahren damit, das neue Produkt vorzubereiten, mit dem wir uns nun näher befassen wollen.

Genau im Jahr 1961 begann der große Preiskampf, an den sich sogar noch viele unkritische Konsumenten gern erinnern. Obwohl der wichtige Rohstoff Kakao damals wesentlich billiger wurde, versuchten die Markenschokoladen ihren gebundenen Preis von DM 1,30 zu halten. Sprengel hob zuerst auf, hatte sich aber das Ergebnis anders vorgestellt: Der Umsatz ging erheblich zurück.

Der stagnierende Markt und der allgemeine Druck auf die

Preise veranlaßte die Herren von Storck, sich den Kopf nach einem neuen Produkt zu zerbrechen. Aber mit dem Kopfzerbrechen allein macht man kein neues Produkt, auch wenn man es, wie unsere vornehmen Marketingexperten, als „brainstorming" bezeichnet. Es wurden einige konkrete Maßnahmen beschlossen. Den ersten Auftritt hatten die Marketingexperten. Storck verlangte vom neuen Produkt lediglich, daß es zur Firma passe, also was Süßes sein solle; es sollte auf den gewohnten Wegen (Lebensmittelhandel, Kiosk, Kino) zum Käufer gelangen und, wenn möglich, gleichzeitig das Image der ganzen Firma ein bißchen aufpolieren.

Zunächst wurde, wie üblich, untersucht: Was machen eigentlich die anderen Süßwarenhersteller? Was gibt's denn so auf dem süßen Markt? (Eine nicht zu unterschätzende Arbeit. Allein die sechs sogenannten „ST-Firmen", Sprengel, Suchard, Stollwerck, Sarotti, Tobler und Trumpf haben ein Sortiment von 2500 Artikeln.)

Aber gleich danach waren schon wir an der Reihe, die Käufer. Jetzt machte man mit uns psychologische Tests; man wollte unsere Einstellung zum Naschen erkunden. Da man aber Psychologen bekanntlich nicht trauen kann, wurden die Ergebnisse dieser Tests durch repräsentative Befragung abgesichert, oder, um es verständlich zu wiederholen: Zunächst gab es die systematische Produktfeldanalyse, dann eine mehrstufige psychologische Untersuchung, schließlich eine repräsentative Untersuchung des Verbraucherverhaltens zur quantitativen Absicherung der aufgestellten Hypothesen und zur Bestimmung von Zielgruppen.

Abgesehen von „elementar erzeugten Schuldgefühlen gegenüber dem Erreichten", also wegen unseres Wohlstands, stellte sich – was freilich dazu gehört – heraus, daß mindestens jene unter uns, die sich zu den oberen und mittleren sozialen Schichten rechnen durften, von einer „ausgesprochenen Gesundheitswelle" erfaßt waren. Allgemein existentielle, wirtschaftliche und gesundheitliche Ängste wurden aufgedeckt.

Daß Süßigkeiten in dem Ruf standen, dick zu machen, den Zähnen zu schaden, wußte man immer. Aber diese Einstellung wurde noch einmal bestätigt. Ebenfalls bestätigt wurde, daß viele von uns wider bessere Kenntnisse die Neigung zum Naschen nicht verloren hatten.

Die Angst vorm Krankwerden war also weit verbreitet und tief verwurzelt – sie ist es heute noch. Wenn man das als Süßwarenhersteller schwarz auf weiß bekommt, gleichzeitig bestätigt erhält, daß gern genascht wird, scheint die Schlußfolgerung – zu der die Herren dann auch gekommen sind – selbstverständlich zu sein. Aber hinterher sind eben alle schlauer. Und ich will nicht verschweigen, daß ich Storcks Einfall bewundere: den gesundheitsfördernden Bonbon.

Die Produktfeldanalytiker wurden wieder auf die Straße gejagt; sie sollten erkunden, ob es auf dem deutschen Markt bereits möglicherweise einen solchen Bonbon gäbe. Es gab keinen.

Also. Was ist gesund? Vitamine sind gesund. Der geniale Entschluß wurde gefaßt, einen Bonbon mit Vitaminen zu produzieren. Und das klingt einfach, ist aber wesentlich komplizierter. Es ging ja nicht nur darum, einem vorhandenen Bonbon einfach Vitamine zuzusetzen, man mußte überlegen: Welche Farbe, welche Größe, welche Form, Gewicht, Füllung und Geschmack passen zu einem Vitaminbonbon? Es darf ja auch nicht vergessen werden, daß man keine Medizin herstellen wollte, sondern einen Bonbon, und daß es nicht nur Leute gab, die von der Wirksamkeit von Vitaminen überzeugt waren, sondern auch solche, die sich vor Vitaminen fürchteten, besonders vor solchen in einem Bonbon.

Schon bei der Farbwahl stellte sich heraus, daß bestimmte Farben entweder zu synthetisch wirkten oder zu medizinisch. Gelb bis Rot waren ohnehin erste Wahl, weil wir gesundheitsbewußten Verbraucher in den Zitrusfrüchten Zitrone und Orange den höchsten natürlichen Gehalt von Vitaminen vermuten. Man tendiert mehr zu Gelb, zum hellen Gelb, weil Experimente ergeben hatten, daß Ocker schon im medizinischen Bereich liegt.

Auch bei der Größenwahl ergaben sich spezielle Probleme. Zu groß durfte er nicht sein, weil dann der medizinische „touch“ verlorengehen würde, zu klein aber auch wieder nicht, denn dann hätte er den Eindruck einer Tablette hervorgerufen. Je kleiner also, desto eher würde der Bonbon den Charakter der Medizin erhalten, gleichzeitig jedoch würde man die medizinische Wirkung glaubhafter machen. Schließlich legte man sich auf einen Bonbon von 6 Gramm Gewicht fest.

Über die Form wurde man sich schneller einig. Extremformen wie länglich-dünn, quaderförmig oder kugelig wurden von den

Müttern abgelehnt. Sie machten sich Sorgen, die Dinger würden im einen Falle den Rachenraum verletzen, im anderen von den Kindern zu leicht verschluckt werden. Da es nicht unendlich viele Möglichkeiten für Bonbonformen gab, blieb eigentlich nur das Rundoval übrig, ein abgeflachtes Ellipsoid, wenn man geometrisch präzise sein will.

Auch wurde nicht lange gefackelt, als die Frage auftauchte: gefüllt oder kompakt. Erstens gelten gefüllte Bonbons als Bonbons von besserer Qualität, außerdem kamen, wenn man da wohl auch vielleicht ein Auge zugedrückt hätte, chemische Gründe hinzu. Einige Vitamine waren nur in einem bestimmten Milieu zu halten. Dann kamen auch wieder die Mütter: kompakte Bonbons sind in ihren Augen gefährlicher, gefüllte setzen den Zähnen weniger Widerstand entgegen.

Die wichtigsten Probleme waren gelöst: ein rund-ovaler 6-Gramm-Bonbon, gefüllt und fruchtiggelb gefärbt. Nun sollte er auch noch einen Geschmack erhalten. Auch hier tauchte wieder das medizinische Problem auf; ein bißchen sollte man doch schmecken, daß da Vitamine drin waren, wenn man sich auch sicher darüber im klaren war, daß der normale Geschmack von Vitaminen zum Wohlgeschmack wenig beisteuern würde. Zunächst hieß die Lösung: Innen eine säuerlich fruchtige Zimtfüllung, außen Zitronen-Orangen-Geschmack.

Jetzt kam es nur noch darauf an, diesen Bonbon richtig zu verkaufen. Denn hier war ja beabsichtigt worden, das Image so zu steuern, daß der Bonbon „als ein gesundes und wertvolles Nahrungsmittel zu entwickeln sei, das gleichzeitig auch eine gewisse Naschhaftigkeit befriedigen würde", wie es im „Marketing Journal" beschrieben wurde. „Das Problem war, wie schon angedeutet, die Gesundheit bei einer Süßigkeit, bei einem Bonbon glaubhaft zu machen und die Furcht vor einer Übervitaminisierung zu nehmen. Gerade Kinder könnten durch den Bonboncharakter verführt werden, unkontrolliert davon zu essen." Wobei man natürlich die Schadensgrenze bei den gefährlichen Depotvitaminen A und D so ansetzte, daß sie weit über einem mehrfachen Magenvolumen lagen.

Also einerseits anderseits. Einerseits ein Bonbon anderseits ein seriöses Stückchen „Medizin".

Man entschloß sich, den Bonbon auch über Drogerien und Apotheken zu vertreiben.

Diesen Bonbon haben wir noch heute auf dem Markt. Er hat sich lange gehalten. Er war und ist außerordentlich erfolgreich. Der Bonbon heißt: „Nimm 2." Werbeslogans: „Der Bonbon des guten Gewissens" und, als Spitzenleistung einer strittigen Werbebehauptung, „Naschen ist gesund". Besonders für notleidende Zahnärzte.

Aber auf diesem Gebiet ist die Süßwarenindustrie grundsätzlich leistungsfähig. Beispielen hierfür begegnen wir täglich: „XY bringt verbrauchte Energien zurück." Besonders machen unsere Spitzen-, um nicht zu sagen Markensportler davon Gebrauch. Die Fußballer und Eishockeyspieler werden bevorzugt. „Zweikampf im Strafraum. Da gibt jeder sein Letztes. Dann XY. Feine Vollmilchschokolade gibt neue Kraft."

Es ist eben alles irrsinnig gesund.

Transportmittel Automobil

Diese Szene wird in den USA mit Vorliebe gespielt: Ein Mensch möchte sich einen neuen Wagen kaufen. Da er ein kritischer Käufer ist, vergleicht er zunächst die Neupreise, dann will er sich darüber informieren, was er für seinen alten Schlitten noch herausholen kann. Also fährt er zum Händler. Der Händler erklärt sich bereit, dem Kunden ziemlich schnell einen Preis zu nennen, zu dem er den alten Wagen in Zahlung nehmen kann. Ein Angestellter erhält den Auftrag, mit dem Wagen des Kunden eine Runde zur Probe zu fahren. Der Händler läßt sich Schlüssel und Papiere geben. Der Angestellte braust los, der Kunde wartet.

Die Runde ist gefahren. Der Händler bespricht sich mit dem Angestellten, geht dann zum Kunden und sagt beispielsweise: „Also gut, 1000 Dollar."

Das ist dem Kunden zuwenig. Er will wieder weg, will hören, was andere Händler bieten. Der Händler ist verständnisvoll, meint freilich, daß andere Händler auch nicht mehr zahlen werden, aber bitte. Doch während dieses Gesprächs muß Seltsames geschehen sein. Denn der Händler möchte dem Kunden Schlüssel und Papiere zurückgeben, aber die sind verschwunden. Der Angestellte ist wieder weg. Doch auch als er zurückkommt, ändert sich nichts an der Situation. Niemand kann es sich erklären: Schlüssel und Papiere des Kunden bleiben unauffindbar. Suchaktion ohne Erfolg. Der Kunde ist wütend, dem Händler ist die Sache unendlich peinlich.

Er kann sich überhaupt nicht erklären, wie das geschehen

konnte. Der Händler bietet dem Kunden nun seinen eigenen Wagen an. „Nehmen Sie bitte meinen Wagen, bis wir die Papiere und den Schlüssel Ihres Wagens gefunden haben. Es tut mir leid, aber was soll ich machen. Man kann sich eben heute nicht mal auf seine besten Angestellten verlassen.“ Der Kunde läßt sich darauf ein, denn der Händler fährt selbstverständlich das neueste Modell mit allen lieferbaren Extras und Schikanen.

Der Kunde fährt nach Hause. Wenn er nicht gerade im Zentrum einer Großstadt wohnt, parkt er den Händlerwagen vor seiner Haustür. Was nun kommt, kann sich jeder ausmalen. Nachbarn kommen, fragen, bewundern, staunen und ärgern sich. Freunde und, vor allem, Feinde sehen unseren Kunden und das neue Auto.

Die Methode funktioniert nicht immer, aber oft genug. Der Kunde kauft bei dem Händler.

Jetzt könnte das Stichwort fallen: Motivforschung beziehungsweise Marktforschung. Aber ich werde mich hüten. Ich werde nicht so dumm sein und mich nun in den Streit darüber einmischen, ob bestimmte Motivforscher nun stichhaltige Ergebnisse vorlegen können oder nur pseudowissenschaftlichen Blödsinn verzapfen. Dieser Versuchung zu widerstehen, fällt gerade beim vielfach besetzten Produkt Automobil besonders schwer. Aber es wird schon deshalb gelingen, weil es den Rahmen dieses Buches sprengen würde, wenn ich mich nun mit Motivforschung und auch noch mit Marktforschung auseinandersetzen müßte.

Auf der einen Seite steht die Truppe um den Obermotivforscher Ernest Dichter, aber auch sein Hauptbeschimpfer Vance Packard – ihnen gegenüber eine Gruppe von Wissenschaftlern, in deren Namen ich (ohne sie gefragt zu haben) René König zitiere, der die Arbeiten von Dichter und Packard gleichermaßen als Spekulationen bezeichnet, „bei denen sich Scharlatanerie und sachliches Ungenügen fröhlich vereinigen“.

Allerdings scheint dieser Streit in der Praxis weniger heftig zu toben, jedenfalls wenn wir ihn, etwas vergröbernd, beschränken auf die mit Computern bestückten Marktforscher kontra Psychoanalytiker mit Tiefeninterviews.

Auf alle Fälle haben beide dasselbe Startloch und dasselbe Ziel. Sie gehen davon aus, daß wir nicht rational handeln, wenn wir kaufen, daß wir aber mehr kaufen sollen, als wir wollen. Wir sollen eben, wie es so nett heißt, dazu gebracht werden, Geld, das wir nicht besitzen, für Dinge auszugeben, die wir nicht brauchen, um damit Leuten zu imponieren, die wir nicht leiden können.

Heute scheint die Wahl zwischen Quantifizierbarem und Nichtquantifizierbarem zur Freude der Tabellenhersteller eindeutig zugunsten des ersteren auszufallen. Aber damit scheint mir noch nicht erwiesen zu sein, daß deren Ergebnisse relevanter sind. Anderseits sind auch die modernen Marktforscher schon lange keine simplen Nasenzähler mehr.

Die Zeit ist vorbei, da sie uns Käufer nach jung und alt einteilten oder nach Männern und Frauen, den Markt bestenfalls aufteilten in junge Frauen und alte Männer und alte Männer und junge Frauen. Seit sie Computer füttern können, haben sich auch ihre Mittel und Methoden fast revolutionär verfeinert.

So beschäftigt beispielsweise „Infratest“, das umsatzstärkste Marktforschungsunternehmen der Bundesrepublik – es gibt bei uns über dreihundert selbständige Institute, Berater und Vereinigungen für Wirtschafts- und Marktforschung –, beispielsweise bei rund 280 Angestellten 80 Leute mit Hochschulausbildung: unter anderen Volkswirte, Betriebswirte, Psychologen, Soziologen, Mathematiker, Statistiker, Zeitungswissenschaftler, Juristen, Theologen, Ökonometriker, Computerspezialisten.

Da wir Käufer keine amorphe Masse sind, da sich der Verkäufer in seinen Werbe- und Verkaufsmaßnahmen nicht sinnlos verzetteln darf, müssen wir eben nach allen Richtungen hin analysiert und dann geordnet werden.

Für den Verkauf von Produkten ist es meistens wichtiger, zu wissen, wer seit drei Jahren einen Führerschein besitzt, als zu erfahren, ob ein Vierzig- bis Fünfzigjähriger aus Niedersachsen vermutet oder behauptet, männlichen Geschlechts zu sein.

Daß Kaufmotivationen und allgemeines Kaufverhalten auch durch Marktforscher ermittelt werden, liegt auf der Hand. So entpuppen sich selbst zunächst ganz simpel wirkende Methoden und Mittel der Marktforscher auf den zweiten Blick als ein sehr fein gesponnenes Netz zum Einfangen von Käufern.

Der normale Käufer kennt einige dieser Unternehmen, meist aus politischen Untersuchungen. Doch selbst Institute, die auf diesem Gebiet populär geworden sind, leben doch zu 90% von ihren wirtschaftlichen Untersuchungen, arbeiten, wie es zu ihrem Namen paßt, als Forscher auf dem Markt.

Vielleicht ist aus diesem Blickwinkel auch zu erklären, daß eines der bedeutendsten Unternehmen – wenn nicht das wichtigste, weil internationale schlechthin – bei unsereins komplett unbekannt geblieben ist.

Während sich in der Bundesrepublik in schöner Regelmäßigkeit immer wieder irgendwelche Politiker des Bundes, meistens freilich Ministerpräsidenten der Länder, dafür einsetzen, aus elf Ländern etwa acht oder fünf zu machen, das Bundesgebiet also neu zu ordnen, hat dieses Unternehmen solche Bestrebungen längst in die Tat umgesetzt. Für unsere Werbe- und Verkaufsstrategen ist das kein Thema mehr, ihre Karte der Bundesrepublik sieht anders aus als unsere. Bei ihnen im Büro hängt zwar eine Karte der Bundesrepublik, doch werden die Länder von ihnen nicht so genannt wie von uns. Da heißt es nicht Schleswig-Holstein, Hamburg, Bremen, Niedersachsen, sondern kurz und trocken: Nielsen I. Denn die Gesellschaft, nein Company, heißt Nielsen. Kein Werber wird auf die Idee kommen und zu einem Kollegen sagen: Wir testen die neue Zigarette gerade in Hessen und Rheinland-Pfalz. Für ihn heißt diese Gegend Nielsen IIIa.

Leider kümmert sich Nielsen nicht um Autos. Ich hätte mich gern ein bißchen ausführlicher mit dieser Firma beschäftigt, weil sie unbekannt ist, dafür aber interessant.

Also wieder zu unserem Freund Ernest.

Auch Dichters wissenschaftliche Feinde wissen vermutlich genau, daß viele Praktiker mit Hilfe dieses „Scharlatans" glänzend verkaufen, ob das nun die alten Hüte von Italiens Christdemokraten sind oder die neuen der deutschen Hutindustrie. Sie und tausend andere lassen sich seit Jahrzehnten von Dr. Dichter beraten. Sie kümmern sich einen Dreck darum, ob die von Dichter herausgepulten verborgenen Motive des einzelnen repräsentativ sein können oder ob nur die sozialen Fakten empirisch erfaßbar, kontrollierbar und mit Hilfe statistischer Methoden zu verallgemeinern sind.

Sie verkaufen fröhlich drauflos, wie Dichter es ihnen rät, wenden bestenfalls kritisch ein, daß Dichter geniale Ideen unter einem falschen Etikett verkaufe, was ihm aber bei den Produkten, die er verkaufen hilft, eben nie passiert.

Wir können uns damit begnügen, daß die amerikanische Autoindustrie beim Verkauf ihrer Produkte Erkenntnisse verwertet, die Dichter zuerst in den Jahren 1939 und 1940 im Auftrage der

Chrysler Corporation für den Plymouth ermittelte. Diese vermutlich erste Kfz-„Motivforschungsstudie“ wurde später veröffentlicht und erhielt den Titel: „Die Psychologie des Autokaufes – Eine psychologische Untersuchung zur Lösung lebenswichtiger Fragen im Zusammenhang mit dem Autokauf.“

Hatte man sich in der Automobilindustrie beim Lösen dieser „lebenswichtigen“ Fragen vorher offenbar mit Urin und gängigen statistischen Erhebungen begnügt, sollte Dichter nun versuchen, mit psychologischen Methoden Werbung und Verkauf zu unterstützen und anzukurbeln.

Plymouth wollte vor allem zwei Fragen beantwortet haben:

1. Warum kaufen die meisten Autokäufer (70 Prozent) das gleiche Fabrikat wieder nach?
2. Welchen Einfluß üben Frauen auf den Autokauf aus?

Bereits ziemlich am Anfang der Untersuchung glaubten Dichters Leute, daß die beiden Fragen nicht getrennt beantwortet werden konnten: „Wir mußten sie an ihren richtigen Platz stellen, in einen viel größeren Beziehungsrahmen, der die Struktur aller Gewohnheiten des Autokaufs enthielt.“

Die Frage wurde reduziert. Sie hieß nun: Warum wird ein Auto gekauft?

„Unsere erste wichtige Entdeckung war eine definitive Beziehung zwischen der Geschichte des Autos und der des Lebens.“ Zu diesem Resultat glaubte man sich berechtigt, weil die Befragten alle Daten, die mit Autokäufen zusammenhingen, präzise im Kopf hatten. Außerdem stellten die Untersucher fest: „Autos sind Meilensteine im menschlichen Leben.“

Besonders wichtig schien ihnen die Erkenntnis, daß sich alle Autobesitzer besonders gern und genau an ihr erstes Auto erinnerten. Das habe vor allem zwei Ursachen: Einmal ist die Periode, in der die meisten Menschen ihr erstes Auto kaufen – nämlich im Alter zwischen 18 und 24 – ohnehin „ein besonders froher Zeitraum“ ihres Lebens. In dieser Zeit verlieben sich die meisten zum erstenmal, schwärmen und träumen. Nach Dichter (und auch nach Ansicht anderer) bedeutet Eigentum auch eine Ausweitung der eigenen Persönlichkeit – wie entscheidend wirkt in diesem Bezug demnach auch der Besitz eines Autos.

Dichter glaubte in seiner Untersuchung zahlreiche Beweise dafür gefunden zu haben, „daß die Persönlichkeit des Wagens erlebt wird, daß er ein Symbol eigener Persönlichkeit, Ausdruck eigener Kraft und Fähigkeit ist, ja selbst Arme und Beine repräsentiert". Ein Auto gibt „den Menschen die Macht, die eigene Persönlichkeit zu vervielfachen". Da jeder Mensch mehr sein möchte, „als er in Wirklichkeit ist", ist nach Dichter eben „der Wagen ... der beste Mittler, um unsere Gefühle von Vormacht, Überlegenheit und ungewöhnlichen Kräften zu stärken". Hierher gehört auch die Erkenntnis, daß viele Leute „nach einem Mißerfolg im Alltagsleben" in ihr Auto steigen und losbrausen, „meist mit hoher Geschwindigkeit".

Dichter glaubte seinen Ermittlungen entnehmen zu können, „daß besonders ältere Leute oder beleibte Autofahrer sich am Steuer stark mit Mobilität identifizieren ...". So ist der Weg nicht weit, den Wagen als „Erfolgswerkzeug" zu werten, „zum Alltagssymbol von Lebensleistungen. Schon früh im Leben wird der Wagen als Erfolgssymbol erkannt. Jeder soziale oder finanzielle Fortschritt drückt sich in einem neuen Wagen aus."

Als typisch hoben die Untersucher dann logischerweise auch folgende Bemerkung eines Befragten hervor: „Autos haben irgend etwas an sich. Seit meinem achtzehnten Lebensjahr habe ich immer einen Wagen besessen. Ich erinnere mich bestimmter Ereignisse meines Lebens nur im Zusammenhang mit Autos. Irgendwie kennzeichnen die verschiedenen Wagen, die ich früher fuhr, meine verschiedenen Lebensperioden."

Die Untersucher behaupteten außerdem, daß durch viele Einflüsse schon in früher Jugend eine Art Idealauto konzipiert wird. Wenn es dann später zum Autokauf kommt, wird jeder versuchen, einige Attribute dieses Traumwagens zu realisieren. Besonders auffällig war, daß dieses Auto-Ideal eng mit dem Kabriolett verknüpft war. Das schien nun schon deshalb interessant, weil dann tatsächlich sehr wenig Kabrios gekauft wurden (und auch heute noch werden).

Nach Dichter findet im Kabriolett der Wunsch nach ewiger Jugend „seinen symbolischen Ausdruck". Die Untersucher konnten feststellen – als sie dieser Diskrepanz auf den Grund gehen wollten –, daß ein großes Kabriolett im Schaufenster wie ein Magnet wirkte, „der alle Passanten auf der Straße stehenbleiben ließ. Jeder, der den Vorführraum betrat, ging zunächst um das Modell herum. Den Fragen des Verkäufers hörte er nur sehr abwesend zu. Manche Besucher winkten sogar ab und teilten dem Verkäufer mit, sie wollten sich zunächst nur ‚mal umsehen'. Hatten sie sich schließlich dann dem Wagen zugewandt, den sie effektiv zu kaufen beabsichtigten, und ihn genau inspiziert, zeigten die meisten Kunden die Neigung, sofort wieder zu dem Kabriolett zurückzugehen.

Oft war es so, daß der Kunde sich an das Kabriolett lehnte, während er den Kaufvertrag für einen anderen Wagen unterzeichnete."

Doch ist es sicherlich abwegig, die ganze Studie hier durchzugehen, schon weil einige der Erkenntnisse ganz sicher überholt sein dürften – wobei ganz nebensächlich ist, welchen wirklichen Wert diese Motivforschereien nun haben. Ein paar Thesen, die als Resultate der Untersuchung für die Verkaufspraxis wichtig wurden, können hier als Beispiele notiert werden:

Der psychologische Einfluß eines Kabrios ist auch beim Kauf einer Limousine wirksam.

„In psychologischem Sinne repräsentiert die Frau die moralische Instanz." Wenn also bei aller Neigung, erfolgreicher zu scheinen, als man ist, irgendwo die Furcht im Unterbewußtsein lauert, große „Ausgaben für einen Wagen könnten sündhaft sein", muß die Werbung so funktionieren, daß „Kaufhemmungen" beseitigt und der „‚Verschwendung' beim Kauf eines neuen Automodells moralische Genehmigung" erteilt wird. Und das geschieht auch, indem auf die Frau eingewirkt wird; denn „95% aller Autokäufe gehen direkt oder indirekt auf weibliche Beeinflussung zurück".

Im Grunde hat also Dichter hier nur formuliert, was heute als banale Tatsache allgemein akzeptiert ist: Ein Auto ist nicht nur Transportmittel. Der Käufer läßt sich durch Gefühle zum Kauf verleiten. Und das tut er bei einem Produkt, für das er – und die meisten Käufer – monate- oder jahrelang arbeiten muß.

Der Kaufvertrag

Leider kann ich nicht beurteilen, ob die banale Feststellung der Gruppe Dr. Dichter, daß Autos nur selten als Transportmittel angesehen werden, damals wirklich neu und überraschend war.

Schon aus Gründen meines Alters hatte ich damals keine Beziehung zu Autos. Doch wird heute ja von niemandem bezweifelt, daß sich die Industrie nach dieser Erkenntnis richtet.

Es ist demnach für uns ziemlich egal, ob Motivforschung à la Dichter oder die nüchterne Marktforschung die Verkäufer inspirieren. Schließlich hat auch die allgemein akzeptierte Marktforschung keine anderen Aufgaben zu lösen, sie arbeitet nur mit anderen Mitteln und Methoden. Wichtig bleibt, daß der Verkäufer menschliche Schwächen ausnutzen kann und seine Trickkiste entsprechend voll ist.

Natürlich kann hier eingewendet werden, daß sich etwa die Werbung für Kraftfahrzeuge gerade in den letzten Jahren erheblich gewandelt hat, daß also für viele Fabrikate nicht nach dem Lust-, sondern nach dem Nutzprinzip geworben wird.

Zweifellos wird in einigen Anzeigen sogar so getan. als wären die möglichen Käufer versierte Automobilingenieure. Dabei wird aber oft auf technische Details hingewiesen, die so speziell sind, daß sie gar nicht als Information gedacht sein können.

Rechnen die Hersteller wirklich damit, daß die Käufer wissen, was es bedeutet, wenn ihr Wagen mit einer Diagonal-Hinterachse ausgestattet ist? Wenn sie es tun, ist natürlich auch der Hinweis einer anderen Firma berechtigt, die damit wirbt, daß ihr Wagen eine De-Dion-Hinterachse hat. Doch ich wage zu bezweifeln, daß die Händler davon ausgehen.

Ich halte das für Insider-Informationen, die letzten Endes eine Unterrichtung nur vortäuschen, tatsächlich aber aufs Gefühl zielen sollen wie direkte Hinweise auf Lustgewinn.

Oder: Wenn Mercedes mit dem C 111 wirbt, dann doch sicher nicht, um uns allgemein davon zu unterrichten, daß so ein Prototyp gebaut werden soll. Hier sollen ganz bestimmte Assoziationen erzeugt werden.

Selbst die ganz auf Nützlichkeit abgestellte Werbung für den VW durch die Agentur Doyle, Dane, Bernbach, die von vielen für den Beginn einer neuen Werbeepoche angesehen wird, beschränkt sich nicht auf das Herausheben dieses Nutzwertes, darauf, daß er eben „läuft und läuft und läuft“; es wird ebenso darauf aufmerksam gemacht, daß ein VW „nicht verrät, wieviel Geld Sie verdienen“.

Eindeutig sachlich ist, jedenfalls in den USA, die Werbung für den neuen Kompaktwagen Gremlin. Da heißt es etwa in einer

Anzeige: „Der durchschnittliche amerikanische Wagen ist dafür bekannt, sehr viel zu fordern. Sie müssen einen Haufen Geld bezahlen, nur um einen zu kaufen. Aber damit ist es noch immer nicht getan. Sie müssen ihn füttern, verwöhnen, überhaupt müssen Sie einen Haufen Geld bezahlen, nur damit er läuft."

Stimmt alles. Nur für den Gremlin natürlich nicht.

Jedenfalls wird es in der Werbung behauptet. Aber umsonst ist das Fahren ganz sicher nicht. Der ADAC hat für den sicherlich nicht als Luxuskarosse anzusprechenden VW 1300 jährlich DM 1894,40 Festkosten errechnet. Das heißt: mit diesem Geld ist der Wagen noch keinen Kilometer gefahren! Da sind noch keine Betriebskosten drin, keine Reparaturen, kein Benzin. Soviel zur Sachlichkeit in diesem Falle.

Das prononcierte Hervorheben bestimmter Fahreigenschaften in der Werbung, wie es besonders im letzten Jahr modisch geworden ist, heißt nicht, daß man den Käufer lediglich über den Nutzwert des Autos informiert. „Von diesem neuen Citroen werden viele Autofahrer nur das Heck sehen", sagt ja nicht alles zu diesem Thema. Aber auch kleinere und sanftere Autos werden unter der sportlichen Rennflagge angeboten. Da reicht es manchmal schon, wenn gar nichts über das spezielle Produkt ausgesagt wird, sondern bloß behauptet wird: „Groß geworden unter Sportskanonen." Da wirkt dann wohl das Milieu der Umgebung. Verkehrsexperten und einige Politiker haben jedenfalls anläßlich einer Veranstaltung des „Verkehrsparlaments der Süddeutschen Zeitung e. V." im Winter 1970 massiv gegen diese „unsolide Werbung" gewettert. Der bayrische Innenminister behauptet sogar: „Solche Werbung ist Anleitung zu Körperverletzung und Totschlag."

Ein Verkehrspsychologe erkannte das wohl besser, als er meinte: „Man soll nicht unnötig niedere Instinkte wecken."

Und das wird hier zweifellos getan, auch wenn die Industrie heute einen aufgeklärteren Käufer vor Augen haben dürfte und sich entsprechend an ihn wendet. Sie wird nie vergessen, welche Bedeutung das Auto über seinen Nutzwert als Transportmittel hinaus hat.

Aber wir wollen uns auch nicht allzu lange im Qualm der Gefühle aufhalten. Außerdem können wir an anderen Stellen bereits einiges dazu lesen. Vielleicht ist der Sprung ein bißchen zu radikal: weg von der Glückseligkeit, wie sie vorhanden, unterstützt oder erzeugt wird. Ob als sportliche Potenzsteigerung für den Mittel- oder Doppeltwen, ob als Urlaubstraum für Pappi, Mutti, Kinder und Bagage oder als chromverzierte technische Perfektion, als Erfolgssignal in 48 Monatsraten.

Wir verlieren Zeit, die uns für die nüchternen Themen dann fehlt. Aber es lohnt sich, auch das juristische Territorium zu betreten.

Hersteller und Handel neigen dazu, den Interessenten vorzugaukeln, sie hätten einen normalen Bestell- und Bezahlvorgang zu erledigen. Probefahrt mit dem zu kaufenden Objekt und eine Unterschrift, wenn das Ding so ist, wie wir es uns vorstellen. So scheint es zu sein. Tatsächlich werden wir aber bereits beim ersten Blick über die neue Landschaft feststellen müssen, daß wir als Kaufvertrag ansehen (und unterschreiben), was gar kein Kaufvertrag ist.

Tatsächlich hat uns der Verkäufer ein Formular vorgelegt, das auch anders heißt, meistens „Kaufantrag". Damit haben *wir* uns an den Kauf gebunden, *aber weder Händler noch Hersteller haben sich zu irgend etwas verpflichtet.* Sie können uns den Wagen liefern, aber sie müssen nicht. Wir müssen kaufen, wenn sie sich irgendwann bereit erklären, zu verkaufen.

Das gilt auch, wenn der Hersteller nicht das Wort „Kaufantrag" verwendet, sondern „Bestellung". Bei VW heißt es dementsprechend auf dem Formular: Volkswagen-Bestellung.

Der Käufer unterschreibt dieses Formular, nachdem er – hoffentlich – alle Details mit dem Verkäufer gründlich besprochen hat, und merkt meistens gar nicht, daß bei dem Kleingedruckten auf der Rückseite dann unter „Allgemeines" steht:

„3. Der Käufer ist an seinen Kaufantrag vier Wochen gebunden. Der Vertrag ist abgeschlossen, wenn der Verkäufer diese Bestellung innerhalb dieser Frist schriftlich bestätigt."

Porsche nennt dieses Formular „Automobil-Bestellung", stellt aber auf der Rückseite, klein gedruckt natürlich, die gleiche Bedingung.

BMW hat eine Variation insofern, als zunächst vom Kaufantrag gesprochen wird und unter „Allgemeines" bei 3. steht: „Der Käufer ist an seinen Kaufantrag vier Wochen gebunden. Mit Ablauf dieser Frist gilt der Antrag als angenommen, sofern der Verkäufer die Annahme nicht vorher schriftlich abgelehnt hat."

Zunächst einmal haben *wir* uns also festgelegt, der Verkäufer noch überhaupt nicht, wie immer das Formular überschrieben ist, ob Antrag, Bestellung oder Auftrag (beispielsweise bei Simca).

In einem Büchlein, das 1971 vom ADAC herausgegeben worden ist (und dessen Erwerb jedem Autokäufer nur empfohlen werden kann), wird diese Praxis so erläutert:

„Man muß die Interessenlage klar sehen. Das Werk oder der Händler führen die Kaufverhandlungen in der überwiegenden Mehrzahl aller Fälle nicht selbst. Sie bedienen sich ihrer Verkäufer oder Vertreter. Diese erhalten für jeden Vertrag, den sie bringen, Provision. Das natürliche Interesse der Vertreter liegt darin, möglichst viele Verträge abzuschließen, um möglichst viel zu verdienen. Daher ist der angestellte Verkäufer am ehesten geneigt, dem Kunden jede nur denkbare Zusage zu machen, damit ihm das Geschäft nicht durch die Lappen geht . . .

Der Händler behält sich die Möglichkeit vor, Korrekturen anzubringen. Insbesondere können dadurch Zusagen widerrufen werden, die nicht einzuhalten sind."

Etwas weniger vornehm begründet der Hamburger Autohändler Hammerich Oetzmann diese Klausel: „Hier will sich der Handel offensichtlich gegenüber seinen angestellten Verkäufern absichern, sei es, daß der Verkäufer einen zu hohen Inzahlungsnahmepreis für einen Gebrauchtwagen akzeptiert hat, einen zu hohen Preisnachlaß gewährt hat. Mit dieser Klausel kann sich der Handel die Rosinen unter den Abschlüssen herauspicken."

Nun ist, in unseren Augen jedenfalls, die Unterschrift unter den Antrag der letzte Akt im Kaufprozeß. Wir unterschreiben ja erst, wenn wir die einzelnen Bedingungen ausgehandelt haben, wenn wir uns auf Typ, Farbe, Ausstattung, Preis, Lieferzeit und Zahlungsweise festgelegt haben.

Es kann sehr gut möglich sein, daß wir dabei einiges übersehen haben können, denn die Industrie hat hier respektable und sehr tückische Fußangeln verstreut.

Normalerweise wäre ja ein Kauf perfekt, wenn wir uns mit dem Verkäufer einig geworden sind und mündlich zugesagt haben, den Wagen zu nehmen. Es muß kein schriftlicher Vertrag vorliegen, auch nicht, wenn wir einen Rolls-Royce kaufen. Ein Handschlag kann rechtsgültig sein.

Aber da machen die Verkäufer nicht mit. Sie begnügen sich nicht mit dieser simplen Methode. Die Verkäufer wollen einen schriftlichen Vertrag. Und diese Papiere haben die Verkäufer auch vorgedruckt. Das hat den ungeheuren Vorteil, daß sie wie amtliche Formulare wirken, was sie leider nicht sind.

Tatsächlich ist es den Verkäufern sogar gelungen, durch die kleingedruckten Bedingungen auf den Rückseiten „das normale Kaufrecht, das sonst dem Bürgerlichen Gesetzbuch (§§ 433 ff. BGB) zu entnehmen wäre, erheblich" abzuwandeln, wie es in der Broschüre des ADAC heißt.

„Im Branchenjargon sagt man, das Kaufrecht werde den Erfordernissen einer modernen, industriellen Fertigung angepaßt."

Was sich also im Branchenjargon ein Sich-Anpassen an Erfordernisse einer modernen, industriellen Fertigung nennt, ist nichts anderes als eine rüde Vergewaltigung des Rechts, insbesondere in den Punkten Wandelung und Minderung.

Im BGB steht (§§ 459 ff.) eindeutig, daß der Käufer beispielsweise einen Kauf rückgängig machen oder doch eine Herabsetzung des Kaufpreises verlangen kann, wenn „der verkauften Sache ... eine zugesicherte Eigenschaft fehlt".

Der Käufer kann aber auch anstelle von Wandelung und Minderung einen Schadenersatz verlangen. Der Käufer hätte also entweder das Recht, sein Auto zurückzugeben, weniger Geld dafür zu bezahlen oder es stattdessen herrichten zu lassen und sich Schadenersatz zahlen zu lassen.

Die Automobilhersteller haben sich geschickt dieser drei Verpflichtungen entbunden. Sie versprechen eine „Gewährleistung" oder eine „Garantie", die tatsächlich jedoch nicht etwa die normale Haftung erweitert, sondern, wie es in der erwähnten ADAC-Broschüre (Verfasser Bernd Fugmann und Elmar Kramer) richtig heißt, „eine erhebliche Einschränkung" darstellt.

Hat das gekaufte Fahrzeug Mängel, so erklären sich die Verkäufer lediglich zur kostenlosen Reparatur bereit (und auch da gibt es Komplikationen), sie denken aber überhaupt nicht daran, nun Wertminderung oder Verdienstausfall anzuerkennen, Kosten für Mietwagen oder anderen Schadenersatz zu übernehmen.

Interessant in diesem Zusammenhang ist auch, daß für die gleichen Autos in anderen Ländern andere Garantien geboten werden. Während wir uns in der Bundesrepublik meistens mit einer abgemagerten Garantie von 6 Monaten nach Erstzulassung oder bei 10.000 km Fahrleistung zufriedengeben müssen, gelten im Ausland für die gleichen Fabrikate oft ganz andere Bedingungen.

Als Beispiel nur einige Firmen. So teilte die Deutsche Fiat AG auf Anfrage mit:

„Die Garantiebedingungen in Deutschland lauten:
6 Monate – bis höchstens 10.000 km;
die *allgemeinen Exportbedingungen* der *Fiat Turin:*
12 Monate – oder 15.000 km."

Eine detaillierte Aufstellung konnte nicht gegeben werden, da die „Fiat Turin in zirka 150 Länder exportiert".

Zur Garantiedauer schrieben AUDI-NSU u. a.: „Inland: Generell beträgt die Garantiedauer bei AUDI-NSU für alle Fahrzeugtypen 6 Monate oder 10.000 Kilometer. Lediglich beim NSU Ro 80 wird die Garantie für das Wankel-Aggregat auf 18 Monate oder 30.000 Kilometer erweitert ... Export: Hier gelten dieselben Bestimmungen wie im Inland, lediglich für die Staaten England, Kanada und USA wurden unterschiedliche Regelungen getroffen ...", und zwar:

„AUDI: Seitens der Händler wird die Garantie auf 24 Monate oder 24.000 Meilen erweitert.

NSU: Die Garantiedauer wurde auf 12 Monate oder 12.000 Meilen erweitert."

24 Monate beziehungsweise 24.000 Meilen gelten in den USA und Kanada auch bei Porsche.

Daimler-Benz: „Im Ausland ist die Situation etwas anders. Garantiezusagen werden von unseren Generalvertretungen direkt gegeben. Sie sind in den Einzelheiten unterschiedlich. In England und Irland beträgt die Garantiezeit zum Beispiel 12 Monate ohne eine Begrenzung. In Australien 12 Monate bzw. 12.000 Meilen, und in Japan 12 Monate bzw. 20.000 km."

Die Untertürkheimer legten besonderen Wert auf die Feststellung, daß sie „auf die Generalvertretungen keinen Einfluß haben, soweit es die Garantiebedingungen betrifft".

Diese Beispiele zeigen, daß man sich nicht in allen Ländern dem Diktat der Hersteller unterwirft. Bei uns jedoch scheint das selbstverständlich zu sein. Und das gilt bereits für die Garantiedauer.

Die Leistungsunterschiede können wir hier gar nicht alle anführen. So kann es bei uns vorkommen – und kommt es auch sehr oft vor –, daß wir Käufer bei Garantieleistungen ebenfalls zur Kasse gebeten werden. Einige Firmen kassieren bereits die Versandkosten von Ersatzteilen. Einige versuchen auszubrechen, indem sie den Ersatzteil liefern, aber nicht die Einbaukosten übernehmen – und die sind, wie jeder weiß, oft wesentlich höher.

Viele Käufer lesen das Kleingedruckte leider erst, wenn sie sich verdutzt in einer solchen Situation wiederfinden. Erst dann erkennen sie, was sie da unterschrieben haben. Wer aber dann zu dem auf der Hand liegenden Schluß kommt, viele dieser Geschäftsbedingungen seien sittenwidrig, mag subjektiv recht haben. Unsere Gerichte aber sind da leider anderer Meinung. Sie erkennen die allgemein üblichen Geschäftsbedingungen für den Autokauf an. Alle von den Händlern verwendeten Vordrucke basieren auf den sogenannten Einheitsbedingungen für den Verkauf von Kraftfahrzeugen, die bereits vor einigen Jahrzehnten ausgearbeitet worden sind.

Diese Einheitsbedingungen – die mit nur kleinen Abwandlungen von allen Herstellern benutzt werden, ganz gleich, wie das verwendete Formular auf der Vorderseite aussehen mag, in welchem Format es ist – sind so abgefaßt, daß allergrößte Vorsicht für den Käufer zwingend ist.

Fugmann und Kramer weisen darauf hin, daß vor allem zunächst einmal „der Wagentyp so eindeutig" bezeichnet wird, „daß keine Zweifel mehr darüber möglich sind".

„Wer glaubt, nur in einem roten und nicht in einem blauen Auto gut fahren zu können, muß in den Vertrag z. B. hineinschreiben: ‚Unabdingbare Voraussetzung für den Kauf: Farbe Karminrot.' "

Und hier muß man selbstverständlich die Farbbezeichnung der Hersteller genau beachten, weil diese dabei mindestens soviel Phantasie zeigen wie bei der Konstruktion ihres Produktes.

Autohersteller haben eine Abneigung dagegen, Farben so zu nennen, wie Farben normalerweise bezeichnet werden. Selbst brave Fahrzeughersteller, wie etwa Opel, haben bereits bei ihrem Ascona 16 drei Blaulackierungen: Kosmosblau, Lagoblau und Monzablau. Und das ist nur ein Beispiel für alle anderen, von denen es viele noch weitaus romantischer treiben.

Dennoch sind das Lappalien im Vergleich zu anderen Punkten, die wir gedanken- oder hilflos unterschreiben. Die vielleicht trickreichsten Bedingungen verbergen sich hinter dem Passus „Lieferung". In den Geschäftsbedingungen klingt die betreffende Klausel recht harmlos. Da heißt es meistens: „Der Verkäufer ist verpflichtet, eine vereinbarte Lieferfrist einzuhalten. Wird der vereinbarte Liefertermin um mehr als sechs Wochen überschritten, so hat der Käufer das Recht, dem Verkäufer eine angemessene Nachfrist zu setzen. Wird der Kaufgegenstand vom Verkäufer auch dann nicht bis zum Ablauf der Nachfrist geliefert, so kann der Käufer durch schriftliche Erklärung vom Vertrag zurücktreten."

Das bedeutet zunächst schon einmal, daß ein Wagen, der am 1. Juni, rechtzeitig vorm Urlaub, geliefert werden sollte, erst mehr als drei Monate später geliefert zu werden braucht, also nach dem Urlaub, nach dem 1. September. Denn die übliche Nachfrist beträgt sechs Wochen, nach den ersten sechs Wochen darf man erst mahnen. Aber auch da sind noch einige Widerhaken. Zunächst einmal muß er diese Nachfrist in der Regel schriftlich setzen, und zwar per Einschreiben.

Es gibt auch Verträge, in denen steht, daß der Käufer, falls mehr als sechs Wochen nach dem vereinbarten Liefertermin verstrichen sind, nicht nur das Recht zum Setzen einer Nachfrist hat, sondern, bei einem Opel-Vertragshändler (vielleicht auch bei allen) *die Pflicht*. Das heißt, wenn er „Rechte aus der Nichteinhaltung des Liefertermins herzuleiten beabsichtigt". Das dürfte ja wohl nichts anderes heißen, als daß der Idiot Käufer, wenn er die Nachfrist nicht zu einem bestimmten Zeitpunkt setzt, theoretisch jahrelang auf die Lieferung warten kann.

In der ADAC-Broschüre heißt es dazu, daß es in der Praxis mit den Lieferfristen meistens noch schlechter aussieht. Denn kein „Autoverkäufer wird von sich aus ein Datum für die Lieferung einsetzen. Er schreibt so unverbindliche Floskeln wie ‚baldmöglichst', die natürlich dehnbar sind wie Gummi. Wenn das Werk ein Jahr Lieferzeit hat, ist ein Fahrzeug, das in 14 Monaten geliefert wird, immer noch ‚baldmöglichst' beschafft".

Die Verfasser machen auch darauf aufmerksam, daß – angenommen, man braucht einen Wagen zu einem bestimmten Termin, so daß eine spätere Lieferung keinen Sinn mehr hat – es eben nicht genügt, ein Datum in den Vertrag zu setzen. Was sich aus dem oben Gesagten logisch ergibt. In den Vertrag soll dann ein Passus eingefügt werden: „Lieferung zum festen Termin ... (§ 361 BGB)."

„Lieferung bis ..." oder „spätestens am" reichen für diesen Zweck eben nicht aus.

Grundsätzlich aber, ob man den Wagen nun zu einem bestimmten Termin braucht oder nicht, sollte man immer darauf achten, daß ein eindeutiger Termin im Vertrag (Antrag) steht, damit man jedenfalls ein Vierteljahr nach der versprochenen Lieferung vom Vertrag zurücktreten kann, wenn der Wagen dann noch nicht geliefert worden ist.

Schadenersatzansprüche können in der Regel aus dem nicht termingerechten Liefern nicht gestellt werden. Bei BMW heißt es ziemlich rigoros, aber deutlich in der Abteilung II, Lieferung, unter Absatz 1: „Schadenersatzansprüche, gleichgültig, auf welchem Rechtsgrund sie beruhen, stehen dem Käufer nicht zu." Basta.

Aber in diesen Zusammenhang gehört noch ein besonders bösartiges Kapitel, auch wenn es nicht in diesem Abschnitt unter dem Kleingedruckten steht, sondern unter „4. Preise". Da heißt es: „Der am Tag der Lieferung gültige Listenpreis zuzüglich Umsatzsteuer und eventuell erhobener Zuschläge ist maßgebend." (Das ist der Wortlaut bei BMW – bei den anderen ist er genauso oder ähnlich.) Das bedeutet, daß wir Käufer den Preis bezahlen müssen, der am Tage der Lieferung verlangt wird, und nicht etwa den, der am Tage des Kaufabschlusses gültig war.

Der Preis also, der vom Verkäufer beim Vertragsabschluß genannt worden ist, bedeutet überhaupt nichts, er ist für ihn gar nicht verbindlich. Er kann ihn jederzeit erhöhen. Aber dann können wir nicht sagen: „Nein, danke." Wir müssen ihm den Wagen abnehmen und bezahlen, egal um wieviel teurer er geworden ist.

Wer die Entwicklung der Autopreise im Lauf der vergangenen Jahre überblickt, wird feststellen können, daß Tausende von Autokäufern auf diese Weise um Hunderte und Tausende von Mark geprellt worden sind.

Die Argumente für die Preiserhöhungen verlieren an Glaubwürdigkeit, wenn man sich nur flüchtig die Gewinne der Firmen ansieht. Nach den letzten vorliegenden Zahlen erwirtschaftete etwa VW – bei Investitionen von 1 Milliarde – darüber hinaus noch einen Gewinn von 330 Millionen Mark.

Opel konnte an ihre nicht gerade notleidende Mutterfirma General Motors 356,2 Millionen Mark überweisen; Ford Köln schickte 234 Millionen nach Detroit.

Die verantwortlichen Direktoren genierten sich aber gar nicht, diese Gewinne mit sorgenvollen Gesichtern zu kommentieren. „Sie werden kleiner“, sagte Opel-Boß Mason.

Sogar die „Frankfurter Allgemeine Zeitung“ bemerkte dazu: „Wenn man in solcher Lage die Marktlage kalt und nüchtern ausnutzt und dabei noch ankündigt..., man werde zum Herbst die Kunden vielleicht noch einmal überraschen, dann gibt man der Gewerkschaft für die nächste Lohnrunde ein Alibi.“

Bei einer Bilanzpressekonferenz der Ford-Werke AG Köln erklärte der Finanzdirektor Amedick, man werde der Hauptversammlung am 8. Juni 1971 vorschlagen, den Bilanzgewinn von 216 Millionen voll auszuschütten.

Die AGV (Arbeitsgemeinschaft der Verbraucherverbände) erklärte zur letzten Verteuerungswelle im Winter 1970: „Denn angesichts der hohen Dividenden dürfte es auch der gerissenen Propaganda der Branche schwerfallen, die Autointeressenten von der Notwendigkeit der Preiserhöhungen zu überzeugen. Den Aufbruch zu neuen Preishorizonten vermag der deutsche Autofahrer vor allem auch deshalb nicht zu begreifen, weil seine Kollegen in den Niederlanden und Frankreich etwa die gleichen Fahrzeuge zu einem zum Teil sogar erheblich niedrigeren Preis beziehen konnten.“

Daß die Preiserhöhungen durch die Methode der Preis-Gleit-Klausel erheblich erleichtert werden dürften, versteht sich von selbst.

Aber der Kfz-Handel profitiert oft noch zusätzlich durch die Kombination von Preiserhöhungen und Lieferzeit, wenn er nämlich auf diese Weise alte Lagerbestände zu niedrigem Einkaufspreis mit dem neuen, erhöhten Preis verkaufen kann.

„Clevere Händler“, meinte dazu der seit Jahrzehnten im Automobilhandel tätige Oetzmann, „kaufen noch zusätzlich Fahrzeuge zum alten Preis. Manchmal bekommen sie eben einen passenden Tip vom Hersteller.“

Um das zu vermeiden, raten Fugmann und Kramer, dem Händler vorzuschlagen, „er möge vor den Preis die drei Wörtchen: ‚zum Festpreis von ...‘ notieren. Aber viel Hoffnung, daß der Verkäufer sich darauf einläßt, machen sie dem Käufer nicht. So bleibt nur, in den Vertrag hineinzuschreiben: „Bei Preiserhöhungen steht dem Käufer ein Rücktrittsrecht zu.“

Allerdings besteht eine klitzekleine Chance, daß diese fatale Tour der Industrie auch auf andere Weise vermasselt wird. Ein Referent im Bundeswirtschaftsministerium meinte kürzlich, daß die Preisauszeichnungsverordnung mit diesem System vermutlich kollidieren werde. Die Industrie wurde aufgefordert, ihr Preisgebaren im Hinblick auf die bestehende Rechtslage zu überprüfen, und die Wirtschaftsminister der Länder sollten doch ein bißchen genauer darauf achten, daß auch die Automobilhersteller und Händler den Vorschriften der Preisauszeichnungsverordnung nachkämen.

Man wird sehen.

Modellwechsel

Aber nicht nur Preissteigerungen können während der Wartezeit die Ware verändern. Ebenso kann es passieren, daß wir ein ganz anderes Auto geliefert bekommen, ohne etwas dagegen machen zu können, nämlich dann, wenn der Hersteller das Modell wechselt. So heißt es beispielsweise dazu bei Opel: „Das Lieferwerk behält sich Konstruktions- und Formänderungen während der Lieferzeit vor. Der Kaufgegenstand wird daher in der Ausführung und Beschaffenheit geliefert, die bei der Verkäuferin z. Z. der Lieferung üblich ist.“

Oder ähnlich, wenn auch ein bißchen ungefälliger im Ton, bei BMW: „Das Lieferwerk ist zu jederzeitigen Form- und Konstruktionsänderungen berechtigt. Die Abnahmepflicht des Käufers wird dadurch nicht berührt.“

Der Produzent läßt sich alle Wege offen. Er kann, wie es in der ADAC-Broschüre heißt, etwa zwischen diesen beiden Möglichkeiten wählen:

„Der Händler hat noch alte Modelle auf Lager, die er natürlich losbekommen muß.“ Autos womöglich, die seit Wochen auf dem Hof stehen und schon angerostet sind, aber natürlich da, wo man es nicht sieht. Doch weiter: „Dann stellt er Ihnen vielleicht den inzwischen veralteten Typ vor die Haustür. Oder er liefert Ihnen den neuen Typ, der Ihnen möglicherweise ganz und gar nicht gefällt und dessen Kinderkrankheiten Sie noch nicht übersehen können."

Natürlich sind wir beim zweiten Fall meistens besser bedient. Aber die Wahl liegt eben nicht bei uns. „Falls Sie daher ein Auto bekommen, das einigermaßen dem ähnelt, das Sie eigentlich auserkoren hatten, ist der Produzent aus dem Schneider. Sie müssen diesen Wagen abnehmen."

Allerdings hat man als Autokäufer meistens eine andere Sorge, nämlich: Was mache ich, damit ich wirklich das neueste Modell bekomme. Laut ADAC: „Wenn der Verkäufer alte Fahrzeuge auf Lager hat, die dem von Ihnen bestellten Typ entsprechen, wird er bei einem Modellwechsel rasch schalten. Schon am nächsten Tag wird er Ihnen den blitzblank geputzten neuen Wagen vor das Haus fahren und kein Sterbenswörtchen verlauten lassen, daß das Werk seit einer Woche einen verbesserten Typ auf den Markt bringt." Dazu heißt es in einem Urteil des Berliner Kammergerichts (v. 7. 2. 69): „Ein Wagen ist auch dann noch fabrikneu, wenn er einer Bauserie des Vorjahres angehört."

Selbst die klare vertragliche Abmachung, die man treffen kann und sollte, um sich zu schützen, etwa: „Der Verkäufer wird das zum Zeitpunkt der Lieferung neueste vom Hersteller gebaute Modell verschaffen", sichert nicht hundertprozentig.

Denn der Händler erfährt ja meistens eher als wir Käufer, wann mit dem Typenwechsel zu rechnen ist. Also wird er uns noch am Tage, bevor das neueste Modell vom Band läuft, den alten Schlitten vor die Tür stellen.

Der Ort der Erfüllung

„Leistungs- und Erfüllungsort sowie Gerichtsstand für sämtliche gegenwärtigen und zukünftigen Ansprüche aus der Geschäftsverbindung ist der Sitz des Verkäufers."

Selbst diese ganz sanft und üblich wirkende Bedingung, die so oder ähnlich in jedem Vertrag steht, kann tückisch werden. Wie wichtig es sein kann, genau festzulegen, welcher Ort nun wirklich gemeint ist, haben die Verfasser der ADAC-Broschüre eindringlich dargestellt.

Das ist beim Gerichtsstand noch relativ harmlos. Das kann auch nur schlimmstenfalls der Ort des Lieferwerks sein. Wenn es also zu gerichtlichen Auseinandersetzungen kommt, müssen wir einen auswärtigen Anwalt beauftragen, also möglicherweise an einem Ort prozessieren, an dem wir die Verhältnisse und Rechtsanwälte nicht kennen. Wir können vermutlich nicht selbst hinfahren, müssen also auch mit dem Anwalt brieflich verkehren.

Wesentlich folgenreicher kann es jedoch sein, wenn der Sitz des Werkes auch als Erfüllungsort gilt. Das bedeutet: Das ist der Ort, an dem der Verkäufer seine Leistung, also die Aushändigung des Wagens, zu erbringen hat... Es kommt also in Frage: Sitz des Werks oder des Händlers. Das kann sehr schwerwiegende Folgen haben, wie Sie an einem Beispiel sehen.

Angenommen, das Werk ist Ihr Vertragspartner und sitzt in Hannover. Der Wagen soll per Bahn nach Konstanz geliefert werden. Der Zug entgleist, weil eine Überschwemmung den Bahnkörper unterhöhlt hat. Ihr Wagen ist leider nur noch ein Schrotthaufen. Dennoch müssen Sie ihn voll an das Werk bezahlen. Das Risiko des Transports trägt der Käufer (§ 447 BGB!).

Genauso liegt der Fall, wenn die vom Werk eingeschaltete Spedition das Fahrzeug beschädigt. Mit der Übergabe des Wagens an die Bahn oder den Spediteur ist das Werk von der Haftung frei. Es ist nur ein schwacher Trost für Sie, daß Sie vielleicht von der Bahn oder Versicherung des Spediteurs Ersatz verlangen können: Sie müssen sich selbst um die Ersatzforderungen kümmern. Außerdem sehen auch die Spediteurbedingungen Haftungsausschlüsse für bestimmte Fälle vor. Abgesehen davon, gibt es Beweisschwierigkeiten, denn wer kann schon mit Sicherheit sagen, ob der Wagen nicht bereits im Werk beschädigt wurde. Sie waren ja weder bei der Verladung noch beim Transport dabei.

Nicht anders ist es, wenn ausgerechnet das für Sie bestimmte Auto während des Transports gestohlen wird. Zunächst einmal müssen Sie dem Werk gegenüber zahlen.

Vermutlich haben diese Beispiele aus der lethargischen Welt der kleingedruckten Bestimmungen auf den Rückseiten nüchterner Verträge bereits belegt, was ich am Kapitelanfang behauptet habe: Um mißtrauisch zu werden, ist es gar nicht nötig, daß wir uns mit mehr oder weniger komplizierten Kaufmotivationen herumschlagen und mit den Konsequenzen, die die Riege der Verkäufer daraus zieht.

Die mitleidlose Kaltblütigkeit, mit der hier verfahren wird, sollte bereits überzeugt haben. Alles andere gibt's gratis extra.

Dabei habe ich noch lange nicht alle Bedingungen erwähnt, denen wir uns zu beugen haben, wenn wir so verwegen sind, ein Auto kaufen zu wollen. Vielleicht, wenn auch kommentarlos, noch ein letztes Blümchen aus dem gefälligen Strauß. Auch das steht in fast allen Verträgen:

„Die Angaben des Lieferwerks über Betriebskosten, Geschwindigkeiten, Gewichte, Leistungen usw. sind nur als annähernd zu betrachten. Sofern das Lieferwerk zur Bezeichnung der Bestellung oder der bestellten Kaufgegenstände Nummern oder Zeichen gebraucht, können hieraus keine Rechte abgeleitet werden" (BMW).

Der entsprechende Passus beim Opel-Händler ist noch ein bißchen deutlicher: „Prospektangaben über Leistungen, Gewicht, Betriebskosten, Geschwindigkeit u. ä. sind als annähernd zu betrachten. Solche Angaben sowie evtl. Bezeichnungen des bestellten Kraftfahrzeuges durch das Lieferwerk stellen keine Zusicherung von Eigenschaften dar; Rechte können hieraus nicht abgeleitet werden."

Ich habe unerörtert gelassen, was sich einige Hersteller noch als Spezialitäten ausgedacht haben. Dazu zwei Beispiele:

Bei der Firma Porsche verpflichte ich mich, selbst über Eigentum (also einen von mir in Besitz genommenen und bezahlten Wagen) nicht frei zu verfügen. Ich darf meinen Wagen nicht an einen Wiederverkäufer übertragen, wenn ich weniger als 1000 km damit gefahren bin. (Wiederverkäufer tragen übrigens alle eine gelbe Plakette am Jackenaufschlag mit dem entsprechenden Hinweis auf ihre Tätigkeit oder Absicht.)

Mit einem auf Raten gekauften Simca darf ich nicht durch die DDR fahren, ohne diese Reise vorher vom Händler genehmigt zu bekommen. Ohne diese Genehmigung darf ich erst dann reisen, wenn die letzte Rate bezahlt und quittiert ist. Das heißt, ich darf als Berliner nicht in die Bundesrepublik mit einem solchen Auto. Ich muß vorher den Händler fragen, ob er mir die Reise nach Hannover auch erlaubt. (Natürlich darf ich als Bundesrepublikaner auch nicht nach Berlin.)

Es gibt im Grunde nur ein Ergebnis: Wer sicher sein will, vom Verkäufer nicht übers Ohr gehauen zu werden, sollte einem Autohändler nur in Begleitung eines Rechtsberaters „Guten Tag" sagen. Alles andere ist riskant. Da die Praxis das jedoch meistens nicht erlaubt, sollten wir statt dessen mindestens Kugelschreiber und Papier zur Hand haben. Aber auch eine Leselupe dürfen wir nie vergessen.

Zahlemann & Co KG

Da in der Bundesrepublik zwei Drittel aller Autos nicht bar bezahlt, sondern auf die eine oder andere Weise finanziert werden, dürfen wir diesen Abschnitt nicht auslassen. Schon auch deshalb nicht, weil die Banken, wie „Capital" es formuliert hat, bei diesem Massenkreditgeschäft mit Tricks arbeiten, „die selbst für orientalische Teppichhändler neu sind. Von Preiswahrheit und Preisklarheit oder ähnlichen Errungenschaften zum Schutz des Verbrauchers kann kaum die Rede sein."

Etwa jedes zweite gekaufte Auto wird heute durch Banken finanziert, jedes fünfte über einen Händler.

Große Automobilhersteller haben eigene Finanzierungsgesellschaften gegründet, um, wie es beim ADAC heißt, „den Wünschen ihrer Kunden gerecht zu werden. Andere Händler arbeiten eng mit Teilzahlungsbanken zusammen und vermitteln dort Kredite."

Nun ist nicht zu vermuten, daß die Hersteller ausschließlich an ihre Kunden gedacht haben. Es dürfte ihnen sicherlich nicht entgangen sein, daß man mit dem Verleih von Geld auch ganz gut über die Runden kommen kann.

Fast ausnahmslos arbeiten alle mit einem ganz einfachen Trick. Sie bieten das Geld zu durchschnittlich 0,5% Zinsen im Monat an. Das hört sich nach nichts an. 0,5 im Monat mal zwölf ergibt 6% im Jahr. Aber 6% gelten heute als Geschenk, und wir reden vom Geschäft.

Daß die Verkäufer nicht, wie etwa bei Sparguthaben üblich, den jährlichen Zinssatz angeben (von ein paar seltenen Ausnahmen abgesehen), ist ganz sicher kein Zufall. Hinter solchen Manipulationen steckt stets eine wohldurchdachte Absicht.

Anders als bei üblichen Zinsberechtigungen, bei denen die tatsächlich bestehende Schuld verzinst wird, arbeiten die Geldgeber in diesem Falle nach einem Prinzip, das sich für sie als außerordentlich lohnend erweist: Sie berechnen nämlich die Zinsen auf die gesamte Laufzeit für die gesamte Schuldsumme. Das heißt: Wir müssen vielleicht 5000 Mark schuldig bleiben. Diese 5000 Mark wollen wir in zehn Raten abstottern. Normalerweise würden wir bei der letzten Rate von 500 Mark auch nur die Zinsen für 500 zahlen müssen. Hier aber eben nicht. Die Zinsen werden so berechnet, als würden wir die ganze Zeit, während der wir abzahlen, die komplette Summe schuldig bleiben. Deshalb müssen wir für die letzte Rate noch genausoviel Zinsen bezahlen wie für die erste.

Um auf den tatsächlichen Zinssatz zu kommen, nennt die ADAC-Broschüre eine Formel. Wir müssen also ein bißchen rechnen. Wir müssen die Laufzeit in Monaten multiplizieren mit dem Zinssatz und mit 24. Die errechnete Zahl muß geteilt werden durch die Laufzeit in Monaten plus 1.

Die Verfasser haben geahnt, daß ihre Broschüre nicht nur von Mathematikern gelesen wird und geben ein Beispiel:

„Der Zins beträgt 0,5% monatlich, 30 Raten sind zu zahlen. Dann rechnet man 30×0,5×24 und teilt das Ergebnis durch 31." Danach würde sich in diesem Fall anstelle des schlicht multiplizierten Zinssatzes von 6% bereits ein Jahreszins von 11,6% ergeben.

Aber in der Praxis kommen die Kreditinstitute auch mit einem Zins in dieser Höhe nicht aus. Abgesehen von den Zinsen, berechnen sie noch eine Bearbeitungsgebühr von durchschnittlich 2% der Darlehenssumme. Auf diese Weise kommen wir ziemlich schnell auf mindestens 15%.

„Capital" hat im Herbst 1970 von einem Mathematiker die Konditionen einiger Geldgeber ausrechnen lassen. Es sind kleine Sparkassen, Teilzahlungsbanken und große Banken berücksichtigt worden. Dabei ist ein Betrag von DM 5000,— zugrunde gelegt worden. Die Unterschiede sind beträchtlich. Bei einer Laufzeit von einem Jahr zahlt der Kunde bei der Stadtsparkasse Dortmund effektiv jährlich 14,78% Zinsen. Dieser Zinssatz verringert sich bei längerer Laufzeit ein bißchen, beträgt aber selbst bei 36 Monaten noch 13,03% jährlich.

Aber man kann auch mehr bezahlen. Wer sich sein Auto von der Ford Credit AG Köln finanzieren läßt, zahlt bei einem Jahr Laufzeit 22,42% und bei einer Laufzeit von drei Jahren immer noch 19,05%. Selbst die Bank der Gewerkschaften, die Bank für Gemeinwirtschaft, geniert sich nach dieser Berechnung nicht, einige Tricks anzuwenden. Wenn man bei ihr auch noch am günstigsten fährt – natürlich immer im Vergleich zu den in „Capital“ erwähnten und untersuchten Instituten –, wenn der Kredit eine Laufzeit von mindestens zwei Jahren hat, nimmt sie ihren Kunden „weit mehr Zinsen ab, als sie in ihren Konditionen angibt: Dort ist von 8,5% Jahreszinsen die Rede – der Effektivzins einschließlich aller Abzüge, Kosten und Gebühren aber schwankt je nach Laufzeit zwischen 11 und 15 Prozent.“

Gegen hohe Zinsen kann man sich nun nicht etwa dadurch schützen, daß man an das Schmuckkästchen seiner lieben Frau Gemahlin geht, falls sie so was besitzt, und mit dem Inhalt das Pfandhaus aufsucht. Dort werden meistens runde 3% monatlich verlangt. Außerdem muß man das Pfand spätestens nach einem halben Jahr wieder abholen und die geliehene Summe zurückzahlen (wenn man es zurück will). Sonst werden die Juwelen nämlich versteigert.

„Capital“ rät: „In der Autofinanzierung fährt am besten, wer statt des Teilzahlungskredits mit seinen starren Konditionen den Kontokorrent-Kredit wählt. Hier werden die Zinsen – und das ist wichtig – nur jeweils auf die Restschuld berechnet. Zudem liegt bei einem Kredit in laufender Rechnung die Tilgung nicht so fest wie beim typischen Teilzahlungs-Kredit.“

Die ADAC-Berater sagen schlicht: Überziehen Sie einfach Ihr laufendes Konto.

Die alte Hottel

Der Autokäufer von heute tritt meistens in zwei Rollen zugleich auf. Er ist Käufer eines neuen Wagens und gleichzeitig Verkäufer eines alten. Das heißt, als alten Wagen wird nur er ihn bezeichnen – die Händler sind in der Wortwahl vorsichtiger –, jedenfalls wenn sie verkaufen. Da sprechen sie nur von Gebrauchtwagen.

Bei den meisten seriösen Firmen gibt es ein eingespieltes Ritual. Als Inzahlungnahmepreis für den alten Wagen wird der Schätzpreis einer unabhängigen Institution zugrunde gelegt. Auch wenn die in vielen dieser Institutionen arbeitenden Prüfer naturgemäß einen besseren Kontakt zu den Firmen haben, die ihnen die Autos zum Schätzen schicken, können wir – hoffentlich – davon ausgehen, daß hier wirklich unabhängig und objektiv Preise festgesetzt werden.

Natürlich tauchen hin und wieder Gerüchte und Verdächtigungen auf. Es wird etwa behauptet, daß es vorkommt, daß ein Schätzer beim Händler anruft und fragt: „Also hören Sie mal, Herr X, hier ist ein Kunde von Ihnen mit einem Chevrolet. Was können wir denn dafür wohl ansetzen?"

Doch dürfte das, wie gesagt, Gerücht sein. Außerdem können wir annehmen, daß viele Firmen unsere gebrauchten Autos gar nicht besonders gern nehmen. Leicht ist mit gebrauchten Autos vermutlich kein Geld zu verdienen. Sollte ich mal irgendwann eine Million erben oder mit einem entsprechenden Betrag bestochen werden, würde ich nie auf die Idee kommen, Autohändler zu werden. Mir reicht schon der Anblick der Halden auf den letzten Trümmergrundstücken unserer Städte.

Da außerdem in Illustrierten und Fachzeitschriften immer wieder Preise für gebrauchte Autos veröffentlicht werden, hätten untreue Treuhänder keine allzu großen Möglichkeiten, uns Käufer zu beschummeln. Darüber hinaus ist gar nicht sicher, daß jener Kunde am besten bedient wird, der sich nach mehreren Angeboten für jenen Händler entscheidet, der ihm für seine alte Hottel am meisten bezahlt. Beim Kauf eines gleichfalls gebrauchten Autos ist ein Preisvergleich gar nicht möglich.

Einige besonders ausgebuffte Neuwagenhändler haben ein paar Tricks in ihrer Kiste, auf die schon oft genug gerade solche Käufer reingefallen sind, die besonders vorsichtig sein wollten.

Ein Beispiel: Ein Kunde will für seinen alten Wagen 5000 Mark haben. Der erste Händler will aber nur 4000 Mark bezahlen. Der Mann geht zum zweiten Händler. Der sagt: „5000 Mark für diesen Wagen? Das sollte möglich sein. Es wird nicht leicht sein, denn eigentlich liegt dieser Wagen in diesem Zustand bestenfalls bei 4000 Mark, aber ich werde es schon schaffen." Und dann kommt der Hammer: „Vorsichtshalber machen wir es mal so. Ich nehme ihren Wagen für 5000 Mark in Zahlung. Aber berechnen kann ich Ihnen natürlich nur 4000 Mark. Für die restlichen 1000 Mark machen wir aber einen Agenturvertrag."

Das hört sich alles ganz nett an. Aber vertraglich verpflichtet sich auch dieser Händler nur zur Zahlung von 4000 Mark. Denn die restlichen 1000 Mark zahlt er nur dann an den Kunden, wenn er (nach Abzug eigener Unkosten) auch um soviel mehr erzielt hat. Mir ist kein Fall bekannt, bei dem ein Kunde nach dieser Methode seine 5000 Mark bekommen hätte. Selbst wenn der Wagen für mehr als 5000 Mark weiterverkauft worden ist und der Kunde erfährt es sogar, hat sich der Händler durch eine entsprechende Klausel (Zinsen, Aufwendungen, Unkosten usw.) abgesichert.

Anderen Händlern gelingt es sogar, unseren kritischen Kunden zu überreden, den Wagen überhaupt „in Kommission“ zu geben. Da kann der Händler dann alles mögliche versprechen – zu halten braucht er nichts. Er kann dem Kunden sagen: „Was, 5000 Mark? Dafür können Sie doch 6000 Mark kriegen.“ Können vielleicht, aber sicher nicht bei diesem Händler. Dieser Händler wird dem Mann den neuen Wagen verkaufen. Der Kunde bezahlt den vollen Preis für den neuen und wartet auf den Verkauf seines alten. Aber er wartet und wartet und wartet, und der alte Wagen ist beim Händler und steht und steht und steht.

Gerade wenn der Kommissionspreis hoch angesetzt ist, besteht für den Händler gar kein Grund, sich um den Verkauf zu bemühen. Er kann ja doch nichts mehr dran verdienen.

Es soll sogar Händler geben, die es schaffen, den Käufer des neuen und Verkäufer des alten Wagens dazu zu bringen, für den Betrag, den der Kunde für seinen alten Wagen verlangt, einen Wechsel zu unterschreiben, das berühmte „Drei-Monats-Papier“. Das bedeutet, daß der Käufer zunächst den Betrag wirklich gutgeschrieben bekommt, den er für seinen alten Wagen verlangt. Aber nach drei Monaten wird er zur Kasse gebeten. Dann muß er nachzahlen (mit Zinsen), was ihm vorher zum Schein erlassen worden ist.

Diese Kommissionsverkäufe sind leichter geworden, der Händler kann viele Kunden schneller dazu überreden, seit die Mehrwertsteuer eingeführt worden ist. Mit flinker Händlerzunge wird dem Kunden klargemacht, daß der Händler nur als Makler auftritt, der Kunde später direkt mit dem Käufer reden kann und dann möglicherweise um die Mehrwertsteuer herumkommt. Aus diesem Grunde sehen wir auch in den letzten Jahren viel mehr Anzeigen mit der Überschrift: „Von privat an privat.“ Das könnte übersetzt auch heißen: Unter Umgehung der Mehrwertsteuer.

Auffällig ist, daß kaum ein Händler auf seinen Verträgen Platz für die Transaktion der Inzahlungnahme hat, obwohl doch in anderen Punkten, penibel genug, alles Erdenkliche, wenn auch klein gedruckt, angeführt ist. Dafür haben sie Sonderverträge.

Nun tauchen Probleme dieser Art in der Regel bei den großen Werksvertretungen kaum auf. Ganz anders sieht es dagegen auf dem gewaltigen Markt der Gebrauchtwagen aus. Wer ein gebrauchtes Auto kaufen will, sieht sich von vornherein zwei Schwierigkeiten gegenüber:

1. Auch der beste Techniker kann die Qualität eines gebrauchten Autos nur nach einer umfangreichen Prüfung beurteilen, die aber in der Praxis nicht vorgenommen werden kann.
2. In dieser Branche arbeiten ein paar Typen mit Finten, Fußangeln und Tricks, die jeden mittelalterlichen Jahrmarktsgaukler vor Neid erblassen lassen würden.

Vermutlich deshalb ist die entsprechende Broschüre des ADAC, die im Juli 1971 zum Thema Gebrauchtwagen veröffentlicht worden ist, auch weniger konkret als die bereits mehrfach erwähnte Fibel für Neuwagen. Sie muß in die Reihe passen und ist deshalb an einen bestimmten Umfang gebunden.

Der ADAC behauptet, daß der Umsatz der Gebrauchtwagenhändler im Jahre 1970 höher gewesen sei als das Neugeschäft. Gemeint ist hier offenbar die Anzahl der verkauften Wagen. Sonst müßte sich ja der Umsatz, der 1969 bei 8,4 Milliarden Mark lag, multipliziert haben. Richtig ist wohl, daß in letzter Zeit etwa doppelt so viele gebrauchte Wagen gekauft werden wie neue.

Freilich werden nicht alle gebrauchten Wagen über Händler verkauft, aber nur um diese wollen wir uns hier kümmern. Denn der normale, private Autoverkäufer hat wahrscheinlich gar keine Ahnung, was manche Händler alles anstellen, um die Kunden aufs Kreuz zu legen.

Während ich mich im Kapitel „Neuwagen“ im wesentlichen auf die Manipulation durch Vertragsklauseln beschränken konnte, muß sich der Käufer gebrauchter Autos um die Technik kümmern.

Die Technik beginnt bereits bei der Lackierung. Daß Verkäufer viel Zeit und Farbe aufwenden, um den Wagen schöner erscheinen zu lassen, als er tatsächlich ist, ist nicht nur verständlich, sondern auch gesetzlich erlaubt.

Wenn ein Käufer feststellt, daß ein Auto, das nicht älter als sechs Jahre ist, ganz oder an einigen Stellen neu lackiert worden ist, kann er mit einiger Sicherheit annehmen, daß der Wagen einen Unfall hatte. Lackierungen halten heutzutage ihre sechs Jahre und noch länger. Die Verkäufer lackieren oft nicht nur Wagen oder einzelne Stellen des Wagens, sondern auch Reifen und Bodenplatten. Das machen sie sehr oft nicht deshalb, damit der Wagen schöner wirkt. Die Farbe soll Roststellen in der Karosserie verdecken. Rost ist einer der gemeinsten Feinde unserer modernen Autos. Rostlöcher können manches Auto völlig wertlos machen; geschickte Verkäufer sehen zu, daß sie unsichtbar werden. Es sind Fälle bekannt geworden, bei denen Rostlöcher einfach mit Prestolit (oder einer ähnlichen Masse) zugeschmiert und überspritzt worden sind, sogar Fälle, wo Händlern das Prestolit sogar zu teuer war. Die haben dann Gips oder Zement genommen. Selbst das Verkleben mit Tesafilm ist schon vorgekommen.

Wenn aber die Bodenplatte des Autos Rostlöcher hat, kann meistens die ganze Karosserie weggeschmissen werden. Was das Auto dann noch wert ist, kann sich der Käufer leicht ausrechnen. Wer also an einem Auto auf nachlackierte oder nachgespritzte Stellen stößt, sollte mit dem Fingernagel sanft kratzen oder mit der Hand auf diese Stelle klopfen. Vielleicht stößt er dann schon durchs Blech, wenn überhaupt noch was da war.

Das Anmalen der Reifen ist nicht ganz so kritisch. Aber schwarze Reifen bemalt man auch nur deshalb, damit Risse und Fehler im Material verdeckt werden. Reifen sind auch nicht so teuer wie die Karosserie. Zudem hat schon mancher ein Auto gekauft, das mit fast neuen Reifen auf dem Hof stand, dann aber plötzlich alte Schlappen hatte, als er es einige Stunden später abholte. Es schadet auch nichts, wenn man sich das Reserverad genau ansieht und seine Größe mit der der anderen Reifen vergleicht. Es ist schon einige Male vorgekommen, daß ein Reifen im Kofferraum lag, der gar nicht zum Auto paßte.

Schonbezüge, für die Händler gern einen Aufschlag verlangen, brauchen nicht immer Schonbezüge zu sein, sondern eher Tarnanzüge der darunter befindlichen Sitze. Ähnliches gilt für Auslegeteppiche. Wer Extras im Auto entdeckt, sollte ruhig mal drunterblicken. Nicht jeder Autofahrer legt Wert auf einen fahrbaren Schrebergarten.

Wer schon mal dabei ist, sich die Außenwelt der Innenwelt seines Autos anzusehen, der sollte die Gelegenheit benutzen, sich die Gummipolsterung der Pedale zu betrachten. An ihnen ist mehr Wahrheit abzulesen als an vielen anderen Dingen, die von außen zu besichtigen sind.

Selbst das äußere Bild des Motors kann bereits einige wertvolle Aufschlüsse vermitteln. Frischlackierte Motoren sind nur selten ein Grund zum Jubel. Ein bißchen Öl ist hier vertrauenerweckender. In den seltenen ironischen Passagen der erwähnten Broschüre des ADAC heißt es in diesem Zusammenhang: „... der ölige Daumenabdruck auf dem Zylinderkopfdeckel, der von der Hand des Mechanikers stammt, ist auch nicht unerwünscht. Immerhin deutet er an, daß sich jemand mit dem Motor befaßt hat."

Aber die wichtigsten Eigenschaften des Motors sind auch durch noch so intensives Betrachten nicht zu beurteilen. Sie sind eigentlich überhaupt nicht zu beurteilen. Nur ganz beschissene Motoren können auch von Laien ausgesondert werden. Vor allem muß ein Motor schnell und leicht anspringen. Eine Prüfung der Kompression kann ebenfalls nicht schaden. Andere Motorschäden können erfahrene Mobilisten dem Laufgeräusch entnehmen. Unübliches Klingeln, Klopfen und Klappern deutet auf unterschiedliche Mängel hin. Es kann sein, daß der Schaden leicht, aber genausogut, daß er gar nicht mehr zu beheben ist.

Sicher geht nur, wer den Motor auseinandernimmt. Aber welcher Käufer kann das schon, welcher hat die Zeit, und, selbst wenn er Zeit und Können hat, welcher Verkäufer läßt ihn.

Die Händler beruhigen ihre Kunden, gerade was den Motor angeht, besonders leidenschaftlich. Sie weisen darauf hin, das der Motor generalüberholt sei oder gar, daß es sich um einen Austauschmotor vom Werk handele.

Aber generalüberholt sagt leider nicht sehr viel. Genausogut kann man sich mit dem Verkäufer darüber unterhalten, wie viele Engel auf einem Stecknadelkopf Platz haben. Generalüberholt kann ein Motor sein, bei dem alle Teile geprüft und schadhafte durch neue ersetzt worden sind, aber auch einer, bei dem alles geprüft wurde und kein Mangel entdeckt worden ist.

Viele Verkäufer begnügen sich nicht mit ihrer mündlichen Überzeugungskraft, sie halten dem Käufer entsprechende Rechnungen unter die Nase. Diese Rechnungen haben ihre Tücken.

Zunächst sind sie meist im Spezialdeutsch des Kraftfahrzeughandwerks ausgefüllt. Manche Käufer sind schon ganz beruhigt, wenn sie lesen: „Motor ein- und ausgebaut." Das allein macht bei ihnen schon den erwünschten Eindruck. Sie übersehen die Materialliste, die auch meistens auf einer eigenen Seite ist. Da steht dann vielleicht lediglich: „1 Kolbenring DM 12,40."

Der Käufer erhält also den Eindruck, einen generalüberholten Motor im Auto zu haben, vielleicht sogar einen AT-Motor, auch wenn lediglich ein Kolbenring ausgewechselt worden ist.

Viele Verkäufer drücken sich vorsichtshalber gar nicht so präzise aus, oder wenn sie es tun, achten sie darauf, daß keine dieser Behauptungen auch so im Vertrag steht. Erzählen kann der Verkäufer ohnehin, was er will. Entscheidend ist nur das, was im Vertrag steht. Und wer da nicht aufpaßt, der kauft wie üblich mit dem einzigen Hinweis: „... wie besichtigt und probegefahren und unter Ausschluß jeglicher Gewährleistung."

In einigen Verträgen fehlt sogar der Hinweis auf die Probefahrt. Wer aber ein gebrauchtes Auto kauft, ohne es probegefahren zu haben, gehört eigentlich hinter Gitter. Erst bei einer Probefahrt kann ein Käufer rauskriegen, was mit dem Auto los ist. Erst da kann er Bremsen, Achsen, Steuerung, Motor, Stoßdämpfer, Kupplung und so weiter wenigstens einigermaßen prüfen.

Bei dieser Probefahrt soll sich der Käufer auch selbst ans Steuer setzen, also auf keinen Fall den Verkäufer fahren lassen. Da gibt es Bremsen, die kaum noch fassen, Kupplungen, die kaum noch funktionieren, die aber der geübte Verkäufer so bedient, daß der Beifahrer nichts merkt. Rupfende Kupplungen zum Beispiel können kaum mehr repariert, sondern müssen ausgetauscht werden.

Auch die Fahrtstrecke sollte der Käufer selbst aussuchen. Er darf sich nicht auf die ausgetüftelte Strecke des Verkäufers verlassen. Da besonders der Nichtfachmann nur bei der Probefahrt die Chance hat, technische Eigenschaften des Autos zu prüfen, muß er hier gründlich sein. Die ADAC-Ratgeber machen darauf aufmerksam, daß eine Probefahrt nur dann sinnvoll ist, wenn ein Auto auch mit Höchstgeschwindigkeit gefahren werden kann.

Wenn ein Verkäufer bei der Probefahrt gleich das Radio voll aufdreht, müssen wir nicht immer sicher sein, daß wir neben einem Musikliebhaber sitzen. Er kann auch Geräusche verdecken wollen.

Freilich muß gesagt werden, daß es einigen Verkäufern gelingt, Geräusche auch auf andere Weise zu überdecken. So hat nicht erst ein Käufer eines Tages feststellen müssen, daß im Getriebeöl Sägespäne waren. Sägespäne im Getriebeöl dämpfen nicht nur Schadensgeräusche, sie verhindern obendrein, daß Öl an undichten Stellen heraustropft. Aber eine solche Pampe ist noch keinem Differential gut bekommen.

Aus dem bis jetzt Angedeuteten ist vermutlich schon zu erkennen, daß die Beschaffenheit eines Autos nur schwer festzustellen ist. Vielleicht hat sich deshalb eingebürgert, vor allem zwei äußere Gegebenheiten als Hinweise für den Wert des Wagens gelten zu lassen: Baujahr und gefahrene Kilometer.

Leider sind auch diese so zuverlässig wirkenden Daten nicht immer verläßlich. Auch hier ist eine gewisse Zurückhaltung angebracht. Um das korrekte Baujahr zu erfahren, darf man nur den Kfz-Brief als Unterlage benützen. Hier, im Kfz-Brief, steht der Tag der ersten Zulassung. Nur Händler operieren noch gern mit Baujahren. Fast alle Hersteller unterlassen heute derartige Angaben.

Die Hersteller halten sich mit ihren Modelländerungen nämlich nicht an den Jahreswechsel im Kalender. Ihre neuen Modelle erscheinen meistens nach der Sommerpause. Aber viele Händler bieten etwa einen Wagen, der im August 1968 vom Band gerollt ist, sehr gern als Modell 1969 an.

Auch auf den Kilometerstand kann man sich nicht unbedingt verlassen. Die „Deutsche Auto Zeitung“ in Köln verriet vor einiger Zeit ihren Lesern, wie sie den Kilometerstand auf fast reell wirkende Weise verändern könnten. Als Adresse empfahlen sie den Erstausrüster für alle deutschen Automobilwerke, die VDO-Tachometerwerke. Sie empfahlen, was sie selbst bei der VDO-Servicestation in Düsseldorf ausprobiert hatten. Dort hatten sie einen Opel Commodore mit einem Kilometerstand von 62.384 hingebracht und erhielten ihn mit 40.000 zurück. Ein BMW, der 19.395 km gelaufen war, wurde sogar auf 8000 runterfrisiert. Der Spaß war nicht besonders teuer. Im ersten Fall mußten die Tester DM 20,10 bezahlen, im zweiten DM 24,42.

Mittlerweile dürfte diese Möglichkeit nicht mehr bestehen. Auch das früher übliche Zurückdrehen mit Bindfaden oder Elektromotor ist bei den neuen Modellen kaum noch möglich. Aber wer sich rechtzeitig darauf vorbereitet, braucht sich ja nur einzureden, daß sein Tacho kaputt sei, und sich nach einigen zehntausend Kilometern einen neuen Tacho einbauen lassen. Er kann auch die Antriebswelle eine Weile aushängen und mit dem Drehzahlmesser fahren. Für kosmetische Operationen der Zählwerke gibt es also einige Möglichkeiten.

Aber zuverlässig ist nicht einmal der Blick in den Kfz-Brief, vor allem, wenn man nachsehen will, wie viele Vorbesitzer oder welche Vorbesitzer der Wagen hatte. Da ein Auto 30.000 km nicht gleich gut hinter sich bringt, wenn es von einem routinierten Fahrer benutzt worden ist oder in einer Fahrschule oder einer Autovermietung seine Jugendjahre verbrachte, möchte man schon genauer Bescheid wissen.

Zunächst aber besteht die Schwierigkeit, daß man den Brief gar nicht in die Finger bekommt, wenn man nicht sofort bar bezahlt. Außerdem haben ganz ausgewichste Verkäufer noch eine Masche, die meistens funktioniert. Sie melden den Wagen zum Export an. Der KFZ-Brief wird eingezogen. Nach einigen Monaten gehen sie wieder zur Zulassungsstelle, erklären dort, daß aus dem Export nichts geworden ist und erhalten dann in der Regel aus Flensburg einen neuen Brief. In dem sind dann die Vorbesitzer oft nur auf der letzten Seite eingetragen.

Der flüchtige Betrachter des Kfz-Briefes übersieht diese Eintragung dann nur allzu leicht.

Mit besonderer Vorliebe wird der Hinweis, daß das Fahrzeug gerade beim TÜV war, als Garantie für guten Zustand angegeben und ausgegeben. Doch tatsächlich ist der Wagen dort nur als betriebs- und verkehrssicher erklärt worden. Daß danach Reifen, Batterien, sogar Bremsbeläge ausgewechselt wurden, gehört fast zum normalen Alltag. Es sind sogar schon Motoren unmittelbar nach der Prüfung ausgebaut worden. Es gibt Tankstellen und Werkstätten, die Autoteile für das Prüfgelände verleihen. Ein Fall ist bekanntgeworden, bei dem von einem Händler 28 Wagen mit jeweils dem gleichen Auspuff vorgeführt wurden.

Daß auch beim Kauf von Gebrauchtwagen im Vertrag das Kleingekörnte gelesen werden sollte, versteht sich von selbst. Auch wenn hier oft schon im Großgedruckten mit dem Vorschlaghammer gearbeitet wird.

Wer sich aber nicht übers Ohr hauen lassen will, muß in diesen Vertrag viel mehr reinschreiben, als vorgedruckt steht. Die Zeit zwischen Kauf und Auslieferung wird von vielen Händlern genutzt – und nicht zum Vorteil des Käufers. Der ADAC schlägt deshalb vor, daß es sogar ratsam sein kann, die Profilhöhe der vorgezeigten Reifen nach Millimetern nachzumessen und entsprechend im Vertrag festzuhalten.

Es kann aber auch passieren, daß man den gekauften Wagen nicht erhält. Man hat sich einen VW vielleicht für DM 3600,– gekauft. Der Händler hat das Schild „verkauft“ an den Wagen geheftet. Kaum ist man weg, kommt ein neuer Kunde, möchte diesen Wagen haben. Der Händler (der ja nun kein Preisschild mehr am Wagen zu haben braucht) wird versuchen, diesen Wagen zum zweitenmal zu verkaufen, aber zu einem höheren Preis. Er wird eine Ausrede erfinden und trachten, die Anzahlung zu behalten und dem ersten Käufer einen anderen Wagen anzudrehen.

Erscheint ein solcher Interessent freilich just in jenem Augenblick, in dem wir einen Wagen besichtigen und der Händler mitten im besten Verkaufsgespräch ist, müssen wir nicht unbedingt davon ausgehen, daß wir einen Kaufkonkurrenten vor uns haben. Je leidenschaftlicher er den Wagen lobt, je gieriger er wirkt, desto zurückhaltender sollten wir werden. Wenn dieser Fremde meint, „den oder keinen“, dann überlassen Sie ihm den und nehmen Sie keinen. Meistens sind diese Fremden nur uns unbekannt, dagegen dem Händler vertraut und von ihm bezahlt. Das alles sind nur Hinweise. Es sollte lediglich darauf aufmerksam gemacht werden, daß nicht alles Blech ist, was lackiert werden kann.

Während ich dem Käufer eines neuen Wagens empfohlen habe, nur in Begleitung eines Anwaltes zum Händler zu gehen, empfiehlt sich dem Käufer eines gebrauchten Wagens, einen Kfz-Ingenieur mitzunehmen. Es lohnt sich außerdem, die ADAC-Broschüre zu kaufen. Sie kostet nur ein paar Mark. Ein gebrauchtes Auto, womöglich noch eine Woche vor der Urlaubsreise erworben, kann Kopf und Kragen kosten.

Deutschland, deine Werkstätten

Eine VW-Werkstatt in Ülzen hatte sich so absonderliche Arbeitsmethoden ausgeknobelt, daß selbst die Kripo Celle, Dezernat Betrug, mehr dahinter zu entdecken glaubte als handelsüblichen

Pfusch. Einem fabrikneuen Auto soll beispielsweise bei der ersten Inspektion flink der neue Motor ausgebaut worden sein, an seine Stelle kam ein Schrottmotor unter die Haube.

Außerdem wurde die Werkstatt beschuldigt, sie hätte Kunden, um den Verkauf neuer Wagen ein bißchen anzukurbeln, das Motoröl abgelassen, wenn diese Autos während der Garantiezeit zur Inspektion gebracht worden waren. Planmäßig fraßen sich die Kolben natürlich fest. Der Motor wurde ins Werk geschickt, und man bekam anstandslos einen neuen Motor. Das heißt, die Werkstatt bekam den neuen Motor, nicht etwa der Kunde. Dem wurde ein ausgedienter, gerade noch laufender Motor eingebaut.

Auch Auspuffanlagen wurden vom Schrottplatz geholt, hübsch angepinselt und als neu eingebaut – vor allem als neu berechnet.

An fast neuen Kundenwagen sollen Achsen ausmontiert worden sein, auch sie wurden durch verschlissene alte Achsen ersetzt.

Den Umsatz durch Verkauf neuer Wagen verstand die Werkstatt auf folgende Weise anzuheben: Wenn der firmeneigene Abschleppwagen Unfallautos barg, wurden die Unfallbeschädigungen, wie es in einem Bericht heißt, „so vergrößert, daß die Fahrzeuge nicht mehr reparaturfähig waren. Die Versicherungen zahlten den Tagespreis".

Damit hatte der Kunde dann gleich eine Anzahlung für einen neuen Wagen, den ihm der hilfsbereite Händler verkaufte. Das VW-Werk hat diese Werkstatt aus ihrer Organisation sofort ausgeschlossen. Aber sie arbeitete weiter – nur eben markenlos. Die Handwerkskammer, so heißt es in dem Bericht, „wollte von gewissen Vorfällen" wohl gehört haben, aber sie glaubte keine Möglichkeit zu sehen, eingreifen zu können.

Vermutlich wäre es auch unmöglich. Denn es darf bezweifelt werden, daß allzu viele Werkstätten der Bundesrepublik überleben würden. Im Sommer 1970 untersuchte der „Stern" gemeinsam mit ADAC-Ingenieuren 120 bundesdeutsche Kfz-Werkstätten und kam zu dem niederschmetternden Ergebnis, daß keine dieser Werkstätten fehlerfrei gearbeitet hatte.

Es scheint so zu sein, daß alle Werkstätten über ihr Portal schreiben könnten: „Hier bedienen Sie die Herren Pfusch, Nepp und Schlamperei."

Dabei hatte der „Stern" nicht etwa komplizierte Reparaturen

kontrollieren lassen, sondern ganz normale Inspektionen überprüft. Man arbeitete mit Testwagen, die „mit Hilfe der ADAC-Ingenieure sorgfältig vorbereitet und kontrolliert" auf die Reise durchs Neppkartell geschickt wurden.

„Eine Werkstatt auf Rädern, ausgerüstet mit modernsten Werkzeugen und Meßgeräten, begleitete die Testkolonne auf ihrer 4000-Kilometer-Fahrt quer durch Deutschland. Die Testwagen wurden jeweils mit zehn eingebauten Mängeln zur ‚Großen Inspektion ohne Ölwechsel' in den Werkstätten abgegeben, hinterher in Spezialgaragen genau untersucht." Der „Stern" zitierte zu diesen zehn Mängeln den stellvertretenden Bundesinnungsmeister des Kraftfahrhandwerks, Fritz Haberl: „Die zehn eingebauten Mängel des Stern-ADAC-Werkstatt-Tests sind durchaus repräsentativ für die gesamte Inspektion. Wenn diese Mängelpunkte schlecht sind, ist die ganze Inspektion schlecht."

Im einzelnen waren folgende zehn Mängel vorbereitet worden:

1. Von der Bremsflüssigkeit wurde rund die Hälfte abgesaugt.
2. Die linke Bremslichtbirne wurde durchgebrannt.
3. An der Hupe wurde ein Kabel gelöst.
4. Aus den mittleren Zellen der Batterie wurde so viel Wasser abgesaugt, daß die Platten herausragten.
5. Der Schließwinkel für Zündung wurde so weit verstellt, daß der Motor gerade noch lief.
6. Das Lenkungsspiel wurde auf eine Handbreit ausgedehnt.
7. Die Handbremse wurde so verstellt, daß sie nicht mehr funktionieren konnte.
8. Beim linken Vorderreifen wurde die Luft bis auf 1,2 atü abgelassen; der rechte auf 2,5 atü hochgepumpt.
9. Ein Kerzenstecker wurde beschädigt.
10. Die Birne der Innenbeleuchtung wurde durchgebrannt.

Jeder Autofahrer weiß, daß einige der genannten Schäden im Ernstfall tödliche Folgen haben können.

Insgesamt wurden aber nur 59 Prozent der Mängel korrekt behoben; wie bereits erwähnt, hat keine der 120 Vertragswerkstätten der Firmen BMW, Mercedes, Ford, Opel, VW und Fiat einwandfrei gearbeitet.

Eine Werkstätte in Stuttgart-Birkach ging als Sieger aus

dieser Konkurrenz hervor. Sie füllte in dem vorbereiteten Fiat nur das Batteriewasser nach und berechnete für diese Strapaze DM 59,94. (Natürlich darf nicht übersehen werden, daß sicher viel Zeit daran verwendet werden mußte, auf den Rechnungsbetrag von DM 59,94 zu kommen.)

Fast alle Fehler – bis auf den Kerzenstecker – entdeckte lediglich die Ford-Werkstatt E. Sorg in Fulda und berechnete auch nicht viel mehr als die Kollegen aus Stuttgart fürs Batteriewasser.

Der „Stern“ hatte sich für die Beurteilung der einzelnen Werkstätten und auch der Marken ein Punktesystem ausgeknobelt und errechnete auf diese Weise, daß man durchschnittlich nicht bei jenen Marken am besten bedient wird, die diesen Ruf haben, nämlich VW und Mercedes, sondern bei Ford und Opel. Zu einer anderen Reihenfolge kam man bei der Kostenberechnung. Hier erwies sich VW am billigsten, Mercedes am teuersten.

Doch entscheidend dürften die differenzierten Erfahrungen sein, die von den Testern gemacht worden sind, von denen hier allerdings nicht alle aufgezählt werden können. Immerhin ergab sich ein bestimmtes Grundmuster:

Wichtige Fehler wurden nicht erkannt und nicht behoben. Teile, die völlig in Ordnung waren, wurden ersetzt. Hin und wieder wurden auch Teile nicht ersetzt, sondern Ersatz nur berechnet.

Daß in einer BMW-Werkstatt das Nachstellen der Bremsen und das Einstellen der Lenkung zusätzlich berechnet wurden, obwohl diese Leistungen bereits im Inspektionspreis enthalten waren, man sich also diese Tätigkeit doppelt bezahlen ließ, gehört zum Alltag der Kfz-Besitzer.

Daß grundsätzlich willkürlich berechnet wird, haben wir ebenfalls vermutet. Von 120 Werkstätten berechneten nur ganze vier Betriebe „ihre Arbeit ganz reell“. Also unterschiedliche Qualität, unterschiedliche Preise für gleiche Leistungen bei gleichem Können und gleichen Preisen für eingebautes Material. Das alles ist im Grunde nicht verblüffend. Mich hat es jedenfalls nicht besonders beeindruckt. Bestürzt war ich nur über die Abgebrühtheit, mit der die manchmal nur noch als tödliche Waffe zu benutzenden Autos dem Besitzer wieder ausgehändigt wurden.

So erklärte der Chef der oben erwähnten Fiat-Werkstatt, als der ADAC-Testingenieur den Testwagen noch einmal zur

Reifendruckkontrolle vorfuhr: „Das habe ich alles selbst geprüft."

Nichts hatte er getan. Batteriewasser nachgefüllt und eine unverschämte Rechnung vorgelegt.

In einer Düsseldorfer VW-Werkstatt wurden „Spur und Sturz der Vorderräder mit falschem Luftdruck so lebensgefährlich eingestellt, daß der Wagen nicht mehr geradeaus fuhr und das Lenkgetriebe beschädigt wurde. Notwendige Reparatur: 200 Mark".

In einer Ford-Werkstatt in Dortmund wurden von den zehn Mängeln nicht nur lediglich drei beseitigt, der Testwagen kam obendrein „mit einer kleinen Beule an der hinteren Stoßstange aus der Werkstatt".

Für das Auswechseln einer Bremslichtbirne am Mercedes, eine Arbeit von ein paar Minuten, kostete die Birne DM 1,49, der „Arbeitslohn für diese Minuten DM 7,85". Selbst für Klein- und Reinigungsmaterial, das normalerweise nicht berechnet wird, verlangte eine Mercedes-Werkstatt DM 11,32, selbstverständlich ohne genau anzugeben, was da für Material verbraucht worden sein sollte.

In einer Ford-Werkstatt wurden 250 ccm Bremsflüssigkeit berechnet, obwohl im Behälter nur 100 ccm gefehlt hatten.

Eine Münchner Ford-Werkstatt verlangt für das Aufstecken des gelösten Hupenkabels DM 8,35. Obendrein war diese Tätigkeit auch noch einmal im Inspektionspreis enthalten.

Über die „vielgepriesene VW-Diagnose" hieß es im „Stern"-Bericht: „Jeden Tag stand auf dem VW-Diagnose-Zettel etwas anderes. Spur und Sturz der Vorderräder beispielsweise (sie werden auf dem Diagnosestand mechanisch vermessen) hatten von Werkstatt zu Werkstatt einen anderen Wert. Ähnlich war es mit dem Schließwinkel und dem Kompressionsdiagramm."

Auf der Rechnung einer Düsseldorfer VW-Werkstatt wurde die Reinigung von Batteriepolen berechnet; dabei hatte man nicht einmal das abgelassene Wasser der Batterie nachgefüllt, geschweige denn die Batteriepole gereinigt.

Selbstverständlich haben nicht alle Werkstätten so gearbeitet. Wenn aufgezählt wird, daß eben in manchen Fällen Leistungen berechnet wurden, die gar nicht erbracht worden waren, heißt das umgekehrt, daß andere Werkstätten gewisse Dinge machten, ohne dafür etwas zu berechnen. Die erwähnte falsche Einstellung der Spurstangen in der Düsseldorfer Werkstatt wurde in der Gladbecker VW-Werkstatt entdeckt. Hier wurde dann für die genannten 200 Mark eine neue Lenkung eingebaut. Aber die Fehler der Düsseldorfer waren eben lebensgefährlich gewesen.

So kamen die „Stern"-Tester zu dem Schluß:

„Mit der Sicherheit ihrer Kunden gehen auch andere Werkstätten fahrlässig um. Denn die beiden lebenswichtigen Prüfpunkte des Tests, Nachfüllen der fehlenden Bremsflüssigkeit und Beseitigen des handbreiten Lenkungsspiels (in Geradeausstellung) wurde nur mangelhaft erfüllt. Unbegreiflich, daß viele Werkstätten trotz ausgedehnter Probefahrten den Fehler an der Lenkung nicht bemerkten."

Der Test hat wohl eindeutig erwiesen, daß wir den Werkstätten ziemlich hilflos ausgeliefert sind, wenn wir unseren Wagen nur zu einer normalen Inspektion bringen. Wie viele Möglichkeiten es gibt, uns übers Ohr zu hauen, wenn wir einen ernsten Schaden haben, kann man danach leicht extrapolieren.

Besonders leichtfertig handelt deshalb jener Kunde, der seinen Wagen in die Werkstatt bringt und sagt: „Machen Sie alles fertig, was zu machen ist, ich will nächste Woche auf Urlaub fahren." Oder: „Der Wagen muß zum TÜV. Machen Sie alles, damit er durch die Prüfung kommt." Dann können die Werkstätten zeigen, wozu sie fähig sind.

Damit in der Werkstatt die angestellten Meister und Annahmeexperten auch nichts übersehen, was in dem Auto angebracht, repariert oder ausgewechselt werden kann, ist es in einigen Werkstätten üblich, daß der Meister oder der Annehmer prozentual an den Reparaturrechnungen beteiligt wird. Der Erfolg liegt auf der Hand.

Obwohl die Werkstätten über Personalmangel klagen, sogar viele Mängel damit begründen, daß sie nicht genug Mechaniker haben – in der „Welt am Sonntag" wurde kürzlich vom „Junior-Chef eines großen Hamburger Betriebes" berichtet, der nach Tunis gefahren war und drei Wochen lang versuchte, „muselmanische Mechaniker zu Schraubenschlüssel und Hebebühne an die Elbe zu locken" –, gehen viele von ihnen noch mit Tricks auf Kundenfang. So schlimm kann es also mit dem Personalmangel nicht sein. Oder? Beispielsweise wird seit einigen Monaten in Hamburg und in Berlin gegen Polizisten ermittelt. Es sind Sonderkommissionen eingerichtet worden, die untersuchen sollen, ob Verkehrsstreifen der Polizei mit Abschleppunternehmen und Werkstätten zusammengearbeitet und von diesen Bestechungsgelder erhalten haben.

Bis zum Juni 1971 war noch immer nicht entschieden worden, ob angeklagt oder eingestellt werden soll. Immerhin gab die Berliner Polizei bekannt, daß die Akten von 26 Verfahren bei der Staatsanwaltschaft liegen. Obendrein hat man sich dort zu einer neuen Dienstanweisung durchgerungen. In Berlin dürfen nun keine Polizeibeamte mehr bei der Aufnahme eines Unfalls von sich aus ein Abschleppunternehmen benachrichtigen. Nur wenn ein Autofahrer ausdrücklich eine bestimmte Firma verlangt. Hat der Fahrer aber keine bestimmten Vorstellungen, müssen die Beamten ihre Zentrale benachrichtigen. Diese bestellt dann einen Abschleppwagen nach einer Liste und sucht das Unternehmen aus, das sich dicht beim Unfallort befindet.

In Hamburg wird gegen drei Beamte ermittelt, die eng mit einer Abschleppfirma und Werkstatt zusammengearbeitet haben sollen. Autofahrer, die in einen Unfall verwickelt worden waren, sollen von diesen Beamten dazu „überredet" worden sein, ihr Unfallauto von einer bestimmten Firma in eine bestimmte Werkstatt bringen zu lassen.

Nun darf man auch nicht glauben, daß man sich für Nepp durch Kfz-Werkstätten schützt, indem man sich beispielsweise vorher sagen läßt, wie hoch die Reparatur kommen wird.

Wiederum im Kleingedruckten eines Reparaturauftrages, der verschämt als „Abhol-Ausweis" tituliert wird, stehen Bedingungen, die man sich auf der Zunge zergehen lassen sollte. (Auch hier sind die Unterschiede der Bedingungen von Werkstatt zu Werkstatt unerheblich. Die hier zitierten Passagen sind also so oder ähnlich bei den meisten Werkstätten enthalten.)

Was den Kostenanschlag betrifft, heißt es so bei einer Opel-Firma in Hamburg:

„Unsere Kostenvoranschläge sind nur dann verbindlich, wenn sie schriftlich abgegeben und als verbindlich bezeichnet werden. Sollten wir bei der Durchführung des Auftrages die Ausführung zusätzlicher Arbeiten als notwendig erachten, so kann der Umfang der Arbeiten ohne Rückfrage bis zu 15% überschritten werden. Die zur Erstellung eines Kostenanschlages gemachten Leistungen und Lieferungen besonderer Art werden dem Auftraggeber auch dann berechnet, wenn es nicht zur Ausführung der

Arbeiten oder nur zu einer solchen in abgeänderter Form kommt."

Auch von vielen Haftungen sichern sich die Werkstätten vorsichtshalber ab. So heißt es dazu bei obiger Firma (und es gibt wesentlich rabiatere Werkstätten):

„Wir gewährleisten eine dem jeweiligen Stand der handwerklichen Technik entsprechende fehlerfreie Durchführung des erteilten Auftrags. Unsere Gewährleistung beschränkt sich auf die Verpflichtung, den nachgewiesenen Mangel in unseren Arbeitsräumen zu beseitigen. Weitergehende Ansprüche des Auftraggebers, insbesondere Ansprüche auf Ersatz unmittelbaren oder mittelbaren Schadens aus sog. positiver Vertragsverletzung, aus fahrlässiger unerlaubter Handlung, aus Verschulden unserer Erfüllungsgehilfen usw. können nicht anerkannt werden... Für nicht selbst hergestellte Teile beschränkt sich unsere Gewähr auf die uns gegen unsere Lieferanten zustehenden Ansprüche. Die Gewährleistungsansprüche müssen bei Abnahme des Auftragsgegenstandes oder, wenn der Mangel bei Abnahme nicht erkennbar war, unverzüglich nach Feststellung unter schriftlicher Mitteilung und genauer Bezeichnung des Mangels geltend gemacht werden; andernfalls erlöschen sie.

Die Gewährleistungspflicht erlischt 8 Wochen nach Abnahme bzw. Meldung der Fertigstellung des Auftragsgegenstandes oder der frühzeitigeren Zurücklegung einer Fahrtstrecke von 3000 km und, sofern nichts anderes schriftlich vereinbart wurde, wenn uns der Gegenstand nicht innerhalb einer Woche nach Feststellung des Mangels kostenfrei zugestellt wird...

Auch wenn der Auftraggeber Gewährleistungsansprüche geltend macht, hat er den Rechnungsbetrag sofort zu bezahlen..."

Das alles steht unter dem Punkt „Gewährleistung". Aber auch der folgende, „Haftung", verdient Beachtung. Da heißt es unter anderem:

„Für Verlust oder Beschädigung der uns übergebenen Fahrzeuge... z. B. durch Feuer, Diebstahl, bei erforderlichen Probefahrten – übernehmen wir auch für unsere Erfüllungsgehilfen nur insoweit eine Haftung, als sie durch schuldhafte Außerachtlassung unserer Sorgfaltspflicht entstanden sind. Die Haftung beschränkt sich auf die Instandsetzung oder, falls diese unmöglich oder mit unverhältnismäßig hohen Kosten verbunden ist, auf Ersatz des Zeitwertes des Gegenstandes am Tage der Beschädigung oder des Verlustes. Der Ersatz eines weitergehenden, insbesondere mittelbaren Schadens wird nicht gewährt."

Mit einer Änderung dieser allgemeinen Geschäftsbedingungen ist in absehbarer Zeit nicht zu rechnen. Auf eine entsprechende Frage der Zeitschrift „Test" erwiderte der stellvertretende Bundesinnungsmeister des Kfz-Handwerks, Fritz Haberl: „Ich glaube nicht, daß allein durch eine Veränderung der allgemeinen Geschäftsbedingungen dem Kraftfahrer gedient wäre. Die einzelnen Punkte, an die man bei einer Veränderung denken könnte, bergen zu viele Probleme, als daß man in diesem Rahmen dazu Stellung nehmen könnte." Fritz Haberl gilt als Initiator einer kürzlich ins Leben gerufenen Schiedsstelle des Kfz-Handwerks.

Allerdings haben sich schon vorher wegen des skandalösen Rechtszustands Autofahrer zu einer „Schutzgemeinschaft der Kraftfahrer e. V." zusammengeschlossen. Eine „Schutzgemeinschaft wurde 1968 in Frankfurt vom Steuerberater Dr. Székely gegründet und soll mittlerweile 30.000 Mitglieder haben". („Die Zeit" vom 4. 9. 1970.) Für diese Schutzgemeinschaft sollen 160 Sachverständige und 360 Anwälte arbeiten.

Aber auch die Automobilklubs haben Sachverständige, an die sich Mitglieder in Zweifelsfällen wenden können. Rechnungen können hier geprüft werden, und es werden technische Auskünfte gegeben. Das ist natürlich noch lange nicht verbindlich.

So leicht, wie wir von den Werkstätten beschummelt werden, lassen diese sich nicht überfahren. In vielen Werkstätten werden Autos, die das Mitgliedsemblem der Frankfurter Schutzgemeinschaft, einen stilisierten Schraubenschlüssel, aufmontiert haben, gar nicht erst angenommen. Insgesamt haben sich bisher 8 Werkstätten in der Bundesrepublik bereit erklärt, sich nach den Bedingungen zu richten, die von dieser Schutzgemeinschaft erarbeitet worden sind. 8 von rund 23.000. Das ist immerhin ein Anfang.

Vielleicht sind die Anforderungen der Frankfurter zu hoch, und es ist von redlichen Werkstätten auch nicht zu verlangen, daß sie sich ihnen anpassen.

Aber da es solche Werkstätten geben muß – ich bilde mir etwa ein, eine zu haben, bei der ich nicht, jedenfalls nicht mutwillig, betrogen werde –, ist schwer einzusehen, warum sie sich nicht irgend etwas ausdenken, um sich von ihren weniger anständigen Kollegen zu distanzieren. Sie müssen doch ein Interesse daran haben, mit den Strolchen nicht in einen Sack gesteckt zu werden.

Verführungsmaschine Supermarkt

Der Supermarkt als Pop

„Pinkeln müssen sie alle." Mit dieser schwer zu widerlegenden Behauptung entschuldigte in irgendeinem Film der Schauspieler Ralf Wolter seine berufliche Tätigkeit als Toilettenmann in einem von SA-Männern bevorzugten Restaurant. Einen ebenso treffenden – wenn auch weit weniger wirksamen – Ausspruch hätte er natürlich für einen Lebensmittelhändler tun können. Denn auch „futtern müssen sie alle". Nur hätte der so geänderte Text kaum einen Zuschauer auch nur lächeln lassen. Offenbar ist nämlich das Essen noch selbstverständlicher als das Pinkeln. So reizvoll es nun wäre, sich in diese Problematik weiter zu vertiefen, ich muß darauf verzichten. Ich muß mich damit bescheiden, auf die Bedeutung des Essens aufmerksam gemacht zu haben, angedeutet zu haben, daß Essen zu den wichtigsten Voraussetzungen unserer Existenz überhaupt gehört.

„Der Magen ist die erste Lampe, auf die Öl gegossen werden muß." So heißt es bei Ernst Bloch. „Sein Sehnen ist genau, sein Trieb so unvermeidlich, daß er nicht einmal lange verdrängt werden kann." Natürlich geht es Bloch nicht um so läppische Dinge, wie sie hier behandelt werden. Er hatte sich in den diesen Sätzen vorangegangenen Kapiteln mit Freud, Adler und Konsorten auseinandergesetzt.

Aber es ist uns hoffentlich eingebläut, daß die Aufnahme von Nahrung wichtig ist, wir können demnach schließen, daß auch das Einkaufen von Lebensmitteln ähnlich bedeutend ist.

So gibt es auch seit mehr als hundert Jahren Fachgeschäfte

für diesen Zweck. Freilich hat man sie meistens – weder damals noch später – bei uns auch so genannt, nämlich Lebensmittelgeschäfte. Man sprach von Kolonialwarenhändlern, und vielleicht assoziieren einige Ältere mit diesem Namen auch gleich den Geruch tropischer Artikel, von Gewürzen, Spezereien, oder sie denken nur an Kaffee, Tee, Kakao, Zucker, die vom Händler auch abgewogen und verpackt wurden.

Die modernen Absatzperfektionisten machen sich, viel vornehmer als wir, weniger Gedanken darüber, auf welchen Namen so ein Laden nun getauft werden soll. Für sie ist entscheidend, daß genau hier im Laden das letzte Urteil über ihre Arbeit gesprochen wird. Hier im Laden entscheidet sich, ob die manchmal jahrelange Vorbereitung, die zur Entwicklung eines Produktes geführt hat, sich auszahlen wird oder sinnlos vertan worden ist. So hüten sie sich auch davor, einen Laden schlicht einen Laden zu nennen. Für sie ist das eben der Pop, der point of purchase, der Punkt des Verkaufs.

Selbst ein Genie wie Goethe war sich nicht ganz klar über die Bewertung von Namen. Da läßt er im „Faust I" den Träger der Titelrolle sagen: „Name ist Schall und Rauch, umnebelnd Himmelsglut." Seinem Gesprächspartner Eckermann gegenüber aber behauptet er dann das Gegenteil: „Ein Name ist nichts Geringes. Hat doch Napoleon eines großen Namens wegen fast die halbe Welt in Stücke geschlagen."

Nun wäre es sinnlos, sich gerade mit Goethe anzulegen oder mit dessen Ansichten zu Napoleons Motivationen, die ja auch in diesem Zitat nicht gerade vollständig beschrieben sind. Ich habe das auch nur erwähnt, weil wir offenbar zu bestimmten Namen seltsame Beziehungen haben. Insbesondere scheint sich hinter dem weiblichen Vornamen Emma ein schwer ergründbares Geheimnis zu verbergen. Wenn Emma im Moment auch nicht gerade zu den beliebtesten Vornamen gerechnet werden darf – die neueste Hitliste hat Nicole vorn, gefolgt von Claudia, Sabine, Anja, Manuela, Alexandra, Kerstin, Andrea, Silke, Sandra, Petra –, wird er als Gattungsbegriff um so häufiger gebraucht.

Da sind die Freunde des Meeres (und der Morgensternschen Lyrik), die behaupten, daß die Möwen alle aussähen, als ob sie Emma hießen. Händler wiederum und jene, die sich mit Händlern beschäftigen, haben gewisse Läden auf den Namen Emma getauft, noch leicht umgewertet durch Hinzusetzung der verwandtschaftlichen Bezeichnung Tante. Sie sprechen von Tante-Emma-Läden und meinen damit jene, die bald pleite sind, wenn sie nicht schon während der letzten zwei Jahrzehnte pleite gegangen sind.

Mit dem Namen Emma scheint sich demnach – und deshalb dieser geschwätzige Exkurs – eine etwas teure Betulichkeit zu assoziieren; altvertraut, aber eben tödlich langweilig, vor allem hoffnungslos unmodern, Rudiment einer vergessenen Epoche.

Der flotte Mensch von heute kauft anders. Mit Tante Emma will er nichts mehr zu tun haben. Er ist zum Supermarkt übergelaufen. (Wobei ich vorsichtshalber darauf hinweise, daß ich mit dem Begriff Supermarkt einigermaßen großzügig umzugehen beabsichtige. Die allgemein und in vielen Ländern anerkannte Definition, „Ein Supermarkt ist ein Lebensmittelselbstbedienungsladen von mindestens 400 m^2, der außer dem üblichen Lebensmittelsortiment auch Frischobst, Frischgemüse, Frischfleisch und Artikel des Tagesbedarfs führt", ist zwar sehr schön, aber bringt uns insofern nicht weiter, als auch Läden von 399 m^2 von uns beachtet werden sollen, ohne sie gleich umtaufen zu müssen. Abgesehen davon, daß auch diese akzeptierte Definition in der Fachwelt immer mal wieder revidiert werden muß. So wurden später die Lebensmittelabteilungen großer Kaufhäuser einbezogen und der sich immer mehr ausbreitende Teil der Nichtlebensmittel, der Nonfood-Artikel. Nach der aktuellen Definition dürfen diese nicht mehr als ein Drittel des gesamten Ladenumsatzes ausmachen.)

Auf alle Fälle: Am Tod von Tante Emma zweifelt niemand mehr. Er ist sogar so entschieden akzeptiert, daß in den USA die Wiedergeburt vorbereitet wird. Ob das gelingt, wird sich zeigen. Bei uns ist der Trend eindeutig. Es gibt immer weniger, dafür immer größere Läden. Wir kaufen im Supermarkt. Aber das impliziert eben mehr als die Änderung des Namens vom Pop. Unser gesamtes Kaufverhalten hat sich grundlegend geändert. Unser Gesprächspartner ist nicht mehr die Person des Händlers, sondern die Ware.

Ist Tante Emma vielleicht daran gestorben, daß wir nicht mehr reden wollen?

Die Bevorzugung des Supermarktes wird oft damit begründet, daß wir es gern haben, die Waren anzufassen. Durch dieses handgreifliche Verhältnis zur Ware kann sich die Hausfrau angeblich besser über die Qualität der Waren informieren. Außerdem wird behauptet, im Supermarkt könne man wesentlich schneller einkaufen. Doch als ganz besonderer Vorzug wird immer wieder die Anonymität gepriesen.

Bei Tante Emma mußte man erst lange Gespräche führen. „Guten Tag Frau Amtsrat Köhler was macht Erwins Bronchitis und was sagen Sie denn zu Hebemeiers Carola oder wissen Sie das noch gar nicht gut gehen kann das jedenfalls nicht" und so endlos weiter. Da einige dieser biederen Emmas auch nicht ganz ungeschickt waren, wurde man durch freundliches Getue oft genug dazu verführt, Dinge zu kaufen, die man eigentlich gar nicht kaufen wollte.

Wie anders der Supermarkt.

Zielstrebig betreten wir ihn, steuern auf den Abschnitt zu, an dem die Dinge lagern, die wir kaufen wollen, wir nehmen sie und sind wieder draußen, ehe jemand guten Tag sagen oder sonst unsere Anwesenheit zur Kenntnis nehmen konnte; niemand hat uns angesprochen, weil uns niemand kennt. So schön ist das im Supermarkt, so einfach, so schnell.

Wer immer noch glaubt, daß es so ist, der muß sich endlich damit abfinden, daß er sich entsetzlich irrt.

Wohl nirgendwo auf der Welt ist der Käufer so intim bekannt, so präzise analysiert, so gründlich durchleuchtet und geprüft wie im Supermarkt. Wer hier registriert, wie zwischen Verkäufer und Käufer kommuniziert wird, kann sich die Lektüre von Marshall McLuhan ersparen (sollte er jemals ein derartiges Bedürfnis gehabt haben).

Glauben Sie im Ernst, daß Sie durch den Supermarkt marschieren, wie es Ihnen gefällt? Daß Sie schnurstracks auf die Regale zusteuern, in denen Sie die Ware erwarten, die Sie zu kaufen vorhatten? Glauben Sie wirklich, daß Sie nur so lange im Laden sind, wie Sie bleiben wollten?

Selbst jene Hausfrau, die sich für besonders kritisch hält, ist naiver, als sie denkt. Denn auch für kritische Kunden haben die Absatzkünstler Fallen ausgelegt. Es wird eben für jeden gesorgt.

Weil durch uns, also durch die privaten Haushalte, für Nahrungs- und Genußmittel noch weitaus das meiste Geld ausgegeben wird – auch wenn sich der Anteil gemäß dem Engelschen Gesetz an den Gesamtausgaben zu vermindern scheint (nach den letzten vorliegenden Statistiken waren es über 94 Milliarden D-Mark, der nächste Posten, Kleidung, lag unter 35 Milliarden) – und weil ein überaus großer Teil dieser Beträge in den Registrierkassen der Supermärkte klingelt, sollten wir uns einigermaßen gründlich damit befassen, was in diesem Pop vorgeht, was alles unternommen wird, damit wir länger im Laden bleiben, als wir möchten, damit wir stehenbleiben, wo wir eigentlich weitergehen wollten, damit wir nach rechts gehen, wo wir nach links wollten.

Im Grunde kann alles, was mit uns geschieht, auf zwei Fragen reduziert werden, die sich der Verkäufer des Supermarktes stellt:

Wie kriege ich diesen Menschen in meinen Laden?

Wie bringe ich ihn dazu, mehr zu kaufen, als er kaufen will?

Stufen, Ecken, Türen

Es fällt uns auf, daß unsere Tochter Sabine aus der Kühltruhe an der Kasse noch schnell einen Becher Eis fischt, während wir in der Schlange stehen.

Wir ärgern uns darüber, daß wir in den Laden gegangen sind, weil es ein Sonderangebot „Bulgarische Sauerkirschen“ gab, das Glas zu DM 1,28, und wir dann völlig verwirrt zu Hause feststellen mußten, daß wir französische gekauft hatten, das Glas zu 1,65. Zufall?

Amerikanische Supermärktler helfen auf folgende Weise nach: Auch sie werben mit Sonderangeboten, annoncieren etwa: „Heute belgische Pfirsiche. Die 800-g-Dose für 1,08!“ Das gleiche Angebot in großen Plakaten am Schaufenster. Das gleiche Plakat, noch ein paar Nummern größer, auf einem von der Decke herabhängenden Hinweisschild. Und tatsächlich, genau unterhalb dieses Schildes stehen belgische Pfirsiche. 800-g-Dosen. Nur kosten die, die dort stehen, nicht 1,08, sondern 1,98. Das plakatierte Sonderangebot ist vorhanden, das schon, aber es steht, vom Hinweis weit entfernt, in einer dunklen Ecke versteckt.

Wenn wir einen Supermarkt betreten, sollen wir immer daran

denken, daß dessen Besitzer morgens beim Aufstehen und abends während und nach dem Fernsehen nur einen Gedanken in sich hineinbetet:

„Produzieren kann jeder Idiot – aber ich muß das Zeugs verkaufen."

Das heißt: Noch haben wir den Laden ja gar nicht betreten! Noch sind wir draußen auf der Straße, noch sind wir vielleicht zu Hause. Was macht also der Verkäufer, damit wir uns vom arglosen Passanten in einen Kunden verwandeln?

Er lockt uns.

Er verfügt über ein umfangreiches Repertoire. Wir sehen uns zunächst das Gröbste an, das Architektonische. Denn die Werbung kann erst beginnen, wenn der Architekt seine Arbeit beendet hat.

Das fängt ganz simpel damit an, daß zwischen Bürgersteig und Laden keine Treppen sein dürfen. In seinem Buch „Verkaufsaktive Ladengestaltung" berichtet Menninger entsetzt von dem geradezu bestürzenden Auftrag, eine Wohnung in einen Laden umzubauen, deren Fußboden 80 cm über dem Bürgersteig lag. „Das hätte fünf Stufen erfordert." Eine Katastrophe. Zunächst wurde also der Fußboden des künftigen Ladens um 80 cm gesenkt, und als sich daraufhin herausstellte, daß man sich im Keller nicht aufrichten konnte, wurde auch der Fußboden des Kellers gesenkt.

Aber Treppen sind es nicht allein, die den möglichen Kunden behindern könnten. Es „sind alle trennenden, abweisenden und isolierenden Momente zu vermeiden. Stufen, Treppen, Tritte, scharfe Kanten und spitze Ecken sind ... zu umgehen."

Die Türen sollen nach innen zu öffnen sein, damit der Kunde nicht bremsen muß und sich möglicherweise doch noch sein Eintreten überlegt. Diesem Ziel widersprechen natürlich gewisse Feuerschutzvorschriften. Bei größeren Warenhäusern müssen Türen nach außen zu öffnen sein. Sie haben konsequent reagiert und Türen angebracht, die nach innen und nach außen zu öffnen sind, wenn sie sich nicht gleich zu Luftschleusen entschlossen haben, also zu gar keinen Türen, bestenfalls zu einer scheinbaren Verbreiterung des Bürgersteiges.

Vielleicht ist dem einen oder anderen bereits aufgefallen, daß die Supermärkte auf Schaufenster so ziemlich verzichten. In jedem Fall sind die Rückwände nur so hoch, daß jeder Passant bequem ins Innere des Ladens sehen kann. Auch das nicht ohne Grund. Er soll zunächst von bestimmten Warengruppen angezogen werden – vorzugsweise von der Obst- und Gemüseabteilung, die ja in vielen Gegenden sogar vorm Laden ein Ausweichquartier erhält. Beim freien Blick in den Verkaufsraum sollen aber auch durch „das Bewegungsspiel im Laden und die Kundenzirkulation nach dem Herdentrieb weitere Kunden suggestiv angezogen werden". Halbhohe Schaufenster also in Verbindung mit breiten, bequemen Eingängen.

Aber auch die Schaufenster dürfen nicht in willkürlicher Beziehung zum Eingang angeordnet werden, sondern es ist „die Stellung der Schaufenster so anzuordnen, daß mit dem Linienverlauf zugleich eine suggestive Blickwirkung und Laufrichtung zugunsten des Eingangs entsteht". Schon bei zwei Schaufenstern muß der Eingang also in die Mitte, damit – egal von welcher Seite der harmlose Spazierer kommt – er vom „Warenangebot beeindruckt" wird. Keinesfalls darf also der Eingang etwa am Ende einer langen Schaufensterreihe sein. Der mögliche Kunde kommt dann entweder an die Tür, bevor er die Schaufenster gesehen hat, oder er betrachtet sie vorher alle, dann wäre er gezwungen, den ganzen Weg zurückzugehen. Das kann ihm nicht zugemutet werden.

Na schön, wir sind drin, aus welchem Grund auch immer. Was nun? Von dem, was wir kaufen wollen, kann der Verkäufer nicht leben. Und er lebt auch nicht davon – sondern von dem, was er uns zusätzlich andreht.

Wir können davon ausgehen, daß nur eine von drei Hausfrauen sich vorher eine Liste der einzukaufenden Waren gemacht hat (das haben Untersuchungen ergeben). So ist es auch nicht weiter verwunderlich, daß sie sieben von zehn Artikeln, die sie gekauft hat, vorher gar nicht kaufen wollte. Der Verkäufer hat möglicherweise Bedarf geweckt, der bei Betreten des Ladens noch gar nicht vorhanden war, er hat uns also zu sogenannten „Impulskäufen" verleitet.

Nun gibt es Konsumwissenschaftler (wenn auch nicht viele), die behaupten, so was wie Impulskäufe gäbe es überhaupt nicht. Ich erwähne diese Behauptung der Ordnung halber. Die Gilde der Verkäufer ist da ganz anderer Meinung, und sie hat gründlicher geforscht. Wie eben überhaupt von jenen jenseits der Kassen alles gründlicher erforscht worden ist. Wir selbst haben kaum jemanden auf unserer Seite; wir müssen uns in der Regel darauf beschränken, die Ergebnisse der anderen, wo immer es geht, umzufunktionieren.

Es soll auch nicht verschwiegen werden, daß sich nur wenige von uns den Luxus ungeplanter Käufe erlauben können. Viele haben das erschreckende Gefühl, reich zu sein; oft gerade jene, die am ärmsten sind. Aber es ist eben ein Unterschied, ob ich mich in einem Fachgeschäft beziehungsweise in einer dieser dramatischen Traumfabriken, genannt Warenhaus, zu Impulskäufen verleiten lasse oder in einem Supermarkt. In einem Supermarkt bin ich den Verführungen schon deshalb leichter ausgesetzt, weil ich einfach öfter dort einkaufen muß, weil ich nur dort das bekomme, was ich zum täglichen Leben benötige.

Wie hat der Absatzingenieur es angestellt, daß wir mehr gekauft haben? Er hat die Waren und Regale so arrangiert, daß wir

a) an möglichst allen Waren vorbeigeführt werden,
b) immer wieder zum Stehenbleiben veranlaßt werden.

Das beginnt bereits an der Eingangstür. Normalerweise sind Türen – da die meisten Menschen Rechtshänder sind – rechts angeschlagen, so daß die Tür sich nach rechts öffnet. (Mit Unterschieden beim Kommen und Gehen, versteht sich.) Beim Supermarkt ist es anders. Nachdem Psychologen (und übrigens auch Mr. Parkinson bei Cocktailparties) festgestellt haben, daß Menschen das Bedürfnis haben, sich erstens and den Wänden entlang zu drücken, zweitens zunächst einmal nach rechts zu gehen, hat man eben die Türen links angeschlagen, damit die Kunden auch auf alle Fälle nach rechts gehen. So wird zunächst das unbewußte Schutzbedürfnis genutzt. Wir kommen also rein und gehen nach rechts.

Nun wäre es in den Augen des Verkäufers ausgemachter Schwachsinn, wenn gleich vorn rechts alle Waren stünden, die am meisten verkauft werden. Da jeder Kaufmann zumindest weiß, was viel und was wenig gekauft wird, verteilt er seine Waren entsprechend. So wird er daher jene Artikelgruppe, die den größten Umsatz hat, in die hinterste Tiefe seines Ladens verbannen. Das ist in den meisten Supermärkten Frischfleisch. Also ist die Frischfleischabteilung stets an der dem Eingang entgegengesetzten Seite, bei Supermärkten mit zwei Stockwerken meistens unten. (Nach einer ISB-Untersuchung haben 86,8% aller Supermärkte, einschließlich kleiner SB-Läden ihre Frischfleischabteilung im hinteren Teil des Ladens.)

Nun haben Untersuchungen ergeben, daß Besucher, die fünf Minuten im Laden bleiben, zwischen DM 0,40 und DM 18,55 ausgeben. Nach weiteren zehn Minuten steigen die Ausgaben auf DM 1,76 bis DM 37,70. Wer länger als eine Viertelstunde im Laden bleibt, kauft für DM 11,81 bis DM 52,17.

Also ist noch nichts erreicht, wenn der Kunde den Laden betritt, stur nach hinten durchmarschiert, seinen Schweinebauch kauft und wieder abzieht.

Verzweifelt mußten die Verkäufer, als sie noch nicht so erfahren waren, wie sie es heute sind, zusehen, wie wir den Weg nach hinten mit einer Rennstrecke verwechselten. Aber sie haben nicht allzu lange leiden müssen. Ziemlich schnell hatten sie die glatte Aschenbahn in eine Strecke für Hindernisläufer verwandelt. Heute können sie mit einiger Sicherheit vorhersagen, wo wir gehen, wo wir stehen, wo wir uns nach links wenden und wo nach rechts.

Es soll Supermärkte geben, in denen die Architekten dadurch nachgeholfen haben, daß sie in den Fußboden Neigungen einbauten, um besonders widerspenstige Käufer durch ihre Einkaufswagen an die gewünschten Plätze zu lenken.

Aber das ist nicht alltäglich. Vermutlich wäre eine solche Methode dem ehrgeizigen Händler auch zu primitiv. Der Architekt mag hilfreich sein, entscheidend bleiben Psychologen, Verhaltensforscher und Spezialisten der elektronischen Datenverarbeitung.

Und diese Herren können schon auf beachtliche Erfolge verweisen. Während man sich in den Flegeljahren der Supermärkte noch darauf beschränkte, heimlich den Einkaufszettel der Hausfrau zu photographieren und diese Liste dann damit zu vergleichen, was sie später tatsächlich kaufte, hat man heute viel raffiniertere Methoden. Heute werden wir durch Spiegel gefilmt, durch versteckte Mikrophone belauscht, ja, Baker/BBDO, Pioniere diagnostischer Testtechnik aus Toronto, haben in diesen Tagen den Hypnotiseur Ralph Albert engagiert, wieder einmal in der Hoffnung, dem Käufer bei hypnotischen Sitzungen neue Geheimnisse zu entreißen. Ähnliche Versuche hat es schon vor Jahren gegeben.

Zunächst müssen schon die Regale entsprechend angeordnet sein. Nicht nur wir überfressenen Kapitalisten sind Objekte der Verkäufer, auch aus der DDR liegen zum Beispiel interessante Untersuchungsergebnisse vor. So haben dortige Experten herausgefunden, daß kein Regal länger als fünf Meter sein sollte. Danach ermüden die Kunden, und man muß ihnen die Möglichkeit geben, durch einen Nebengang einen Parallelgang zu erreichen. Die sozialistischen Supermarkt-Fachleute sind auch zu der Ansicht gelangt, daß querstehende Warenträger sich für die „Führung des Kundenstroms" negativ auswirken. „Der Kunde wird durch die Stellung der Warenträger nicht dazu angeregt, alle Warenträger aufzusuchen. Dadurch entstehen Abschnitte im Verkaufsraum, die wenig Umsatz bringen. Für die Erfüllung der Auslastungskennziffer ist es aber erforderlich, täglich je Quadratmeter Verkaufsfläche 60 Mark umzusetzen."

Ist dieses Problem erledigt, muß der Verkäufer sich darüber klarwerden, welche Artikel am meisten gekauft werden, wohlgemerkt: nicht welche Artikelgruppen, sondern welche speziellen Produkte. Das hört sich leichter an, als es ist.

Wenn ein Supermarkt von einiger Größe heute etwa 8000 Artikel führt, dann sind diese eine Auswahl aus etwa 60.000 Artikeln, die ihm vom Hersteller angeboten werden und die er führen könnte. Kein Verkäufer kann sich auf ein feststehendes Sortiment verlassen. Er muß immer wieder auswechseln, bestimmte Artikel herausziehen, neue Artikel aufnehmen. Jedes Jahr werden ihm etwa 6000 neue Produkte angeboten, von denen er bestenfalls 400 bis 500 in sein Sortiment aufnehmen wird.

Diesem Überangebot hat der Supermarkt vielleicht sechs bis acht Leute Personal entgegenzusetzen, die nun herausfinden sollen, mit welchen Produkten der meiste Gewinn zu erzielen ist. Das ist mit Daumen und Handgelenk nicht zu schaffen. So werden selbstverständlich Computer eingesetzt, die aber eben nicht lediglich erfassen, welche Artikel wie oft gekauft werden, sondern zumindest auch Veränderungen registrieren, etwa der Zahl, in der einzelne Produkte angeboten werden.

Wie Käufer auf Preisveränderungen reagieren, das heißt, nicht nur auf bereits erfolgte Veränderungen, sondern vor allem auf mögliche, wie also Kunden vermutlich reagieren, wenn bestimmte

Produkte teurer oder (auch das kommt vor, jedenfalls in der EDV-Theorie) billiger würden. Computer errechnen Veränderungen der Plazierung im Regal für einzelne Artikel und Veränderungen von einem Regal ins andere.

Auf diese Weise wird herausgefunden, an welchen Plätzen im Laden und nicht nur im Regal bestimmte Produkte am günstigsten verkauft werden.

In den USA, die ja in vielen Dingen einen kleinen Vorsprung vor uns haben – was nicht als qualitative Bewertung verstanden werden soll –, hat sich sogar der Spezialberuf des „Regalpflegers" etablieren können. Da selbst große Handelsketten und Hersteller den subtilen Anforderungen nicht immer entsprechen, haben sich diese Extremspezialisten schnell ausbreiten können.

Allerdings leben auch wir nicht hinter dem Mond. So hat etwa die Handelskette A & O schon vor ein paar Jahren ein sogenanntes Pilot-System eingeführt. Hierbei betreut die zentrale Organisation einige ausgesuchte, ihrer Kette angeschlossene Händler, eben die Piloten, indem sie ihnen für einige Wochen und Monate Super-Spezialisten überläßt.

Was diese Absatzperfektionisten im einzelnen tun, versuchen die A & O-Manager natürlich so geheim wie möglich zu halten. Sie tun es schon deshalb, weil selbst der vorgesehene Pilot-Laden zunächst von seinem Glück noch gar nichts erfährt. Bevor man an ihn herantritt, wird mit Kundenbefragungen über das zu „betreuende Geschäft" begonnen. Dann wird die Konkurrenz besucht. Auch darüber wird nichts gesagt. Immerhin versicherte ein Prokurist von A & O, Dr. Becker, in einem Gespräch, daß es „recht intensive Konkurrenzbesuche" seien.

Erst danach werden die betriebswirtschaftlichen Strukturdaten des Geschäftes geprüft. Erst wenn das alles erledigt ist, wird in der dritten Phase das beim Piloten vorhandene Sortiment in drei Gruppen gebündelt:

Hauptartikel,
Impulsartikel,
Bedarfsartikel.

Nun erst werden horizontale und vertikale Anordnung bei der Warenplazierung überprüft, Kaufgewohnheiten der Kunden kontrolliert. Dann kann endlich das Sortiment geändert werden. Aber selbst damit geben sich die A & O-Leute noch nicht zufrieden. Jetzt werden nämlich noch Test-Kontrollkäufer eingesetzt, „wobei wir", erzählt Dr. Becker, „mit mindestens zehn Test-Kontrollkäufern arbeiten". Erst wenn alle bis dahin ermittelten Ergebnisse ausgewertet sind, wird das Personal des so geförderten Geschäfts neu geschult. In der darauffolgenden Woche werden die Artikel umgruppiert. Wieder eine Woche später, sozusagen als festliche Premiere und Schlußball zugleich, „gehen wir zu gezielten Sensationspreisaktionen, Attraktionen, nichtartikelgebundenen Aktionen über, und zwar in einer ganz spezifischen Wechselwirkung, unter Hinzuziehung eines Preiskampffonds und unter dem Zwang eines bestimmten Werbemittelaufwandes des Piloten für jede Woche".

Auch jenen, die diesem Verkaufschinesisch nicht folgen konnten, ist klargeworden, welcher Aufwand getrieben wird. Sie werden ein bißchen mehr verstehen, wenn wir uns nun ansehen, welche Folgen die eben angeführten Untersuchungen (und viele andere, die wir nicht erwähnt haben) konkret im Laden zeitigen.

Plazierung im Regal

Wie bereits erwähnt, bevorzugen die meisten von uns beim Marsch durch Supermärkte (und Massenparties) die rechte Seite. Aber Forscher wollen herausgefunden haben, daß wir auch in Regalen lieber nach rechts greifen als nach links. Nun könnte man einwenden, daß wir ja an einer beliebigen Stelle vor dem Regal stehen und demnach „rechts" und „links" einigermaßen relativ ist. Doch das läßt sich – leider – ebenfalls widerlegen. Wir neigen nämlich dazu, so vor dem Regal stehenzubleiben, daß wir eine (übersichtlich angeordnete) Warengruppe genau vor uns haben, wir also genau in der Mitte sind.

Darauf hat sich der Verkäufer eingerichtet, indem er an die rechte Seite stets die Artikel stellt, die ein bißchen mehr Gewinn bringen als jene, die links stehen.

Rechts stehen bei verderblichen Waren jene, die zuerst wegmüssen, also die älteren (hierbei natürlich wieder auch die noch älteren vorn beziehungsweise oben).

Haben wir eine umfangreichere Warengruppe vor uns, bedeutet das freilich nicht, daß diese schnell zu verkaufenden Artikel rechts außen stehen. Rechts außen kann bei einer bestimmten Regalgröße eine tote Zone sein.

Aber noch viel entscheidender als dieses Links und Rechts ist die Entscheidung, was oben und was unten steht. Nach Tausenden von Untersuchungen ist jetzt wohl erwiesen, daß die gleichen Artikel, auf unterschiedlicher Höhe plaziert, unterschiedlich verkauft werden.

Der Händler kann davon ausgehen, daß ein Artikel, der in Augenhöhe 100mal verkauft wird, in Hüfthöhe nur noch 70mal, in Kniehöhe sogar nur 30mal verkauft wird. Wohlgemerkt, derselbe Artikel!

Untersuchungen mit ein und demselben Artikel unter identischen Bedingungen haben ergeben, daß dieser in Hüfthöhe 59mal verkauft wurde, in Augenhöhe 96mal, daß ein anderer Artikel zunächst im unteren Fach 184mal verkauft wurde und als er 30 cm höher gelegt wurde 274mal. Ein Artikel, der unten 64mal verkauft wurde, ging in Augenhöhe 184mal weg. Wobei hier als Augenhöhe eine nicht übergenaue Maßeinheit angegeben worden ist.

Für die, die es genau wissen wollen: Die besten Plätze im Regal sind leicht rechts in der Mitte des Regals in „Griffhöhe“, in einer Höhe von 1,30 m bis 1,40 m, vom Fußboden an gerechnet.

Diese für Supermärktler inzwischen ganz selbstverständliche Tatsache haben kürzlich mißtrauische Fleischer überprüft, die auf Selbstbedienung beziehungsweise teilweise auf Selbstbedienung umpolen. So wurden Fleischkonserven der „Gilde“-Marke bis zu 100 Prozent mehr verkauft, als man sie aus Regalen in Hüfthöhe nahm und in Regale legte, die in Augenhöhe waren.

Daß sich die Hersteller nun erbitterte Kämpfe um diese bevorzugten Plätze liefern, läßt sich denken. Was aber für uns Käufer zunächst in diesem Zusammenhang wichtig ist: Der Händler wird uns natürlich nicht den Gefallen tun und ausgerechnet jene Waren an diese attraktiven Stellen plazieren, an denen er besonders wenig verdient. Er reagiert selbstverständlich anders:

Sogenannte Muß-Artikel, Waren also, die wir immer brauchen, oft brauchen, wird er zunächst einmal nach unten verbannen. Dazu gehören Salz, Mehl, Zucker, Butter usw. Aber wenn wir uns an dieser Stelle schon mal bücken müssen, sollen wir auch gleich ein paar Artikel bemerken, die wir nicht so unbedingt brauchen, vor allem solche, die ein bißchen besser kalkuliert sind (besser für den Händler), nach Möglichkeit also die bereits erwähnten Impulsartikel.

Kurze Zusammenfassung:

Neben und über den Muß-Artikeln stehen günstiger kalkulierte Artikel;

neue Produkte (an denen der Händler durch Sonder-Einführungsrabatte oder andere Vergünstigungen meistens ebenfalls mehr verdient);

Impulsartikel.

Wie leicht die Verführung durch diese schlichte Methode ist, wird schon aus der simplen Tatsache erklärlich, daß wir uns durchschnittlich nur zehn bis zwölf Minuten in einem Supermarkt aufhalten und in dieser Zeit an mindestens 1200 Artikeln vorbeigeschleust werden. Es bleibt uns also einfach keine Zeit, alles zu prüfen, genau zu überlegen, zu bedenken.

In einer übergründlich durchgeführten Untersuchung, die (wenn auch speziell für Spirituosen) von der Rationalisierungsgesellschaft des Handels in Zusammenarbeit mit der Underberg GmbH vorgenommen wurde, ging man davon aus, daß ein Kunde eine komplette Spirituosenabteilung normalerweise nicht länger als 20 Minuten betrachtet.

Kein Wunder, daß die Verkäufer versuchen, unsere Kaufentscheidung zu beeinflussen, also für uns sozusagen eine gewisse Vorauswahl treffen.

Die erwähnten Muß-Artikel eignen sich natürlich auch fabelhaft als Hindernisse für die anfangs erwähnte, berüchtigte Rennstrecke hinter dem Eingang. In der Underberg-Untersuchung heißt es so: „Nur selten denkt der Kunde beim Einkauf als erstes an Getränke." (Ich kenne indessen sehr viele, aber das spricht wohl weniger gegen die Untersuchung, eher gegen meinen Freundeskreis.) „Zuerst werden die Hauptbestandteile des Essens gekauft... Erfahrungsgemäß ist der Einkaufsrhythmus des Kunden bei Beginn schnell, dann wird er langsamer, und im letzten Drittel beschleunigt er wieder. Dieses Verhalten sollte man korrigieren. Der Kunde muß von Anfang an zu einem gemütlichen ‚Einkaufsbummel' angehalten werden. Das kann man nur mit Artikeln erreichen, die dem täglichen Bedarf dienen. Sie üben die gewünschte Stoppwirkung aus."

Der gewiefte Supermarktchef wird alles daransetzen, daß wir auf dem Weg zur Frischfleischabteilung keine Rennrekorde brechen. Das schnelle Bremsen hat auch noch psychische Folgen. Wenn wir nämlich bereits am Anfang viel von dem gekauft haben, was wir kaufen mußten (auf keinen Fall alles), dann fühlen wir uns ruhiger. Dann haben wir einfach das Gefühl, bis jetzt ging ja alles wie am Schnürchen, jetzt haben wir Zeit, jetzt können wir schlendern.

Um die Eintönigkeit besonders langer Regale zu vermeiden, wird der Verkäufer immer wieder Sonderaufbauten anbringen, sogenannte Regalstopper, Kartonsockel, Regalvorhänger und was sonst noch alles erfunden und ergrübelt worden ist.

Er wird versuchen, in jedes Regal Artikel einzuordnen, die häufig gekauft werden müssen, er wird ferner nicht so dumm sein, diese Artikel irgendwo hinzustellen. Er wird sie vermutlich ans Ende eines Regals stellen, damit wir möglichst lange danach suchen und erst am Ende das finden, was wir wollen. Auf diese Weise gehen wir am gesamten Regal entlang.

Aber mit diesen Hinweisen haben wir das kleine Einmaleins erst begonnen, sind bestenfalls bei 3 oder 4 angelangt.

Die Verkäufer wissen, daß ein Supermarkt ohne verkaufspsychologisch richtige Warendarbietung eine tote Verkaufsmaschine ist. Wenn sein Laden von draußen attraktiv aussieht und er drinnen nur das tut, was wir eben beschrieben haben, dann kaufen wir noch lange nicht genug, denn der Laden ähnelt so eher einem Fundbüro der Bundesbahn.

Massenstapel und Großpackungen

In einigen Fachzeitungen für den Lebensmittel-Einzelhändler wurde im Frühjahr 1970 eine neue Verpackung für Eier angezeigt, und das gleich auf zwei ganzen Seiten. Auf der ersten Seite stand neben dem entsprechenden Photo folgender Text:

„Die 30-Eier-Familienpackung bringt ihnen mehr ‚Eierumsatz', denn . . . bitte wenden."

Wir wenden und lesen weiter:

„. . . wer 30 Eier kauft, ißt auch ‚mehr Eier'. Den Trend zur Großpackung finden wir seit Jahren im gesamten Lebensmittelsortiment. Ganz einfach: 30 frische Eier auf den bekannten Hartmann-Höckereinsätzen in einer attraktiven vierfarbigen Verpackung. Mit mehr Werbung, mehr Konsum und mehr Umsatz."

Recht so. Abgesehen davon, daß die Werbung für bestimmte Produkte in diesen Heften ohnehin ein bißchen von der uns bekannten abweicht, macht vielleicht eine kleine Abschweifung Vergnügen, und wir genießen gemeinsam einige Beispiele:

So begnügt man sich in diesen Zeitschriften nicht etwa mit: „... der Tag geht ... Johnnie Walker kommt", sondern setzt stolz hinzu: „Whisky-Umsatz steigt!"

Oder:

„Picon aus Paris hat in den letzten zehn Jahren (1960 bis 1970) seinen Umsatz um das Vierzehnfache gesteigert."

Herzlichen Glückwunsch.

„Wir trommeln weiter für INKA-KAFFEE. Bis zum Jahresende vergeht kein Tag, an dem nicht Millionen die Botschaft von INKA-KAFFEE vernehmen." Und vergessen wird auch dieser Hinweis nicht: „INKA-KAFFEE. Selbstverständlich preisgebunden. Zu Ihrem Vorteil."

Wir sind die letzten, die das bezweifeln, nur ist eben der Vorteil der Händler nicht immer mit unserem identisch.

Auch die Werbung für Coca-Cola, Sprite und Fanta (alle aus dem gleichen Hause übrigens, was die Konkurrenz nicht immer hebt) scheint mir intern etwas verändert zu wirken. Zunächst ein leckeres Photo von drei Flaschen dieser Produkte. Dann der Text: „Dreimal schneller Umsatz. Dreimal schneller Gewinn mit der großen 1-Liter-Pfandflasche:

Erfrischungsgetränke werden spontan gekauft, und Massenauslagen sind der Blitzauslöser für schnelle Käufe. Schnelle Käufe bringen schnellen Gewinn."

Aber zurück zum Thema. Ich habe die 30-Eier-Packung nur erwähnt, weil es tatsächlich korrekt ist, was da in der Anzeige behauptet wird, daß die größeren Packungen dem Händler mehr Gewinn versprechen, weil wir mehr konsumieren, wenn wir mehr kaufen. Wer 30 Eier auf einmal kauft, ißt eben tatsächlich mehr Eier. Hier hat sich eine Entwicklung angebahnt, die wir sorgsam beachten sollten.

Der Versuch, uns dazu zu bringen, statt einer Flasche Coca etwa gleich sechs zu kaufen, weil die sechs in einer hübschen

Packung sind, hat seinen Ursprung nicht in der Fürsorge des Produzenten. Man hofft, daß wir, wenn wir Durst bekommen, eben nicht möglicherweise Wasser trinken, obwohl auch in Coca-Cola mehr Wasser drin ist als irgendein anderer Stoff (wie bei allen Getränken – auch in 1000 g Whisky sind 645 bis 650 g Wasser enthalten; Wasser ist selbstverständlich auch in Wurst und Käse, doch darauf kommen wir noch zurück), wir sollen dann eben Coca trinken. Wir sollen auch Coca trinken, wenn wir keinen Durst haben.

So werden uns immer mehr Produkte in sogenannten „Mehrstückpackungen" präsentiert, in „Großgebinden". (Allerdings sind da die Interessen des Handels mit denen der Hersteller nicht immer identisch. So hat der Handel nur Interesse, solche Produkte in größeren Mengen oder in einem Paket anzubieten, von denen er hoffen darf, daß dadurch auch mehr verbraucht wird. Es interessiert ihn sicher nicht, wenn wir mehr Salz Marke X kaufen, weil er dann eben weniger Marke Y verkaufen dürfte.)

Aber wir verbrauchen eben meistens mehr, wenn wir mehr kaufen. So hat sich beispielsweise herausgestellt, daß Hausfrauen, die etwa Riesentonnen Waschpulver kaufen, tatsächlich mehr verbrauchen. Sie mißachten die empfohlene Dosierung und glauben (und irren dabei), daß sie gründlicher waschen, wenn sie ein bißchen mehr Waschpulver nehmen.

So werden immer häufiger ganze Kisten Bier, Limonade, Originalkartons Konserven, Kisten Orangen, Säcke Kartoffeln, Stangen Zigaretten angeboten und gekauft.

Daß einige Verkäufer damit rechnen, daß Waren, die in großen Mengen gekauft werden, zum Teil verderben, ist eine bösartige Unterstellung und kann kaum bewiesen werden.

Der Trend zur Riesenpackung ist, wie gesagt, deutlich erkennbar, täglich zu bemerken. Sein Zweck ist leicht zu durchschauen.

Aber nicht allein der Hersteller hat die Chancen des massierten Angebots erkannt, sondern auch der Händler mischt tüchtig mit. Vermutlich ist sogar der Händler als Erfinder dieser Verkaufsmethode zu beglückwünschen.

Die Warenmasse suggeriert: Das ist billig. Hier wird Ware fast verschenkt. Masse soll den Eindruck erwecken: Hier hat der Händler durch geschickten, massenhaften Einkauf besonders günstige Preise erzielen können, und um nun diese Massen auch loszuwerden, muß er selbst besonders billig sein. Und wenn der

Händler nicht vergißt, bei diesen Massenangeboten entsprechend überdimensionierte Preisschilder anzubringen, wird nur selten jemand auf die Idee kommen, daß die schnell gestapelte oder nur eilig hingeschüttete Ware genauso teuer ist wie das gleiche Produkt im normalen Platz im Regal. Aber das ist leider meistens der Fall.

Einen ganz einfachen Versuch machte kürzlich ein Filialbetrieb in Köln mit Dosenmilch. Er stellte nebeneinander identische Dosen, gleiche Qualität, gleiche Marke, gleiches Etikett. Er teilte einfach eine Lieferung Dosenmilch in zwei Hälften auf. Die eine stellte er auf übliche Weise ins Regal, brachte den Preis an, das Schild in bescheidener, üblicher Größe: 1 Dose DM 0,45.

Unmittelbar vor dieses Regal schüttete er in einen transportablen Warenbehälter die andere Hälfte der Dosen. Über diesen Korb kam ein auffälliges Preisschild: Zwei Dosen DM 0,98.

Müssen wir raten, welche Milchdosen zuerst verkauft wurden? Was heißt zuerst? Welche gingen schnell wie im Trickfilm weg? Die überteuerten Zweierdosen oder die billigeren Einzeldosen? Nun – ich hätte dieses Beispiel nicht erwähnt, wenn die Kunden die Einzeldosen gekauft hätten.

Zahlreiche dieser Massendarbietungen werden je nach Saison ausgesucht. Saisonartikel müssen, wenn ihre Zeit gekommen ist, ohnehin mehr Platz erhalten.

So wird der auch nur halbwegs intelligente Verkäufer in den Sommermonaten Erfrischungsgetränke aus den dunklen Ecken hervorholen und sie nun massiert anbieten. In die untersten Regale kann etwas anderes hin. „Mit Bier und Erfrischungsgetränken ist gerade in den Hundstagen das beste Geschäft zu machen. Ein massiertes Angebot von Ware zieht auch massiert die Kunden an. Einen solchen Warenberg, beispielsweise Edeka Schloß-Pils im Einwegkarton, der sich prächtig als Stapelware eignet, kann kein Kunde übersehen, seine exponierte optische Herausstellung hat eine bestimmte verkaufsfördernde psychologische Wirkung."

In einer Filiale der Firma Stüssgen AG machte man einen Versuch mit einem Zigarettenständer, der statt, wie normal, an nur zwei Seiten, an drei Seiten Waren aufnehmen konnte. An dieser dritten Seite wurden keine Zigaretten deponiert, sondern Zigarren, Zigarillos und Tabak. Dennoch erhöhte sich der Umsatz im Versuchszeitraum um 90 Prozent – und zwar bei Zigaretten!

Wir sollten uns nun mit den verschiedenen Techniken vertraut machen, mit denen der Fachmann Warenmassen anbietet.

Am simpelsten ist der große Stapel. Dafür eignen sich, wie erwähnt, Kartons mit Getränken besonders gut, aber auch Waschpulver, Gebäck, Konserven.

Wesentlich raffinierter sind die Schüttauslagen. Hier liegen die Artikel scheinbar völlig ungeordnet in einem Behälter. Es gibt für solche Sonderangebote und Schlagerartikel sogar den sogenannten Pilz, auch Rondello genannt – als kleineren Bruder der Gondel –, der von einigen Firmen mit einem Hohlraum angeboten wird. Damit soll der „massierte Wareneindruck nur vorgetäuscht" werden.

Einer anderen Art der Vortäuschung von Warenmasse bedienen sich vor allem amerikanische Supermärkte. Da werden an passenden Stellen Spiegel so geschickt angebracht, daß der Käufer den Eindruck besonderer Warenfülle erhält, der tatsächlich gar nicht vorhanden ist.

Diese Warenschüttung als organisierte Unordnung soll dem Kunden weismachen: An dieser Ware wird so wenig verdient, daß man sich erst gar nicht die Arbeit machen konnte, die Artikel anständig aufzubauen, zu stapeln.

Wenn der Händler hin und wieder Produkte nimmt, die sich tatsächlich schwer stapeln lassen, erschlägt er nur zwei Fliegen mit einer Klappe.

Auf jeden Fall gilt hier der Grundsatz:

Unordnung in der Ordnung sieht nach billig aus. (Daß bei Schlußverkäufen in Warenhäusern diese Methode außerordentlich geschätzt wird, hat wohl jeder selbst bemerkt.)

Übrigens können in solchen Schüttauslagen sehr gut Mischangebote aus Restposten verscherbelt werden, Artikel also, die entweder einen neuen Preis erhalten oder eine neue Verpackung oder die auf irgendeine Weise überholt sind. Da wird dann alles mögliche durcheinandergewirbelt, aber oft mit einem einheitlichen Preis versehen: Jeder Artikel nur 1 Mark. Ob das nun Zahnpasta ist oder Hering in Tomatensauce.

In diese Gruppe gehört auch das sogenannte „Wiederholungsangebot". Das heißt, daß ein Artikel nicht nur an der Stelle verkauft wird, an der er immer steht, dort, wo der Kunde ihn erwartet. Natürlich bleibt er auch dort stehen. Aber er steht eben auch hier, an einer zweiten Stelle, manchmal sogar an mehreren anderen Plätzen. Der Zweck ist klar: Dieser Artikel muß weg, er darf nicht übersehen werden. Und wer sich beim ersten Anblick noch nicht zum Kauf entschlossen hat, soll kaufen, wenn er ihm auf seinem Rundgang neuerlich begegnet, auf alle Fälle aber doch beim dritten Mal.

Dann gibt es noch das Massenangebot im Rollbehälter. Das hat freilich hauptsächlich den Grund, daß Artikel, die man eigentlich stapeln müßte, hier sicherer liegen. Artikel also, die gestapelt nicht ganz so sicher stehen, die man aber dennoch in Mengen anbieten will.

Da ich oben schon kurz die vereinzelten wissenschaftlichen Zweifel an Impulskäufen erwähnt habe, sei der Ordnung halber angemerkt, daß alle massierten Angebote ganz eindeutig den Zweck verfolgen, uns zu solchen Impulskäufen anzuregen. Deshalb wird dem Händler auch der Rat gegeben, diese Impulse zu steuern und nicht etwa – was verkaufspsychologischer Schwachsinn wäre – den Kunden durch andere besondere Angebote in der Nähe dieser Massenlager abzulenken. Dagegen soll der optische Anziehungswert durch Preisschilder von angemessener Größe gesteigert werden.

Da der Händler bei vielen Artikeln naturgemäß ein Interesse daran hat, große Mengen und große Packungen zu verkaufen, wird er auch die größere und teurere Packung stets in den Vordergrund rücken. Wenn von einem Artikel mehrere Größen geführt werden, gehört die teurere Packung – in der Laufrichtung – an die erste Stelle, die billigere Ware kommt danach. Auch wird dabei der Händler darauf achten, daß allzu große Preissprünge vermieden werden.

Etwas widersprüchlich erscheint allerdings, was die Underberg-Forscher bei Spirituosen ermittelt haben. Sie schlagen vor, daß – in Laufrichtung wieder – zunächst halbe Flaschen gezeigt werden, danach die ganzen. „Dadurch wird dem Verbraucher besser der günstigere Preis der größeren Flaschen verdeutlicht." Aber dabei spielt natürlich auch eine Rolle, daß der Preisunterschied bei alkoholischen Getränken zwischen halben und ganzen Flaschen meist wesentlich größer ist als bei anderen Waren.

Die Anordnung der Flaschen hat auch noch den Vorzug, daß „durch das Nebeneinander die gewünschte Massierung der Produkte erreicht" wird. Das hat selbstverständlich auch diese Untersuchung bestätigt: „Eine gut gefüllte Abteilung (ist) wirksamer als eine Abteilung mit vielen Lücken ... Zwei oder drei Flaschen einzeln im Regal stehen wie Blei ... Außerdem ist beim Kunden die Assoziation ‚viel = billig, wenig = teuer oder unbrauchbar' zu naheliegend."

In den USA haben Tests erwiesen, daß vollgefüllte Regale etwa 20 Prozent mehr Umsatz brachten als normal gefüllte, also nicht etwa ziemlich leere Regale.

Anderseits wird der clevere Verkaufsingenieur darauf achten, daß die Regale nicht komplett voll sind. Er wird immer eine Lücke lassen, in die zwei oder drei Packungen hineinpassen. Das tut er nicht etwa nur, damit wir besser greifen können, sondern damit bei uns nicht der Eindruck entsteht, die Ware sei alt. Es soll weiterhin zeigen: Das haben andere Kunden auch bereits gekauft. Selbst beim Füllen von Zigarettenautomaten werden nur Verkaufstrottel alle Stapel gleich hoch machen. Hier wird an unseren Nachahmungstrieb appelliert.

Daß mit Warenmassierungen – die, wie wir gesehen haben, eine magnetische Wirkung haben – obendrein noch sogenannte schlechte Plätze im Laden aufgewertet werden, ist ein günstiger Nebeneffekt. Der Händler wird solche Warenhaufen selbstverständlich auch benutzen, uns dazu zu bringen, wieder einen Gang mehr abzuschreiten, wieder an einer bestimmten Stelle zu bremsen.

Kombinationen

Als der amerikanische Markt im vergangenen Jahr von einer Apfelschwemme heimgesucht wurde – eine Naturkatastrophe, die sich bei uns fast jährlich ereignet –, half man sich mit einem simplen Trick. Gemeinsam mit den Äpfeln wurden ganz billig neuartige Apfelschälmaschinen angeboten. Der Erfolg war enorm. (Obwohl es nicht hierher gehört: Ein Hersteller machte bei dieser Gelegenheit ein Sondergeschäft mit einem Schälmesser, indem er diesem eine Farbe gab, die der Apfelschale glich, so daß viele Messer mit der Schale weggeworfen wurden.)

Die Firma Kraft GmbH veröffentlichte vor einiger Zeit als Anzeige einer fingierten, also nicht bestehenden Firma das Photo eines knusprigen Schweinebratens, mit Apfelsinenscheiben garniert, mit jungen Erbsen und Kartoffeln umlegt, dazu ein Rezept, das ein paar der deutschen Hausfrau ungewohnte Gewürze und Zutaten verlangte. Den Managern dieser Firma ging es dabei jedoch nicht darum, die oft eintönige Speisefolge aufzulockern, sie wollten mit den Ergebnissen dieser Anzeige den Lebensmittelhändlern beweisen, daß man viele ungenützte Möglichkeiten hat, den Absatz zu fördern. Das heißt, wer mehr Rosmarin oder Speisefett verkaufen will, kann dafür ruhig ebensogut mit einem Schweinebraten werben. Im Fernsehen und in den Anzeigen der Markenartikelhersteller wird diese Praxis ja vorexerziert. Nur der Einzelhändler beschränkt sich, besonders in der Bundesrepublik – in den USA, Großbritannien oder Schweden ist das anders – mit bildlosen Anzeigen, in denen nur wenige Artikel gezeigt werden und lediglich der Preis herausgestellt wird.

Damit allein kann man die Hausfrau nicht ins Geschäft locken. Im Rahmen dieser Aktion wurde das Kaufverhalten der Hausfrau entsprechend gründlich analysiert. Doch können wir uns die detaillierten Erkenntnisse schenken, weil das Resultat reichen dürfte. Die deutsche Hausfrau ist, um es mit der Kraft GmbH zu sagen, „ein ziemlich labiles, unentschlossenes" Wesen.

Wer also so unbeständig ist, so gar nicht weiß, was er will, kann nicht nur, sondern muß manipuliert werden. Der Supermärktler kann also nicht zuletzt durch seine Anzeigen in der Lokalpresse, die gewöhnlich donnerstags oder freitags erscheinen, weitgehend bestimmen, was wir am Wochenende essen.

Da nur ganz wenige – neun von hundert – Hausfrauen den Speisezettel eine Woche im voraus festlegen, da sich die meisten Hausfrauen erst nach dem Frühstück überlegen, was mittags beziehungsweise abends auf den Tisch kommt, trifft der Verkäufer hier auf ein ungewöhnlich aufnahmebereites Exemplar Mensch. Er wäre also ziemlich bescheuert, wenn er diese Chance nicht nützte.

Wer glaubt, er solle dem Verkäufer eigentlich einen Dankesbrief schicken, weil dieser in der Fleischabteilung neben Suppenfleisch unvermittelt eine Kiste mit Suppenkraut gestellt hat, weil er uns offenbar nur mahnen wollte, auch nichts zu vergessen, soll sich mit dem Schreiben dieses Briefes noch Zeit lassen.

Natürlich ist dem Verkäufer nicht daran gelegen, daß wir Waren vergessen. Aber zunächst steckt hinter solchen Plazierungen eben immer die Absicht, uns ein bißchen mehr zu verkaufen.

Was bei dem neben die Suppenknochen plazierten Suppengrün noch als Fürsorge erscheint, als Dienst am vergeßlichen Kunden, wirkt schon weniger vertrauenerweckend, wenn beim Schnaps Erdnüsse stehen, Gläser, Knabbergebäck, Korkenzieher, Kartoffelchips, Leuchter mit Kerzen, Kopfschmerztabletten und was weiß ich noch alles.

Da finden wir ganze Aktionsgruppen „Alles für die Party" oder, weil das zu selbstverständlich ist und nicht unbedingt anregend wirkt, besser „Alles für die Party unserer Kleinen". Kürzlich machte die Einkaufsgruppe REWE eine solche Aktion, nannte sie „Komm, wir machen eine schicke Party" (mit Lampions), aber eben nicht veranstaltet vom einzelnen Händler als Einzelkämpfer. Nicht er inszinierte die Vorstellung in aller Einsamkeit, nicht einmal die Riesengruppe REWE verließ sich auf die eigenen Regiefähigkeiten. Da wurden die Manager großer Industriekonzerne genauso eingespannt wie die Werbefachleute mehrerer Firmen. Da wurden dann nicht nur ganze Läden umgekrempelt, mit Sonderaufbauten bestückt, da wurden die Schaufenster mit Plakaten beklebt, da wurde in Zeitungen geworben, im Hörfunk und im Fernsehen. Das alles nicht wegen einer besonders originellen, sondern einer eher ziemlich trivialen Idee. Aber es funktionierte.

Denn dieses Verkaufen von Ideen beschränkt sich eben nicht darauf, dem Käufer eine Idee zu verkaufen, sondern einem Käufer, der eine Idee hat, auch sofort alle Waren, die er nur irgend dafür verwenden kann, forciert anzubieten.

Der Verkäufer wird also immer wieder versuchen, bei jeder Ware zu überlegen, in welcher Verbindung er sie zusätzlich anpreisen könnte. Noch denken wir uns nichts dabei, wenn wir Schuhe gekauft haben und nun von der Verkäuferin oder an der Kasse aufgefordert werden, Schuhspanner, Strümpfe oder Schuhputzmittel zu erwerben. Vielleicht aber ist es bald so weit, daß wir bedauern werden, uns nicht früher darüber Gedanken gemacht zu haben.

Vielleicht wird es auch gar nicht mehr so lange dauern, bis sich Firmen zusammentun und sogar auf den Etiketten ihrer Produkte gemeinsam werben, daß wir auf den Gläsern mit Sauerkraut einen Hinweis erhalten auf Kasseler Kirschen oder Kartoffelklöße. Reinhard D. Siemes hat das gerade kürzlich vorgeschlagen. Er fragt, warum nicht „Pfanni auf seiner Packung eine kleine Werbefläche für eine Empfehlung von Mildessa einräumen soll". Mildessa dann dito für Pfanni.

Daß im Supermarkt unter diesem Gesichtspunkt schon lange verkauft wird, können Sie selbst sehen, wenn Sie das nächste Mal hingehen. Achten Sie drauf, was da alles beieinander, nebeneinander und durcheinander steht. Da können Sie ganz sanft anfangen bei dem Abschnitt Kaffee, Tee, Kakao.

Eine englische Firma hat jüngst gezeigt, wie es möglicherweise weitergehen wird. Sie hat eine Warenkombination gar nicht mehr gezeigt, sondern nur noch vorgetäuscht. Noch allerdings für das gleiche Produkt. Aber die Methode ist beachtlich. Für ihr Produkt (desodorierendes Körperspray) hat sie ein geteiltes Etikett entwickelt und so an der Dose angebracht, daß der Käufer den Eindruck erhält, er habe da nicht eine Dose vor sich, sondern zwei. Auch heißt es auf der Verschlußkappe: „Zwei zum Preis von einer." Gegen den Gesetzgeber hat man sich schlicht abgesichert, indem man behauptet, daß normalerweise in anderen Dosen etwa 0,09 l enthalten ist, in dieser „Doppeldose" aber 0,17 l.

Eine riesige amerikanische Supermarktkette warb kürzlich mit der Kombination Zucker – Photoapparat. Sie hatte eine günstige Gelegenheit benutzt, billig 300.000 Säcke Zucker zu erwerben. Nun gehört Zucker nicht gerade zu jenen Produkten, deren Konsum leicht gesteigert werden kann. Also entschloß man sich dazu, den Zucker sackweise zu verkaufen. Aber wie bringt man eine Hausfrau dazu, einen ganzen Sack Zucker zu kaufen? In diesem Falle wurde jeder Sack mit einem großen, auffälligen Schild versehen, auf dem zu lesen stand: Bei Kauf dieses Sackes Zucker erhält der Käufer eine westdeutsche Markenkamera zum Sonderpreis von 3 Dollar, die sonst 30 Dollar kostet.

Wie die Hausfrauen (und deren Kinder) auf diese Zettel reagiert haben, kann man sich vorstellen. Eine deutsche Markenkamera für 3 Dollar. Und Zucker ist ja einigermaßen haltbar. Es gab auch tatsächlich eine Kamera. Es war eine Agfa-Kamera. Allerdings ein einfaches, bereits vor Jahren ausgelaufenes Modell, von dem die amerikanische Agfa-Vertretung noch 300.000 Exemplare auftreiben konnte. Es kann möglich sein, daß in irgendeinem Laden diese Kamera irgendwann einmal in einem Schaufenster gestanden hat, für 30 Dollar. Tatsächlich wurde sie auch vorher billiger verkauft.

Daß der Händler mit dem Zucker ein unheimliches Geschäft gemacht hat, versteht sich von selbst. Aber was eben als Spitzenleistung anzusehen ist: Die Jungs haben auch an der Kamera noch verdient, denn sie haben sie für weniger als 3 Dollar eingekauft.

Unser Wettbewerbsrecht verbietet Auswüchse dieser Art, die in angelsächsischen Ländern zum normalen Alltag gehören. Bei uns mußten sich in zwei voneinander unabhängigen Fällen das Hanseatische Oberlandesgericht und der Bundesgerichtshof sogar – fast ist es rührend – damit befassen, ob es zulässig sei, Zahnbürste und Zahnpasta in einer gemeinsamen Schachtel zu verkaufen. (Allerdings berechnete der Verkäufer dieser Packung intern DM 0,20 für die Zahnbürste, was nicht unbedingt dem üblichen Kaufpreis für Zahnbürsten entspricht.)

Immerhin wurde in beiden Urteilen festgestellt, daß Warenkombinationen dieser Art nicht den Charakter einer unzulässigen Zugabe haben, sondern „vernünftigen kaufmännischen Erwägungen“ entsprechen.

Aber was hier vernünftige kaufmännische Erwägungen sein mögen, sind bei anderen Artikeln phantastische Kombinationen, die wir anhand des Kalenders demonstrieren können.

Da heißt der Januar nicht mehr Januar, sondern „Monat für harte Getränke“ oder für vitaminhaltiges Obst. Der Februar ist als Faschings-Verkaufsperiode eindeutig festgelegt. März wird – fast hätte ich im Februar den Valentinstag vergessen (für den selbst eine Zeitung wie die „Frankfurter Rundschau“ in einer Notiz verschämt geworben hat – hoffentlich aus Versehen) – zum Monat der Frühjahrskur mit gewinnintensiven Getränken zur Körperentschlackung, dazu Frühjahrsputz mit ... na, wie sie alle heißen, die da von selbst alles blitz- und wirbelwindartig reinigen ... April ist (meistens) Ostern, Konfirmation, also der perfekte Anlaß, dem Engelschen Gesetz ein Bein zu stellen, ein bißchen mehr Luxus beim Essen (Feinkost) zu propagieren.

Dann kommt der Monat mit Muttertag, Maibowle, den ersten Ausflügen, Spargel plus Schinken, zwischendurch mal eine französische Woche, schon ist Pfingsten dran, Fronleichnam, Sommeranfang, Erdbeeren, also Schlagsahne (möglichst aus der Spraydose), man kann wieder im Freien baden, es wird heiß, Erfrischungsgetränke, Fertiggerichte.

Schon haben wir Erntefest des Kleingartenvereins, Turnfeste, Schulanfang, Einmachzeit, Weinlese... und wenn weiter nichts einfällt, vielleicht ein fünfjähriges Jubiläum einer neuen Eingangstür, eine englische, israelische, bulgarische oder einfach Käsewoche. So geht es über Allerheiligen, Totensonntag, Martinstag mit Gänsen und deren Füllung allmählich auf Weihnachen und Silvester zu.

Gleich danach beginnt meine Lieblingswoche. Dann knallt es aus den Zeitungen und von den Schaufenstern:

Jetzt heißt es sparen!
Bei uns Super-Niedrigpreise!
Jetzt gibt's sonntags Erbsensuppe!
Nach Weihnachten wird gespart!

Und wie sollen wir sparen? Indem wir kaufen. Wie denn sonst?

Mit dieser vielleicht etwas langatmigen Aufzählung wollte ich Sie anregen, darüber nachzudenken, was allein die normale Jahreszeit dem Händler für Möglichkeiten gibt, uns Warenkombinationen anzubieten.

Die Wirksamkeit eines ganz einfachen Verbundangebotes wurde vor einiger Zeit einem großangelegten Test unterzogen. In 92 Filialen des Supermarktunternehmens Latscha (Umsatz 1969 rund 400 Millionen Mark), Hauptsitz Frankfurt, wurde versucht, die „Geschmacksbarriere" der Milch zu überwinden. Zum Großeinsatz vereinigt hatten sich: die Marktwerbung H. J. Wagner GmbH & Co, die Deutsche Nestlé und der Verein zur Förderung des Milchverbrauchs e. V., dazu eben die Firma Latscha.

Die 92 Latscha-Filialen wurden in vier Gruppen eingeteilt, die gleichartig waren, was Standort, Umsatz, Kundenkaufkraft usw. betraf.

In die Gruppe 1 kamen 25 Geschäfte. In diesen wurde gar nichts gemacht. Hier wurde weder für Milch besonders geworben noch für Nesquik. Die Gruppe sollte lediglich als Kontrollgruppe fungieren, als Maßstab für die Aktionen bei den anderen Gruppen.

Weitere 25 Geschäfte kamen in die Gruppe 2. Hier blieb die Milch innerhalb der Läden dort, wo sie immer war. Aber vor dem Milchregal wurde ein für diesen Zweck besonders konstruierter Hängekorb angebracht, der mit Nesquik vollgepackt wurde. (Selbstverständlich als Zweitplazierung. Das für Nesquik zuständige Regal blieb nicht leer.) Außerdem wurden Werbestreifen angebracht mit dem aufrüttelnden Text: „Milch plus Nesquik. So gut schmeckt frische Energie.“

Die Gruppe 3 bestand aus 26 Läden. Hier wurde genauso verfahren wie in den Läden der Gruppe 2, jedoch machte man sich noch ein bißchen mehr Mühe. In der Nähe der Truhe wurden 3 Hängeplakate angebracht, auf dem Fußboden, der zur Truhe führte, wurden weitere Hinweise geklebt, am Stammplatz für Nesquik wurden Regalstopper angebracht. Aber auch damit waren die Veranstalter noch nicht zufrieden. In die Einkaufswagen wurden Plakate gehängt, mit dem oben erwähnten Text: „So gut schmeckt frische Energie!“

In der Gruppe 4 waren nur 16 Läden, und zwar nur Läden in Wiesbaden, aus dem einfachen Grunde, weil die Werbung ausgeweitet wurde durch Zeitungsanzeigen bei der Lokalpresse und in den Wiesbadener Kinos. Sonst war das Arrangement wie in Gruppe 3.

Die Aktion lief vom 9. Juni bis zum 2. August 1969. In dieser Zeit wurden in den Gruppen 2 bis 4 im Vergleich zur Gruppe 1 8,4% bis 10,5% mehr Milch verkauft, was in konkreten Zahlen – ausgedrückt pro Filiale – immerhin durchschnittlich 1.466 l ausmachte; insgesamt wurden rund 100.000 l Milch zum damaligen Verkaufswert von DM 65.000,– verkauft. Die höchsten Ergebnisse erzielte die Gruppe 4, also die Gruppe mit der intensivsten Förderung.

Die Verkäufe von Nesquik erhöhten sich in den Gruppen 2 bis 4 um 51,6% bis 89,1%.

Der wichtigste Erfolg für die Milchförderer war, daß sich nach der Aktion der Verkauf von Milch nicht wieder auf dem alten Stand einpendelte, sondern konstant auf der während dieser Aktion erreichten Höhe blieb. Auch sollte nicht vergessen werden, daß bei allen Werbekampagnen für Getränke jeder Art, vom Kaffee bis zum Birnengeist, Milch im Vergleich zu den anderen stets nur relativ geringere Steigerungsraten erreichen konnte.

Ein eigentlich sehr auffallender, aber seltsamerweise von vielen übersehener Unterschied zwischen den beiden Arten einzukaufen – sich bedienen zu lassen und sich selbst zu bedienen – ergibt sich durch den Platz, an dem wir warten.

Im altfränkischen Laden haben wir vor dem Tresen auf den Verkäufer gewartet, im Supermarkt warten wir vor der Kasse. Hier wird so manchen die Illusion der Zeitersparnis genommen. Doch besteht der wichtigste Unterschied in unserer psychischen Verfassung. Denn im ersten Fall wollten wir noch kaufen, im zweiten Fall haben wir bereits gekauft.

Wenn wir im Supermarkt in der Schlange vor der Kasse stehen, sind unsere Gedanken bereits „draußen“, wir haben vergessen, was wir getan haben, und überlegen uns, was wir jetzt noch zu erledigen haben.

„Hier muß der Kunde zwangsläufig vorbei“, heißt es in einem Bericht zu diesem Thema in der Zeitschrift „Selbstbedienung und Supermarkt“ (9/69), „und hier hat er mitunter eine längere Wartezeit, in der er seinen Einkauf um den einen oder anderen, vielleicht nicht unbedingt notwendigen Artikel ergänzt . . .

Eine Impulssteuerung in der Kassenzone hat sich heute in vielen SB-Läden durchgesetzt . . .

Die Erfahrung hat gezeigt, daß der Kunde, wenn er eine Zeitlang an der Kasse verweilt, gern spontan und nicht eingeplant einkauft. Daher sollte dieser Verkaufsplatz unbedingt als Zusatzgeschäft genutzt werden.“

Selbstverständlich ist unser Verhalten in dieser Ladengegend ebenfalls präzise analysiert worden, zuletzt in zwölf verschiedenen Städten der USA in 100 Supermärkten mit unterschiedlichen Kundenkategorien und Konkurrenzverhältnissen.

Es hat sich herausgestellt, daß die meisten von uns nicht nur bereits alles (und mehr) gekauft haben, sondern daß wir auch bereits unser Geld „verdisponiert“ haben.

Aber das schreckt natürlich den Supermarktchef nicht davon ab, uns gerade an der Kasse nochmals einige Waren gesondert vorzuführen; die Zeit zu nutzen, die wir warten müssen. Er wird lediglich vermeiden, uns an der Kasse besonders teure Artikel zu präsentieren. Anderseits wird er auch nicht so borniert sein und nun vor der Kasse echte Sonderangebote aufbauen. Denn dann würden die Couragierten unter uns bereits gekaufte Artikel ganz flink wieder ins Regal zurücktragen, um sie gegen gleiche oder ähnliche, aber eben verbilligte Artikel umzutauschen.

Es eignen sich also für den Verkauf vor den Kassen am besten Artikel, die ein paar Mark kosten – höchstens fünf Mark, haben die Spezialisten festgestellt, vor allem aber Artikel, die nicht zum täglichen Bedarf gehören, möglichst solche, die nicht das ganze Jahr über im Angebot sind. Der geschickte Verkäufer wird gerade an der Kasse „immer mal wieder etwas Neues“ veranstalten.

Deshalb finden wir oft an den Kassen den Kalenderersatz, von dem vorher ausführlicher die Rede war. Wenn wir beispielsweise in einem Geschäft südlich der Main-Linie vor der Kasse auf einen Sonderbehälter mit Rum treffen, können wir ziemlich sicher sein, daß wir nicht Juli haben. Im Juli stehen da eben Erfrischungsgetränke, Obstkonserven oder Eis. „Kinder gehören bekanntlich zu den großen Eisschleckern. Kaum eine Mutter kann widerstehen, wenn der Sprößling um ein Eis am Stiel bettelt. Es ist also notwendig, die Eistruhe oder zumindest die Tafel mit den verschiedenen Eisprodukten so auffällig wie möglich zu plazieren, wenn es geht, sogar links oder rechts vor der Eingangstür, damit nicht nur der Erwachsene sofort aufmerksam wird, sondern speziell auch die kleinen Kunden.“

In den getesteten amerikanischen Läden haben sich als Verkaufsschlager herausgeschält:

Sonnenöl (in den Sommermonaten)
kleines Spielzeug (vor Weihnachten)
Glückwunschkarten (vor Festtagen jeder Art).

Dazu sind sehr nützlich: Zeitungen und Zeitschriften, Kaugummi, andere Süßigkeiten, Taschenlampen, Batterien (besonders hoher Gewinn), Zahnpasten, Papierservietten – so in der Art.

Wer nun vor den Kassen oft auch noch Zigaretten entdeckt und sich fragt, wie unter den erwähnten Grundsätzen Zigaretten dorthin passen, der ist schon auf dem richtigen Wege, kritischer zu werden. Tatsächlich stehen Zigaretten häufig in der Kassenzone. Aber nur, weil sich die kleinen, jedoch relativ wertvollen Packungen besonders günstig zum Klauen eignen. Sie stehen also an der Kasse, damit die Kassiererin den potentiellen Dieb einschüchtert.

In größeren Geschäften werden auch besonders gern die erwähnten Großpackungen und die ebenfalls besprochenen Verbundpackungen aufgebaut, Getränke in Sechserpackungen also oder in ganzen Kartons, und Tortenböden mit Erdbeerdosen. Mit den Großpackungen wird ebenfalls oft erreicht, daß der Kundenstrom gezielt auf die Kasse gelenkt werden kann, schon auch wegen der vom Händler gefürchteten Springer, jener Leute also, die von Kasse zu Kasse wechseln.

„Weiterhin empfiehlt es sich, irgendwelche Restposten gesondert oder im gemischten Angebot in der Wartezone der Kasse zu plazieren, die sich erfahrungsgemäß, wenn sie darüber hinaus noch einen Preisnachlaß gewähren, schneller verkaufen lassen“, heißt es in dem bereits erwähnten Bericht in „Selbstbedienung und Supermarkt“.

„Ebenfalls wichtig für den gesteuerten Impulsverkauf an der Kasse ist ein Kombinationsprogramm, d. h., es werden Artikel, die sich gegenseitig ergänzen, kombiniert angeboten, wie z. B. Weine mit Knabbergebäck oder frische Erdbeeren mit Tortenböden.“

Brot- und Backwaren werden nie am Anfang des geplanten Kundenwegs stehen. Da anderseits Brot zu den oft gekauften Artikeln gehört, zu den Muß-Artikeln, eignen sich Brotstände sehr gut als Stopper für die erste Rennstrecke in jenen Geschäften, die vorwiegend mit Wagen ausgerüstet sind.

Übrigens kann man bei den meisten Waren, die hier an der Kasse stehen, sicher sein, daß es Zweitplazierungen sind, daß sie also nicht nur hier stehen, sondern auch am normalen Platz.

Auch auf die Höhe der Angebote an den Kassen wird sehr genau geachtet. Bestimmte Waren dürfen nicht zu tief stehen, weil sich gerade im Gedränge vor der Kasse, mit dem Einkaufswagen neben sich, niemand gern bückt. Dagegen werden Süßigkeiten wieder mit Vorliebe in tieferen Behältern angeboten, damit unsere lieben Kleinen bequemer hinlangen können. Nur eben nicht so tief, daß die Kassiererin es nicht mehr sehen kann.

Grundsätzlich können wir davon ausgehen, daß Artikel an den Kassen unter zwei Gesichtspunkten ausgewählt werden:

1. Artikel, die wir eigentlich gar nicht kaufen wollten.
2. Artikel, an denen der Händler ein bißchen mehr verdient.

Nebenbei: Männer sind die besten Impulskäufer. Sie lassen sich wesentlich leichter zu Zusatzkäufen verleiten als Frauen. So wird auch immer mehr auf Männer Rücksicht genommen, wenn die für Impulsartikel günstige Zone bestückt wird. Mit kleinen Werkzeugen, ja sogar mit Schallplatten und Hausschuhen, wird viel Geld verdient.

Nur eins müssen wir uns ständig vor Augen halten: Besondere Attraktionen wird es an der Kasse nie geben. Denn der Verkäufer wird gerade an der Kasse keine Experimente wagen, weil er selbst zu genau weiß: Der Platz vor der Kasse ist ein Platz an der Sonne.

Lockvogel: Sonderangebot

„Unseren Umsatz können wir nur heben, wenn wir, statt nur Nachfrage zu befriedigen, systematisch zum Kauf verführen, wenn wir in unserem Laden alle zu Gebote stehenden Verführungskünste aufbieten, wie Atmosphäre, Lagerung der Ware, Plakatwerbung und Sonderangebote."

Diesen Rat gab die freiwillige Handelskette Ifa/Fachring schon vor einiger Zeit, als nämlich ihr Umsatz hinter den Hoffnungen ein bißchen zurückgeblieben war. Heute gehört Ifa zu den Giganten des Lebensmitteleinzelhandels, dürfte Nummer 1 der freiwilligen Handelsketten sein. Denn nach ihrer Fusion mit Vivo und Vege gehören rund 17.000 Einzelhändler zu dieser Kette, mit einem Umsatz von 5 bis 6 Milliarden Mark.

Damit sind natürlich die Ratschläge nicht hinfällig geworden. Auch heute noch wird im Lebensmitteleinzelhandel ohne Bandagen gekämpft, hier weht noch immer ein sibirischer Wettbewerbswind.

Dieser harte Konkurrenzkampf kann uns Käufern nützen, aber doch nur dann, wenn wir die Waffen kennen, mit denen sich die Herren – während wir zwischen den Fronten stehen – beschießen, die Methoden durchschauen, mit denen wir „verführt" werden sollen. Es wäre in höchstem Maße riskant und leichtfertig, wenn wir so ohne weiteres an die Formel glaubten: Je härter der Wettbewerb, desto mehr Nutzen für uns Käufer.

Da stellte zum Beispiel die Jiffy Food Corporation aus Los Angeles fest, daß ein bestimmtes Fleisch-Fertiggericht ihrer Produktion, das mit einem Gesamtgewicht von 1 1/2 Pfund angeboten wurde, teurer war als das gleiche Gericht einer Konkurrenzfirma, obwohl dieses ein Gesamtgewicht von 2 Pfund hatte. Man wußte, daß man nicht weniger rationell herstellte als die Konkurrenz. Wie konnte die also mehr um weniger Geld liefern? Man kaufte das Konkurrenzprodukt und ließ den Inhalt analysieren. Das Ergebnis war simpel: Während man selbst ein Verhältnis 40% Fleisch und 60% Sauce hatte, war das Konkurrenzprodukt im Verhältnis 25% Fleisch und 75% Sauce hergestellt.

Logischerweise hat dann auch Jiffy das Verhältnis verändert, also verschlechtert, und laut „Los Angeles Daily News" konnte Jiffys Präsident, Bernard J. Erenstein, bei diesem „Fleisch"-Fertiggericht eine Gewinnsteigerung von 39% verkünden.

Gewiß, wir Käufer werden allmählich ein bißchen kritischer, wir fallen nicht mehr auf alles herein, jedenfalls stellen immer mehr Käufer immer höhere Ansprüche. Das bedeutet aber noch lange nicht, daß die Händler nicht weiterhin gewisse Tricks mit überraschenden Erfolgen anwenden können, wobei an der Spitze wohl jener steht, der auch von der Ifa erwähnt wurde: der Trick mit dem Sonderangebot.

Die Psychologen und Verhaltensforscher haben kaum etwas mit so großem Interesse untersucht wie die Beziehungen von Reiz und Reaktion. So ist es auch verständlich, wenn die Herren der Supermärkte die Reaktion auf ihren Spezialreiz besonders intensiv erforschen ließen. Und tatsächlich scheinen, wenn die Klingel „Sonderangebot" ertönt, die Reflexe unserer Hausfrauen mit denen der Pawlowschen Hunde vergleichbar zu sein.

Allerdings haben die Untersuchungen unterschiedliche Ergebnisse gezeitigt. Es kann schwer beurteilt werden, bei wem die Sonderangebote nun beliebter sind, beim Handel oder bei der Hausfrau.

Nach einer Allensbach-Untersuchung kaufen vier von fünf Erwachsenen Sonderangebote, praktisch alle Hausfrauen, nämlich 90 Prozent. Wenn Männer demnach Sonderangebote weniger ausnutzen, liegt das nicht zuletzt daran, daß Männer eben seltener einkaufen. Die Hälfte der befragten Personen erklärte, daß sie

„ohne weiteres eine halbe Stunde in Kauf nehmen, wenn sie dadurch beim Einkaufen 5 D-Mark sparen könnten, weil es da billiger ist als in der Nähe“.

Das bedeutet dann aber, daß 52 Prozent aller Hausfrauen in Geschäften kaufen, in denen sie normalerweise nicht kaufen. Ebenso entscheidend ist, daß nur 16 Prozent dieser Frauen dann ausschließlich die Sonderangebote kaufen. Alle anderen kaufen außerdem noch andere Artikel in diesem für sie fremden Geschäft.

Dieses Verhalten klingt ganz vernünftig, nur scheinen andere Untersuchungsergebnisse dieser Vernunft zu widersprechen. Demnach haben 71 Prozent aller Hausfrauen ein Stammgeschäft, und dem bleiben sie treu, auch wenn sie wissen, daß einige Häuser weiter Lebensmittel billiger zu kaufen sind. Ausgerechnet hier treffen wir wieder auf die besonders bedrückende Erscheinung, daß gerade die Hausfrauen mit dem relativ kleinsten Haushaltsbudget weniger rechnen als die sozial bessergestellten Käuferinnen.

Die meisten Hausfrauen aber sind der Ansicht, daß sich die Preise im großen und ganzen kaum unterscheiden. Nur jede dritte Hausfrau konnte einen Laden in der Nähe nennen, der ihrer Ansicht nach besonders billig war. Überhaupt sind sie über Preise nur oberflächlich informiert.

Bei einer Untersuchung wurde festgestellt, daß in der unmittelbaren Umgebung der Hausfrau, etwa bei Butter, Preisunterschiede von 24 bis 92 Pfennig für 1 Pfund Butter bestanden, doch nicht einmal jede fünfte Hausfrau wußte das.

Aber der Widerspruch zwischen der magnetischen Wirkung der Sonderangebote und der Unkenntnis von Preisen ist nur ein scheinbarer. Der clevere Händler hat daraus jedenfalls die richtigen Schlüsse gezogen. Kaum einer verzichtet auf Sonderangebote, während im Gesamteinzelhandel – und diese Berechnung schließt den Lebensmittelhandel ein – nur 36 Prozent in regelmäßigen Abständen Sonderangebote machen.

Also können wir davon ausgehen, daß kaum ein Supermarkt auf die Attraktion von Sonderangeboten verzichtet. So fragt das Institut für Selbstbedienung (ISB) bei seinen Untersuchungen kaum, wer Sonderangebote, sondern wo und wie sie gemacht werden.

Dabei stellt sich dann heraus, daß nur ein kleiner Teil des

Sortiments für Sonderangebote benutzt wird. Der Supermärktler kann nämlich, wie wir gesehen haben, davon ausgehen, daß die Hausfrauen höchstens zehn bis zwölf Preise im Kopf haben. Ein Sonderangebot, das mit reduziertem Preis wirbt, kann also nur sinnvoll sein, wenn die Hausfrau diese Preise mit den üblichen beziehungsweise mit den Preisen der Konkurrenz vergleichen kann.

Ein interessanter Unterschied in der Rangfolge, schon bei den Warengruppen, aus denen Sonderangebote gewählt werden, ergibt sich allein durch die Größe der Läden. Während nur etwa 12 Prozent der kleinen Läden Frischfleisch als Sonderangebote herausstellen, steht es bei größeren Läden an erster Stelle. Dem Edeka-Händler wurde erst kürzlich wieder klargemacht, daß sich auf dem Sektor Frischfleisch und Frischwurst erfolgreich operieren läßt. „Ja, diese interessante Warengruppe ist *geradezu prädestiniert* für Sonderangebotsaktionen, ist hier doch das allgemeine Preisniveau höher als im restlichen Sortiment, und mithin sind Nachlässe eklatanter und auffallender. Besonders empfehlen sich die *Verbundangebote,* d. h. eine Verbindung der Angebote mit einem oder mehreren Artikeln aus dem Sektor Gemüse. Auf diese Weise kann man der Kundin einen ‚Küchenfahrplan' geben und für sich selbst den Absatz lenken und den Umsatz erhöhen."

Wenn nun die kleineren Läden diese absatzlenkende und absatzfördernde Funktion nicht ausnutzen, dürfte das nicht daran liegen, daß sie nicht wach genug sind, nicht gemerkt haben, was man mit Sonderangeboten auf diesem Sektor erreichen kann. Vermutlich wird es einfach daran liegen, daß Frischfleisch schwierig zu kalkulieren ist, weil die Stücke nicht so eingekauft werden, wie sie verkauft werden. Will ein Händler beispielsweise ein Sonderangebot Schulterbraten veranstalten, muß er zumindest Schweineschultern kaufen. Dann aber hat er nach dem Heraustrennen des Schulterbratens noch einen Haufen Fett, Schwarten und Eisbein übrig.

Da kann der kleine Händler ganz schön auf die Schnauze fallen. – Nun helfen sich manche der Kleinen damit, daß sie einfach eine geringere Warenmenge anbieten. Aber das lassen sich die Kunden nur noch selten gefallen. Den Trick, mit einer Ware zu werben und sie dann bereits eine Stunde nach Ladenöffnung nicht mehr vorrätig zu haben, erlauben sich nur noch

Händler, die aus irgendwelchen Gründen ein Monopol haben.

Größere Läden haben selbstverständlich auch mehr „Schlagerplätze", sie steigen von 8 bei kleineren bis zu 24 in den größeren Supermärkten. Unterschiede sind auch je nach Ortsgröße festzustellen, aber schwer durchschaubar. Während die Anzahl der Schlagerplätze bei Händlern in Städten bis zu einer halben Million Einwohner ansteigt, sinkt sie wieder, je größer die Händler werden.

Das mag für uns von geringer Bedeutung sein, interessant ist jedoch, daß in großen Städten Supermärkte in den Hauptstraßen mehr Schlagerplätze haben als in Nebenstraßen, daß aber Supermärkte in abgeschlossenen städtischen Randsiedlungen am meisten mit Sonderangeboten operieren.

Das dürfte nicht zuletzt aus zwei Gründen so sein:

1. Will man den Kunden vom Weg in die Stadt abhalten,
2. findet man in diesen Randsiedlungen noch viele unabhängige Einzelhändler.

So können wir schon jetzt jede Wette eingehen, daß auch in Randgebieten weniger Sonderangebote zu haben sein werden, wenn die kleinen Konkurrenten endlich ihre Unabhängigkeit verloren haben.

Besonders beliebte Objekte für Sonderangebote sind auch Markenartikel mit vorgeschriebenen oder nur mit empfohlenen Verkaufspreisen. Aber sie sind nicht ohne Gefahr für den Händler. Auch hier können sich nur starke Händler eine solche Auswahl erlauben. Nur selten begnügt sich der Hersteller damit, dem Händler leicht auf die Finger zu klopfen, wie etwa aus folgender Zeitungsnotiz abzulesen ist: „Die Exportbrauerei Beck & Co in Bremen hat beim Landgericht Oldenburg eine einstweilige Verfügung gegen ein Filialunternehmen erwirkt, das ‚Beck's Bier' als Lockvogel unter Einstandspreis verkauft hat."

Als ein Wiesbadener Lebensmittel-Einzelhändler etwa eine Flasche „Scharlachberg Meisterbrand" für DM 9,40 und eine Flasche „Doornkaat" für DM 7,25 anbot, wurde ihm vom Ersten Zivilsenat des Bundesgerichtshofes untersagt, künftig Scharlachberg und Doornkaat „zu einem unter dem Einstandspreis liegenden Verkaufspreis" zu offerieren, und zwar „bei Vermeidung einer vom Gericht für jeden Fall der Zuwiderhandlung festzusetzenden Geldstrafe in unbegrenzter Höhe oder Haftstrafe bis zu sechs Monaten".

Die Händler kennen also die Konsequenzen, aber sie hören nicht auf, gerade die erwähnten Kategorien ihrer Waren als Sonderangebot zu verwenden.

Sie wählen weiter sorgsam aus. Nur ganz wenige Artikel – im Vergleich zum gesamten umfangreichen Sortiment – erhalten die Ehre, als Sonderangebot auftreten zu dürfen.

Allein aus dieser Tatsache dürfen wir schließen, daß der Händler nicht gerade uns einen Gefallen tun will, wenn er einzelne Artikel immer mal wieder ein bißchen billiger anbietet. Deshalb kann es uns auch ganz gleichgültig sein, wie es zu den billigen Preisen kommt, ob nun ein Händler wirklich eine Ware mal besonders günstig eingekauft hat oder ob er sich mit einem bescheidenen Stückgewinn begnügt, wenn nicht sogar sich mit einem Verlust abfindet.

Kaufleute empfinden sich selbst ganz sicher nicht als Philantropen, sie betreiben ihr Geschäft nicht ehrenamtlich aus Menschenliebe, sie begreifen sich ganz sicher nicht als Wohltäter.

Was also geht hier tatsächlich vor?

Nach der Definition des Instituts für Selbstbedienung sind Sonderangebote „Angebote einzelner nach Güte oder Preis gekennzeichneter Waren ohne zeitliche Begrenzung im Rahmen des regelmäßigen Geschäftsbetriebes. Sonderangebote sind nach dem Wettbewerbsrecht allgemein zulässig, wenn nicht Mißbrauch, z. B. durch eine größere Anzahl von Sonderangeboten vorliegt oder die Vorschriften über Ausverkauf, Räumungsverkauf und Sonderveranstaltungen umgangen werden sollen."

Das hört sich deutsch-gründlich an, scheint mir aber einen Aspekt unbeachtet zu lassen, und zwar den einzigen, der für uns Käufer wirklich interessant ist. Denn nach der erwähnten Beschreibung wären Sonderangebote bestenfalls Angebote, durch die versucht wird, Stammkunden ans Geschäft zu binden und neue Kunden in den Laden zu bekommen.

Sehr viel deutlicher ist eine amerikanische Definition, wobei auffällt, daß man sich da weniger Mühe macht wie bei uns, eine deutliche Trennung zwischen Sonderangeboten und Lockvogelangeboten zu machen. Da nennt man Angebote dieser Art fast immer schlicht „loss-leader".

„Durch tiefes Kalkulieren einer lebhaft nachgefragten Ware will man dem Kunden den Eindruck von Preiswürdigkeit vermitteln." Da liegt der Hase im Pfeffer.

Die Händler wollen den Eindruck erwecken, bei ihnen sei alles unheimlich billig, wenn sie ein paar Artikel besonders herausstellen.

Der Rechtsausschuß des Bundestages hat vier als Irreführung des Käufers gekennzeichnete Formen des Lockvogelangebotes erläutert. Danach kann auf Unterlassung verklagt werden,

* wer mit der besonders günstigen Preisstellung einer Ware wirbt und damit zu Unrecht den Eindruck hervorruft, daß auch das übrige Warensortiment des Werbenden ähnlich preisgünstig kalkuliert sei;
* wer mit dem besonders niedrigen Preis einer Ware in der Absicht wirbt, den Kunden im Verkaufsgespräch zum Erwerb einer anderen, teureren Ware zu überreden;
* wer mit der Preisstellung einer Ware wirbt, die ihm nicht oder
* die ihm nur in unzureichenden Mengen zur Verfügung steht.

Als ob nun damit der Fall erledigt wäre. Reagiert der Kunde wirklich so intelligent und weiß, daß Sonderangebote „nur wie ein Leuchtturm von Verlust inmitten eines Ozeans von Gewinn" stehen?

Tatsächlich jedoch hat eine Studie des Instituts für Demoskopie, Allensbach, ergeben, daß eine starke relative Mehrheit von 46 Prozent aller Erwachsenen die Ansicht vertritt, in Geschäften, die Sonderangebote haben, kaufe man auch sonst günstig ein. Frauen sind zu rund 50 Prozent, Männer zu rund 40 Prozent dieser Ansicht.

Auch hier wieder die deprimierende Erkenntnis, daß diese eben oft falsche Ansicht vom Bildungsniveau abhängig ist, daß viel mehr Verbraucher mit Volksschulbildung von der generellen Preiswürdigkeit überzeugt sind als Verbraucher mit Abitur.

Und gerade wer übermäßig Sonderangebote kauft, vor allem jene Gruppe, die dann auch andere Artikel mitnimmt, ist davon überzeugt, in einem Geschäft zu kaufen, das allgemein preisgünstig ist.

Da es mir naiv erscheint, vom Händler zu erwarten, daß er anders verfährt, daß wir also wohl nicht sehr weit kommen werden, wenn wir uns dem Bundesgerichtshof anschließen und verlangen, „je deutlicher der Kunde... erkenne, daß es sich um ein Sonderangebot handle, desto geringer werde die Gefahr, daß er von diesem Sonderangebot fälschlich auf die Preiswürdigkeit des gesamten Sortiments schließe", bleibt eine einzige Möglichkeit:

Wir müssen grundsätzlich davon ausgehen, daß Sonderangebote nur deshalb möglich sind, weil andere Waren entsprechend teurer sind, und die stehen meistens neben den Sonderangeboten.

Auch wenn das nicht immer der Fall ist, je mißtrauischer und je gründlicher wir das Arrangement ansehen, desto besser sind wir dagegen immunisiert, auf doch primitive Weise übertölpelt zu werden.

Sie brauchen nicht alles im Kopf zu behalten, was auf den vorigen Seiten gestanden hat. Aber sie können einen Haufen Geld sparen, wenn Sie künftighin die folgenden wichtigen Punkte beachten:

* Was im Laden für Sie am bequemsten zu erreichen ist, ist ganz selten das beste Angebot.
* Wenn Sie sich nach einem Mußartikel bücken, nehmen Sie nicht gleich bedenkenlos Artikel, die Ihnen dabei ins Auge fallen.
* Kaufen Sie ruhig Sonderangebote, auch im fremden Laden. Aber bevor Sie andere Waren kaufen, prüfen Sie die Preise genau, ganz besonders jener Waren, die neben den Sonderangeboten stehen.
* Große Preisschilder und Hinweise aller Art bedeuten noch lange nicht, daß diese Artikel besonders günstig sind.
* Prüfen Sie auch die Preise, wenn Ihnen Warenkombinationen angeboten werden. Passen Sie auf, was Sie da mitkaufen sollen. Rechnen Sie sich aus, was die Ware einzeln kosten würde; überlegen Sie vor allem, ob Sie wirklich alles das brauchen, was da kombiniert angeboten wird.
* Passen Sie auch auf, wenn Ihnen statt einer Dose oder Packung gleich zwei oder drei angepriesen werden. Rechnen Sie aus, wieviel Geld Sie wirklich sparen – falls Sie überhaupt sparen.

Überlegen Sie, ob die Ware verderben kann, ob Sie möglicherweise nicht dazu gereizt werden, mehr zu verbrauchen, als sie verbrauchen wollen oder können.

* Massiert angebotene Waren in Körben, Stapeln oder anderen Haufen sind nur ganz selten so billig, wie sie wirken.
* Seien Sie besonders mißtrauisch, wenn Sie an der Kasse darauf warten, dranzukommen. Achten Sie auf Ihre Sprößlinge.

Gewöhnen Sie sich grundsätzlich daran, einen Einkaufszettel zu machen, auf dem nicht nur die „Mußartikel“ stehen, sondern alles, was Sie tatsächlich kaufen wollen. Sollte ein Artikel dann wirklich wesentlich teurer sein, als sie vermutet haben, können Sie im Laden immer noch umplanen. Aber verlassen Sie sich nicht darauf, daß Ihnen die richtigen Einfälle zum Einkaufen erst im Laden kommen.

Das chemische Festmahl

Suppen in Dosen

Das gehört zweifellos zu den gelungensten Darbietungen des Deutschen Fernsehens: Die harmonische Familie sitzt am Eßtisch, der gedeckt ist, als würde jeden Moment der „Brigitte"-Photograph eintreffen. Das Haus – wenn überhaupt drinnen gegessen wird und nicht auf der Veranda vorm Garten voll blühender Blumen – dekoriert nach der Zeitschrift „Schöner wohnen".

Zwei adrette Kinder sitzen artig am Tisch, der Vater glänzend erholt – kein Wunder, er ist gerade von der Arbeit heimgekommen. Dann der Höhepunkt: Mutti bringt die Suppe, in einer Schüssel aus Meißener Porzellan. Sie füllt auf und schaut dann alle an, als wäre sie der Weihnachtsmann, denn natürlich haben alle drei mit dem Essen begonnen, bevor Mutti sich hinsetzen konnte. Tatsächlich. Es hat funktioniert. Die Überraschung ist gelungen.

Gleich nach dem ersten Löffel schaut Pappi verblüfft, aber strahlend Mutti an, Mutti strahlt siegesbewußt zurück. So eine Suppe gibt es nicht im „Ritz", nicht mal beim „Gärtner" in Ammerschwihr, und der hat nicht zuletzt wegen seiner Suppen drei Sterne im „Guide Michelin" erhalten.

Endlich lüftet Mutti das Geheimnis. Sie zeigt die Dose. Wir sehen sie ebenfalls bildfüllend. Leider setzt im gleichen Moment das Orchester ein, das sich bis dahin irgendwo im Garten versteckt haben muß. So kommt Pappi nicht mehr dazu, zu fragen: Welchen Namen hat denn die Suppe? Oder: Was ist da eigentlich drin in der Suppe?

Vielleicht war es gar nicht die Musik, die ihn abgehalten hat, vielleicht hätte er ohnehin nicht gefragt. Muß man wirklich wissen, was man ißt? Wenn es schmeckt? Und es schmeckt doch. Das sieht man den Gesichtern an.

Natürlich muß man nicht.

Aber es ist interessant.

Dabei muß man nicht mal fragen, was drin ist. Ganz wichtige, den Inhalt betreffende Angaben muß der Hersteller außen, auf der Dose selbst, anbringen. Natürlich braucht er nicht das komplette Rezeptgeheimnis zu lüften. Das wäre ja was. Aber er muß zum Beispiel angeben, wieviel Fleisch in der Suppe ist – jedenfalls das, was in diesem Fall alles als Fleisch bezeichnet werden darf, und das ist viel mehr, als Sie und ich als Fleisch bezeichnen würden –, wenn aus dem Titel der Suppe oder aus der Angabe des Inhalts hervorgeht, daß Fleisch in der Suppe sein sollte.

Da es zur Zeit bei uns etwa 40 Hersteller von Dosensuppen gibt und dazu aus 23 Ländern noch ein ganzer Haufen ausländischer Hersteller mit Dosensuppen in unseren Markt drängen, da jeder Hersteller wiederum unterschiedlich viele Arten von Dosensuppen anbietet, können wir hier jetzt nicht das komplette Sortiment aufbauen, Etiketten betrachten, Inhaltsangaben lesen. Obwohl die Photosammlung allein von besonderem ästhetischem Reiz sein dürfte und es eigentlich zu bedauern ist, daß noch kein Suppenetikettenphotograph für sein Suppenetikettenphoto einen Preis erhalten hat.

Dosensuppen sind überhaupt modern. Die moderne Familie greift gern zur Dosensuppe, viel öfter als die altmodische, konservative Familie. Dennoch sind die heimischen Dosensuppenhersteller noch weit vom sicher erreichbaren Ziel entfernt.

In den USA sind 90% aller angebotenen Suppen Dosensuppen, also sogenannte nasse Suppen, nur 10% Trockensuppen. Bei uns ist das Verhältnis noch umgekehrt, da sind 90% Würfel, und der schäbige Rest der Fertigsuppen wohnt in Dosen. Immerhin, bei einem Gesamtverbrauch von rund 8 Milliarden Tellern Fertigsuppen in privaten Haushalten läppert sich auch das. Und wenn man einmal von der Quantität absieht und sich den Anteil in Bargeld ansieht, braucht sich niemand Sorgen zu machen, daß die Hersteller pleite gehen, jedenfalls nicht an ihren Dosensuppen.

Nun wäre es auch völlig unrealistisch, geradezu idiotisch, wenn man behaupten wollte, daß hier am Markt vorbeiproduziert werde, daß man uns etwas mit Gewalt verkaufen wolle, was wir gar nicht brauchen, gar nicht essen möchten. Im Gegenteil, Dosensuppen sind wirklich prima. Insbesondere, wenn wir uns überlegen, daß 26% aller Haushalte in der Bundesrepublik aus einer Person bestehen. Soll man sich als Einzelperson nun hinstellen, eine Schildkröte kaufen, sie an die Wand nageln, langsam abtropfen lassen, das Fleisch entfernen . . ., aber ich will nicht das ganze Rezept verraten. Die anderen tun es ja auch nicht.

Grundsätzlich bin ich der Meinung, daß Dosensuppen in vielen Fällen nützlich sind, in manchen Fällen nützlich sein können – und in einigen Fällen vom Hersteller der Versuch gemacht wird, uns gewaltig übers Ohr zu hauen.

Eine Hausfrau, die nicht berufstätig ist und ihrer Familie in schöner Regelmäßigkeit Dosensuppen vorsetzt, ist bestenfalls ein Opfer der Industriewerbung. Sie soll sich wirklich mal überlegen, ob die Arbeitsersparnis in irgendeinem Verhältnis zu dem steht, was sie da kauft.

Vor allem soll sie nicht glauben, daß irgendeine verläßliche Beziehung zwischen dem Etikettphoto und dem Inhalt besteht. Sie würde selbst möglicherweise ein bißchen verwirrt sein, wenn sie sich mal die Mühe machte und die Inhaltsangabe auf den Dosen studierte.

So habe ich gerade eine solche Dose vor mir stehen. Aus bekanntem Hause. Dort hat man sie auf den Namen Schaschliksuppe getauft, was mich neugierig gemacht hat. Selbst in der neuesten Ausgabe des Escoffier ist diese Suppe nämlich nicht verzeichnet, und es sind – außer den Grundsuppen – immerhin noch Rezepte für 386 andere Suppen drin.

Auf dem Etikett steht also „Schaschliksuppe mit Rindfleisch, Leber und Speck". Leber und Speck kann ich auf dem Photo nicht erkennen, vielleicht sind sie nicht photogen. Dafür, sehr appetitlich arrangiert, eine gelbliche Zwiebel, eine grüne Paprikaschote, eine rote Tomate und wunderschöne Brocken Rindfleisch, gleich drei Stück.

Der Nettoinhalt der Dose wird mit 415 g angegeben. Da man noch einmal soviel Wasser zusetzen muß, erhält man leicht viele Teller Suppe.

Da auf dem Etikett durch Photo und Schrift der Hinweis

gegeben wird, hier ist Fleisch drin, muß der Hersteller nach § 1, Absatz 1, Nr. 1 der Kennzeichnungsverordnung auf der Dose auch vermerken, wieviel Fleisch in der Dose ist.

Also: Wieviel Fleisch enthält nun diese Dose „Schaschliksuppe mit Rindfleisch, Leber und Speck"?

Nachgewogen habe ich es nicht, aber der Hersteller sagt: Füllgewicht des vorbehandelten Rindfleischs, geräucherten Specks und der Schweineleber vor der Erhitzung 40 g. Das ist natürlich besser als gar nichts. Anderseits weiß niemand (abgesehen vom Hersteller) etwas vom Verhältnis zwischen Rindfleisch, Leber und Speck. Der Hersteller wird auch nicht dazu gezwungen, so differenzierte Angaben zu machen. Wenn aber jemand auf die Idee kommen sollte, es sei nur annähernd soviel Rindfleisch in der Dose, wie auf dem Titelphoto abgebildet wird, ist er ganz schön schief gewickelt. Alles in allem 40 g. Vor dem Erhitzen (hinterher natürlich weniger)! Damit basta.

Ebenso unsinnig ist es, anzunehmen, daß die obige Firma da nun und nur mit dieser Suppe handelsüblich manipuliert. Im Gegenteil. Die Diskrepanz zwischen Etikett und Inhalt ist bei ihr relativ gering. Außerdem schmeckt die Suppe ausgezeichnet. Bei einer Untersuchung der Stiftung Warentest stellte sich heraus, daß die Produkte dieser Firma zu den wenigen gehörten, die eine Note „gut" verdienten.

Da gab's noch ganz andere Suppen.

Etwa eine „Ochsenschwanzsuppe" einer anderen Firma. Hier haben die Tester auch nach gründlichster mikroskopischer Untersuchung nicht einmal Spurenelemente eines Ochsenschwanzes entdecken können.

Allerdings ist der Gesetzgeber auch nicht so vermessen und verlangt, daß in einer Ochsenschwanzsuppe auch Ochsenschwanz drin ist. Schließlich wissen die meisten von uns, wie so ein Ochse gebaut ist und daß der Schwanz im Verhältnis zum Rest des Ochsen kaum ins Gewicht fällt.

Immerhin sollte man verlangen, daß wenigstens sogenannte Skelettmuskulatur in der Suppe ist, also Rindfleisch. Aber auch davon wurde nichts entdeckt. In allen untersuchten Dosen dieses Fabrikats fanden die Prüfer nur Herzfleisch. In einer der untersuchten Ochsenschwanzsuppen wurden sogar Spuren von Speicheldrüsen entdeckt, also war Kopffleisch verwendet worden.

Nach den Ergebnissen der Untersuchung der Stiftung Warentest wird man von Maggi vergleichsweise gut bedient. Die anderen Hersteller mit der Note „gut“ waren die Firmen Knorr, Menzi, Unox und Lacroix.

19 Dosen waren getestet worden, und zwar nur Gulaschsuppen und Ochsenschwanzsuppen, aber nur 6 von diesen 19 enthielten Fleisch, dem gute Qualität bescheinigt werden konnte. Hervorragende Qualität fanden die Prüfer allein in der Suppe von Lacroix. Aber die lassen sich die auch bezahlen. Während beim Preisvergleich die zweitteuerste Suppe die mit vorsichtiger Reserve beurteilte Ochsenschwanzsuppe der Firma Meinecke war, mit einem berechneten Tassenpreis von 45 Pfennigen, und die Preise der anderen Fabrikate zwischen 30 und 38 Pfennigen lagen, muß man für eine Tasse aus dem Haus Lacroix immerhin DM 1,43 hinblättern. Aber der Käufer wird nicht gleich beim Kauf zurückschrecken. Während bei allen anderen Suppen Wasser zugesetzt werden muß, meistens im Verhältnis 1:1, wird uns bei Lacroix diese Arbeit abgenommen. So wirkt der Preis nur doppelt so hoch wie der der anderen Dosen, ist tatsächlich natürlich viermal so hoch.

Vorbildlich bescheiden und vornehm wie zumeist, haben die Herren der Stiftung Warentest keine präzisen Angaben über den Fleischinhalt gemacht, sie haben sich mit eher allgemeinen Beschreibungen begnügt, wie etwa: „Geringer Anteil an Fleisch schlechter Qualität, ungleichmäßig und kleinstückig, mit sehr viel Bindegewebe. Hoher Fettgehalt. Die Suppe ist klumpig, ungleichmäßig gebunden, nicht ganz so harmonisch gewürzt.“ So und ähnlich steht es bei mehreren Suppen, und man kommt ja auch damit schon weiter. Schließlich stehen die präzisen Mengenangaben, wie erwähnt, auf dem Etikett.

Aber die Lektüre kann ich nur jedem ans Herz legen, auch bei den „guten“ Firmen.

Gut beurteilt wurde etwa die Ochsenschwanzsuppe der Firma Unox. Aus dem Etikett geht hervor, daß die Dose insgesamt 400 g enthält, dieser Inhalt wird wiederum verdoppelt durch Wasserzusatz. Es geht ferner daraus hervor, daß die Dose enthält: 33 g Fleisch einschließlich Fett.

„Rindfleischsuppe“ heißt ein Produkt der Firma Unox, Inhalt insgesamt 320 g, wird 1:1 verdünnt. Füllgewicht des gekochten Fleisches vor der Sterilisierung laut Etikett: 15 g.

Bei vielen Dosen ist übrigens die Haltbarkeitsgrenze eingestanzt. Auch darauf kann man achten. Denn ewig halten die Suppen auch nicht. Wer zu faul dazu ist (oder es nicht erkennen kann), sollte jedenfalls vermeiden, bombierte Dosen zu kaufen, also Dosen, deren Deckel bereits hochgewölbt ist. Beim erwähnten Test gab es unter allen Dosen nur eine, die bombiert war. Dafür hatte diese dann die Angabe „tropenfest". Das war übrigens auch die einzige, die bei der mikrobiologischen Prüfung durchfiel, weil sie zu viele vermehrungsfähige Keime enthielt. Nun ja, wir leben schließlich nicht in einer tropischen Klimazone.

Der erwähnte Test stammt übrigens bereits aus dem Jahre 1969. Es kann gut möglich sein, daß einige Firmen ihre Produkte mittlerweile geändert haben.

Die Inhaltsangaben sind freilich von heute und werden auch morgen noch draufstehen. Es ist ja auch nichts Böses dabei. Werden wir getäuscht? Werden wir betrogen? Vom Photo mal abgesehen, so gut wie lediglich ganz wenig. Nur habe ich das ungute Gefühl, die meisten Käufer sind buchstabenblind, lesen nicht, was auf den Dosen steht, kleiner gedruckt als der Titel, natürlich. Und genau das sollten Sie tun. Dann ist alles wieder in Ordnung.

Wenn einige Hersteller jetzt den Eindruck gewonnen haben, ich plädiere dafür, daß künftig in Fleischsuppen mehr und besseres Fleisch sei, dann ist dieser Eindruck falsch. Mir ist wirklich gleichgültig, wieviel Fleisch drin ist. Ich bin kein Fleischfetischist. Es gibt fabelhafte Suppen ohne Fleisch und gräßliche mit Fleisch.

Meinethalben kann in Gulaschsuppen Fisch sein. Dieses Kapitel war allein der Hausfrau zugedacht, die Dosensuppen kauft. Sie soll nur wissen, was sie kauft, mehr nicht.

Aber jetzt können wir alle wieder vor den Fernseher, bis Mutti die Suppe bringt. Das Orchester wartet bereits mit den Instrumenten in der Hand.

Die B- + C-Waffen

Vor einigen Jahren begann die internationale Dachorganisation vieler Verbraucherverbände (IOCU) eine Fragebogenaktion. Es sollte herausgefunden werden, wie man in den einzelnen Staaten über die Erziehung zum „bewußten Verbraucher" denkt.

Die ersten Antworten wurden im Mai 1971 veröffentlicht. Auf die Frage, was „Verbrauchererziehung" überhaupt sei, erklärten die Amerikaner unter anderem: „Eine richtige Definition des Begriffs muß die gesamte Umwelt erfassen, in der der Verbraucher lebt: ... Verschmutzung von Luft und Wasser, Verpackungs- und Kennzeichnungsprobleme, Autosicherheit, Verkehrsleitung und -planung, Lebensmittel- und Arzneimittelgesetze, Fragen der Preisfestsetzung, des Eichwesens, Reklame und Schutz vor ihren Ausuferungen, Steuerpolitik ... gehören auch dazu."
Diese Definition mag ein bißchen großzügig sein. Aber sie ist vertretbar. In ihrem Sinne jedenfalls ist auch das folgende Kapitel zu begreifen. Es geht um die Gifte in unseren Lebensmitteln. Wer glaubt, dieses Problem gehöre nicht zum gestellten Thema, mag die Seiten überschlagen; wer nur erheitert werden möchte, tue es ebenfalls.

Vielleicht ein wenig stolz, ganz sicher aber sehr befriedigt dürfen wir uns immer mal wieder bescheinigen lassen, die Bundesrepublik sei ein Musterknabe des Friedens. Denn sie allein habe bereits im Jahre 1954 auf die Herstellung von ABC-Waffen verzichtet, sie allein habe sich verpflichtet, keine Atomwaffen, biologische (bzw. bakteriologische) oder chemische Kampfmittel zu produzieren.

In gewisser Weise ist das eine korrekte Darstellung historischer Tatsachen, sie bedarf indessen einer Ergänzung. Denn, genaugenommen, hat nicht die Bundesrepublik verzichtet, sondern ihr damaliger Kanzler.

Nun hat man Konrad Adenauer oft den Vorwurf gemacht, „einsame Entschlüsse" zu fassen. Er selbst hat das immer bestritten, bis auf diesen einen einzigen Fall. Dies war der „einzige wirklich ‚einsame Entschluß', den ich während meiner Kanzlerjahre faßte, das heißt, ohne mein Kabinett, meine Fraktion oder meine Partei zu hören".

Nach dem Scheitern seiner Europapolitik im französischen Parlament wollte er damit retten, was zu retten war.

Für mich ist die Einsamkeit dieses Entschlusses die einzige Erklärung dafür, daß wir Bürger uns noch nicht richtig darüber klargeworden sind, auf was da in unserem Namen verzichtet worden ist.

Schön, wir stellen keine Atombomben her. Jedenfalls bin ich sicher, daß wir es nicht tun. Weniger sicher jedoch bin ich, ob einige Produkte, die wir herstellen, nicht in die Kategorie biologischer oder chemischer Kampfmittel eingeordnet werden können oder sollten.

Schließlich stellen wir Produkte her, die in hohem Maße tödlich sind, wenn auch glänzend getarnt unter der das Gegenteil andeutenden Bezeichnung Lebens-Mittel. Soll man Produkte anders bezeichnen, die die Ursache zahlloser Todesfälle in unserem Lande sind?

Unser Gesundheitsminister hat kürzlich erklärt, daß „von hundert Todesfällen in der Bundesrepublik rund dreißig auf Erkrankungen zurückzuführen sind, die von der Ernährung beeinflußt werden". Dreißig von hundert oder 30.000 von 100.000. Oder bei einer anderen Gelegenheit etwas anders formuliert: „Bei jedem dritten Toten in der Bundesrepublik ist eine ernährungsabhängige Krankheit als Todesursache festgestellt worden." Und nicht einmal alle Krankheiten müssen zum Tod führen. So betonte Frau Strobel auch, daß viele Zivilisationskrankheiten der Gegenwart durch die Ernährung bedingt seien. So hätte in der Bundesrepublik jede zehnte werdende Mutter während der Schwangerschaft Komplikationen wegen Fehlernährung.

Wir essen uns also zu Tode.

Da wir indessen intelligente Wesen sind, machen wir das sehr differenziert. Wir haben die unterschiedlichsten Methoden entwickelt, um nach „zivilisatorischen Fehlentwicklungen grandiosen Ausmaßes" (T. Sommer) diesen Zustand zu erreichen.

Wir essen zuviel, zu schön, zu fett. Wir essen eben falsch. Als „Mirakel des Hauses Brandenburg" mögen die Historiker mit Friedrich II. das Verhalten der Russen und Österreicher nach der Schlacht bei Kunersdorf bezeichnen. Ich möchte in diesem Zusammenhang aber auf das Essen der armen Leute der alten Mark Brandenburg hinweisen und behaupten, daß auch hier einer der Gründe für den Aufstieg zu späterer Größe zu finden ist: Pellkartoffeln, Quark, mit Zwiebeln und Leinöl angemacht. Die Pellkartoffel neben anderem als Lieferant von Eiweiß und Vitamin C, der ohnehin ernährungsphysiologisch hochwertige Quark mit Zwiebeln als natürlichem Antibiotikum und schließlich Leinöl mit den später populär gewordenen essentiellen Fettsäuren.

Heute sieht es nicht nur auf den ehemals preußischen Eßtischen ein bißchen anders aus.

„Daß der Fettverzehr eingeschränkt werden soll, wird allmählich zum allgemeinen Wissensgut. Der übermäßige Verzehr von Kohlehydraten, also von reinen Stärkeprodukten und von Zucker ist jedoch genauso schädlich, weil er den Raum für wichtige andere dringend notwendige Nahrungsstoffe wie Eiweiß und Vitamine versperrt. Außerdem ist zu befürchten, daß die Überfütterung mit Kohlehydraten – nicht von heute auf morgen, sondern allmählich und sich auf die Nachkommenschaft fortpflanzend – die Insulinproduktion der Bauchspeicheldrüse mehr und mehr erschöpft und damit dem Vordrängen der Diabetes den Weg bahnt", erklärte Prof. Dr. Becker vom Bundesgesundheitsamt anläßlich einer internationalen Tagung von Hebammen („Süddeutsche Hebammen-Zeitung").

Aus dem Babeufschen „Glück für alle, gleichmäßig verteilt unter alle" ist Krankheit für alle geworden. Erst im Hospital werden unterschiedliche Privilegien wieder sichtbar.

Aber Krankheiten, die früher noch auf die sogenannten wohlhabenden Kreise beschränkt waren, sind heute zu Volksseuchen geworden; zunehmende Sterblichkeit, Herz- und Kreislaufschäden, Magen- und Leberleiden, die Zuckerkrankheit, die „sprunghaft ansteigt", und nicht nur deshalb, weil Diabetes heute besser diagnostiziert wird oder weil wir eine höhere Lebenserwartung haben, sondern auch, weil sich unsere „Lebensumstände" geändert haben. (Im Gesundheitsbericht der Bundesregierung wird die Zahl der Diabetiker in der Bundesrepublik auf 1,2 Millionen geschätzt.) Mehr Fettsucht, mehr Gicht. Häufiger als früher sehen unsere Ärzte auch fettsüchtige junge Mütter.

Wir sollen immer mehr konsumieren. Aber einer Ausweitung des Konsums folgt bedauerlicherweise keine Ausweitung des Magens und Darms, es folgt keine Ausweitung der Stoffwechselkapazität der Leber und der Nieren. Die ständige Überlastung des Organismus hält auf die Dauer kein Organ aus.

Früher hatten wir Epidemien wie Cholera, Malaria, Pest, Tuberkulose und Typhus.

Wir würden uns in die Tasche lügen, wenn wir die steigende Flut der Herz-, Gefäß- und Kreislaufkrankheiten nicht ebenfalls als Epidemie bezeichneten. Mit 43 Prozent Anteil an der Gesamtsterblichkeit liegen diese in der Hitliste des Todes noch vor

Krebs. Auch der Einwand, daß die Todesursache von den Ärzten nicht immer allzu präzise angegeben werden dürfte, ändert das Gesamtbild nicht.

Ebensowenig ändert es sich, wenn wir diese Krankheiten in dem Begriff „Zivilisationsschäden" zusammenfassen. Während etwa die Tuberkulose die Epidemie der beginnenden Industrialisierung war, sind zumindest die koronaren Herzerkrankungen die Epidemie gereifter und fortgeschrittener Industriegesellschaften.

Viele Ursachen der heutigen Massenkrankheiten können in die umfassende Kategorie „allgemeiner Wohlstand" eingeordnet werden. „Es ist erreicht." Die „Massenbasis" der Arteriosklerotiker befindet sich (ich halte mich da an Dr. Stamler) in den sogenannten „reichen" Ländern.

Aber die Überernährung, die in den wohlhabenden Ländern eine der Hauptursachen für Krankheit, Invalidität und Tod ist, besteht ja eben nicht darin, daß wir lediglich unsere Ernährung umgepolt haben, grob gesagt von pflanzlichen auf tierische Erzeugnisse.

Das würde heißen, es läge einfach an uns und wir könnten, wenn wir wollten, auf die Nahrungsmittel unserer ärmeren Großväter zurückgreifen.

Es würde nichts anderes bedeuten, als daß wir uns heute bewußt zum Selbstmord entschlossen hätten.

Wohl können wir vieles verbessern und unseren Tisch anders decken, unsere Speisen besser zusammenstellen. Einiges scheitert tatsächlich an unserer Gleichgültigkeit, an unserer Unkenntnis oder an dem Bedürfnis, in uns hineinzufressen, was der Geldbeutel hergibt. Natürlich gibt es viele Prestigefresser, je exotischer, desto besser. Aber entscheidend bleibt, daß wir künftig einfach keine Möglichkeit haben, uns gesund zu ernähren.

Wohl werden wir mit Hinweisen, Regeln und Tips reichlich eingedeckt. Kaum eine Tageszeitung oder Zeitschrift verzichtet heute darauf, uns mit Ratschlägen zu versorgen. Ebenso Fernsehen, Hörfunk, Bücher – von überall wird auf uns eingeredet, und schließlich bin auch ich gerade dabei, mein Soll zu erfüllen.

Nur bleibt die Frage, ob uns immer Richtiges angetragen wird; wir wissen ja nicht, was wir richtig machen oder falsch. Und das liegt leider nicht an der Leichtfertigkeit mancher Autoren – obwohl auch da einige ihren Verwirrungsbeitrag übererfüllen. Wer sich intensiv mit diesem Problem befaßt, wird eine viel erschreckendere Erfahrung machen: Die Fachwissenschaft ist offenbar gar nicht in der Lage, uns auf wichtige Fragen nach der Ernährung eine gesicherte Antwort zu geben. Es sieht viel eher so aus, als sei die Wissenschaft von der Entwicklung der letzten zehn, zwanzig Jahre einfach überrollt worden und kriege erst heute die Sache so nach und nach wieder in den Griff.

Selbst die Wissenschaftler in den staatlichen Gesundheitsbehörden (von denen also noch am ehesten unabhängige Erkenntnisse zu erwarten sein sollten) befetzen sich oft gegenseitig. Da hält der eine für harmlos, was sein Kollege für lebensgefährlich ansieht.

Fast jede Behauptung über die Schädlichkeit bestimmter Lebensmittel und über die Gefährlichkeit von Zusätzen oder Fremdstoffen wird von irgendeinem anderen Wissenschaftler ganz sicher bestritten. Dort ist das nicht neu. Auch früher wurden allzuoft Wissenschaftler nicht ernst genommen, oft sogar ausgelacht, wenn sie mit ungewohnten Erkenntnissen auftraten, die nicht so einfach demonstrabel waren wie etwa die X-Strahlen des Herrn Röntgen.

Rudolf Virchow wollte ganz sicher dem Kreisphysikus Robert Koch nicht schmeicheln, als er dessen Bakterien die „kleinen Tierchen des Herrn Koch“ nannte.

Auch Ignaz Semmelweis, der später den Ehrentitel „Retter der Mütter“ erhielt, wurde zunächst von seinen Kollegen mitleidig belächelt, als er behauptete, daß das Wochenbettfieber vermieden werden könne, wenn sich Ärzte und Hebammen die Hände und Instrumente mit einer Chlorkalklösung reinigten. Die Toten sind nicht gezählt, die dieser Ignoranz der damaligen medizinischen Zeitgenossen zu verdanken sind.

Aber das scheint eben – auch in der Geschichte der Medizin – normal zu sein. Edward Jenner gehört in diese Galerie der vorerst Nichtakzeptierten. Heute wissen wir, daß wir ihm den Schutz vor einer der gefährlichsten Krankheiten verdanken, den Pocken.

So hat eben jeder prominente Wissenschaftler zunächst einmal mehr Gegner als Freunde – auch im Fachbereich Ernährung.

Es ist auch gar nicht ausgeschlossen, daß der eine oder andere Mahner wirklich übervorsichtig ist, Gespenster sieht, Erscheinungen nicht will, mit denen wir uns aber abfinden müssen. Es ist sogar möglich, daß ein Naturfanatiker unter ihnen uns Zusatzgifte versagen möchte, die unserer Gesundheit eher nützen als schaden.

Aber das alles ist kein Grund, gar nicht darüber zu diskutieren, zu verschweigen, wie leidenschaftlich gewarnt wird, wie bedroht wir sind, wenn auch nur ein Teil von dem richtig ist, was vorsichtige Wissenschaftler behaupten.

Mißtrauen ist schon deshalb angebracht, weil wir sehen werden, daß die meisten in den Nahrungsmitteln enthaltenen Gifte auf seltsame Weise immer den Gewinn der Produzenten erhöhen. Auf die Frage des Kriminalisten „Cui bono?“ wird in den seltensten Fällen die Antwort richtig heißen: „Dem Konsumenten.“

Entscheidend bleibt, daß viele natürliche oder künstliche Stoffe in unserer Nahrung von uns gar nicht mehr erkannt werden können. Aus den unterschiedlichsten Gründen ist uns die Einsicht verwehrt. Wir essen einfach nicht mehr „natürliches“ Mehl, „natürliches“ Fleisch, trinken nicht einmal „natürliche“ Milch.

So ist es gar nicht verblüffend, wenn im Entwurf des neuen Lebensmittelgesetzes der zunächst vielleicht schockierende Absatz zu finden ist:

„Es ist verboten . . ., im Verkehr mit Lebensmitteln oder in der Werbung allgemein oder im Einzelfall für Lebensmittel Bezeichnungen oder sonstige Angaben zu verwenden, die darauf hindeuten, daß die Lebensmittel natürlich oder naturrein seien.“ In der Begründung dazu steht: „Damit wird dem Umstand Rechnung getragen, daß in Anbetracht der ständig zunehmenden Umweltverschmutzung heute kaum noch ein Lebensmittel als natürlich oder naturrein bezeichnet werden kann.“

Hier zeigt sich, wie der Gesetzgeber unsere gegenwärtige Situation einschätzt.

Vorsicht – Füttern verboten

Schon vor hundert Jahren erkannte Rudolf Virchow den Kern des Problems: „Die Geschichte der Epidemien ist eine Geschichte der Störungen in der menschlichen Kultur. Änderungen in den Epidemien ähneln Warnzeichen, an denen der gute

Staatsmann ablesen kann, wie die Entwicklung seiner Nation gestört ist."

Wir stehen an einem solchen Wendepunkt.

Wer diese Ansicht bestätigt haben will, braucht nur zwei Dokumente gründlich zu lesen, die von der Bundesregierung im Frühjahr 1971 veröffentlicht worden sind: den bereits erwähnten Entwurf eines Gesetzes zur Gesamtreform des Lebensmittelrechts und den von der Bundesregierung beschlossenen Gesundheitsbericht.

Vor den Tierkäfigen in unseren Zoologischen Gärten stehen oft die Warnungen „Vorsicht. Nicht füttern!". Hier soll unkontrollierte Ernährung verhindert werden. Bei der menschlichen Ernährung sind ähnlich entschiedene Bestimmungen unbekannt, sie sind auch gar nicht möglich, weil wir in vielen Fällen eben gar keine Ahnung haben, was und wie uns bestimmte Substanzen schaden oder wie sie unseren Enkeln schaden werden.

Im eben erwähnten Gesundheitsbericht heißt es: „Die Listen der zugelassenen Stoffe (gemeint sind fremde Stoffe in Lebensmitteln) müssen laufend entsprechend den neuesten wissenschaftlichen Erkenntnissen überprüft, ergänzt und geändert werden."

Wahrhaftig: sie müssen. Auf einem anderen Blatt steht, ob es bisher geschehen ist oder künftig geschehen wird. Bis jetzt sind Zweifel angebracht. Bis jetzt wissen wir auch noch nicht einmal, welche Breschen die agile Lebensmittel-Lobby in den in vielen Punkten erheblich verbesserten Entwurf des Lebensmittelrechts noch schießen wird, wenn dieser einmal in den Ausschüssen des Bundestags ist.

Da sind schließlich schon ganz andere Gesetze bis zur Unkenntlichkeit verstümmelt worden.

Nun ist die Ernährungswissenschaft nicht nur eine ziemlich junge Disziplin, sondern sie findet obendrein nur sehr zögernd Zugang in unsere Universitäten. In diesem Zusammenhang wird oft ein Zahlenvergleich erwähnt, der hier weniger wegen seiner Beweiskraft als wegen einer gewissen Anschaulichkeit wiederholt werden soll. An fast jeder deutschen Universität – im Augenblick dürften es zwölf sein – gibt es ein Institut für Tierernährung. Für menschliche Ernährung dagegen existieren nur zwei Institute; bestenfalls drei, wenn man das aufgeteilte Institut in Gießen als zwei zählt.

Anderseits ist nicht zu bestreiten, daß sich der Kreis der Wissenschaftler, die sich mit unseren Ernährungsproblemen beschäftigen, immer größer wird. Wir wissen heute wirklich mehr als noch vor zehn Jahren. Aber wir wissen ebenso, daß wir einen außerordentlich komplexen Untersuchungsgegenstand vor uns haben. Es ist schwer, die optimale Ernährung für den Menschen festzulegen. Professor Speer sprach bei der Einweihung des Zentrallaboratoriums für Mutagenitätsforschung von dem „Zwang zu vielen Anstrengungen", um die Drohung unserer völligen Degeneration nicht nur abzuwenden, sondern sie zunächst einmal überhaupt zu erkennen.

Wir mögen ein bißchen darüber wissen, wie wir auf gewisse Substanzen in unserer Ernährung direkt reagieren – auch da sind noch viele weiße Flecken auf der Landkarte –, aber welche Erbveränderungen auf uns zukommen, darüber wissen wir wesentlich weniger. Da ähnelt unsere Vorstellung von unserer Welt noch jener vom Tutenchamun.

Wir essen täglich chemische Substanzen, von denen Dr. Alexander Hollaender vom Oak Ridge National Laboratory kürzlich feststellte: „Bis heute ist nach strengen Maßstäben noch keine einzige chemische Substanz auf ihre Mutagenität hin überprüft worden." („Praxis-Kurier" 33/70.) Die Wissenschaftler, die sich im vergangenen Jahrzehnt um die erblichen Belastungen durch Atomstrahlen gekümmert haben, haben in den siebziger Jahren die chemischen Stoffe ins Visier genommen, die erbverändernd wirken können. Das haben bereits die ersten Kontroversen über Cyclamate, Pestizide, LSD und andere Substanzen deutlich gemacht. Wir wissen, daß sich Ernährungsfehler in unserem Erbgut bemerkbar machen, wir wissen vielfach nur noch nicht, wie.

Und es ist auch noch die Frage, ob die Wissenschaftler dieser Aufgabe überhaupt gewachsen sind, wenn man sich vorstellt, daß allein die amerikanische Industrie jährlich 30.000 neue Chemikalien synthetisiert. So ist es auch nur logisch, daß diese Stoffe bislang nur sporadisch und mit unterschiedlichen Prüfmethoden und -kriterien auf ihre Giftigkeit hin untersucht werden konnten. (Erste Jahresversammlung der EMS. „Praxis-Kurier" 33/70, S. 15.)

Anläßlich einer Ärztetagung in Boston im Dezember 1970 beklagte John H. Hanlon vom amerikanischen Gesundheitsministerium die Schizophrenie unserer Gesellschaft, die glaube, wenn sie Kranke heile, damit die Ursachen dieser Krankheiten aus dem Wege zu räumen. Daß man aber tatsächlich Patienten etwa von Krankheiten an ihren Atemwegen heile und sie dann in smogverpestete Luft oder an einen staubigen oder rauchigen Arbeitsplatz zurückschicke; daß man mehr Kliniken baue, um psychisch Kranke zu heilen, dann aber schweige zum Umwelt-Streß; daß es nicht reiche, die Ghetto-Mutter und ihr krankes, unterernährtes Kind zu heilen und es anderen überlasse, schmutzige und rattenverseuchte Slums zu sanieren.

Schließlich warf Hanlon der Lebensmittelindustrie vor, sie habe allein in den letzten zehn Jahren die Zahl ihrer Zusatzstoffe, mit denen Farbe, Geruch oder Geschmack aufgebessert werden sollen, ziemlich unbekümmert um die Hälfte erhöht (zitiert nach „Selecta" vom 15. 3. 1971, S. 898 f.).

Aber die steigende Zahl der verwendeten Chemikalien ist nicht die einzige Schwierigkeit; ebenso darf man die Schwierigkeiten, die sich normalerweise bei Betreten von Neuland einstellen, nicht als unüberwindlich ansehen; mindestens ebenso bedeutend ist, daß der Wissenschaftler in gigantische wirtschaftliche Interessen hineinarbeiten muß. Er gerät hierbei in ein kaum kontrollierbares Kraftfeld.

„Ohne Zweifel, die Problematik in unserer Ernährungssituation wird von Tag zu Tag größer, trotz des Lebensmittelgesetzes, trotz der wachsamen Gesundheitsverbände, trotz der Verbrauchergemeinschaften und einem Teil der Presse. Alles, was aber in diesen Fragen behandelt und erörtert wird, ist schon weitgehend mit der Gefahr einer prozessualen Verwicklung behaftet. Immer mehr wird die groteske Umkehr unserer Situation deutlich, die ein bekannter Pharmakologe treffend gekennzeichnet hat:

‚Früher bekam ein Gelehrter, der ein krankmachendes Bakterium entdeckte, den Nobelpreis. Wer heute einen schädigenden Stoff in unseren Nahrungs- oder Arzneimitteln feststellt, muß vor allem mit einem Prozeß wegen Geschäftsschädigung rechnen ...'

Beinahe so undurchsichtig wie die Steuerung der öffentlichen Aussprache durch finanzstarke Hintermänner ist in vielen Fällen aber die Abschätzung der Schädigung im Einzelfall ... Biologische Tests sind entweder nicht ausgearbeitet oder unerwünscht.

Und im Hintergrund wieder die Finanzmanager, die, das muß einmal gesagt werden, auch in uns nahestehenden Kreisen zu finden sind..." Soweit ein Zitat, mit dem der „Unabhängige Biologische Nachrichtendienst" seine Ausgabe 8/1962 eingeleitet hat.

Diese Situation hat sich jedoch seitdem wenig verändert, und wenn ich hier zitiere, eigene Äußerungen scheue, ist nicht zuletzt hier der Grund dafür zu suchen.

Indessen gibt es auch Äußerungen aus den letzten Monaten:

„Lebensmittel so aussehen zu lassen, wie sie tatsächlich gar nicht sind, ist ein integraler Bestandteil der 125-Milliarden-Dollar-Lebensmittelindustrie. Die betrügerische Täuschung reicht von dem Äußeren der Verpackung über die Reinheit der Qualität von Lebensmittelprodukten bis zum künstlichen Schaffen von Geschmacksrichtungen ... das alles wird durch den vielfältigen Mißbrauch moderner Chemie, Verpackung und Verkaufstechniken ermöglicht."

Die Veränderungen unserer Nahrungsmittel durch die Industrie bedeuten bedauerlicherweise aber nicht gleichzeitig eine Verbesserung der Qualität. Oft wird das Gegenteil erreicht, nur damit ein Produkt besser aussieht, vielleicht besser schmeckt, sich länger hält – sich eben besser verkaufen läßt.

Das beginnt ganz simpel schon damit, daß Schlachter Phosphate in die Wurst mischen. Und es endet nicht mal in unserem Grab. Wobei es sicherlich einmal interessant wäre, herauszufinden, wie es den interessierten Kreisen gelungen ist, das im Jahre 1959 schon einmal verbotene Phosphat nach zehnjährigem Kampf wieder zugelassen zu bekommen. Damals war der Zusatz von Phosphaten für alle Fleischprodukte verboten worden. Jetzt dürfen sie wieder, die Schlachter und die Fleischgroßindustrie.

Mir ist es leider nicht geglückt, zuverlässige, also vor Gericht beweisbaren Gründe zu erfahren.

Die einzige konkrete Antwort, die ich in Bonn erhalten habe, war: „Ich vermute, daß sich die Unschädlichkeit von Phosphat herausgestellt hat." Nun, ich vermute das nicht, und es hat mich auch nicht sehr überrascht, daß die meisten Befragten etwa sagten: Da fragen sie am besten Ministerialdirigenten X (Staatssekretär Y, Professor Z), ich war damals krank (nicht im Amt, verreist).

Ich gebe zu, ich habe mich nicht an alle gewandt, an die ich weiterverwiesen worden bin.

Dennoch glaube ich nicht, daß Phosphate mit Sicherheit unschädlich sind. Daß sich die Hersteller nicht ganz wohl fühlen, ergibt sich schon daraus, daß die Schmelzkäsefabrikanten, die Phosphat kennzeichnen müssen, dieses nicht als Phosphat deklarieren, sondern als Schmelzsalz. Das hört sich besser an, ändert aber den Inhalt nicht im geringsten.

Ist die Erregung angebracht? Sind die Phosphate nicht wirklich völlig harmlos? Da offenbar auch unter Fachleuten eine genaue Kenntnis nicht übermäßig verbreitet ist, nahm sich das „Deutsche Medizinische Journal" in seiner Ausgabe vom 5. 3. 1970 der Sache an und referierte etwa:

„Polyphosphate

Polyphosphate sind Phosphorverbindungen und werden zugesetzt bei: Spül- und Reinigungsmitteln, Schmelzkäse, Würsten, Fertiggerichten aller Art, Kondensmilch, Suppen, Pudding, Cremefüllungen, Mayonnaisen, Speiseeis, Kindernährmitteln, sie sind in Trägermassen für Tabletten.

Sie werden oft als ‚versteckte Konservierungsmittel' verwendet.

Phosphorverbindungen spielen im normalen Haushalt aller Lebewesen eine wichtige Rolle, sie regen die Lebensprozesse an.

Sie bringen aber diesen Lebensprozeß zum ‚Überschäumen' (Prof. Becker), wenn sie im Übermaß in den Körper gelangen, wirken dann schwächend und zerstörend. Überschüssige Polyphosphate, die durch Lebensmittel und auf andere Weise in unseren Körper gelangen, in die Verdauungsorgane und Gewebe, gehen dort Verbindungen ein mit lebenswichtigen Mineralien und Spurenstoffen, wie Kalzium, Magnesium, Eisen, Kupfer, Kobalt, Zink, Mangan usw. und entziehen damit diese notwendigen Stoffe dem eigentlichen Gebrauch im Organismus.

Statt dessen führen diese Phosphate Blei, das aus der Luftverschmutzung stammt, an die Stellen, wo notwendige Mineralien sitzen sollen. ‚Das weisheitsvolle Zusammenspiel der Stoffe im Organismus wird zur Teufelsküche' gemacht.

Die Minerale, die durch die Phosphate an ihrer Wirkung

gehindert werden, haben eine besondere Bedeutung für das Gehirn und seine geistigen Funktionen. Prof. Becker äußerte schon vor einiger Zeit den Verdacht, daß die ständig fortschreitende Auflösung zwischenmenschlicher Kontakte auch mit durch die Wirkung der Phosphate und ihrer Verbindungen erklärt werden könnte."

Gift gegen Gift

Nun will ich mich an den Phosphaten nicht festbeißen. Möglicherweise können wir sie ja kiloweise futtern und werden durch sie heiter, triebhaft, schlank und hemmungslos. Vielleicht wirken sie wie Mescalin. Ich weiß es nicht genau. Aber es scheint eben niemand genau zu wissen. Das ist der Haken.

Schließlich werden aber unseren Lebensmitteln nicht nur Phosphate zugefügt, sondern Tausende von anderen Stoffen. Außerdem gelangen vermutlich auch auf andere Weise schädliche Stoffe in unseren Körper.

Allein wegen der Haltbarkeit von Lebensmitteln wird der Anteil der naturbelassenen Nahrungsmittel durch raffinierte technische Aufbereitungsverfahren, wie z. B. bei Weißmehl, Öl oder Zucker, immer geringer.

In seiner Berner Rektoratsrede sagte kürzlich Prof. Aebi: „Erhöhung der Haltbarkeit, Steigerung des Nährwertes, Verbesserung des Aussehens (Food Appeal) sowie die kommerzielle Herstellung fixfertiger Speisen dürften wohl die wichtigsten Gründe dafür sein, daß heute von den Angehörigen der Industrienationen Lebensmittelzusätze wie Antioxydantien, Stabilisatoren, Emulgatoren, Verdickungsmittel, Farbstoffe, Aromastoffe, künstliche Süßstoffe, organische Säuren und anderes mehr in steigendem Maße konsumiert werden. So gelangt der Durchschnittsamerikaner z. B. in den Genuß von 1,5 Kilogramm derartiger Nahrungsmittel pro Jahr."

Was heißt das im einzelnen? Die Fülle der Stoffe verbietet eine vollständige Aufzählung. Aber als Hinweis, als Andeutung mag die folgende kleine Aufzählung dessen dienen, wann und wodurch uns vom Brötchen am Frühstückstisch bis zur Gulaschsuppe am Abend Schädliches eingetrichtert wird:

* in Eiweißstoffen beim Bleichen von Mehl mit stickoxidhaltigem Ozon (in der Bundesrepublik seit Jahren verboten, gelangt es immer wieder durch die Hintertür der EWG und aus anderen Ländern in unsere Brot- und Backwaren);
* bei Nitratbehandlung von Hartkäse (was dann verschämt als „Richtsalz" bezeichnet wird);
* beim farberhaltenden Pökeln von Schinken und Wurst entstehen krebserzeugende Nitrosamine;
* beim Schwefeln von Trockenkartoffeln, Stärkeprodukten, Fruchtsäften und Wein mit H_2SO_3;
* durch Äthylenoxid-Begasung entstehen unphysiologische Äthoxyl- oder Oxäthylverbindungen, darunter aus Purinen, etwa Koffein in Kaffee, Kakao oder Tee, barbituratartige Substanzen. Dabei werden auch die wichtigen B-Vitamine zerstört;
* Notstandsreserven unterliegen einer prophylaktisch-wartenden Begasung mit alkylierenden, also krebsinduzierenden Stoffen.

Das geschieht etwa mit Akrylnitril bei Trockenmagermilch (die als Säuglingsnahrung verwendet wird), bei Trockenkartoffeln, Trockengemüse, bei Eiernudeln, Hülsenfrüchten und Reis. Manchmal mit drei verschiedenen Begasungsmitteln innerhalb eines einzigen Jahres.

Diese Begasung erfolgt oft bereits, bevor die Produkte überhaupt in unsere Häfen gelangen, auf Schiffen, in den Freihäfen. Das bedeutet, daß die Leute, die das machen, oft fachlich nicht hierfür qualifiziert und nur auf die „Wirkung" bedacht sind.

Man begast systematisch Getreide, Kokosmassen, Gewürze, Drogen, Tierfutter.

Man will das Risiko des Verderbs bei langen Transporten vermindern, will Quarantänevorschriften einhalten und erreicht das, indem man, etwa um Salmonellen zu töten, neue Gifte entstehen läßt.

Dieses System haben wir übrigens keineswegs gepachtet. Als kanadische Bierbrauer feststellen mußten, daß das dortige Wasser – wegen bestimmter Zusätze – ihr Bier nicht mehr richtig zum Schäumen brachte, wurde schlicht Kobalt zugesetzt. Es kam zur sogenannten „Biertrinker-Krankheit" mit einigen Todesfällen.

Aber es geht eben nicht nur um die notwendige Konservierung oder darum, Bier wieder schäumen zu lassen. Oft genug geht es ganz allein um die Schönheit der Ware, manchmal um ihren Geschmack. Allein für Zuckercouleur, vielen Lebensmitteln zugesetzt, um zu färben oder den Geschmack zu verbessern, sind in der Bundesrepublik zwanzig Stoffe zugelassen: Orthophosphorsäure, Schwefelsäure, schweflige Säure, Schwefeldioxid, Ammoniak usw. Dazu als Ergänzung Prof. Dr. Becker vom Bundesgesundheitsamt: „Die Frage ihrer Zuträglichkeit blieb ungeklärt."

Ziemlich grundsätzlich äußerte er sich in einem Referat: „Konservierungs-, Schönungs-, Bleich-, Schädlingsbekämpfungsmittel, weiters sogenannte Emulgatoren und Stabilisatoren (bestimmte Namensgebung zielt auf Umgehung des Deklarationszwanges!) greifen vorzugsweise – hierauf beruht ihre Wirkung – lebenswichtige... Nahrungsbestandteile an... Dadurch entstehen breite Fächer körperfremder, vom Chemiker äußerst schwer faßbarer Reaktionsprodukte meist unbekannter Wirkung. Sie stören die biologischen Gleichgewichte in Pflanze, Tier und Mensch. Die Grenzen der – an sich außerordentlich großen – Anpassungsfähigkeit des Menschen an Umweltschäden sind erreicht, stellenweise sogar überschritten. Die Nahrungskette Luft–Wasser–Boden–Pflanze–Tier–Mensch ist in ihrer ganzen Länge gestört... Das bisher geübte Festlegen von Rückstandsgrenzen (Toleranzen) des Fremdstoffes an sich wird daher dem Notwendigen nicht gerecht. Unkontrollierbar fließen Phosphate in unsere Lebensmittel... in Schmelzkäse, Brühwürste, Kondensmilch, Cola-Getränke, Fertiggerichte, Suppen und Soßen, Cremefüllungen, Mayonnaisen, Speiseeis, Kindernährmittel, Backpulver... kalt anrührbare Puddings... Polyphosphate haben ausgesprochene Detergentienwirkung... insgesamt ist festzustellen, daß diese ‚Weichmacher' den Körper von innen her ‚weich' machen, da sie ihm wichtige Minerale entziehen bzw. Schadmetalle in ihn einschleusen... Gleichsinnig wirken viele andere Emulgatoren, Stabilisatoren, Gelier- und Dickungsmittel, deren Verwendung ständig zunimmt. Dies gilt u. a. für Alginate und Pektate in sogenannter Schlankheitskost, Mono- und Diglyceride, Glukono-delta-lakton in Wurstwaren, für die seit Jahren unter dem Verdacht des Hervorbringens von Mißbildungen stehenden, in Krankenhäusern als ‚Geschmacksstoffe' grammweise zugesetzten Glutamate."

Mit der Verpestung unserer Luft hat man sich mittlerweile vertraut gemacht; daß der Bodensee eine Kloake ist, der Rhein ein „schauriger Abwasserkanal“ (Bundespräsident Dr. Heinemann), hat sich herumgesprochen.

Schon etwas weniger wissen wir über die Gefährlichkeit der Pestizide, die zur Vernichtung von Unkraut und Bakterien in der Landwirtschaft mehr oder weniger notwendig sind. Erst recht scheint es kritisch zu werden, wenn es um die üblich gewordene Düngung unserer Landwirtschaft geht, die bezeichnenderweise von vielen Fachleuten gar nicht mehr schlicht Düngung genannt wird, sondern Überdüngung.

Der Bauer scheint sich selbst keinen Gefallen damit zu tun. Auf alle Fälle wird von vielen Wissenschaftlern bezweifelt, daß unsere Bauern ähnlich verfahren können wie ihre amerikanischen Kollegen – da sie doch ganz andere Böden haben.

In einem Referat über mehrere Arbeiten von Professor Alwin Seifert, Diessen, heißt es dazu in „Selecta“ 11 vom 15. 3. 1971 unter dem Titel „Raubbau am Humus“ unter anderem: „Böden, die keinen – oder nicht genug – Humus besitzen, werden in vermehrtem Maß von Unkraut und Schädlingen befallen. Der aufgeklärte, von der chemischen Industrie programmierte Bauer (sic!) geht dagegen mit immer noch mehr Herbiziden und Insektiziden an.

Böden ohne Humus können aber auch Kunstdünger nicht verwerten ...

Der Überschuß wird weggespült. Aus diesem Grunde trägt die Landwirtschaft zur allgemeinen Gewässervergiftung einen annähernd ebenso großen Teil bei wie ‚Städte und Industrie zusammen‘ ... Nur ist das bisher kaum bekannt, weil die damit befaßten Stellen solche Nachrichten ungern publik machen.

Es lassen sich nämlich auch Erfolge vorweisen: Der norddeutsche Großflächenackerbau konnte vor einiger Zeit seine Hektarerträge um 50% steigern. Dieses stolze Ergebnis wurde jedoch nur erreicht durch

350% Mehraufwand an Kunstdünger sowie
1350% Mehraufwand an Giftmitteln.

Kunstdünger in derartig unbiologischen Mengen zehrt nicht nur den Humus im Boden auf, sondern hat mancherorts das Grundwasser bereits so weit vergiftet, daß es als Trinkwasser nicht mehr verwendet werden kann. Über die Nitritvergiftungen durch nitratspeicherndes Gemüse wissen die Kinderärzte seit langem bestens Bescheid."

In einem Erfahrungsbericht der Staatlichen Untersuchungsanstalt Augsburg wird zunächst darauf verwiesen, daß die verschiedenen Mittel zum Schutz der Pflanzen eine erhebliche Steigerung der Ernteerträge ermöglicht haben. Ohne sie wäre unsere Ernährung nicht mehr sicher gewährleistet. Aber dann heißt es: „Leider haben diese erfreulichen Errungenschaften ... auch eine bedenkliche Seite: Viele der unentbehrlichen Mittel hinterlassen auf den behandelten Gütern Rückstände, und Reste der aufgebrachten Stoffe bleiben oft bis zum Verzehr im Nahrungsmittel.

Zwar liegen die Restmengen gewöhnlich im Bereich von Milligrammen je Kilogramm Lebensmittel ... Es handelt sich aber um hochwirksame Stoffe, über deren chronische Einflüsse auf den menschlichen Organismus erst im Laufe von Jahrzehnten Erfahrungen gesammelt werden können."

Auch in diesem Bericht wieder die stereotype Erkenntnis: „Daher vermag zunächst niemand mit Sicherheit zu sagen, ob die Stoffe – auch bei sehr niedriger Dosierung – für die menschliche Gesundheit auf die Dauer völlig unbedenklich sind. Darüber hinaus haben einige die unangenehme Eigenschaft, im menschlichen und tierischen Organismus gespeichert zu werden."

Die Verfasser dieses Berichtes, I. und S. Ehrenstorfer, möchten deshalb erreichen, daß die „bedenkenlose und oft unverantwortliche Anwendung durch mangelhaft informierte Personen" künftig unterbunden wird. „Ferner ist eine gründliche Prüfung der Substanzen in toxikologischer Hinsicht – wie auch bei den Arzneimitteln – dringend zu fordern."

Daß man sich in diesem Gesamtzusammenhang große Sorgen darüber macht, wo wir mit dem sogenannten Wohlstandsmüll bleiben sollen, mit den giftigen Abfallprodukten unserer technisierten Welt, wirkt deshalb ein bißchen übertrieben. Das ist nur für einen Teil dieser Abfälle wichtig. Denn für den anderen Teil der Gifte haben wir eine gründliche Entfernungsmöglichkeit gefunden: wir essen ihn einfach.

Wir essen ihn nicht nur direkt, sondern auch indirekt, etwa mit dem Fleisch, das wir zu uns nehmen. So hat eine Kommission der deutschen Forschungsgemeinschaft wohl verhindern können, daß deutsche Masthähnchen mit Penicillin gefüttert werden – was dann, wenn auch in Spuren, im Fleisch bleibt und den menschlichen Körper resistent machen kann, so daß wir, wenn wir eines Tages Penicillin als Heilmittel bei einer Krankheit benötigen, nicht mehr darauf ansprechen –, aber die Kommission hat nicht verhindern können, die EWG-Partner von dieser Gefahr zu überzeugen „oder doch den Einfluß der entsprechenden Lobby aus den Partnerstaaten zu überspielen".

Über die EWG rollt ohnehin eine Flut von Fremdstoff-Zulassungswünschen auf uns zu, allein für rund 100 Chemikalien bei Brot- und Backwaren. Ähnliches gilt für Milch.

Unsere Gesetze mögen uns besser vor diesen Fremdstoffen schützen als die Angehörigen einiger anderer Nationen. Sie bleiben aber wirkungslos, wenn unsere Grenzen chemisch unkontrolliert bleiben. Erst wenn das neue Lebensmittelgesetz wirksam wird (und in diesem Punkt unverändert bleibt), wird der Zoll Lebensmittel kontrollieren. Bis heute gibt es an unseren Grenzen – abgesehen von Fleisch – überhaupt keine Gesundheitskontrollen.

Die Forderung Professor Speers: „Wir werden keine Bitten, sondern Forderungen an den Gesetzgeber richten müssen", hört sich gut an, hat aber bislang nicht ausreichend gewirkt, und es ist sehr fraglich, ob sie überhaupt wirken kann. Der Freiburger Genetiker Professor Dr. Dr. H. Baitsch wollte diese Forderungen ergänzen mit der Bemerkung: „Materielle Verluste der Industrie dürfen kein Kriterium unserer völlig unabhängigen Arbeit sein."

Dürfen nicht.

Aber die Wissenschaftler warnen nicht erst seit dem letzten Herbst. Sie warnen seit Jahren, und ihre Erfolge sind minimal.

Sie warnen ebenfalls vor den Praktiken unserer Landwirte, Rinder, Schweine und Geflügel während deren ganzen Daseins mit Antibiotika, Hormonen und Beruhigungsmitteln vollzupumpen.

„Mehr als die Hälfte der Weltproduktion an Antibiotika dürfte heute in sogenannten nutriven Dosen als Futterzusatzstoffe in die Tiernährung gehen." Das erklärte im Dezember 1970 der Bonner Gesundheitsbeamte Dr. Heuner.

Noch im Jahre 1968 meinte der Baseler Mediziner Professor Gsell, daß die Antibiotika in gar nicht so langer Zeit die bedeutendsten Infektionskrankheiten ausrotten könnten.

Aber das scheint sich als Fata Morgana zu erweisen. Heute sind wir dabei, die hilfreiche Wirkung der Antibiotika zu ruinieren, ja möglicherweise erzeugen wir durch sie sogar neue Krankheiten.

Das alles kann geschehen, weil wir die Medikamente bereits im Schnitzel und im Brathähnchen zu uns nehmen, ohne es zu wissen. Futtermittel ohne derartige Zusätze sind kaum noch auf dem Markt. Aber während Dr. Heuner auf die massenweise Verwendung von Antibiotika als Zusatz im Tierfutter aufmerksam macht, stellt er zugleich fest, daß in der Bundesrepublik die Anwendung der Antibiotika in der Tierernährung und Tierhaltung „durchaus nicht freizügig ist, sondern heute schon einschränkenden ... Vorschriften unterliegt".

Tatsächlich ist der Zusatz von Antibiotika bei Handelsfuttermitteln genehmigungs- beziehungsweise zulassungspflichtig. Aber irgendwo muß ja irgend etwas nicht ganz in Ordnung sein, wenn einerseits diese gigantischen Mengen ins Futter gelangen können, anderseits der Zusatz „einschränkenden Vorschriften unterliegt".

Und es geht hier nicht um Gramm oder Pfunde, sondern um viele Tonnen. Nach monatelangen Recherchen veröffentlichte „Der Spiegel" im Juni 1971 einen Bericht zu diesem Thema. Darin heißt es dann auch, daß in der Bundesrepublik „der Verbrauch von Tierarzneimitteln ... 1970 ein Volumen von 150 Millionen Mark erreicht hat". Und das ist nur nach den Herstellungspreisen berechnet worden.

Aber „ein Drittel dieser Flut von Arzneimitteln und Wirkstoffen im Wert von 50 bis 70 Millionen Mark ... gelangt ohne jegliche tierärztliche oder behördliche Kontrolle in die Futtertröge oder in die Stallapotheken der Tierhalter". Dabei ist diese Zahl nicht so genau zu nehmen, weil viele Tierärzte da gar nicht pingelig sind.

Die Tierarzneien sind nun leider zu einem großen Teil keine speziell für Tiere hergestellten Heilmittel. Die Tiere erhalten auch nicht nur Antibiotika. Die sind, wie es im „Spiegel" heißt, nur eine der Ingredienzien im „reich assortierten Musterkoffer, aus dem Deutschlands Bauern ihre Zuchthilfe wählen". Das Sortiment reicht von (hoffentlich harmlosen) Vitaminpräparaten aller Art über Enzyme und Hormone bis zu Beruhigungsmitteln und arsenhaltigen Stärkungsmitteln. Von Arsen weiß man wenigstens, daß es krebserzeugend wirkt. Bei anderen Mitteln ist man nur auf Vermutungen angewiesen und bleibt im ungewissen. Ein Hamburger Futtermittel-Importeur beschrieb dem „Spiegel" diesen Sachverhalt mit einem lapidaren Satz: „Irgendwelche Leute handeln mit Krebs an der Hoftür."

Aber Krebs ist ein besonders stark wirkendes Reizwort. Daß ganz harmlose Krankheiten durch die Fütterungsmethoden ebenfalls sehr gefährlich werden können, wurde im Jahre 1968 bekannt. Damals waren in der Gegend um Manchester mehrere Babys in Krankenhäuser eingeliefert worden. Sie litten lediglich an Durchfall und Erbrechen. Die Ärzte waren einigermaßen beruhigt, als sie den Erreger dieser Leiden bald erkennen konnten. Es war „eine alltägliche Mikrobe", wie es in „akut" hieß, „die zu den normalen Darmbewohnern gehört und meist unschädlich ist, gelegentlich jedoch Krankheiten erregen kann".

Aber die zunächst kaum beunruhigten Ärzte mußten bald alarmiert feststellen, daß keines der sonst bakterientötenden Antibiotika wirkte. Die Bakterien in den Babys waren gegen alle verabreichten Heilmittel widerstandsfähig geworden. Unter heftigen Schmerzen starben 39 Babys.

Nach dieser Katastrophe fahndeten zwei Londoner Mikrobiologen, E. Anderson und M. J. Lewis, nach der Ursache. Sie wollten herausfinden, warum Medikamente, die sich sonst als wirksam erwiesen hatten, unvermittelt wirkungslos geblieben waren. Die beiden Forscher kamen zu dem Ergebnis, daß vermutlich Antibiotika im Tierfutter schuld an diesem Unglück waren. Ein neuer, durch Tierfutter resistent gewordener Erreger hatte vermutlich den Tod der Kinder herbeigeführt.

Grundsätzlich heißt es dazu im „Spiegel": „Die permanente Anwesenheit von Antibiotika in Tierfutter, so meinen Bakteriologen, übt eine Art positiven Selektionsdruck aus." Das heißt: Schwächliche Bakterienstämme werden vernichtet, die widerstandsfähigen aber überleben und pflanzen sich fort von Generation zu Generation.

Bei einigen Mitteln, die in der Bundesrepublik wohl verboten, aber, wie der „Spiegel" meint, nachweislich gehandelt werden, sind als Folgen beobachtet worden: „Fehlgeburten, Schädigungen der Embryos, Hepatitis, Ekzeme, Angstzustände, Unruhe und Halluzinationen."

Die beiden Forscher, die den Manchester-Fall untersucht hatten, beobachteten die dramatischen Folgen des landwirtschaftlichen Antibiotika-Einsatzes am Beispiel des Bakterientyps Salmonella typhimurium 29. In dem „akut"-Bericht heißt es darüber: „Sie sahen zu, wie die Resistenz dieser Mikroben gegen verschiedene Drogen Jahr für Jahr und Monat für Monat von null auf praktisch hundert Prozent zunahm."

Am Anfang des Versuchs ließen sich diese Salmonellen noch mit sechs Antibiotika und mit Sulfonamiden bekämpfen. Nach und nach fiel jedoch eine Medizin nach der anderen aus, verlor ihre Wirksamkeit, ihre Heilkraft.

Je mehr also ein Medikament im Tierfutter verwendet wird, desto wertloser wird es für die medizinische Behandlung des Menschen.

„Mindestens zehn Prozent der in Menschen gefundenen Coli-Bakterienstämme sind bereits unempfindlich gegen fünf oder mehr Antibiotika", heißt es in dem „Spiegel"-Bericht. „Streptomycin und Tetracylin, so ergab kürzlich eine Untersuchung in Hamburg-Harburg, wirkten nur noch gegen weniger als die Hälfte von 30.000 Bakterienstämmen." 5 bis 10% der westdeutschen Bevölkerung sind schon heute gegen Penicillin allergisch.

Daß auch die Tiere selbst immun werden, sei der Ordnung halber angemerkt. Weil die Bauern zu Spritzen mit starken Medikamenten greifen wie wir zur harmlosen Schmerztablette aus der Drogerie, müssen Tierärzte oft feststellen, daß sie ihren Weg zum erkrankten Tier umsonst gemacht haben. Den Tieren hilft die Medizin nicht mehr, weil sie diese bereits im Futter zu sich genommen haben. Dauertherapie hat sie längst immunisiert – jedenfalls gegen Heilmittel, nicht gegen Krankheiten.

Langsam, aber sicher werden also ungewöhnlich wichtige Medikamente für uns ausfallen. Wir werden auf sie verzichten müssen, wieder so leben wie in der Zeit vor den Antibiotika. Wir werden Krankheiten nicht behandeln können, weil die helfenden Arzneimittel Tieren verabreicht werden. Und sie werden den Tieren aus Gründen der Rentabilität verabreicht.

Anläßlich einer Diskussion von Ernährungsforschern in Hannover erklärte Dr. E. G. Hanssen: „Nach Schätzung sparen die bundesdeutschen Bauern durch Verfütterung von Antibiotika jährlich 300 bis 400 Millionen Mark an Futterkosten." Das war im Jahre 1969.

„Der Futteraufwand für ein Hühnerei ist beispielsweise von 280 g auf 170 g und für 1 kg Fleisch von 5 kg auf 3 kg abgesunken", stellte kürzlich Professor Marquardt aus Freiburg fest.

„Diese bislang unerklärten Effekte sind um so drastischer, je *schlechter* die Tiere gehalten und ernährt werden", erklärte Dr. Hanssen bei der erwähnten Diskussion.

Die Tiere werden jedenfalls kaum noch als Lebewesen behandelt, sondern gewissermaßen am Fließband maschinell produziert.

Wir brauchen uns ja nur einmal diese Silos anzusehen, in denen Hühner heute völlig maschinell erzeugt und geschlachtet werden. Es wäre Ironie, hier von Lebenszeit zu sprechen. Die Zeit, die sie zwischen Erzeugung und Fertigstellung verbringen – 43 Tage in der Regel –, ist als Produktionsdauer genauer bezeichnet. 18 bis 22 Tiere pro Quadratmeter bei Schummerlicht und genau errechneten Temperaturen.

Aber Vergleichbares ist eben nicht nur bei Hühnern festzustellen. Der „Spiegel" berichtete beispielsweise: „Auf Gut Heinrichshof, nahe Hamburg, plant die ‚Fleisch für alle KG, Gesellschaft für integrierte Fleischerzeugung' gegenwärtig eine ‚vollintegrierte Produktion' mit 10.000 Sauen und einem jährlichen Ausstoß von 300.000 Ferkeln."

Leider bedeutet der quantitative Nutzen nicht gleichzeitig eine Verbesserung der Qualität, sondern hat einen eher gegenteiligen Effekt. Wenn Schweinefleisch blaß und wäßrig wird, Kalbsschnitzel in der Pfanne schrumpfen und Geflügel oder Ochsenlende nach nichts schmecken, soll das an den Masthilfen aus der Retorte liegen.

Der Münchener Tiermediziner Dr. Kreuzer erklärt das so: Durch die meisten dieser Zusätze „besteht die erzielte Gewichtszunahme nur teilweise in realem Fleischzuwachs". Das meiste wird zu Wasser oder zu (unsichtbarem) Fett.

Allerdings ist es unsinnig und ungerecht, allein unseren Bauern diesen katastrophalen Zustand anzulasten. Abgesehen davon, daß sie nicht selbst auf die Möglichkeiten gekommen sind, die ihnen die Pharmaindustrie bietet, können sie aus Gründen des internationalen Wettbewerbs gar nicht mehr darauf verzichten. Wenn nur die Landwirte der Bundesrepublik auf die Zusätze verzichten würden, könnten sie ziemlich schnell ihre Ställe schließen. Oder andersherum: Wenn die Landwirte nur einer Nation die Tiere mit Antibiotika fütterten und die anderen nicht, würden sie einen Wettbewerbsvorteil haben, der auf andere Weise nicht ausgeglichen werden könnte. Es sei denn, man würde die Grenzen schließen, was bei Ländern der EWG nicht möglich ist.

78% ihrer gesamten Einnahmen erzielt die westdeutsche Landwirtschaft aus dem Erlös von Schlachtvieh und Tierprodukten. Aber den mageren Verdienst gibt der „Spiegel“ mit 20 Mark pro Mastkalb und 20 bis 30 Pfennig pro Hähnchen an.

Deshalb scheint es nur normal, daß die Landwirte die starken Medikamente, die wir in der Apotheke nur grammweise und auf ärztliches Rezept kaufen können, tonnenweise über Futtermittelvertreter, aber auch über großzügige Tierärzte beziehen. Der Anteil der illegal beschafften Arzneien, die der Hannoveraner Tierarzt Dr. Eberhard Schmidt, wie bereits erwähnt, auf 30 bis 40% des gesamten Umsatzes schätzt, ist deshalb von sekundärer Wichtigkeit.

Die ökonomische Situation und die Möglichkeit, sehr leicht an die Mittel heranzukommen, zwingt oder verführt die Bauern dazu, kranke Tiere, die nicht mehr zu heilen sind, nicht der Abdeckerei zu übergeben, sondern dem Schlachter.

Wohl dürfen bestimmte Futtermittel – also eben bestimmte Medikamente – dem Tier mehrere Tage vor dem Schlachttermin nicht mehr verabreicht werden. Aber, wie der „Spiegel“ feststellen mußte: „Niemand überwacht die Einhaltung solcher Gebote.“

Damit soll sicher nicht gesagt werden, daß überhaupt keine Kontrollen stattfinden. Sie sind häufig, nur eben unzureichend. So hieß es in einem Rundschreiben der Tierärztekammer Westfalen-Lippe, daß „die größte Zahl der bakteriologischen Fleischuntersuchungsergebnisse in ihrer Aussagekraft fast wertlos“ sind. Der blaue Stempel ist also kein Garantiesiegel für gesundheitliche Unbedenklichkeit.

Krankheitskeime können etwa im Muskelgewebe verborgen sein, ohne daß es beim Routinetest bemerkt werden würde. Und kein Tierarzt im Schlachthof ist mit den „gegenwärtig verfügbaren Kontrollmethoden in der Lage, festzustellen, wieviel und welche Rückstände an Wirkstoffen oder Arzneimitteln im Fleisch enthalten sind“. So braucht der Landwirt auch keine Angst zu haben, wenn er die Tiere „vor dem Abstechen noch einer intensiven Medikamentenkur" unterzieht, wie es im „Spiegel" heißt. Etwa mit Medikamenten, die das Fleisch zart machen, aber auch mit Adrenalin, „damit das Gewebe möglichst viel Wasser bindet und das Schlachtgewicht sich nicht vermindert".

Und wenn in diesem Bereich mal etwas aufgedeckt wird, dann gibt es Strafen, die meist niedriger liegen als die Strafen für Verstöße gegen die Vorfahrtsregeln im Straßenverkehr. Und selbst diese Strafen scheinen einer mächtigen Lobby noch zu hoch zu sein. Sie versuchen immer wieder, die bereits bestehenden Gesetze, Verordnungen und Bestimmungen durch neue zu verwässern.

Vielleicht ist man wirklich sorglos, also davon überzeugt, daß diese Medikamentenrückstände entweder völlig harmlos sind oder daß sie, wie Dr. Hanssen bei der bereits erwähnten Tagung meinte, so gering seien, daß sie mit den angewandten Methoden gar nicht entdeckt werden können. Das kann aber auch bedeuten, daß wir den Taktiken und Praktiken der von der Pharmaindustrie verführten Landwirte nicht die nötigen Waffen entgegenzusetzen haben. Versucht sich nämlich jemand mal „mit normalerweise nicht angewandten Methoden", entdeckt er schon eine Menge Gifte.

Veterinäre der Tierärztlichen Hochschule Hannover untersuchten im Jahre 1970 rund 1500 Schlachtkälber noch einmal, die vom städtischen Schlachthof Hannover bereits als „tauglich" beurteilt worden waren. Bei über tausend, genau bei 67,3 %, fanden sich Rückstände von Antibiotika.

Die „Süddeutsche Zeitung" berichtete kürzlich (Nr. 56/71) von einem Verfahren, das in der physikalisch-technischen Abteilung der Gesellschaft für Strahlen- und Umweltforschung in Neuherburg bei München entwickelt worden ist. Auf dieses Verfahren, bei dem Proben zunächst in einem Reaktor mehrere Stunden bestrahlt werden, brauchen wir hier nicht näher einzugehen. Es sei hier nur erwähnt, um zu zeigen, was man alles findet, wenn man unsere Lebensmittel nicht nach den hergebrachten Methoden untersucht. Wir wollen hier lediglich registrieren, welches Ergebnis diese neuartigen Untersuchungen bei einigen im Münchener Raum willkürlich gekauften Lebensmittel brachten. In fast allen zusammengekauften Lebensmitteln wurden Giftstoffe entdeckt, „teilweise in Konzentrationen, die nach im Ausland geltenden Normen einen Verkauf dieser Waren verbieten würde". Etwas präziser heißt es später, daß die zufällige Auswahl der Lebensmittelproben auf ihren Gehalt an den „hochgiftigen Elementen Selen und Quecksilber" hin getestet wurde.

„Ergebnis: Die untersuchten Münchner Lebensmittel sind zum Teil in einem Maß vergiftet, das die in skandinavischen Ländern und in Großbritannien geltenden Normen um ein Vielfaches überschreitet".

Hilfe ist nur zu erwarten, wenn bestimmte Vorstellungen in unserem Gesundheitsministerium auch unbeschränkt und möglichst bald realisiert werden. Dort möchte man etwa das Arzneimittelgesetz so geändert haben, daß jemand, der Arzneimittel abgibt, darüber Buch führen muß. Wer Arzneimittel erwirbt, muß nachweisen, woher er sie erwirbt.

Vor allem möchte man erreichen, daß nur solche Antibiotika zur Tieraufzucht verwendet werden dürfen, die in der menschlichen Medizin nicht verwendet werden.

Strengere Vorschriften über die strikte Einhaltung von „Wartezeiten" sollen erlassen werden, die Tiere sollen also nicht mehr unmittelbar vor dem Schlachten noch mit Medikamenten vollgepumpt werden, nicht mehr vor dem Transport „Beruhigungsmittel eimerweise saufen".

Die bereits entwickelten Nachweismethoden sollen auch tatsächlich angewendet, auf den Schlachthöfen eingesetzt werden.

Bei allem bleibt jedoch eine Frage offen: Haben wir überhaupt bereits eine systematische Bestandsaufnahme gemacht? Wissen wir, aus welchen Quellen mit welchen Folgen Giftstoffe in unseren Organismus gelangen?

Versuchsklinik Bundesrepublik

Tatsächlich tappen wir noch an vielen Punkten im düstern. Immer wieder gelangen wir an eine Stelle, an der die Wissenschaftler passen müssen, an der sie erklären müssen: Hier wissen wir noch nicht genug.

Am wenigsten wissen wir offenbar über die „toxische Gesamtsituation" Bescheid, ein Begriff, den der verstorbene Pharmakologe Prof. Eichholtz geprägt hat (und der ihm damals viel Ärger mit seinen Kollegen einbrachte und seinen wissenschaftlichen Ruf fast ruinierte). Dabei war der damit beschriebene Zustand bereits vorher von anderen Forschern, etwa dem Nobelpreisträger Warburg, als einer der unerschlossensten Gefahrenherde erkannt worden.

Gemeint ist damit nichts anderes, als daß die Vergiftung unserer Umwelt und unserer Nahrung im Detail erkennbar und unschädlich sein kann. Allein, für sich genommen, sind die giftigen Mengen harmlos.

Dem einzelnen Hersteller kann also nicht widersprochen werden, wenn er von seinem Produkt, dem er Fremdstoffe beigemengt hat, behauptet: Das Zeug ist harmlos.

Für sich genommen, sind die Stoffe in den erlaubten Mengen harmlos. Sicher. Auf alle Fälle können wir davon ausgehen, daß sie es sind. Aber es bleibt die Frage offen, ob wir nach diesem Kriterium der Höchstmengen überhaupt urteilen dürfen.

Können wir uns tatsächlich damit begnügen, zu erklären, hier ist die Toleranzgrenze, so geringe Dosen von Giften kann der Körper verkraften, selbst wenn er auch noch in anderen Lebensmitteln Gifte zugeführt bekommt?

Können wir das wirklich, ohne sicher bewiesen zu haben, wo überall und wie überall wir andere Gifte konsumieren, ohne zu wissen, wie sie zusammen wirken, ja – was ja auch behauptet wird – ob diese Wirkung sich nicht oft potenziert?

Wir haben es ja nicht allein mit den der Nahrung zugesetzten Giften zu tun. Schließlich gibt es überall Höchstmengen. Auch die Rückstände von Pflanzenschutzmitteln werden im internationalen Sprachgebrauch als „no effect level“ bezeichnet und in pp (parts per million = mg pro kg Versuchskost) bzw. in mg pro kg Körpergewicht des Versuchstieres ausgedrückt.

Auch da haben wir eine duldbare Tagesdosis, die sich hinter der internationalen Abkürzung ADI verbirgt (Acceptable Daily Intake). Das ist also diejenige Dosis eines Pestizides, die nach dem heutigen Stand der Wissenschaft kein gesundheitliches Risiko für den Menschen bedeutet.

Aber selbst innerhalb dieser Berechnungen stoßen wir auf bedenkliche Praktiken. So erwähnt Dr. Roll vom Bundesgesundheitsamt in einem Bericht über Pflanzenschutzmittel (November 1970), daß die toxikologisch duldbare Konzentration bei Obst innerhalb der EWG nach einem Körpergewicht von 60 kg und einem täglichen Verzehr von 400 g Obst und Gemüse errechnet worden ist. Tatsächlich ist jedoch bereits für die Jahre 1965/66 ein durchschnittlicher Verbrauch von 470 g festgestellt worden.

Dabei ist offenbar überhaupt nicht berücksichtigt worden, daß eben höchst unterschiedliche Mengen gegessen werden. So gibt auch Dr. Roll zu bedenken, daß schematische Berechnung ihre Tücken habe, da man nicht von einer konstanten Relation Körpergewicht–Nahrungsmenge ausgehen dürfe, da „beispielsweise Kinder, schwangere und stillende Frauen sowie Schwerstarbeiter einen relativ höheren Nährstoffbedarf und somit eine höhere Nahrungsaufnahme pro Gewichtseinheit" haben. Und gerade Kinder, schwangere und stillende Mütter sind biologisch viel empfindlicher.

Dr. Roll schließt seinen Bericht mit dem doch sehr nachdenklich stimmenden Satz: „Um die Pflanzenschutzmittel in ihrem Einfluß auf die Gesundheit des Menschen noch eingehender zu erfassen, ist es weiterhin als vordringlich anzusehen, auch Toleranzwerte für Rückstände in Lebensmitteln tierischer Herkunft festzusetzen." Eine solche Regelung wird in der Bundesrepublik soeben vorbereitet.

Zusätze und Rückstände stellen aber nicht die einzigen Giftquellen in unseren Lebensmitteln dar. Gifte werden auch durch technische Prozesse erzeugt.

Bei einem Symposion der Deutschen Gesellschaft für Ernährung in München im April 1970 wurde dargelegt, was sich allein durch die doch eher harmlos klingende und weitverbreitete Art der Hitzesterilisierung an unserer Nahrung verändert.

Bei Obst- und Gemüseerzeugnissen wurde erklärt: „Die Textur des Füllgutes ist abhängig vom Gehalt an quellfähigen Bestandteilen (Eiweiß, Stärke) und Pektin, das bei hohen Temperaturen aus dem unlöslichen Protopektin gebildet wird. Anthocyanidine werden durch Sauerstoff und Ascorbinsäure zu noch unbekannten Produkten abgebaut."

Bei Fleisch treten „mehr technologische Probleme auf als bei anderen Lebensmitteln". So erweisen sich die „krebserregenden Aflatoxine als extrem hitzeresistent".

Die Details sind selbst für den interessierten Laien zu schwer verständlich; hinzuweisen wäre aber auf Bemerkungen, wie: „Es sind noch keine Untersuchungen darüber angestellt worden, ob in Flaschen sterilisierte Säuglingsnahrung, als Dauerkost verabreicht, beim Säugling zu Schäden führen kann."

Aber auch damit sind noch nicht alle Quellen für Nahrungsgifte erfaßt. In einem gründlichen Bericht über die Zusätze, die

zur Schönung
zur Konservierung
zum Schutz gegen chemische und physikalische Veränderungen

dienen, machte der Freiburger Professor Peter Marquardt darauf aufmerksam, daß die Paraffingemische, die zur „Konservierung von Zitrusfrüchten und Rosinen" verwendet werden, ebenfalls in Verpackungsmitteln enthalten sind. „Hier stellt sich ein ernstes Problem. Das Rohparaffin enthält erhebliche Mengen an krebserregenden Stoffen. Nur hochgereinigtes Paraffin kann daher zur Behandlung von Lebensmitteln oder deren Verpackung verwendet werden...

Verpackungsmaterialien waren und sind vom Standpunkt der Toxikologie gesehen häufig problematisch. Vollkornbrot, Obst, Käse und neuerdings auch Fleisch werden – und das sind nur einige Beispiele – in Kunststoffolien verpackt. Gewisse Arten von Kunststoffen, allerdings Sorten, die meist für Gebrauchsartikel wie Teller, Tassen, Töpfe verwendet werden, geben regelmäßig beträchtliche Mengen Formalhedyd an das Füllgut ab. Kunststoffe enthalten oft Weichmacher. Bei Verwendung zur Verpackung von Nahrungsmitteln können diese Produkte je nach den physikalisch-chemischen Gegebenheiten in das Nahrungsmittel übertreten und führen dann eventuell zu gesundheitlichen Schädigungen...

Man kennt zahlreiche – oft epidemieartig eine Vielzahl von Personen umfassende – Vergiftungen, die durch Triorthokresylphosphat, einem der wichtigsten technischen Weichmacher, verursacht wurden."

Allerdings scheint die Kunststoffkommission am Bundesgesundheitsamt diese Stoffe in dieser Hinsicht gründlich zu überprüfen. Der Gesetzgeber wird laufend beraten. Wieweit Verordnungen oder auch nur entsprechende Leitsätze dann auch praktiziert werden, wieweit sie überhaupt überprüft werden können, steht auf einem anderen Blatt.

Übrigens wies Marquardt in seinem Bericht auch noch auf die Nitrate und Nitrite hin, die allgemein zu den Konservierungsmitteln gerechnet werden, „obwohl sie nicht dorthin gehören". Warum sie tatsächlich verwendet werden, deutet er immerhin an:

„Fleischwaren werden nach Zusatz dieser Stoffe stärker rot und erscheinen daher frischer, als sie es in Wirklichkeit sind.

Beide Stoffe besitzen eine beträchtliche Toxizität. Ihre Zulassung ist durch Gesetz geregelt. Es dürfen nur festgelegte Mengen Nitrit, vermischt mit Kochsalz ... als Pökelsalz dem Fleisch zugesetzt werden."

Wieder einmal Höchstmengen also. Und was die beträchtliche Toxizität betrifft, kann es nicht schaden, wenn wir einen Bericht zur Kenntnis nehmen, der am 24. 3. 1971 im „Praxis-Kurier" erschienen ist. In ihm wird erwähnt, was der Wissenschaftler Dr. Johannes Sander vom Tübinger Hygiene-Institut anläßlich des jährlich stattfindenden Symposions über Krebs (24. Symp. Cancer Research) Anfang März 1971 in Houston/Texas über sein spezielles Arbeitsgebiet berichtete. Danach lassen sich im Tierversuch mit Nitrosaminen und Nitrosaniden Tumoren erzeugen. „Deshalb ist zu befürchten, daß solche Substanzen auch am Menschen karzinog wirken."

Weiter heißt es: „Der eine Reaktionspartner, Nitrit, kommt in Medikamenten vor und wird Fleisch, Fisch und Mehl zugesetzt. Außerdem kann Nitrit in allen Medien entstehen, die Nitrat enthalten. Dazu gehören viele eßbare Pflanzen und das Trinkwasser. In Industrieländern ist der Nitratgehalt besonders hoch, weil dort viel anorganischer Stickstoffdünger verwendet wird ...

Den zweiten Reaktionspartner der ‚Karzinogen-Synthese' stellen sekundäre Amine oder Alkylamide dar; sie sind weit verbreitet. Manche bilden sich beim Kochen ... Die Industrie verarbeitet jährlich mehrere tausend Tonnen davon."

Der Bericht schließt mit dem lapidaren Hinweis: „Die Nitritmenge, die zum Konservieren von Nahrungsmitteln, hauptsächlich Fleisch, mancherorts zugesetzt werden darf, ergäbe annähernd solche Mengen Nitrosamin, mit denen an Tieren Krebs erzeugt wird. Die Nitrit-Pollution der Lebensmittel wird durch bakteriell gebildetes Nitrit im Gemüse noch verstärkt."

Daß diese Gefahren immer mehr erkannt werden, zeigt sich in der stets größer werdenden Zahl von Veröffentlichungen zu diesem Problem. Fast scheint es, als könnten selbst die damit befaßten Wissenschaftler nicht mehr lesen, was allein im Jahre 1970 dazu veröffentlicht worden ist.

Hoffnungsvoll stimmt ebenso, daß das neue Lebensmittelrecht dem Gesetzgeber die Möglichkeit gibt, schnell einzugreifen, wenn Gefahr im Verzuge ist – falls es so, wie es im Entwurf vorliegt, verabschiedet werden sollte. Dr. Dieter Eckert vom Gesundheitsministerium kommentierte das Vorhaben – damals noch in zwei Referentenentwürfen vorliegend – anläßlich eines Co-op-Verbrauchertags am 2. 11. 1970 ziemlich genau, als er meinte, daß dem gesundheitlichen Aspekt insofern eine besondere Bedeutung zukomme, „als in die Beurteilung der Risikofaktoren nicht nur das jeweilige Lebensmittel, das betreffende Behandlungsverfahren oder der einzelne Zusatzstoff, sondern auch die Belastung des Menschen mit all den sonstigen Umweltfaktoren einbezogen werden muß. Nur auf diese Weise kommen wir zu Regelungen, die eine Gefährdung der menschlichen Gesundheit soweit wie möglich ausschließen."

Das Lebensmittelrecht muß also zum integrierten Bestandteil moderner Gesundheitspolitik werden. Daß wir heute davon noch weit entfernt sind, gab Eckert indirekt (vielleicht auch ganz direkt) zu, als er sagte: „Von erheblicher praktischer Bedeutung ist hier zunächst eine weitgehende Umgestaltung der Bestimmungen über die Zusatzstoffe, mit dem Ziel, diese außerordentlich komplexe Materie möglichst umfassend zu regeln und besser in den Griff zu bekommen."

Aber auch er deutet an, daß wir es hier noch lange nicht mit einem beschlossenen Gesetz zu tun haben. Wenn auch nur im Hinblick auf die praktizierte Zigarettenwerbung, bereitet er uns auf die noch bevorstehenden Kämpfe vor. „Man kann sich nicht – wie geschehen – auf einen angeblichen verfassungsrechtlichen Grundsatz der ‚Unzulässigkeit wohlfahrtsstaatlicher Eingriffe' berufen."

Die interessierten Kreise der Industrie wollen es also – etwas deutlicher gesagt – dem Staat verbieten, die Gesundheit der Bürger zu schützen, wenn damit gleichzeitig die „freie Marktwirtschaft" eingeschränkt werden müßte.

Hier kommen wir also zu den implizierten ethischen Problemen, mit denen sich H. Bour und Th. Kreybig sehr gründlich auseinandersetzen. In Heft 15/1970 der „Medizinischen Klinik" ist ihr durch ein Interfakultätsgespräch entstandener Aufsatz veröffentlicht, der hier ausführlich behandelt werden soll. Dort heißt es zunächst:

„In der Umwelt des Menschen nehmen stoffwechselfremde, in vielen Fällen giftige chemische Verbindungen stets zu, die direkt oder indirekt in den menschlichen Stoffwechsel geraten können und sogar mit gezielten Absichten dem Menschen zugeführt werden...

Es liegt nämlich nahe, daß im Zug der Entwicklung die Aktivität... größer ist als die Umsicht, das Nachdenken, wie weit neben dem eigentlichen erwünschten Effekt auch schädliche Folgen auftreten können...

Eine besondere Bedeutung kommt den Vergiftungen des menschlichen Lebens zu, wie es in unserem Jahrzehnt durch die Contergan-Tragödie offensichtlich wurde. An sich harmlos erscheinende Verbindungen können, durch den mütterlichen Stoffwechsel aktiviert, die Entwicklung der Frucht angreifen, ihre Gestalt verändern oder die Entwicklung unterbrechen. Noch unheimlicher ist die Gefahr von intrauterinen Schädigungen, die nicht in Mißbildungen der Gestalt, sondern erst nach der Geburt oder gar erst beim Erwachsenen in angeborenen Krankheiten oder Stoffwechselschäden zum Ausdruck kommen...

Über Art und Umfang der genetischen Veränderungen durch chemische Agentien kann man heute nur vorsichtige Extrapolationen an Hand von Tierexperimenten vornehmen, da induzierte Mutationen beim Menschen den Forschern der Gegenwart entgehen und erst spätere Generationen belasten.

Anders verhält es sich mit der Karzinogenese. Boyland und Goulding wiesen darauf hin, daß über 80% der Krebserkrankungen wahrscheinlich durch exogene chemische Einwirkungen zustande gekommen sind." (!)

Die Autoren zählen dann die chemischen Faktoren der Umwelt auf, die das Leben akut oder in seinem Ursprung schädigen können. Sie nennen Pflanzenschutzmittel, zum Beispiel chlorierte Kohlenwasserstoffe und organische Phosphatverbindungen.

Sie zitieren den Engländer J. F. Brock, der bereits vor fast zehn Jahren auf die Spätwirkungen dieser Stoffe zu sprechen kam: „Diese kleinen Mengen von Zusätzen und Rückständen können neben den identifizierbaren akuten oder subakuten toxischen Wirkungen möglicherweise über längere Zeiträume Konstitutionsänderungen verursachen, die ihrerseits gesundheitliche

Schäden oder Schwächungen der Widerstandskraft gegen Krankheiten zur Folge haben.“

Die Autoren erwähnen weiter die „Industrienebenprodukte oder Industriestoffe, die unter Umständen ... in Flüsse und Seen gelangen und so den Menschen erreichen können“.

Sie rechnen Lösungsvermittler, Lösungs- und Bindemittel dazu, die sogar unter Umständen für Arzneien verwendet werden.

Aber natürlich auch die Zusatzstoffe in Lebensmitteln, und sie vergessen nicht, die Wirkung von Haushaltsstoffen wie Waschmittel oder Spülmittel zu erwähnen. Über die Wirkung dieser Stoffe „auf den menschlichen Organismus ist kaum Näheres bekannt, und die chemische Zusammensetzung von Spülmitteln, die z. B. durch das Abwaschen nach jeder Mahlzeit mit Sicherheit, wenn auch in geringen Mengen, mit der Nahrung aufgenommen werden, muß vom Hersteller nicht angegeben werden“.

Sie rechnen Kosmetika dazu, deren Zusammensetzungen dem Verbraucher auch heute noch unbekannt bleiben. „In dieser Liste der kosmetischen Industrie werden immer wieder Verbindungen als Konservierungsmittel, Farbstoffe oder Zusätze angetroffen, die den zuständigen Fachmann erschrecken oder als Bestandteile von Pharmaka rezeptpflichtig wären.“

Selbstverständlich gehören auch die Arzneien in diese Liste, über die an anderer Stelle noch ausführlicher gesprochen werden wird.

So kommen die Autoren zu dem logischen Schluß, daß der Mensch in jedem Lebensbereich einer Unzahl chemischer Verbindungen „praktisch hilflos“ ausgeliefert ist. Er vertraut dem Arzt, den gründlichen vorausgegangenen Versuchen und Prüfungen der herstellenden Firmen und der sorgfältigen Aufsichtspflicht zuständiger Behörden. „Aber unheilvolle Ereignisse der letzten Jahre zeigen, daß hierbei nicht alles in Ordnung ist.“

Täglich erreichen uns erschreckende Nachrichten und „Beobachtungen über unheilvolle Folgen der Anwendung chemischer Stoffe“.

Nach einer ausführlichen Diskussion der ethischen Probleme, die durch die Vergiftung der menschlichen Gesellschaft aufgeworfen werden, kommen die Autoren zu dem Ergebnis, daß die menschliche Gesundheit wichtiger sei als das momentane Wohlbefinden oder der „verfeinerte Lebensgenuß“.

„Wenn chemische Mittel zwar dem unmittelbaren menschlichen Wohlbefinden dienen, die jedoch auf die Dauer für die menschliche Gesundheit im allgemeinen schädlich werden können, dann ist zugunsten dieser weitergefaßten Gesundheit zu entscheiden und die Anwendung dieser Stoffe ist sittlich nicht tragbar...

Der „Spiegel" illustrierte diesen Zustand unter anderem an folgendem Beispiel: „Ein Tierarzt in Niedersachsen, der erkrankte Schweine mit einem Arsenpräparat behandelte, wunderte sich: Am nächsten Morgen war der gesamte Tierbestand eingegangen. Erklärung: Der Bauer hatte schon vorher, ohne dem Tierarzt etwas davon zu sagen, arsenhaltige Stoffe als Masthilfe verfüttert."

Die Autoren zitieren dann den Tübinger Juristen und Philosophen Fechner: „Bei widersprechenden wissenschaftlichen Aussagen lautet die erste Richtlinie: Im Zweifel ist zugunsten der Gesundheit zu entscheiden; oder wenn diese Formulierung zu simpel erscheint: Im Zweifel haben Leben und körperliche Unversehrtheit... den sittlichen und verfassungsrechtlichen Vorrang vor konkurrierenden entwicklungspolitischen und wirtschaftlichen Interessen!"

Wirtschaftlicher Vorteil muß an den wichtigeren humanitären Interessen gemessen werden. Die großen chemischen Fabriken mögen ihre toxikologischen Forschungen ruhig intensivieren, auf sie verlassen können wir uns nicht, weil die Verbindung zu kommerziellen Interessen hier wohl doch zu eng ist.

Zurück zur Natur

Nun wäre es ausgemachter Unfug, sich mit dem Ruf „Zurück zur Natur" in die Schlacht zu werfen. Nicht nur, weil wir zu lange nach ihr suchen müßten. Tatsächlich können wir gar nicht mehr zurück. Wir müssen unsere Lebensmittel konservieren, da unsere Ansprüche gestiegen sind und wir uns einfach angewöhnt haben, die „Früchte aus aller Welt" täglich greifbar zu haben. Wir müssen sie für den langen Transport haltbar machen und dabei verändern.

Vielleicht müssen wir die Lebensmittelprodukte sogar verschönern, weil unser Schönheitssinn uns unnatürlich programmiert. In Holland werden gerade lila Gurken gezüchtet; vielleicht übergeben sich unsere Kinder, wenn sie später grüne sehen. (Sicher bin ich allerdings in diesem Bereich nicht.)

Aber wenn wir das alles so haben wollen, müssen und können, bleibt es uns nicht erspart, auch die Folgen zu betrachten. Wir müssen wirklich ständig hinter die Kulissen blicken. Wir müssen den Vorhang beiseite schieben und zusehen, was da, bislang verborgen, mit dem geschieht, was wir essen.

Wir müssen uns auch entscheiden, ob wir Forschungen in diesem Bereich unterstützen oder weiter behindern wollen, ob wir bereit sind, die Konsequenzen zu ziehen, wenn Forschungsergebnisse vorliegen. Wir müssen uns die Möglichkeit verschaffen, wirtschaftliche Interessen einzelner mit den gesundheitlichen Forderungen der Allgemeinheit besser zu vereinbaren als bisher.

Zwanzig von Konzernen vorgelegte Gutachten dürfen – auch wenn sie in Leder gebunden sind – nicht mehr Resonanz finden als ein handgetipptes von einem einzigen, aber vielleicht besser qualifizierten Wissenschaftler.

Wir müssen uns darüber im klaren sein, daß das am Anfang erwähnte Mißverhältnis zwischen dem Werbeaufwand der Verkäufer und dem Aufwand des Staates für Verbraucheraufklärung auch auf wissenschaftlichem Gebiet besteht.

Das Verhältnis mag mathematisch nicht erfaßbar sein, es mag nicht 1:2000 sein wie oben, aber von einem Gleichgewicht können wir auf keinen Fall sprechen.

Es klingt amüsant (und wird deshalb gedruckt), wenn eine lothringische Hausfrau in einer verschlossenen Milchflasche eine Maus findet.

Wir nehmen zur Kenntnis, daß Thunfisch mit gefährlichen Mengen Quecksilber auf den Markt kommt, und verhindern in einigen Gebieten dessen Verbreitung.

Wir werden ein bißchen unruhiger, wenn wir erfahren, daß sich in geräuchertem Lachs Substanzen befinden, die „zu den stärksten und tückischsten der bislang bekanntgewordenen krebserregenden Stoffen gehören" – und reagieren kaum noch, wenn wir hören, daß allein von den Lebensmittelproben, die im Lauf des Jahres 1969 von hamburgischen Ordnungsämtern überprüft wurden, 13% beanstandet werden mußten. (Und es sieht in anderen Städten und Ländern noch schlimmer aus.)

Aber außer den auf diesem Gebiet Bewanderten und täglich sich damit beschäftigenden Wissenschaftlern und Industriellen fragt sich niemand, ob das in kleinen, harmlosen Einzeldosen uns täglich verabreichte Gift in unseren Nahrungsmitteln zusammen mit allen anderen Giften, denen wir durch Luft- und Wasserverpestung ausgesetzt sind, nicht die Ursache für die tödlichen Epidemien unserer Epoche ist.

Wir nehmen die „toxische Gesamtsituation“ noch immer so gut wie gar nicht zur Kenntnis. Wir lassen die Wissenschaftler in unseren Gesundheitsbehörden der Länder und des Bundes als Einzelkämpfer vor die Gerichte ziehen, ohne sie auch nur annähernd mit einem Waffenarsenal auszurüsten, das dem ihrer Gegner vergleichbar wäre. Wir geben ihnen nicht einmal die Möglichkeit, ihren Sachverstand auszunutzen.

Aber wir verzichten mit unserer Gleichgültigkeit nicht nur auf die Wissenschaftler, die in unserem Interesse arbeiten. Wir schaden uns auf eine Weise, die häufig und auch gern übersehen wird: Wenn uns in vielfacher Weise Giftstoffe zugeführt werden, dann liegt das nicht an der persönlichen Perfidie der Hersteller. Sie werfen ihre Erzeugnisse nicht mit der Absicht auf den Markt, uns zu vergiften. Da sind nicht ein paar Strolche am Werk, die möglichst viel Geld verdienen wollen – das wollen sie natürlich auch –, aber wir können die Problematik nur ganz verstehen, wenn wir sie vor dem Hintergrund eines harten Wettbewerbs sehen, wo derjenige Vorteile hat, der Fremdstoffe zusetzt, der Fremdstoffe und Gift produzierende technische Verfahren der Herstellung, der Verpackung, der Fütterung, der Aufzucht und der Schädlingsbekämpfung anwendet.

Wir schaden mit unserer Gleichgültigkeit den Produzenten reeller Produkte – denn die gibt es ebenfalls, etwa in der Brot- und Backwarenindustrie, in der Fleischindustrie und selbst da, wo der normale Käufer sie am wenigsten vermutet; unter den Herstellern von Feinkostsalaten. (So hat ein Berliner Hersteller von Fleischsalaten seine von einer Verpackungsfirma gelieferten Becher vor Gebrauch auf Unschädlichkeit untersuchen lassen, ohne dazu von irgend jemandem gezwungen worden zu sein. Ich habe von einem Gewürzimporteur gehört, der auf eigene Kosten Forschungen anstellen läßt, um das Begasen auf den Schiffen oder in den Exportländern zu vermeiden.) Aber sie alle haben keine Chance im gnadenlosen Kampf um uns Käufer, wenn wir sie nicht unterstützen, indem wir die Praktiken der anderen bekämpfen.

Aldous Huxley mag wirklich geglaubt haben, daß nichts das moralische Niveau einer Gesellschaft mehr hebe als wachsender Wohlstand. Tatsächlich jedoch ist eine gegenteilige Entwicklung zu konstatieren.

Tocqueville nannte vor fast 150 Jahren das Wohlleben die Mutter der Knechtschaft. Es kann sein, daß Wohlleben auch heute noch diese Funktion hat. In dem Bereich, der hier diskutiert wird, ist Wohlleben auf alle Fälle der sicherste Weg zum frühen Tod für uns und unsere Kinder.

„The DDT-less apple. Yours for 9 cents."

Mit dieser Überschrift warb die „Ecological Food Society" kürzlich ganzseitig in der „New York Times". Aber es ging nicht allein darum, Äpfel zu verkaufen, die nicht mit DDT besprüht waren. Es wurde für eine Vereinigung geworben, die Mitglieder sucht, diese Mitglieder informieren und ihr, quasi als Zugabe, organische Lebensmittel verkaufen möchte, Haushaltartikel und kosmetische Präparate, die ebenfalls „organisch" sind.

„Organisch" wird hier nicht in dem uns verständlichen Sinne benutzt. Man begreift unter „organisch" Produkte, die gewachsen und hergestellt worden sind, ohne daß man sie mit Gift besprüht hat, Erzeugnisse, die nicht chemisch verschönt sind, gebleicht, stimuliert, emulgiert und was es sonst noch alles gibt, um Natur in gesundheitsgefährdende Kunstprodukte zu verwandeln.

Über den Begriff braucht man sich aber wohl nicht zu streiten. Vielleicht würde es genügen, wenn von gesunden Lebensmitteln und natürlichen Produkten gesprochen wird – auch wenn da wieder Einschränkungen und Einwände kommen können.

Wichtig und ermutigend an dieser Anzeige (und an allem, was in den USA gegenwärtig in diesem Bereich mit fast missionarischem Eifer bewegt wird) scheint mir aber vor allem zu sein, daß offenbar auch mit vermutlich unschädlichen Lebensmitteln viel Geld zu verdienen ist.

Wer sich also nach dem Lesen der vorigen Seiten schwer verunsichert fragt, was denn um Himmels willen getan werden kann, was man denn überhaupt noch essen kann – vielleicht ist hier eine Lösung: Was würde denn wohl geschehen, wenn sich etwa die Landwirtschaft, sagen wir Schleswig-Holsteins, auf einmal umstellen würde? Wenn sich die dortigen Bauern nicht mehr von Raiffeisenverbänden, Bauernorganisationen, Molkereizentralen kommandieren, vorschreiben oder vorschlagen lassen würden, was und wie und zu welchen Preisen sie anzubauen und zu verkaufen hätten. In Schleswig-Holstein sind die Höfe durchrationalisiert, oft übertechnisiert. Aber die Bilanzen der Bauern sind voll von hohen roten Zahlen. Könnte sich das nicht vielleicht ändern, wenn sie mit einem entsprechenden Marketingkonzept Äpfel, Milch, Mehl, Butter, Fleisch, Schinken, Wurst, Käse, Yoghurt usw. ohne Fremd- und Zusatzstoffe, ohne Rückstände anbauen oder/und anbieten würden?

Die Amerikaner haben jedenfalls einen Boom auf diesem Sektor. Vor einigen Monaten entstanden die ersten Geschäfte einer prosperierenden Ladenkette mit dem Markenzeichen „Gute Erde“ und dem Slogan „Partner der Natur“. In diesen Geschäften wird nur verkauft, was ohne gefährlichen Dünger gewachsen, ohne schädliche Schönheitsmittel, Emulgatoren, Bleichmittel und Stabilisatoren bearbeitet worden ist, eben ohne riskante chemische Zusätze. Wie weit das unser Boden und unsere Transportwege zulassen, sollte jedenfalls untersucht werden.

Auch das dortige Sortiment ist nicht auf Produkte beschränkt, aus denen Tagelöhner des 18. Jahrhunderts ihre Mahlzeiten zusammenstellen mußten. Die in diesen Läden angebotenen Erdbeeren, Tomaten, Sellerie und Hähnchen unterscheiden sich am ehesten durch den Geschmack von den mit Chemiehilfe produzierten. Und es wird behauptet, daß Tomaten eben auf einmal wieder schmecken, wie Tomaten früher einmal geschmeckt haben: eben nach Tomaten. Es gibt aber auch Pizza-Fertiggerichte, Eiscreme, drei Sorten Yoghurt – daneben für Naturfanatiker freilich auch 13 Sorten Datteln. Ein Hauch von Reformhaus ist sicherlich in diesen Geschäften nicht zu vermeiden. Bewegungen dieser Art müssen sich vermutlich mit skurrilen Eiferern in ihren Reihen abfinden. Aber das sind ja keine entscheidenden Einwände.

Vor ein paar Jahren verkauften die Vorläufer dieser Läden fast ausschließlich an diese Naturheiligen, die vielleicht auch Gras an Stelle von Klopapier benutzen. Aber heute haben sich Käuferstruktur und Umsatz imponierend verändert. Gerade am

Umsatz läßt sich die veränderte Käuferstruktur bereits ablesen. Allein bei der erwähnten Ladenkette war er 1970 auf 200 Millionen Dollar emporgeschnellt.

„Ich bin nun 16 Jahre in diesem Geschäft“, sagte kürzlich Marshal Ackermann zu einem „Time“-Reporter – er ist Chef eines Spezialverlages für Publikationen dieser Bewegung –, aber „während der ersten 13 Jahre ist so gut wie gar nichts passiert. Aber dann, von einem Tag auf den anderen, hat es sich explosiv ausgedehnt.“

Heute gibt es in fünfzig US-Staaten bereits mehr als 2500 Läden, in denen „organische“ Lebensmittel verkauft werden. Im Frühsommer 1971 wurde allein in Florida fast täglich ein neuer Laden dieser Art eröffnet. Ein bißchen hat der romantisierende Zurück-zur-Natur-Drang einiger Hippiekommunen mit Großschrebergärten diese Entwicklung gefördert. Aber entscheidend waren die sich häufenden Alarmmeldungen von der Sorte „Quecksilber in Thunfisch“. Eine gewisse Unruhe breitet sich ja auch bei uns aus.

Nun liegen die Preise in diesen Zurück-zur-Natur-Geschäften noch 25 bis 50% über denen üblicher Lebensmittel. Aber das soll nicht an höheren Produktionskosten liegen (es wird gesagt, daß etwa natürlicher Dünger nicht teurer sei als chemischer), sondern allein daran, daß sich noch nicht genug Landwirte entsprechend umgestellt haben. Gesunde Lebensmittel sind einfach nicht in ausreichenden Mengen zu haben. Die Händler konnten noch nicht allzu viele Farmer dazu überreden, auf Chemikalien zu verzichten.

Wieweit sich landwirtschaftliche Großbetriebe der Bundesrepublik auf den gesunden Anbau umstellen können, müßte vermutlich noch gründlich untersucht werden. Obwohl es einige wache Landwirte – etwa in Niedersachsen – gibt, die schon in dieser Richtung arbeiten. Im Augenblick scheitert alles offenbar an der Sorge vor den höheren Kosten, also an der Furcht, im Wettbewerb nicht mithalten zu können.

Außerdem hätte eine radikale Umstellung nur einen Sinn, wenn der Gesetzgeber die Anstrengungen dieser Landwirte unterstützte und deren Produkte dann vor Täuschungen schützte.

Solange jeder Produzent krebserregende Produkte mit dem Vermerk „naturrein“ anpreisen darf, haben die Hersteller gesunder Produkte keine Chance.

Doch auch solche Hindernisse sind nicht unüberwindbar. Für einige Landwirte sollte es sich mindestens lohnen. Sie brauchten nicht mehr schwarze Fahnen zu schwenken, mit Traktoren Straßen und Plätze zu blockieren, NPD und deren Auffangparteien zu wählen. Sie brauchten sich von ihren Organisationen nur zu emanzipieren, ein neues System des Anbaus und des Vertriebs zu organisieren.

Auch ein solches Vorhaben kann schiefgehen. Aber wenn der Gerichtsvollzieher ohnehin Stammgast an der Hoftür ist, scheint mir das Risiko so groß auch nicht zu sein.

Schöner essen – frisch aus deutschen Landen

„Die deutsche Landwirtschaft wohnt seit fünfundzwanzig Jahren am Abgrund und fühlt sich dort ziemlich wohl." Der Satz ist vierzig Jahre alt, stammt von Kurt Tucholsky. Ich weiß nicht, wie richtig er damals war. Sicher ist, daß die deutsche Landwirtschaft ihren Wohnsitz seither nicht verlegt hat, daß sie aber heute laut und heftig bestreitet, sich am Abgrund wohl zu fühlen.

Einige Landwirte haben auch keine Veranlassung dazu. Zu viele von ihnen müssen oft härter und länger arbeiten als ihre Mitbürger, erreichen damit aber manchmal nicht einmal ihr Existenzminimum. Mitgefühl mit ihnen – beileibe nicht mit allen Landwirten – mag angebracht sein. Es gibt Gründe dafür und dagegen.

Grundfalsch jedoch wäre es, würden wir dieses Mitleid auch auf die smarten Verkäufer landwirtschaftlicher Produkte ausdehnen, was nur zu häufig geschieht.

Mir ist jedenfalls ziemlich unverständlich, wie sich im Jahre 1971 noch immer Marketingexperten und Werbefachleute über die Verkaufsmethoden der Bauern amüsieren. Heimlich oder offen belächeln sie angeblich unbeholfene Werbemethoden und mittelalterliche Verkaufspraktiken.

Dabei hat uns bei der letzten Grünen Woche die Marketinggesellschaft der deutschen Agrarwirtschaft einige eindrucksvolle Beispiele für aggressive Werbung vorexerziert. Da gab es etwa die relativ harmlose „Aktion Sol-Ei". Hausfrauen wurden auf Straßen und in Geschäften angesprochen. Kannten sie das richtige Sol-Ei-Rezept, erhielten sie ein paar frische Eier geschenkt.

Aber schon am nächsten Tag ging man wesentlich strammer vor. Da mußten Berliner Schornsteinfeger ran. Ihnen wurde „Werbehelferinnen“ zugeteilt. Gemeinsam klapperte man nun die Haushalte ab, klingelte an den Türen und erkundigte sich bei der Hausfrau, ob sie Schweinefleisch im Haus habe. Konnte sie solches vorweisen, erhielt sie ein Sparschwein mit einem Fünfmarkstück. Dagegen wäre weiter nichts einzuwenden. Warum sollte in einigen Familien an diesem 26. Januar nicht Schweinefleisch gegessen werden? Die Aktion wäre vielleicht sogar als amüsant zu beurteilen, wenn die Agrar-Verkaufstechniker es nicht (mit Erfolg) unternommen hätten, vorher durch Fernsehen, Tageszeitungen und Rundfunk (überall im redaktionellen Teil, selbstverständlich) auf dieses Vorhaben hinzuweisen. So kaufte die Hausfrau also Schweinefleisch wie Lotterielose.

Nun dürfte es schwierig sein, in der Bundesrepublik noch jemanden mit einem ähnlich großen Etat für Werbung und Verkaufsförderung zu finden, vor allem einen mit ähnlichen Zuwachsraten. Waren es vor ein paar Jahren noch 40 Millionen Mark, mit denen jährlich geworben wurde, konnten die Verkäufer im Jahre 1970 bereits 130 Millionen Mark verpulvern, um die Produkte „aus deutschen Landen frisch auf den Tisch“ zu manipulieren. Nun sagen die schlichten Zahlen noch wenig, und auch Aggressivität in der Werbung bedeutet nicht gleichzeitig Qualität. Aber die Verkaufspraktik beschränkt sich eben nicht allein auf Werbung.

Vermutlich dürfte es auch den Marketingexperten, die ihre landwirtschaftlichen Kollegen belächeln, schwerfallen, einen anderen Warenbereich zu nennen, bei dem etwa „Produktdifferenzierung durch Verpackung“ so perfekt und erfolgreich betrieben wird, wie Waren jener Gruppe, die wir neuerdings „schöner essen“ sollen. (Ausnahmen wären bestenfalls in der Kosmetik- oder Arzneimittelbranche zu entdecken.) Wer den Verkäufern landwirtschaftlicher Erzeugnisse verstaubte Methoden vorwirft, muß auf dem Mond leben.

Da wird eine Legende am Leben erhalten, die aus einer Zeit stammen muß, in der Butter noch als Butter im Handel war und die Hausfrau sich statt Joghurt zu kaufen, Dickmilch im Suppenteller ansetzte.

Heute sind allein die Sorten und Marken, in denen Quark verkauft wird, kaum noch zu übersehen. Joghurt ist in Verkleidungen und Verpackungen auf dem Markt, bei deren Anblick harmlose Zigaretten- und Waschpulververkäufer doch eigentlich mit einem Herzinfarkt reagieren müßten.

Allein in einer Woche im Frühjahr 1971 startete eine Tochter der Allgäuer-Alpenmilch (bevor diese wiederum sich mit dem Giganten Nestlé vereinigte) sieben neue Frischmilchprodukte.

Aber schon die Verkaufszahlen sollten die Zweifler eines Besseren belehren. Obwohl Joghurt bislang erst die Hälfte aller bundesdeutschen Konsumenten für sich gewinnen konnte, stieg allein im Jahre 1970 der Pro-Kopf-Verbrauch um 0,6 kg auf 3,7 kg. Diese für unsere Gesundheit sicher erfreuliche Entwicklung mag für den Puritaner freilich einen kleinen Schönheitsfehler haben: Den höchsten Anteil des gesamten Verbrauchs, nämlich etwa drei Viertel, hat „Joghurt mit Früchten", auch die Steigerungsrate war hier erheblich höher als bei Naturjoghurt.

Nun macht man sich allenthalben Hoffnung, daß alles ein bißchen übersichtlicher wird, wenn das neue Maß- und Eichgesetz in Kraft tritt. Ich kann diesen Optimismus nicht teilen; durch die bisherigen Praktiken ist er jedenfalls nicht zu begründen. Bereits früher durften Flaschen mit Joghurt und Biojoghurt nur mit einem Inhalt von 0,2 l auf den Markt gebracht werden. Tatsächlich aber erschienen dort attraktive Kunststoffbecher, die oft nur 0,18 l oder 0,17 l enthielten. Das entsprach einer versteckten Preiserhöhung von 10% und mehr.

Aber die Hersteller hofften – und hatten Erfolg damit –, daß die Hausfrau weniger auf die Menge des Inhalts achten würde als auf die hübschen Becher, die man als Blumenvase oder Trinkbecher weiter benutzen konnte. Als einige Gerichte gegen diese Praktiken vorgingen, wurden die Becher nun nicht etwa, wie es vorgeschrieben ist, mit 0,2 l gefüllt, sondern viele Molkereien wichen auf eine neue Inhaltsangabe aus und deklarierten die Menge mit 170 g.

Selbst bei einem so schlichten Produkt wie Butter ist es den Verkäufern gelungen, uns vorzugaukeln, wir hätten die Möglichkeit, unter unendlich verschiedenen Sorten und Möglichkeiten zu wählen.

Nun unterscheidet auch der Gesetzgeber aber eindeutig nach anderen und weit weniger Kriterien als die Verkäufer. Nach der Butterverordnung gibt es insgesamt nur vier Sorten, von denen in den Geschäften normalerweise nur zwei zu finden sind: Markenbutter und Molkereibutter. (Die anderen beiden sind: Deutsche Kochbutter und Deutsche Landbutter.)

Doch selbst bei der gesetzlichen Einteilung bleiben die – möglicherweise naiven – Wünsche der Butteresser unberücksichtigt. Abgesehen vom Preis, interessiert ihn doch vor allem, ob die Butter frisch ist oder möglicherweise ein paar Monate in Kühlhäusern gelagert hat, wenn nicht in böhmischen Kirchen.

Aber Markenbutter und Molkereibutter wird nach Punkten eingeteilt, die jeweils für Geruch, Geschmack, Gefüge, Aussehen und Konsistenz vergeben werden. Da können jeweils fünf Punkte erreicht werden. Die Markenbutter muß von den 25 möglichen Punkten 20 haben, für jede Eigenschaft mindestens vier, die Molkereibutter insgesamt 15, von jeder Eigenschaft 3. Damit hat sich's. Was jedoch die Frische der Butter angeht, wird, bei Markenbutter und bei Molkereibutter gleichermaßen, lediglich die „offene Angabe des Ausformtages" gefordert. Es wird offensichtlich die Möglichkeit ausgeschlossen, daß der eine oder andere, natürlich leicht behämmerte Käufer auf die absurde Idee kommen könnte, er habe Butter frisch aus der Molkerei vor sich, wenn auf der Packung etwa steht: „Die Butter mit der Frischegarantie."

Man kann sich in der Regel darauf verlassen, daß Butter nur dann wirklich frisch ist, wenn die Molkerei – einige tun es ja, und mit Erfolg – auf der Packung deutlich lesbar eben nicht den Tag des Einwickelns vermerkt, sondern das genaue Herstellungsdatum.

Es bleibt leider festzuhalten, daß es dem Gesetzgeber bis heute noch nicht gelungen ist, die Butterverkäufer zu zwingen, Kühlhausbutter entsprechend zu kennzeichnen. Anstelle einer liebevollen Sortierung nach – vielleicht nicht mal eindeutig und einheitlich festzulegenden – Punkten sollte doch eigentlich auch den Kennzeichnern die simple Einteilung in frische Butter und Kühlhausbutter viel leichter fallen. Da sie sich die Arbeit erschweren, muß sie sich lohnen.

So ist es denn auch kaum verwunderlich, daß nach alldem die Verkäufer ihre Chance ausnutzen. Sie bescheiden sich deshalb auch nicht mit der rührigen Aufteilung in Marken- und Molkereibutter. Sie begnügen sich nicht einmal mit Lachs-, Sardellen-, Schinken- oder Kräuterbutter. Da geht die Palette bis zur „Kleeblatt-Barbecue-Butter" für Holzkohlengriller.

Aber es dürfte den Marketingexperten – jedenfalls den oben erwähnten Verharmlosern – sehr schwerfallen, ein der Butter vergleichbares Produkt zu nennen, bei dem der anspruchsvolle Käufer sich nicht damit bescheiden muß, nur einmal übers Ohr gehauen zu werden – weil er eben nur ein ziemlich eindeutiges Produkt ersteht –, sondern sich gleich doppelt beschummeln lassen darf. Bei Butter aber funktioniert das ausgezeichnet.

Im März 1971 erschien in einigen Zeitungen und Zeitschriften mehr oder weniger ausführlich der Bericht über eine heitere Buttertransaktion. Danach gelang es einer Hamburger GmbH, an eine libanesische Firma einen Teil unseres Butterberges zu verkaufen. Die EWG war damals dankbar für solche Geschäfte und belohnte die Firma mit großzügigen Zuschüssen.

Rund 6000 Tonnen Butter waren ordnungsgemäß in Hamburg verladen worden, in das schwedische Kühlungsschiff „Albany". Es verließ den Hamburger Hafen; vor allem aber verließ die Butter die Hamburger Zollbehörden. Dort waren die Ausfuhrpapiere kontrolliert worden. „Butter für den Libanon" war bestätigt, und die EWG-Exportsubvention, in diesem Falle rund 29 Millionen Mark, konnte an die Hamburger Firma ausgezahlt werden.

Als die „Albany" am 11. Januar das Feuerschiff „Elbe 1" passiert hatte, änderte sie ihren Kurs in Richtung Rostock, woran seetechnisch nichts auszusetzen ist.

Der Haken bestand lediglich in den EWG-Richtlinien. Hätte die Hamburger Firma bereits von vornherein gesagt, daß die Butter in die DDR solle, wären womöglich die 29 Millionen nicht fällig gewesen. Bei Butterlieferungen in die DDR hätte sie keine Subventionen kassieren können.

Nach einem Bericht des „Stern" wurde indessen auch nicht die ganze Buttermenge in Rostock ausgeladen. 200 Tonnen blieben an Bord. Und diese 200 Tonnen brachte die „Albany“ auch artig nach Beirut. Weiter hieß es im „Stern“:

„Dort wurden die restlichen 200 Tonnen an Land gebracht. Ein aus Hamburg angereister Angestellter des Fettkontors photographierte die Butterkartons aus allen Lagen. Dem deutschen Zoll sollten die Bilder für den Fall einer Nachprüfung beweisen, daß die gesamte Butterladung in Beirut gelandet war.“

Aber der hanseatische Photoamateur war vergeblich in den Orient gereist; jedenfalls: seine Kamera hätte er zu Hause lassen können. Denn Seeleute hatten die Hamburger Zollbehörden über den Kurswechsel der „Albany“ außerhalb der deutschen Hoheitsgewässer informiert. Die ganze Sache flog also auf.

Dieser Vorgang könnte nun resigniert in die allerdings hübsch üppige Akte „Betrug mit Unterstützung der EWG“ abgelegt werden – wenn dort noch Platz ist. Selbst der Abschnitt Butter in dieser Akte ist ja nicht gerade mager. Um sich zu vergewissern, wie fleißig die Händler sind, um an unsere Steuergroschen zu kommen, würde es vermutlich ausreichen, den Buchstaben V wie Vatikan aufzuschlagen. (So hatte beispielsweise der Holländer Henk Vredeling Anfang Dezember 1970 die Brüsseler EWG-Kommission aufgefordert, die umfangreichen Agrarexporte in den Vatikan zu überprüfen. Denn im Jahre 1969 seien allein aus Frankreich und der Bundesrepublik 1,3 Millionen Kilogramm Butter und Zucker dorthin geliefert worden. Das würde bedeuten, daß jeder Vatikanbewohner durchschnittlich täglich 4 Kilo Butter und Zucker verbraucht. Für EWG-Länder gilt ja der Vatikan als Drittland, Agrarausfuhren werden demnach subventioniert.)

Aber das Libanon-Geschäft verdient aus mehreren Gründen unsere Neugierde.

Zunächst ist die Buttermenge interessant, die angeblich in den sonnigen Libanon verkauft werden sollte. In den Zeitungen gehen die Angaben darüber leider ein bißchen auseinander. Im „Stern“ ist von 6200 Tonnen die Rede, in der „Frankfurter Allgemeinen Zeitung“ heißt es, daß 17.200 Tonnen an die libanesische Firma verkauft worden seien. Das erklärt sich aber vermutlich dadurch, daß in einem Falle nur die Ladung der „Albany“ gemeint ist, im anderen das ganze Geschäft, obwohl auch von noch viel höheren Mengen geredet wird.

Doch wenn wir uns selbst mit der niedrigsten Menge bescheiden, mit den 6200 Tonnen der „Albany“, bleibt doch erwähnenswert, daß der Libanon im ganzen Jahre 1969 – das sind die letzten Zahlen, die ich hier erfahren konnte – nicht einmal 4000 Tonnen importierte. Nach den letzten erreichbaren Zahlen liegt selbst der jährliche Butterkonsum im Libanon – es wird dort nicht viel Butter produziert, was auch niemand von einem nahöstlichen Land erwartet – noch weit unter der Ladung der „Albany".

Ungeachtet dieser Tatsachen – daß da also weit mehr als der gesamte Jahresverbrauch einer ganzen Nation auf einen Schlag verkauft werden sollte –, behauptete der Aufsichtsratsvorsitzende dieses Unternehmens, der Exstaatssekretär und Raiffeisen-Präsident Theodor Sonnemann, laut „FAZ", es sei ja gar nicht erwiesen, daß die Firmenangehörigen überhaupt gewußt hätten, dieses Buttergeschäft in den Libanon sei fingiert gewesen.

Aber der Geschäftsführer der Hamburger Firma, Horst-Günther Marquardt, seit rund zwanzig Jahren dabei, wurde brüsk entlassen. Wohl hieß es „in gegenseitigem Einvernehmen", doch scheint dieses „Einvernehmen" nicht ganz so gegenseitig zu sein, denn inzwischen verlangt der entlassene Manager „volle Rehabilitation". („Spiegel" 13/71.)

Freilich schien bereits die erste Begründung der Entlassung nicht gerade „gegenseitiges Einvernehmen" anzudeuten. Laut Sonnemann habe Herr Marquardt, und hier zitiere ich wohl besser die „FAZ" wörtlich: „... die übrige Kontorleitung über die Risiken dieses Buttergeschäftes nicht aufgeklärt".

Das alles wäre notfalls noch als harmlos erklärlich, wenn sich die da tätig gewordene Firma normalerweise mit dem Handel von Erdöl, Schuhwichse oder Straßenwalzen befaßte. Tatsächlich nennt sich die Firma „Milch-Fett-und-Eier-Kontor-GmbH", ist Dachgesellschaft der deutschen Genossenschaftsmolkereien, Bundeszentrale der deutschen Molkereiwirtschaft. Eine hochinteressante Gesellschaft.

Vor diesem Libanon-Geschäft war diese in der Hauptstadt der ehrenwerten Kaufleute, Hamburg, ansässige Firma im Mai 1970 ins öffentliche Zwielicht geraten. Damals war ihr nachgewiesen worden, daß sie einer amerikanischen Firma angeboten hatte, die amerikanischen Importbestimmungen für Käse durch falsche Rechnungsstellung zu hintergehen.

Aber abgesehen von solchen Vorfällen, hört man so gut wie gar nichts von dieser GmbH. Vermutlich würde man der Gesellschaft einen Gefallen tun, wenn man aus diesem Rumpelstilzchendasein schließt, die GmbH sei tatsächlich ebenso unbedeutend wie unbekannt. Aber wir haben weder eine Veranlassung, der Gesellschaft einen Gefallen zu tun, noch wollen wir uns über ihre Bedeutungslosigkeit bluffen lassen. Tatsächlich sehen wir uns nämlich einem kommerziellen Riesen gegenüber.

Nun gibt es viele publizitätsscheue Konzerne. So wird allgemein das Textil-Handelshaus C & A Brenninkmeyer als besonders verschlossen bezeichnet. „Obwohl Millionen deutscher Familien sich dort einkleiden, Zehntausende von kleinen und größeren Händlern ihn fürchten, 11.000 Beschäftigte dort arbeiten und an 69 Orten in der Bundesrepublik insgesamt 2 bis 2,5 Milliarden Mark in seinen Kassen verschwinden, ist dieser Textilgigant von oben bis unten zugeknöpft", schreibt Michael Jungblut über C & A in seinem Buch „Die Reichen und die Superreichen in Deutschland". Der „Spiegel" nannte C & A einen stummen Giganten.

Mir scheint diese Behauptung falsch zu sein. Verglichen jedenfalls mit dem Milch-Fett-und-Eierkontor, ist C & A redselig wie ein abgeschlaffter Hollywoodstar. Von C & A kennen wir die Verkaufszentralen, wir kennen die Produkte, hin und wieder werden sogar Umsatzzahlen genannt, vor allem werden auch Marktanteilzahlen veröffentlicht.

Das alles ist im Falle des Mifei, wie es von einigen Eingeweihten abgekürzt wird, oder vom MFE, wie es sich selbst abkürzt, völlig unbekannt. Selbst die neugierigen Herren des Bundeskartellamts, die sich vermutlich nicht ohne Grund für diese GmbH interessieren, haben keine Zahlen, die sie belegen können. Im Jahre 1968 wurde einmal vom Raiffeisenverband eine Umsatzzahl veröffentlicht, damals waren es 1841 Millionen, also fast zwei Milliarden. Aber niemand, abgesehen von den Betroffenen natürlich, weiß, ob der Umsatz aller dem Kontor angeschlossenen Molkereien darin enthalten war oder ob das nur der Umsatz des Kontors allein war. So ist es nicht unwahrscheinlich, daß das MFE weit mehr Umsatz hat als etwa C & A, überhaupt mehr als die meisten Riesenbetriebe der Bundesrepublik.

Ebenso schwer zu durchschauen ist, wie dieser Umsatz überhaupt entsteht. Nach dem Krieg war das MFE nur eine von vielen Zusammenschlüssen von Molkereien. Bald wurde von dort aus zentral eingekauft, allmählich wurde aber auch der Verkauf gepoolt. Und wieder etwas später kaufte das MFE selbst Herstellungsbetriebe, dürfte heute also in vielen Gebieten der Bundesrepublik die Herstellung und den Handel mit Butter, Eiern, Käse und Geflügel marktbeherrschend kontrollieren.

Wie umfassend diese Konzentration freilich ist, kann der Uneingeweihte nur ahnen. Etwas hilfreich ist dabei eine mir vorliegende Broschüre des Kontors, die aber leider nicht in deutscher Sprache abgefaßt ist, sondern in Französisch. Möglicherweise ist sie deshalb ein bißchen ungenierter.

Hier stellen die Kontorherren dann auch befriedigt fest, daß das „MFE dank der Unterstützungen, die es in Regierungskreisen genießt, in der Bundesrepublik Deutschland die kompetente Organisation für Import und Export auf in- und ausländischen Märkten" sei.

In dieser Bemerkung stehen nun keine statistischen Behauptungen, und sie sagt auch nichts über die Aktivitäten im Inland. Die lassen sich jedoch aus anderen Angaben erschließen. Zunächst, was den Umfang der Gesellschaft angeht: „Das MFE umfaßt die Gesellschaften von 15 regionalen Molkereizentren der Bundesrepublik, die gleichzeitig ihre Mitglieder sind und denen mehr als 90% aller deutschen Molkereien angehören."

Außerdem kontrolliert das MFE „mehrere Gesellschaften, ... die mit dem Verkauf von Geflügel und Eiern beauftragt sind".

Im Falle der Eier scheint die Tatsache einer ziemlich umfassenden Kontrolle aus einem Hinweis an anderer Stelle hervorzugehen, die so geht: „Dank seiner Beteiligung an den Produktionszentren der Eier in Deutschland und an ihren Verpackungsgeschäften ist das MFE mit dem Verkauf und der Verteilung dieser Produkte beauftragt."

Noch an anderer Stelle über Geflügel: „Was Geflügel anbelangt, kann das MFE dank seiner Beteiligung zu 50% am Geflügelkontor die Belieferung beinahe aller Metzgereibetriebe koordinieren, ebenso den Import, und so den Verkauf des größten Teils des Geflügels sichern."

Wie diese Aktivitäten aussehen, ergibt sich aus der etwas vagen Beschreibung der Tätigkeit des Kontors. „Das Hauptziel ist die Verteilung von Butter, Käse und anderen Molkereiprodukten, sowie von Eiern, aus Gegenden, wo die örtlichen Molkereien sich vor einem gesättigten Markt befinden, indem diese Produkte auf neue Märkte geleitet werden oder exportiert werden. So sichert es einerseits eine schnelle Lieferung an den Verbraucher und erlaubt andererseits einen Ausgleich saisonbedingter Fluktationen des Marktes und der Preise."

Und der Preise, weiß der Himmel. Wenn die Bauern fragen, warum die Eier so billig sind, die Käufer, warum sie teuer sind, scheint es doch ratsam, weder die Händler noch die Regierungsvertreter zu fragen, sondern zunächst einmal das Milch-Fett-und-Eierkontor.

Erwähnenswert ist, daß sich auch die unterschiedlichsten Gesellschaftsformen bei den angeschlossenen Molkereizentralen finden. Da geht es von der „Butter und Eierzentrale Nordmark eGmbH" über „Milchwirtschaftliche Vereinigung des Saarlandes GmbH" und „Vereinigte Molkereien eGmbH und Co. KG Berlin" bis „Württembergische Milchverwertung – Südmilch AG, Stuttgart".

Auch außerhalb der Bundesrepublik bestehen bereits Zweigstellen des MFE: in Paris, Mailand und Brüssel. „Weitere Gründungen sind vorgesehen." (Vielleicht in Beirut?)

Doch seine wahren Qualitäten zeigt das MFE erst, wenn es nach modernen Marketingkonzepten seiner Aufgabe nachkommt, nämlich den Absatz seiner Produkte zu forcieren.

Denn das MFE bescheidet sich schon lange nicht mehr mit dem Handel, nicht damit, Butterberge zu verwalten, einzulagern, zu verkaufen. Das MFE hat schon vor langer Zeit eigene Markenartikel geschaffen, die entweder von eigenen Firmen oder im Lohnauftrag in angeschlossenen und „unabhängigen" Firmen hergestellt werden.

Für die Tätigkeit auf diesem Gebiete verdient das MFE vermutlich mehr Bewunderung als für das, was über diese Firma bereits gesagt worden ist.

Das von der MFE zu beziehende Markensortiment ist hier auch nicht annähernd komplett aufzuführen. Es umfaßt so differenzierte Produkte wie „Magermilch-Shake mit Tomaten" und sogenannten „Schnee", aus Sahne, Speisequark und Zitronen, „Satro-Westmilch Vollmilchpulver", „babylact-Säuglingsnahrung", „Sonana-Aufbau-Vollkost", „Herbana", „Humana", „Sexta-Käse", „Bayerngold-Emmenthaler", Tilsiter aus Schleswig-Holstein, „Champignon Rahmbrie", aber auch noch viele andere Rahmbrie-Käse, Harzer-Käse mit oder ohne Schimmel,

Mainzer Käse, Naturkäse als Markenfabrikat, Schmelzkäse natürlich auch.

Aber als Spitzenmarke dürften wohl die Produkte aus der Reihe „delicado“ anzusehen sein: delicado Camembert, delicado Edamer, delicado Edelpilz, delicado Gouda, delicado Farmkäse, delicado Geheimratskäse, delicado Butterkäse, und als neuestes in dieser Reihe „delicado Csardasfürst“ in drei Qualitäten (und Verpackungs*farben*) und delicado Trappistenkäse.

So heißt auch die Schlagsahne in der Spraydose bei delicado nicht schlicht Schlagsahne oder Schlagrahm, sondern Sahnekuß.

Aber das erfolgreichste Produkt dürfte die „delicado-Sahnebutter“ sein – in sechs Variationen.

Die Marken-Molkereibutter

Die Arbeitsgemeinschaft der Verbraucherverbände hat bereits vor Jahren festgestellt: „Seit einiger Zeit wird der Bundesrepublik zum gebundenen Preis von DM 2,20 pro Halbpfund die sogenannte ‚delicado-Sahnebutter‘ angeboten. Der Zusatz ‚Sahne‘ ist dabei für viele Hausfrauen verwirrend oder sogar irreführend. Sie vermuten dahinter eine mit Sahne angereicherte Butter oder auch eine Butter, die besonders fetthaltig ist. Tatsächlich aber handelt es sich hier um ein Produkt, das wie jede andere Butter – einschließlich der Molkereibutter – laut Vorschrift 82% Fett erhält und ebenfalls laut Vorschrift aus derselben Sahne hergestellt wird. Der ‚Sahne-Zusatz‘ ist also rein werbliche Dekoration, abgestellt auf die Unkenntnis der Käufer.“

Anfang 1970 hat das Bundeskartellamt „in Erfüllung seiner Aufgabe, den Verbraucher zu informieren und ihn durch Sicherstellung und Förderung des Wettbewerbs zu schützen, eine Untersuchung im Berliner Einzelhandel durchgeführt, deren Ergebnisse auch repräsentativ für die Einkaufszentren im übrigen Bundesgebiet sein dürften“.

Aus dem statistischen Warenkorb eines Vierpersonenhaushalts wurden einige umsatzstarke Produkte des täglichen Bedarfs ausgewählt.

Dabei stellte sich dann heraus, was wir eigentlich alle ahnen, aber nicht immer genau wissen: daß nicht nur gleichartige, sondern sogar identische Waren zu „erstaunlich unterschiedlichen Preisen“ offeriert wurden.

Aber es stellte sich noch etwas heraus. In diesem Warenkorb befand sich auch delicado-Sahnebutter. Sie wurde vom Bundeskartellamt nicht mal als Markenbutter eingestuft, sondern lediglich als Molkereibutter. Das bedeutete – jedenfalls zur Zeit der Untersuchung –, daß der Käufer anstelle der delicado-Butter zum Preise von DM 2,20 (tatsächlich schwankten die Preise zwischen DM 2,25 und DM 2,08 für 250 g) eine vermutlich völlig gleichwertige Butter, nur eben anders verpackt und beschriftet, für DM 1,47 hätte kaufen können. Diese Preisdifferenz hat der Käufer nun nicht etwa übersehen, was ja leider oft genug geschieht, sondern er ist – wenn die AVG und das Bundeskartellamt recht haben – absichtlich darüber hinweggetäuscht worden.

Mittlerweile sind auch andere Hersteller auf den Dreh mit der Sahnebutter gekommen. Große Filialunternehmen bieten Hausmarken an – wie etwa Anfang dieses Jahres das umsatzstarke Filialunternehmen Reichelt in Berlin, das allerdings dem holländischen Konzern de Gruyter gehört. Angeboten wurde: „Reichelt-Sahnebutter. Aus allerfeinster Sahne, appetitlich im praktischen Tischbecher. Einführungspreis 250 g DM 1,98.“

Delicado reagierte prompt. Aber, wie es eben so üblich ist, mit größeren Anzeigen. Da wurde dem P. T. Publikum also mitgeteilt: „Sahnebutter ist noch lange keine ‚delicado‘-Sahnebutter! Aufwendige Herstellungsverfahren und ständige Qualitätskontrollen machen ‚delicado‘-Sahnebutter zu dem, was sie ist: Ein absolutes Spitzenerzeugnis der deutschen Milchwirtschaft. Einmalig sahnig und auch nach langer Lagerung im Kühlschrank würzig, frisch und streichfähig wie am ersten Tag.“

Ich weiß nicht, wie lange die Kollegen an diesem Text gedichtet haben. Mich interessiert ja nicht, ob die Butter nun frisch und streichfähig ist wie am ersten Tag. Alles, was ich wissen möchte, ist das Datum des ersten Tages. Solange das Herstellungsdatum nicht auf der Packung steht, kann mich niemand zwingen, an die Frischegarantie zu glauben.

Natürlich wurde in der erwähnten delicado-Anzeige auch nicht der Hinweis vergessen: „Übrigens: Es gibt sie auch gesalzen mit Sel.“

In der Tat.

Es gibt sie gesalzen mit Sel, anders beschriftet, ähnlich verpackt, überraschenderweise zum gleichen Preis.

Aber vielleicht reicht es den Verkäufern ja, daß durch diesen Hinweis Leute „delicado" kaufen, die sich normalerweise mit schlichter, aus Sahne hergestellter Marken- oder Molkereibutter begnügen würden. Die Verkäufer wären sonst wohl auch nicht auf diesen glücklichen Einfall gekommen, hätten nicht wieder ein neues Produkt auf den Markt geworfen. Es muß sich wohl lohnen.

Dazu einige Anmerkungen. Wir können uns zunächst im Hinblick auf diese Butter darauf beschränken, daß Butter grundsätzlich nicht mehr als 0,1% Salz enthalten darf. Das wären bei einem halben Pfund etwa 0,25 g. Aber nun zu Sel.

Salz und Salz

Das Produkt nennt sich Sel, auf der Packung prangt ein auffälliger roter Streifen, der den Hinweis enthält: „mit Meersalz."

Beide Seiten der Verpackung sind dementsprechend mit Photos ausgestattet, auf denen Meer braust und schäumt. Auf der Rückseite der Packung stehen dann die Erläuterungen: „‚Sel vivant' nennen die Franzosen das lebendige sonnengesottene Meersalz der winddurchwehten Salzgärten an den Küsten der lieblichen Provence. SEL, diese moderne Tafelsalzmischung, besteht zu einem ganzen Viertel aus Meersalz, das durch natürliche Trocknung frisch aus dem Meer gewonnen wird. Deshalb empfehlen wir SEL allen Freunden des Meeres ... Sagt ja zum Meer, sagt ja zu SEL!"

Nun schön, sagen wir erst mal ja. Erlauben uns aber dann eine erste, harmlose Frage, warum ist SEL nun doppelt so teuer wie anderes Speisesalz? Weil ein ganzes Viertel aus dem Meer kommt?

Der beim Bundesgesundheitsamt tätige Ernährungswissenschaftler Professor Dr. Walter Becker wird von vielen Kollegen „Kochsalz-Becker" genannt. Das beweist noch keine Fachkenntnis, deutet sie aber einigermaßen glaubwürdig an. Immerhin befaßt sich Becker seit Jahrzehnten mit Salz und hat auf seinem Büroschreibtisch Salzproben, glitzernde weiße und rosa

Salzkristalle – aber auch, quasi als Mahnung, eine Packung „Bad Reichenhaller“ Salz.

Obwohl der Mineralhaushalt des menschlichen Körpers noch nicht völlig erforscht ist, wissen wir, daß er intensiver ist, als früher vermutet wurde. So steht fest, daß nicht nur Mangel an Mineralstoffen schädlich sein kann, sondern daß unsere Gesundheit auch angegriffen werden kann, wenn wir zuviel konsumieren.

Nun hat es sich allmählich ein bißchen weiter herumgesprochen, daß zuviel Salz dem Körper schadet; weniger klar ist, warum und wie Salz dem Körper schadet oder, um uns der Chemikersprache wenigstens vorübergehend ein bißchen anzunähern, warum gerade Kochsalz gesundheitsschädlich ist, also Natriumchlorid. (Kochsalz besteht aus vier Teilen Natrium und sechs Teilen Chlor. Der Chemiker freilich, der gewohnt ist, in stöchiometrischer Zusammensetzung und stöchiometrischen Verhältnissen zu denken, wird von einem Verhältnis 1:1 ausgehen.) Immerhin können wir uns mit der Feststellung bescheiden, daß beides getrennt auf den Stoffwechsel wirkt. Zuviel Natrium jedoch kann zu Ödembildungen führen, zu Hypertonie, es begünstigt Koronarsklerose, Herzinfarkt und Fettsucht („Deutsches Medizinisches Journal“, 22. Jahrgang, 1971, S. 96).

Nach Becker liegt „der durchschnittliche Tageskonsum bei 12 g bis 15 g“ und ist „damit eindeutig zu hoch“. „Ab 5 g sind signifikante Blutdruckerhöhungen meßbar.“

Genau diese allgemeine Furcht vor zu großem Salzverbrauch hat nun dazu geführt, daß so mancher Konsument versucht, seinen Verbrauch einzuschränken. Da er aber nicht auf den Würzeffekt verzichten möchte, schränkt er sich nicht ein, indem er schlicht weniger Salz zu sich nimmt, sondern er kauft sich eine andere Sorte Salz, weil er vermutet, diese sei weniger gefährlich.

Die Verkäufer kommen diesem Bedürfnis entgegen und bieten nun nicht etwa einfach Salz an, sondern lassen die Käufer zwischen zahlreichen Sorten und Marken wählen. Da gibt es dann so etwas wie „Bad Reichenhaller“ Salz oder Sel, aber auch viele andere Salzmarken, Spezialsalze, hundertprozentige Meersalze, Siedesalze, Salinensalze, Steinsalze, sogenannte „äquilibrierte“ Salze.

Nun behauptet kaum einer der genannten Salzverkäufer, sein Salz sei nun wesentlich gesünder als das normale Salz. Aber auf raffinierte Weise versucht er beim Käufer diesen Eindruck zu erwecken. So steht etwa auf dem Paket SEL kein einziges Wort, das so etwas behauptet.

Wozu dann dieser Schmus mit dem Meer? Mit dem sonnengesottenen ... den winddurchwehten Salzgärten an den Küsten der lieblichen Provence? Warum die Photos vom Meer? Oder es werden Salze angeboten mit Angaben wie:

wertvoller Gehalt an Kalium, Calcium, Magnesium ...
Spurenelementen usw. ...
beseitigt einen Mangel ...
harmonische Zusammensetzung ...
biologisch ausgeglichen ...
ärztlich empfohlen ...
Gesundheits-Vollsalz ...
verhütet Kochsalzschäden ...
prophylaktisches Diätsalz ...

Dazu Becker: „Sämtliche Angaben solcher Art entbehren der wissenschaftlichen Begründung. Der um seine Gesundheit besorgte Zeitgenosse ist für Schlagworte allzu empfänglich, namentlich wenn sie seine Gefühlswelt ansprechen. Ist schon der Begriff ‚Salz' an sich mit glaubens- und traditionsgebundenen Vorstellungen behaftet (Bibel: Salz der Erde; Brauchtum: Salz und Brot), so treten bei Meersalz und ähnlichem mystische Gedanken wie ‚Unendlichkeit des Meeres' hinzu."

Der normale Käufer hat einfach das Gefühl, reines Meersalz sei etwas Besonderes, sei gesünder als das normale Speisesalz – mit den Worten Professor Beckers: „Vielfach herrscht die Meinung, Meersalz dürfe man sorglos und in größeren Mengen verwenden als normales Speisesalz, da seine Kalium-Magnesium-Calcium-Salze sowie Spurenelemente imstande seien, die Gefahr einseitiger Kochsalzwirkung zu ‚neutralisieren' und den Mineralhaushalt auszugleichen." („Ernährungs-Umschau" 9/69.)

Nach intensiven Analysen konnte Becker jedoch nachweisen, daß diese Ansicht falsch ist. Tatsächlich stammt ja jedes Speisesalz aus dem Meer, sei es direkt oder indirekt.

Denn Salinen sind ja nichts anderes als Meeresablagerungen.

Entscheidend bleibt jedoch, daß auch das heute aus dem Meer gewonnene Salz hauptsächlich aus Natriumchlorid besteht.

Gesundheitliche Vorteile durch sonstige mehr oder weniger zufällig anwesende Stoffe brauchen „gar nicht diskutiert zu werden“ (Becker). Sie sind bedeutungslos. Was die manchmal anwesenden Mineralstoffe angeht, meint Becker: „Die Begleitminerale würden in normalem Speisesalz stören, da sie bitter schmecken“ und noch „zusätzliche Feuchtigkeit anziehen“.

Überdies nimmt der Körper die meisten dieser „angeblich dem Meersalz zugeschriebenen Mineralien auch in anderer Nahrung auf“. Oder, wenn er es eben über Meersalz zugeführt erhält, „überhaupt nur wenig, wenn nicht gar nicht“.

So kommt Becker zu dem logischen Schluß – da allein der Natriumgehalt entscheidend für die Gesundheit ist –, daß es zwischen Meersalz und normalem Speisesalz überhaupt keinen prinzipiellen Unterschied gibt. Dasselbe gilt für Salze, denen, wie beim „Bad Reichenhaller“, irgendwelche Zusätze beigegeben werden.

Zu viele Zusätze nützen überhaupt nichts, sie können lediglich unserer Gesundheit abträglicher sein, als es das übliche Speisesalz ohnehin ist.

Salz ist Salz, wie immer es verpackt ist. Wichtige Unterschiede lassen sich, wie so oft, nur im Preis entdecken. „Alles andere ist Schwindel“, meint Professor Becker, wenn er kürzer und weniger wissenschaftlich formuliert.

Das Buch ohne Seiten

Wenn Sie das Buch nicht gerade hier zum ersten Male aufschlagen, sondern schon weiter vorn darin gelesen haben, könnte bei Ihnen allmählich der Eindruck entstanden sein, unsere Versorgung mit Lebensmitteln finde in einem gesetzlichen Vakuum statt, es könne hier jeder machen, was er will, und wir wären mittendrin im lebensmitteltechnischen und -chemischen Chaos.

Der Eindruck ist insofern falsch, als wir tatsächlich einen Haufen Gesetze haben, Verordnungen – da ist horizontal viel geregelt und auch vertikal.

Unserem Gesetzgeber kann ohnehin niemand ernstlich vorwerfen, er verabschiede nicht genug Gesetze – jedenfalls was die

Anzahl betrifft. Es dürfte eher so sein, daß der Bundestag im Vergleich zu anderen Parlamenten da einige Weltrekorde hält.

Nun entziehen sich aber Lebensmittel einer detaillierten Festlegung durch Gesetze. Da ändern sich fast täglich die Produkte. Da gibt es zu viele Rohstoffe, Halb- und Fertigwaren, immer neue Techniken der Herstellung. Geschmack wandelt sich – gewollt und ungewollt –, neue Verpackungen, neue Zusammensetzungen, neue Konservierungsmethoden tauchen auf und alte verschwinden.

Unser Verfahren zum Erlaß oder zur Änderung von Gesetzen und Rechtsverordnungen ist aber viel zu langwierig und schwerfällig, als daß man immer entsprechend schnell auf neue Realitäten reagieren könnte. Wollte man darauf warten, würde man zementieren, was beweglich und anpassungsfähig sein sollte.

So glaubte der Gesetzgeber ein fabelhaftes Instrument geschaffen zu haben, als er bei der Novellierung des Lebensmittelgesetzes im Jahre 1958 in Artikel 7 die Bildung einer Kommission verfügte, die gleichzeitig Schlamassel ordnen und eine gewisse Rechtssicherheit schaffen sollte, ohne dem Gesetzgeber die Details aufzuhalsen. Nach österreichischem Muster – dort bereits seit mehr als fünfzig Jahren erfolgreich praktiziert – sollte diese Kommission nach und nach das Lebensmittelbuch schaffen, ständig erneuern und erweitern.

Dieses Lebensmittelbuch sollte Leitsätze enthalten, also keine Rechtsvorschriften, so etwas wie Gutachten auf hohem Niveau, also eine Art Obergutachten. Soweit es jetzt besteht, enthält es Beurteilungsmaßstäbe für die Zusammensetzung einiger Lebensmittel, Maßstäbe für deren Eigenschaften. Was da an Leitsätzen veröffentlicht wird, soll als „herrschende Verkehrsauffassung“ betrachtet werden.

Es sind also weder Gebote noch Verbote; bestehende Gesetze oder Verordnungen können durch diese Leitsätze nicht aufgehoben werden. Sie wirken tatsächlich normativ, ohne eigentlich Normen festlegen zu dürfen.

Die erwähnte Kommission wird vom Bundesminister für Gesundheit zusammen mit den Ministern für Ernährung, Landwirtschaft und Forsten und für Wirtschaft berufen. Die Kommission ist autonom, also unabhängig. In ihr sitzen gleichzeitig Vertreter der vier Gruppen Wissenschaft, staatliche Lebensmittelüberwachung, Verbraucher und Lebensmittelwirtschaft zusammen.

Eine vielleicht etwas lange Vorrede für das, was jetzt noch kommt. Natürlich glaubte man 1958, hier wirklich ein praktikables Instrument geschaffen zu haben, um alles ein bißchen übersichtlicher zu machen. Noch zehn Jahre später – obwohl die ersten Leitsätze erst im Jahre 1965 verabschiedet werden konnten, also sieben Jahre nach der Verabschiedung des Gesetzes – stellten Verbrauchervertreter in einer Veröffentlichung der Arbeitsgemeinschaft fest, wie befriedigt sie seien. Stolz wurde aufgezählt, worüber man sich schon geeinigt hatte: über Milch- und Dauerbackwaren, über Honigkuchen und Biskuits; man war sich klar darüber geworden, was Kräcker zu sein hatten, Lebkuchen und Pfefferkuchen, Makronen, Zwieback. Man hatte sich über Marzipan geeinigt, Nougat, sogar auch über einige wenige Fische und Fischerzeugnisse. Aber auch über andere, vielleicht sogar strittige Probleme waren Leitsätze verabschiedet worden, über Pilze, Bedingungen für tiefgefrorene Lebensmittel waren erarbeitet.

Man beklagte sich in dieser erwähnten Schrift höchstens ein bißchen darüber, daß Hersteller und Verbraucher sich nicht ausreichend der Leitsätze bedienten. Aber man wiederholte voll Genugtuung, daß durch die Geschäftsordnung der Kommission die Beschlüsse nicht ohne Zustimmung der Verbraucher zustande kommen könnten.

Das ist selbstverständlich zu begrüßen.

Tatsächlich wird dort wie im Sicherheitsrat der Vereinten Nationen verfahren. Alle Beschlüsse müssen einstimmig gefaßt werden. 100% Jastimmen sind nötig. Alle vier Gruppen müssen sich einig sein.

Ich habe keine zuverlässigen Zahlen vorliegen, ich weiß also nicht genau, wie viele verschiedene Produkte im Handel sind, die Fleisch enthalten. Da es aber im Augenblick noch allein 800 verschiedene Dosengrößen und -sorten gibt, in denen Fleischprodukte gehandelt werden, allein in der Bundesrepublik, dürften es ganz schön viele Produkte sein – sicherlich einige tausend, in denen mehr oder weniger (meist weniger) Fleisch enthalten ist.

Da darf der ahnungslose Konsument natürlich fragen, für wie viele und für welche Fleisch enthaltenden Produkte denn nun Leitsätze verabschiedet worden sind in all den Jahren.

Also: man hat sich über Gulasch geeinigt. Gulaschkonserven enthalten danach in gewürzter Soße Fleisch, das von groben

Sehnenplatten, größeren Ansammlungen von Fettgewebe und lockerem Bindegewebe sowie gelber Bauchhaut befreit worden ist. Das Fleisch darf natürlich zur „Sicherung der Saftigkeit“ von Sehnen durchzogen sein.

Die Fleischeinwaage beträgt über 50% des Nettoinhalts (wieviel drüber, bleibt vermutlich gleichgültig). Der Wortlaut dieses Leitsatzes ist am 1. September 1966 im Bundesanzeiger Nr. 163 (Beilage) veröffentlicht worden.

Und was niemand vermutet hatte: Es waren noch keine vier Jahre ins Land gegangen, da wurden wir schon wieder durch die Verkündung eines weiteren Leitsatzes in diesem Bereich aufgeschreckt. Am 31. 1. 1970 wurden im Bundesanzeiger „Begriffsbestimmungen und Beschaffenheitsmerkmale für Deutsches Corned beef“ veröffentlicht.

Selbstverständlich ist damit nicht das ganze Angebot an Corned beef erfaßt, es gibt ja eben nicht nur Deutsches Corned beef.

So werden wir auf später vertröstet. Wie es in einer Veröffentlichung des „Bundesausschusses für volkswirtschaftliche Aufklärung e. V.“ heißt: „Zu einem späteren Zeitpunkt wird die Kommission auch Leitsätze für ‚Corned beef‘ allgemein erarbeiten, da sich dieses Erzeugnis von Deutschem Corned beef unterscheidet.“

Von all den tausend Möglichkeiten für Leitsätze in diesem Bereich sind dies die ersten gewesen – und die letzten geblieben. Um es deutlicher zu sagen: Diese eineinhalb Leitsätze sind die einzigen.

Die erwähnte Institution, der Bundesausschuß für volkswirtschaftliche Aufklärung e. V., verschickt seine oft überaus wichtigen Informationen an mittlerweile 65.000 Bezieher, meistens Schulen, um entsprechend der Satzung „... durch warenkundliche Beratung und Aufklärung für den sachkundigen Kauf zu helfen und dadurch die Position des Verbrauchers auf dem Markt zu stützen“.

Deshalb war wohl auch kein Kenner überrascht, als der Bundesausschuß im April 1971 seine Bezieher informieren mußte, daß es ihm „wegen Personalmangels und der nicht ausreichenden finanziellen Mittel“ nicht einmal möglich sei, die „Besteller zu benachrichtigen, wenn Schriften vergriffen sind“.

Aber das hat natürlich mit unseren Leitsätzen nichts zu tun. Was die angeht, so hat man offenbar mittlerweile auch in Bonn bemerkt, daß mit diesem Vetorecht nicht alles so gelaufen ist, wie man es sich früher wohl erhofft hatte. Im Entwurf zur Gesamtreform des Lebensmittelrechts heißt es dann auch leicht verschleiert im dritten Absatz des § 33: „Die Kommission soll über die Leitsätze grundsätzlich einstimmig beschließen. Beschlüsse, denen nicht mehr als drei Viertel der Mitglieder der Kommission zugestimmt haben, sind unwirksam."

Das heißt also, daß dann – sollte das Gesetz jedenfalls in diesem Punkt dem Entwurf entsprechend verabschiedet werden – wohl keine Gruppe mehr komplett überstimmt werden kann, aber doch einzelne Personen.

Ob sich an der Praxis viel ändern wird, wird freilich von naiven Kerlchen, wie ich es bin, immer noch angezweifelt. Solche Typen neigen nämlich dazu, sich die Interessenlage der einzelnen Gruppen anzusehen, und vermuten dann leicht Gemeinsamkeiten zwischen Verbrauchern, Wissenschaft und staatlichen Gesundheitsbehörden auf der einen und der Wirtschaft auf der anderen Seite. Dieser Verdacht jedoch wurde in mehreren Gesprächen mit Vertretern der Verbraucherverbände und mit hohen Beamten aus dem Gesundheitsministerium als unbegründet bezeichnet.

Angeblich könnte die Schuld daran, daß bis heute skandalös wenig Leitsätze verabschiedet worden sind, allen Gruppen gleichmäßig zugeschoben werden. Es sei völlig abwegig, nun die Vertreter der Lebensmittelindustrie als Buhmänner hinzustellen. Auch die Vertreter der Verbraucher, der Gesundheitsbehörden, der Wissenschaft hätten oft genug „Njet" gesagt. Die Industrie verfolge da überhaupt keine Sonderinteressen.

Ich war schon prima eingewickelt und stand kurz davor, mich wegen meines Mißtrauens zu schämen, als ich meinen Gesprächspartner aus dem Gesundheitsministerium (der maßgeblich an diesem Gesetzentwurf mitgearbeitet hatte) fragte: „Wo liegt denn nun der Vorteil in der neuen Version – wenn also nicht mehr einstimmig entschieden werden soll, sondern mit einer Mehrheit von mehr als drei Vierteln?" Dieselbe Person, die vorher leidenschaftlich abgestritten hatte, daß die Vertreter der Lebensmittelindustrie Obstruktion betreiben, antwortete: „Wenn es gelingt, auch nur einen Vertreter der Wirtschaft auf unsere Seite zu bringen, können wir künftig eben mehr Leitsätze verabschieden." Selbst ein Idiot in Sachen Psychologie dürfte aus dieser Antwort die „wirkliche Wahrheit" entnehmen.

Da mit einiger Sicherheit anzunehmen ist, daß dieser Entwurf auf dem Wege zum gültigen Gesetz noch in vielen Punkten verwässert werden dürfte – die einschlägige Lobby hat sich ja vor zwanzig Jahren schon eingeschossen –, könnte hier vielleicht auch die Möglichkeit angedeutet werden, in diesem einen Punkte zugunsten des Verbrauchers den Entwurf zu ändern.

Wurst ist Ländersache

Wir haben einen quantitativen Nährstoffbedarf, der allgemein nach Kalorien berechnet wird. Kalorienlieferanten sind die in der Nahrung enthaltenen Kohlehydrate, Eiweiße und Fette. Die Wissenschaftler sind sich ziemlich einig, daß das Verhältnis etwa so aussieht:

Unsere gesamte Kalorienzufuhr soll bestehen aus:
10–15% Eiweiß,
25–30% Fett,
55–65% Kohlehydrate.

Außerdem haben wir einen qualitativen Nährstoffbedarf, der sich aus Vitaminen, essentiellen Aminosäuren, essentiellen Fettsäuren, Mineralstoffen und Spurenelementen zusammensetzt.

Das heißt aber, daß Fett nicht nur Kalorienspender ist, sondern uns auch mit anderen wichtigen Nährstoffen, mit Vitaminen etwa, versorgen muß. Zu diesem Thema gehört der Streit, den die Butter- und Margarineproduzenten austragen und der für uns in gigantischen Anzeigenschlachten sichtbar wird.

Nun gehen die Ansichten der Ernährungswissenschaftler über die uns zuträgliche Menge von Fett ebenfalls weit auseinander. Aber selbst die von den Fettherstellern bezahlten Forscher gehen nicht über ein Maximum von 100 g täglich hinaus, während sich die anderen bei höchstens 50 bis 70 g festgelegt haben. Nur 20 g davon sollen aus sogenanntem Koch- und Aufstrichfett stammen, 30 g aus den sogenannten „versteckten Fetten".

Auch hier Unterschiede durch unser Alter usw., und ob wir schwer körperlich arbeiten oder den ganzen Tag in der Kanzlei sitzen und denken.

Während jedoch noch vor hundert Jahren der Anteil der aus Fett stammenden Kalorien bei etwa 10% lag, ist er heute auf 40 bis 42% angestiegen. Der Speisefettverbrauch, der im Mangeljahr 1948 bei 9 kg lag, war im Jahre 1963 auf rund 31 kg angestiegen. Dabei war in diesen 31 kg der Anteil an den versteckten Fetten gar nicht enthalten.

Verglichen mit anderen europäischen Ländern, werden wir im Fettverbrauch nur noch von Holland und Dänemark übertroffen. Wenn wir außerdem davon ausgehen können, daß unsere Arbeit heute wesentlich weniger körperliche Anstrengung erfordert als früher – allein in den letzten sechs Jahren ist der Anteil derjenigen, die einen sitzenden Beruf haben, von 20% auf 60% gestiegen –, können wir uns die Veränderung in etwa selbst ausmalen.

Die Fettsucht bei klinisch Kranken liegt heute bei fast 40%. Nun sind in fast allen Lebensmitteln Fette versteckt, selbst in jenen, denen wir so etwas nicht zutrauen, also auch in Obst, Gemüse, Mehl und Hülsenfrüchten. Aber es sind belanglose Mengen.

Wesentlich mehr Fett versteckt sich etwa in Milch, Käse, Mayonnaise, in Nüssen, Backwaren und Schokolade. Da haut's hin.

Dennoch habe ich mich hier nicht auf diese Produkte kapriziert, weil wohl kaum jemand glauben wird, eine Schlankheitskur zu machen, wenn er seinen Kartoffelsalat mit einem Kilo Mayonnaise geschmeidiger macht.

Die gefährlichsten Waffen sind wohl unbestritten die Würste. Die Wurstproduzenten als heimliche Waffenschmiede der Nation. Denn hier wird das Fett unerkannt konsumiert, unkenntlich oft und in unglaublichen Mengen.

Unsere Wurstproduzenten sind stolz auf ihren Weltrekord, die meisten Wurstsorten herzustellen – rund 1500 sind es. Aber noch stolzer könnten sie sein – vielleicht sind sie es sogar, äußern sich aber nicht dazu –, in viele dieser Würste so viel Fett einzuarbeiten, daß daneben Butter fast als Schonkost erscheint.

Hausfrauen, die beim Einkauf von Fleisch ängstlich darauf achten, nur das magerste vom Mageren zu erwischen, kaufen seelenruhig das gerade verschmähte Fett – gekocht, gebrüht oder geräuchert, wenn es nur vorher in Därme gepreßt worden ist.

Wenn wir Sahne essen, wissen oder ahnen wir, was wir zu uns nehmen, bei Backwaren mögen wir zweifeln, bei Schokolade fürchten wir uns vor den Zuckerkalorien. Aber arglos futtern wir die Würste weg, scheuen vielleicht vor Leberwurst zurück, und versuchen höchstens mit bloßem Auge zu erkennen, ob da nun viel oder wenig Fett darin ist. Aber wir können es nicht erkennen und sind vollständig hilflos den Produkten ausgeliefert. Denn immer noch sind die Händler und Hersteller einsame Sieger.

Dabei sind die Probleme bekannt. Die Arbeitsgemeinschaft der Verbraucherverbände in Bonn, die intensiv und leidenschaftlich auf unserer Seite kämpft, hat bereits vor Jahren eine Aufklärungsschrift zum Thema „versteckte Fette" mit dem Hinweis eingeleitet, daß der Zusammenhang zwischen Fettkonsum und der ständig steigenden Zahl von Herz- und Kreislauferkrankungen von Medizinern aus allen Kontinenten bestätigt wird. Übergewicht und Fett sind tödlich.

Es gibt sogar verläßliche Schätzungen, nach denen jeder zweite Mensch stirbt, weil er zuviel Fett ißt.

Doch in dieser Schrift heißt es: „Jeder einzelne hat es in der Hand, ein meist durch überhöhten Fettverzehr verursachtes Übergewicht zu steuern." In halbamtlichen Veröffentlichungen ist soviel Ironie selten.

Vermutlich heißt es deshalb auch im folgenden Satz: „Voraussetzung hierzu ist die Kenntnis der Fettgehalte der wesentlichen Lebensmittel."

Ist uns wirklich geholfen, wenn wir wissen, daß Butter 82% Fett enthält, Margarine dagegen nur 80%? Sicher nicht, wenn wir gleichzeitig zur Kenntnis nehmen müssen, daß einige Würste ebensoviel Fett enthalten – und was für Fett.

Es bringt uns überhaupt nicht weiter, weil ein und dieselbe Wurstsorte nicht nur unterschiedlich viel Fett enthält, sondern außerdem Unterschiede in den einzelnen Ländern bestehen. Auch hier wurschtelt jedes Land für sich.

Angeblich soll es Richtlinien geben, an die sich alle Länder halten. Und einer Veröffentlichung im Auftrag des Bundesministeriums für Jugend, Familie und Gesundheit zufolge enthalten:

Cervelatwurst, Salami	45% Fett
Teewurst	45–50% Fett
nicht streichfähige Rohwurstsorten	50% Fett
Streichmettwurst, Schmierwurst, Landmettwurst	55–60% Fett
fettreiche Schmier-, Streich- und Mettwurst	65–70% Fett

Es heißt in dieser Broschüre ebenfalls, daß trotz des verhältnismäßig hohen Fettgehalts noch ein Überschreiten der oben angegebenen Mengen um 5% toleriert wird.

Es heißt weiterhin, daß für Kochwurstsorten keine Fetthöchstgehalte festgesetzt sind.

Das Untersuchungsamt Bielefeld hat vor einiger Zeit mehrere Würste analysiert, alle aus dem örtlichen Bereich. Dabei hat sich folgendes ergeben:

Bratwürste	15–54% Fett
Schmierwurst	15–65% Fett
Teewurst	30–70% Fett
Leberwurst	30–70% (und mehr) Fett

Überfettete Wurst ist ein verfälschtes Lebensmittel. Das wurde bereits in einigen Urteilen rechtskräftig festgelegt. Aber die entscheidende Frage bleibt offen: Wann ist eine Wurst überfettet?

Hier wird mit einer Beliebigkeit geurteilt, daß dies in jedem anderen Bereich unseres Lebens Revolten verursachen würde. Mit welchem Gleichmut der Käufer sich hier übers Ohr hauen läßt, ist mir komplett unbegreiflich.

Da behaupten, wenn es zu Gerichtsverhandlungen kommt – und eine andere Möglichkeit haben die von Amts wegen bestellten Überwacher unserer Lebensmittel ja gar nicht, um Richtsätze zu erhalten –, die Herren Hersteller schlicht, der Fettanteil ihrer Wurst sei handelsüblich, sei verkehrsüblich. So sei es immer gewesen.

Von *immer* kann nun gerade in diesem Falle überhaupt keine Rede sein. Diese Tradition haben sich die Hersteller erst in den letzten Jahrzehnten geschaffen.

In einem Lebensmittellexikon aus dem Jahre 1933 ist der Fettanteil von Leberwurst noch bei 10–33% festgelegt. Das heißt: Was damals der höchste Fettanteil war, hat heute Sammlerwert und gehört zu den Raritäten unter den Würsten.

Tatsächlich hat es auf diesem Gebiet wirklich so etwas gegeben wie die „gute alte Zeit".

Wenn Eltern oder Großeltern behaupten, früher habe die Wurst besser geschmeckt, dürfen wir ihnen nämlich glauben. Ganz sicher war die Wurst früher von besserer Qualität.

Selbstverständlich sind beispielsweise auch heute noch Katenwurst oder Katenschinken zu kaufen. Aber sie haben mit den ursprünglichen Produkten kaum mehr als den Namen gemeinsam. Früher verstand man darunter Fleischwaren, die monatelang kalt geräuchert wurden. Sie wurden aus der Kate genommen, „wenn der Kuckuck ruft“. Das kann sich die moderne Fleischwarenindustrie offenbar nicht mehr leisten. Heute werden Würste und Schinken nicht mehr einige Monate in kalten Rauch gehängt, sondern meistens einen Tag lang in heißem Rauch fast gebraten. Damit das Zeug dann noch ein bißchen nach Rauch riecht, von schmecken noch gar nicht zu reden, kommt es weitere zwei, drei Tage in etwas, was manche als Rauch bezeichnen mögen, tatsächlich aber genauer als Ruß bezeichnet werden sollte.

Als der Berliner Lebensmittelchemiker Dr. Henning von der Landesanstalt für Lebensmittel so einen Fall von Katenrauchprodukten vor den Kadi brachte, wurde er mit der richterlichen Begründung abgewiesen: „So ist das heute nun mal. Es gibt eben keine Katen mehr.“ Als ob die Räumlichkeit entscheidend für die Art und Dauer des Räucherns wäre.

Ein anderes Gericht hätte vielleicht anders entschieden. Aber dieses hat eben so geurteilt, und der Fall Katenwurst und Katenschinken ist vom Tisch. Der in unserem Auftrag handelnde Lebensmittelüberwacher kehrt resigniert in sein Büro zurück. Doch selbst das ist für ihn gar nicht so einfach. Oft stehen wichtige und wertvolle Laboreinrichtungen auf Gängen und Treppenabsätzen der schäbigen und viel zu kleinen Gebäude. Verglichen mit vielen Arbeitsplätzen dieser für unser Leben so bedeutenden Institutionen, sind die mit Recht berüchtigten, aus allen Fugen platzenden Krankenhäuser oder überfüllte Schulen geradezu königliche Schlösser.

Man vergleiche nur mal etwa die Bundesanstalt für Materialprüfung in Berlin-Dahlem, Unter den Eichen (hier kann die Industrie Produkte untersuchen lassen und muß dafür bezahlen; sie wird aber auch gezwungen, bestimmte Produkte untersuchen zu lassen und muß ebenfalls dafür bezahlen. Die Anstalt bleibt unabhängig, auch wenn sie sich ihre Arbeit honorieren läßt) mit der Landesanstalt für Lebensmittel in der Kantstraße 79 in derselben Stadt. Sowas muß man gesehen haben. Sowas bleibt unbeschreibbar. Als übrigens der Leiter dieses Amtes der Lebensmittelindustrie einmal vorschlug, ähnlich wie bei der Bundesanstalt solle die Industrie auch hier einen Bruchteil des Gewinns für die Einrichtung dieser Untersuchungsstelle abzweigen, wurde er nur ausgelacht.

Daß dieser Gewinn auch mit Fremdstoffen gemacht wird, die der Wurst zugesetzt werden, darf auch nicht vergessen werden. Wenn die Hersteller unter sich zu sein glauben, reden sie auch ganz offen darüber. In seinem Handbuch „Der praktische Fleischer" schreibt Eduard Bechtold zu diesem Punkt:

„Der Fleischer hat fast täglich die Aufgabe zu meistern, aus fettem Fleisch oder aus Gefrierfleisch Brüh-, Brat- und Kochwürste herzustellen. Nicht nur das Magerfleisch und das mit ihm verbundene Fett muß zu einer wohlschmeckenden, im Anschnitt gut gebundenen, schön farbigen und farberhaltenden Wurstmasse verarbeitet werden. Die Einarbeitung des natürlichen, mit Magerfleisch verbundenen Fettes ist immer eine Sache des Könnens. Kalkulatorisch kommt der glatten Lösung dieser Aufgabe größte Bedeutung zu. Hier leisten die Zusätze von Phosphatsalzen ausgezeichneten Dienst." Eben.

Dieser Kampf um Phosphat ist, wie an anderer Stelle bereits erwähnt, von den Wurstfabrikanten gewonnen worden. Noch Jahre nach dem ursprünglichen Verbot von Phosphaten erklärte der damalige Gesundheitsminister Frau Schwarzhaupt in einer Fragestunde des Bundestages, daß eine neue Zulassung für Phosphate nicht vorbereitet werde. Aber ebenfalls damals warnte schon Dr. Henning: „Wenn sich die Verbraucherschaft gleichgültig zeigt, ist damit zu rechnen, daß die Zulassung von Phosphaten unter dem Druck der einflußreichen Fleischwirtschaft bald kommt."

Es waren prophetische Worte. Die Zulassung kam im Sommer 1969. Seit dem Sommer 1969 haben die Hersteller endlich wieder die Möglichkeit zu zaubern, sie können Kalanag spielen, lassen zwar kein Auto auf offener Bühne verschwinden, aber immerhin Tonnen von Fett in Wurst. Phosphate machen es möglich. Wo unsere Väter noch oft Fett mit bloßem Auge erkennen konnten – etwa als Umrandung bei Leberwürsten –, sehen wir heute nichts mehr, weil Phosphate das Fett stabilisieren; es setzt sich nicht mehr außen fest, sondern bleibt schön vermischt mit den anderen Dingen, die in der Wurst sind. Es sind Fälle bekanntgeworden, in denen Hersteller nicht mal mit den Unmengen Fett auskamen, die sie bei uns aufkaufen konnten. Sie importierten dieses Fett zum Preise von DM 0,20 pro Kilo aus den Niederlanden.

Aber die Mengen Fett sind ja leider nicht einmal das ganze Problem. Ebenfalls wichtig ist, daß nach Ansicht der meisten Fachleute dieses Fett minderwertig ist.

Und richtig brisant wird unsere Rechnung erst, wenn wir das Zahlenverhältnis im Hinblick auf die Kalorienmenge betrachten. Da Fett rund doppelt so viele Kalorien enthält wie Eiweiß oder Kohlehydrate, kommen wir zu dem Resultat, daß die Würste fast ausschließlich aus Fettkalorien bestehen, „also praktisch nur noch aus Fett", wie kürzlich der Stuttgarter Ernährungswissenschaftler Dr. Holtheim erklärte.

Er errechnete die Fettkaloriengehalte bei: Leberwurst mit 87%, bei Knackwurst mit 86%.

Solche Fette setzen sich in den Arterien fest und führen zu Arteriosklerose und anderen tödlichen Krankheiten. Zuviel Fett erzeugt Herz-, Gefäß- und Kreislaufkrankheiten, Stoffwechselkrankheiten wie Diabetes und Gicht, Leber- und Gallenleiden, Krampfadern und Fußleiden.

In den USA ist man gerade dabei, die Lebensmittelhersteller zu verpflichten, nicht nur den Fettanteil ihrer Produkte zu kennzeichnen, sondern auch die Art des Fettes anzugeben, also ob es sich um gesättigte oder ungesättigte Fette handelt. Während die schwedischen Hersteller sogar den Durchschnittsgehalt an Proteinen und Kohlehydraten angeben müssen, haben wir es noch nicht einmal geschafft, die Hersteller dazu zu bringen, überhaupt auf den Fettgehalt hinzuweisen. (Deshalb habe ich die – allerdings umstrittene – unterschiedliche Gefährlichkeit der verschiedenen Fette hier auch nicht ausführlich diskutiert.)

Bei uns ist es aber noch nicht einmal möglich, für das ganze Bundesgebiet Höchstmengen an Fett verbindlich vorzuschreiben.

Es scheint ganz unmöglich zu sein, die Hersteller von Wurst dazu zu bringen, den Fettgehalt ihrer Würste für jeden sichtbar auf der oft vorverpackten Ware anzubringen. Platz für die Preise finden sie ja auch immer. Aber vermutlich ist es einfach nicht möglich, uns das Fett, das wir beim Fleischeinkauf ablehnen, anders unterzujubeln als durch Wurst. Bis jetzt sind nur ganz wenige einsichtige Wursthersteller dazu bereit, die Fettmenge ihrer Produkte, allerdings verschlüsselt, anzugeben. Sie wären unter Umständen zu dem Opfer bereit, wie bei Käse den

Fettgehalt der Trockenmasse zu deklarieren. Das sieht dann so aus: 10% Fett i. Tr. Und das ist ja nicht mehr als ein kaum aufzudeckender Code. Wenn wir keine Ahnung haben, wieviel Trockenmasse die Wurst enthält, könnten die Hersteller ebensogut angeben, wieviel Wasser in den Würsten ist. Fett und Wasser sind ja ohnehin die Hauptbestandteile unserer Wurst.

Entscheidend ist, daß diejenigen, die eßbare, also fettarme Wurst herstellen, auf dem Markt von heute hoffnungslos unterliegen müssen. Die Fettbombenkonkurrenten fegen sie vom Tresen. Denn Fett ist erheblich billiger als Fleisch. Sie können die Wurst immer billiger anbieten als die ehrlichen Produzenten. Selbst wenn Fett gepökelt ist – und manche Schlachter verstehen es, Speck so zu pökeln, daß er aussieht wie Rinderzunge –, selbst dann ist eine Fettwurst immer noch wesentlich billiger. Auf dem Markt von heute hat die halbwegs gesunde Wurst keine Chance.

Hier würde sich erst etwas ändern, wenn die Hersteller dazu gezwungen würden, ihre Ware zu deklarieren, anzugeben, wieviel und vielleicht sogar welches Fett sie in die Därme oder Dosen gepreßt haben.

Im Entwurf zum neuen Lebensmittelrecht heißt es (leicht verändert zum heute gültigen):

„Es ist verboten ... Lebensmittel, die von der allgemeinen Verkehrsauffassung abweichen und dadurch in ihrem Wert, insbesondere in ihrem Nähr- und Genußwert oder in ihrer Brauchbarkeit nicht unerheblich gemindert sind, oder Lebensmittel, die geeignet sind, den Anschein einer besseren als der tatsächlichen Beschaffenheit zu erwecken, ohne ausreichende Kenntlichmachung gewerbsmäßig in den Verkehr zu bringen."

Es besteht überhaupt keine Veranlassung, uns von der Industrie vorschreiben zu lassen, wie die „allgemeine Verkehrsauffassung" ist. Die wird sich schon herausstellen, wenn die Herren deklarieren, was unsere Würste enthalten.

Möglicherweise wird sich an den Eßgewohnheiten vieler Mitbürger auch dann nichts ändern. Aber das ist weniger wichtig. Ich neige dazu, Leuten, die aus dem Leben scheiden wollen, ihren Willen zu lassen. Aber man soll ihnen die Möglichkeit der Wahl geben. Bis jetzt haben wir sie nicht, bis jetzt wird der Leichtgläubige ausgenutzt, der Unschuldige vergewaltigt.

Vielleicht erleben wir sogar noch mal eine Zeit, in der wir

einen Vorwurf, der von der Arbeitsgemeinschaft der Verbraucherverbände oft erhoben wird, wirklich ernst nehmen können. Diese Institution beklagt sich immer wieder, unsere Wurst sei zu teuer, das heißt nicht billiger geworden, obwohl doch die Fleischpreise gesunken seien.

Das klingt so, als gäbe es enge verwandtschaftliche Beziehungen zwischen Fleisch und Wurst. Die werden aber nicht immer leicht zu beweisen sein. Gewisse nachbarschaftliche Beziehungen kann man allerdings schon feststellen. Auf alle Fälle wird beides unter einem Dach verkauft.

Gute Geschäfte im Saftladen

Es ist noch gar nicht so lange her. Unsere Eltern bzw. die geneigten älteren Leser erinnern sich sicherlich noch daran: Vor 1930 wurde der gesamte Markt der alkoholfreien Erfrischungsgetränke fast markenlos abgedeckt. Da gab es Fruchtsirup, der mit normalem Wasser oder Selterswasser verdünnt wurde.

Meistens machte man das selber zu Hause oder die Wirte in den Gaststätten. Das wurde dann Himbeerwasser genannt, wenn Himbeersirup benutzt, Zitronenwasser, wenn das Wasser auf Zitronensirup gegossen wurde. Im feinen Restaurant gab es dann noch „Zitrone naturell". Fertig in Flaschen eigentlich gab es diese Getränke nur für Kinder, besonders Brausen mit Geschmack und vor allem mit Farben. Grellgelb war dann Zitronenbrause, knallgrün Waldmeisterbrause. Das war in etwa das gesamte Sortiment.

Von einer regelrechten Getränkeindustrie für Alkoholfreies konnte damals jedenfalls nicht gesprochen werden.

Selbst Süßmoste waren kaum bekannt. Nach statistischen Angaben im „Konserventechnischen Taschenbuch" (13. Auflage, S. 922) stieg im gesamten damaligen Reichsgebiet die Herstellung von Apfelsaft vom Jahr 1926 mit 2 Millionen Liter auf 17 Millionen Liter im Jahre 1931. Aber auch 1931 wurden insgesamt nur 20 Millionen Liter dieser Säfte hergestellt.

An der Produktion der Obstsäfte kurbelten dann energisch die Nazis, vor allem wohl, weil sie sich ihrem Werbeslogan

„Kampf dem Verderb“ verpflichtet fühlten. Bereits 1937 wurden 88,5 Millionen Liter Obstsäfte produziert, nicht nur aus Fallobst.

Doch erst als die Verkäufer merkten, daß man uns Idioten auch Leitungswasser verkaufen kann, wenn es nur hübsch gefärbt wird, mit mehr oder weniger schmackhaften Zusätzen versehen, vor allem jedoch in attraktiv etikettierten Flaschen abgefüllt, entstand eine Milliardenindustrie mit mehreren tausend Marken und Herstellern.

„Ein Auto, das schläft, sündigt nicht!“ Dieser Werbespruch einer Firma in St. Ingbert ist keineswegs ungewöhnlich. Schließlich gibt es zahllose Beispiele dafür, daß die Werbung beziehungsweise die hinter den Werbern stehende Industrie durchaus in der Lage ist, uns mit den Gefahren unserer Umwelt vertraut zu machen.

Natürlich versucht nicht gerade die deutsche Landwirtschaft uns darüber aufzuklären, daß einige Wissenschaftler behaupten, die in unserer Butter enthaltenen Fette seien ungesünder als jene in der Margarine. Das besorgt die Margarineindustrie.

In den fünfziger Jahren erlitt die Süßwarenindustrie der Vereinigten Staaten erhebliche Umsatzeinbußen, weil die Amerikaner in zahllosen Veröffentlichungen auf die Gefahren unkontrollierten Naschens hingewiesen wurden. Die meisten Veröffentlichungen stammten von Zahnpastafabrikanten und Herstellern kalorienarmer Lebensmittel.

Wenn ich dennoch diesen aufklärenden, zur Faschingszeit erschienenen Werbespruch erwähne, dann deshalb, weil er hier, soviel ich weiß, zum erstenmal von einer Bierbrauerei benutzt worden ist. Daß man hier freilich nicht für die alkoholfreien Artikel werben wollte, ist ebenfalls ziemlich sicher.

Eine solche Werbung wäre auch überflüssig. Die Hersteller alkoholfreier Erfrischungsgetränke scheinen für sich selbst gut sorgen zu können. Auf der Hauptversammlung der Sinalco AG wurde für das Geschäftsjahr 69/70 eine Dividende von 20% vorgeschlagen. Mit einem Umsatz von 35 Millionen D-Mark wurde das ohnehin sehr ansprechende Ergebnis des Vorjahres um 8% übertroffen.

Auch der Marketingmanager von Coca-Cola, Berkessel, war zufrieden. „Im Dezember 1970 haben wir die Bundesrepublik voll abgedeckt.“ Alle Abfüllstationen haben jetzt neben Coca-Cola und Fanta auch die beiden Bittergetränke unter dem Namen

Kinley im Sortiment. Mit diesen chininhaltigen Limonaden will man sich einen Anteil an der gerade laufenden Bitterwelle sichern. Im Dezember 1970 lief für diese Produkte eine Anzeigenkampagne an, wobei die Auswahl der Objekte zeigt, auf wen gezielt wird. Favoriten für die Anzeigen waren „Der Spiegel“, „Capital“, „Aktionär“, dazu noch einige Autozeitschriften und Zeitschriften für Sportler und Segler.

Pepsi-Cola, die deutsche Tochter aus Offenbach, hat im Jahre 1970 wie Coca die letzten weißen Flecken auf der Verkaufslandkarte getilgt und wie Sinalco den Absatz gesteigert – aber nicht bloß um 8%, sondern den mengenmäßigen Absatz gleich um nicht weniger als 20,1%; der wertmäßige Außenumsatz der 27 Pepsi-Cola-Konzessionen ist sogar im Vergleich zum Vorjahr um 26% gestiegen. Auch Pepsi hat neue Marken eingeführt: eine Orangenlimonade namens Mirinda und eine Zitronenlimonade, die Team heißt. (Übrigens ist auch die amerikanische Mutter in New York zufrieden. Zum erstenmal seit der Gründung des Unternehmens wurde die 1-Milliarden-Dollar-Umsatzmarke überschritten, und das gleich um 18 Millionen Dollar. Daß zu diesem Gewinn die sozialistischen Staaten ihren Teil beisteuern, sei nur am Rande vermerkt. In Jugoslawien, Rumänien und Ungarn gibt es bereits mehrere Abfüllbetriebe, Verhandlungen mit der CSSR sollen kurz vor dem Abschluß sein.

Ob die Sowjets mit Kwas ausgleichen werden, ist noch nicht zu übersehen.)

Orangenwasser

Grundsätzlich können wir also davon ausgehen, daß man in dieser Branche ganz gut zurechtkommt. Wir würden nicht einmal übertreiben, wenn wir sagten, einige Hersteller von alkoholfreien Erfrischungsgetränken kämen sehr gut zurecht. Wir sind demnach nicht nur ein Volk von Biertrinkern, wie oft behauptet wird, sondern wir kippen auch beträchtliche Mengen an Nichtalkoholischem hinter die Binde. Es dürften jetzt jährlich etwa 60 bis 70 l pro Bundesdeutschem sein. Limonade, Fruchtsaft, Brause, Cola – dem Durstigen scheint alles recht zu sein. Noch rechter den Herstellern. Denn tatsächlich scheinen einige Produzenten genau davon zu leben, daß uns alles recht ist. Daß wir alles trinken, ohne zu ahnen, welche Unterschiede bestehen, welche Unterschiede vorgesehen sind.

Vorgesehen! – denn vorgeschrieben ist so gut wie nichts im Bereich der alkoholfreien Getränke. Auch hier richtet man sich fast nur nach den Leitsätzen des Lebensmittelbuches. Für Mineralwasser ist im Jahre 1939 eine Verordnung erlassen worden. Noch ältere Bestimmungen gibt es für Obstsäfte (aus dem Jahre 1933) – aber grundsätzlich ist eben in dieser Getränkegruppe nichts gesetzlich geregelt.

Doch wir wollen zunächst unterstellen, daß sich alle Hersteller bei allen Getränken sklavisch an diesen Leitsätzen orientieren. Selbst dann ahnt ja eben auch kaum ein Käufer, welche Unterschiede überhaupt vorgesehen sind, oder, wenn er es wissen sollte, mit welch raffinierten oder ganz primitiven Tricks vorgesehene Unterschiede vertuscht werden.

Als vornehmstes alkoholfreies Getränk gilt Fruchtsaft. An ein Getränk, das diesen Titel führen darf, werden jedenfalls die höchsten Anforderungen gestellt. Nach den Leitsätzen sind Fruchtsäfte zum unmittelbaren Genuß bestimmte, unvergorene und alkoholfreie Getränke aus Kern-, Beeren- und Steinobst. Sie sollen aus reifen, gesunden und frischen Früchten gewonnen, mit nichts vermischt werden. Sie dürfen vor allem keine Konservierungsstoffe enthalten.

Sie sollen gewissermaßen „flüssiges Obst" sein, nackt, wie das, was man heute noch Natur zu nennen pflegt. Aber bereits da gibt es ein paar Unterschiede. So haben wir zunächst die normalen Säfte, das sind in der Regel also Apfelsaft, Traubensaft, Orangensaft.

Andere Fruchtsäfte sollen angeblich so, wie sie aus den Früchten entstehen, „geschmacklich nicht ansprechen". Also darf man ihnen Wasser und Zucker zusetzen und sie dennoch Fruchtsaft nennen. Wenn die meisten Hersteller von Getränken aus Beeren- oder Steinobst diese auch nicht Fruchtsaft nennen, sondern Süßmost, gezwungen wird hier niemand.

Wer also aus einem Fruchtkonzentrat mittels Wasser und Zucker Fruchtsaft herstellt, kann diesen so nennen. Der zuständige Industrieverband „empfiehlt zur Vermeidung einer Irreführung des Verbrauchers eine zusätzliche Kennzeichnung, etwa durch die Worte: ... saft, trinkfertig gemacht".

Der Verband empfiehlt. Wer sich danach richtet, kann es tun. Wer nicht, braucht nicht. Immerhin wird von dem Produkt erwartet, daß es mit einem reinen Fruchtsaft identisch ist oder, wie es heißt, „daß die geruchlichen und geschmacklichen Eigenschaften des frischen Ausgangssaftes gewährleistet sind".

Wird so ein Fruchtsaft aus mehreren Früchten hergestellt, also gemischt, sind die Früchte in der Reihenfolge ihrer mengenmäßigen Anteile anzugeben.

Der Hinweis „reich an Vitamin C" erfordert einen Gehalt von mindestens 250 Milligramm pro Liter, und die müssen aus der Frucht stammen. Wer dagegen aufs Etikett druckt „Vitamin-C-haltig", braucht nur 15 mg Ascorbinsäure. Traubensäfte dürfen außerdem schwefelige Säure enthalten, Fruchtsäfte ebenfalls, wenn auch weniger. Wie sich dieser Gehalt mit dem Hinweis „keine Konservierungsstoffe" verträgt, müssen Spezialjuristen in einem chemischen Labor entscheiden.

(Wer den genauen Wortlaut dieser Leitsätze kennenlernen will: sie sind im Bundesanzeiger Nr. 195 vom 15. 10. 1966 abgedruckt.)

So darf es eigentlich niemanden wundern, daß die Hersteller keine Schwierigkeiten haben, ihr Produkt reell zu deklarieren. Wie das dann in der Praxis aussieht, möchte ich Ihnen aber an einem Beispiel vorführen. Meine liebe Frau favorisiert die Marke Lindavia. Die scheint für unser Beispiel besonders gut geeignet, weil es sich hier nicht um irgendein Hintertreppenprodukt handelt, sondern um eine der wohl angesehensten Marken auf diesem Gebiet.

Lindavia ist ein „Deutsches Markenprodukt" und führt das entsprechende Markenzeichen. Wie es in einer Anzeige heißt, ist Lindavia „bis heute mit mehr als 150 Medaillen ausgezeichnet". Der Saft steht „unter Kontrolle des Verbandes der Landwirtschaftskammern". Wir können also davon ausgehen, daß wir ein Spitzenerzeugnis deutscher Saftproduzenten vor uns haben.

Seine Kennzeichnungspflicht nimmt Lindavia so ernst, daß die Lektüre der Inhaltsangabe auf der Packung – offenbar wird der Saft auch exportiert – einer Reise durch verschiedene Länder mit ihren unterschiedlichen Deklarierungspflichten gleichkommt.

Lindavia wirbt im Augenblick, meistens ganzseitig, mit der Aufforderung: „Trink die Frische vom Bodensee." Nun kann man natürlich die Frische des Bodensees unterschiedlich beurteilen. Aber gemeint ist sicherlich nicht sein Wasser, sondern die blühende Umgebung. Darauf deutet auch der Anzeigenuntergrund: Grüne Wiesen und leuchtende Obstbäume dominieren, das Wasser etwas eingeschüchtert im Hintergrund.

„Lindavia“, heißt es weiter, „ist flüssiges Obst vom Bodensee.“ (In der zitierten Anzeige geht es übrigens hauptsächlich um Lindavia Aprikose.) Weiter heißt es in dieser Anzeige:

„Herrliche Frische und volles köstliches Naturaroma. Sie schmecken es sofort: Lindavia-Aprikosen-Süßmost ist natürlich und rein.

Vom schönen Bodensee.

Aus baumfrischen Aprikosen. Vollkommen licht- und luftgeschützt in der handlichen Frischhalte-Stabdose. Genuß und Gesundheit. Holen Sie sich die Frische – direkt vom Bodensee auf Ihren Tisch. Ihr Lebensmittelhändler hält Lindavia-Fruchtsäfte in 8 Sorten für Sie bereit: Schwarze Johannisbeere, Rote Johannisbeere, Zwetschge, Sauerkirsche, Aprikose, Apfel, Birne, roter Kurtraubensaft.“

Damit wird bereits auf eine Spezialität hingewiesen: Lindavia sagt zunächst nichts, ob nun Saft, Getränk oder Most oder was immer, sondern läßt erst mal ausschließlich die Frucht wirken.

Dank der Fürsorge meiner Frau habe ich nun eine handliche Frischhalte-Stabdose vor mir, Abteilung „Schwarze Johannisbeere“. Sie ist viereckig, hat also vier Flächen zur Beschriftung. Zwei sind identisch, als Frontseiten gedacht. Da haben wir zunächst (von oben nach unten gelesen) ein künstlerisches Photo der Früchte am Zweig mit Blättern, darunter den Markennamen. Dann schön fett und groß gedruckt (etwa 2 Cicero, also 24 Punkt) „Johannisbeere“, „Schwarze“ kleiner darüber. Wesentlich kleiner darunter (schätzungsweise 6 Punkt) den Text: „kurgeeigneter Süßmost aus schwarzen Johannisbeeren.“ Unten dann, in etwa gleicher Größe wie oben die Früchte, den Saft im Glas, unheimlich appetitlich, dem Inhalt gemäß.

Dann auf einer Seitenseite die Angaben für uns in deutscher Sprache. Groß und fett für Sehschwache „0,7 l“ (ca. 1 Cicero), dann für Leute mit besseren Augen etwa halb so groß und mager: „Mindestinhalt 680 ccm.“ Das kann ja unter Umständen schon etwas weniger sein.

Der Inhalt wird dann folgendermaßen beschrieben:

„Auf schonendste Weise hergestellter Süßmost aus ausgewählten reifen Früchten mit den wertvollen natürlichen Wirkstoffen der schwarzen Johannisbeere, vor allem" – und jetzt wieder halbfett und größer – „Vitamin C + P-Faktoren".

Die gegenüberliegende Seitenseite enthält Angaben in Holländisch, Spanisch, Italienisch und Englisch.

Holländisch scheint am einfachsten zu sein. Da heißt es lediglich: „Zwarte Bessendrank. Inhoud 0,68 l." Aus.

Für die spanischen Safttrinker steht schon ein bißchen mehr da. Nach meiner Übersetzung: „Natürlicher Saft von schwarzen Johannisbeeren. Enthält natürlichen Zucker. Reich an Vitamin C. Inhalt 0,68 l."

Am meisten erfahren wieder die Italiener; ins Deutsche übersetzt, heißt es da: „Saft von schwarzen Johannisbeeren. Wohlschmeckend gemacht durch den Zusatz von Wasser und Zucker. Garantiert ohne Farbstoff und Konservierungsmittel. Pasteurisiert. Hergestellt nach den herrschenden Gesetzesvorschriften. Inhalt: 700 g Minimum.

Für die englischsprechende Bevölkerung im Telegrammstil: „Nicht alkoholisch – Inhalt: Johannisbeersaft, Wasser, Zucker. 24 fl. Ozs."

Der Saft kann also jedermann empfohlen werden; nur Leute, die gleichzeitig empfindlich und polyglott sind, sollten vorsichtig mit der Lektüre sein. Sie könnten auf den Gedanken kommen, eine Packung gekauft zu haben, in der verschiedene Säfte enthalten sind. Aber reell ist Lindavia. Dem Gesetz ist ganz sicher Genüge getan.

Grundsätzlich bleibt festzuhalten, daß an die Bezeichnung Fruchtsaft beziehungsweise Süßmost die schärfsten Auflagen geknüpft sind.

So ist es auch nicht verwunderlich, wenn es einigen Herstellern gelungen ist, auf eine ganz einfache Weise dem ahnungslosen Verbraucher vorzugaukeln, er kaufe Fruchtsäfte, die gar keine sind. Man verändert einfach die Bezeichnung – nicht sehr, nur ein bißchen. Da treten dann Produkte auf, die nicht Fruchtsaft heißen, sondern Fruchtsaft-Getränke. Besonders pfiffige Hersteller ergänzen durch Etikett-Arrangement, was verbal nicht zu umgehen ist. Sie drucken den ersten Teil des Wortes – Fruchtsaft – deutlich und groß, den zweiten – Getränk – wesentlich bescheidener.

Aber am meisten erreichen sie natürlich durch üppige Fruchtphotos. Da sind Waggonladungen Orangen auf dem Etikett, in der Flasche bestenfalls tiefgefrorene Pulpe.

Aber der Hersteller braucht auch nicht allzu viele Früchte in diese Getränke zu füllen. Hier gelten ganz andere Leitsätze. Wohl enthalten Fruchtsaft-Getränke in der Regel auch Fruchtsäfte in der einen oder anderen Form. Aber die Getränke können außerdem Kohlensäure enthalten, Wasser und was nicht alles. Der Anteil von Fruchtsäften braucht bei Getränken mit Kernobstsäften nur 30% zu sein, bei Getränken mit Zitrussäften (also Orangen) sogar nur 6%, bei allen anderen 10%.

Durch den Zusatz des Wortes Getränk also statt 100% Fruchtsaft nur 6%, 10% oder 30%.

Der Hinweis auf die Gattung Fruchtsaftgetränk kann bei Bezeichnungen entfallen, die den Namen der saftliefernden Frucht mit der Endsilbe „ade“ enthalten; etwa bei Orangeade.

Grundsätzlich müssen wir uns also einhämmern, daß Fruchtsaftgetränke mit Fruchtsäften wenig gemeinsam haben. Sie bestehen eben kaum aus Fruchtsäften, sondern im wesentlichen aus Wasser.

Vor allem bei vielen Orangensäften, deren Etiketten pralle Gesundheit ausstrahlen, sollten wir uns so gut wie möglich informieren, was da eigentlich drin ist. In den Vereinigten Staaten, wo in der Regel Orangensäfte einen Mindestanteil von 10% haben müssen und nicht wie bei uns 6%, wurde zu diesen Säften von einem hohen Beamten der Staatlichen Gesundheitsbehörde FDA ausgeführt:

„Das 10%-Orangensaft-90%-Wasser-Getränk ist kaum als trinkbar zu bezeichnen. Was macht diese Getränke überhaupt schmackhaft? Es ist der Zusatz von erheblichen und herauszuschmeckenden Mengen von Pulpen, Orangenöl, Zuckersäure und Farbstoffen... deshalb gibt es keinen Grund, diese 10%- oder 20%-Orangensäfte anders als Wasser mit Geschmack zu bezeichnen... Das Vernünftigste wäre, die Leute würden sich reinen Orangensaft kaufen oder pressen und sich dann selbst Wasser zufüllen. Aber das wollen die meisten Leute nicht. Aber in der Fabrik zugesetztes Wasser, mit Orangenessenzen aufgedonnert, mit Pulpen zugesetzt, Farbstoffen, Säuren usw., hat nur eine Aufgabe: Die Bevölkerung soll betrogen werden.“ (Zitiert nach James S. Turner, S. 62.)

Ein beliebter Trick der Hersteller besteht auch darin, den

Inhalt „saftiger“ aussehen zu lassen, indem sie feinflockige Fruchtbestandteile zusetzen. Dadurch erhalten viele Getränke ihr trübes Aussehen, selten aber einen wertvollen Inhalt.

Da wir bisher davon ausgegangen sind, daß sich die Hersteller an die Richtlinien halten, müssen wir der Gerechtigkeit halber endlich auch ergänzen und mitteilen, was unsere zuständigen Behördenvertreter von der Reinheit dieser Fruchtsäfte halten.

Im Februar 1970 berichtete Reg.-Chemiedirektor Erich Benk von der Chemischen Landesuntersuchungsanstalt Sigmaringen über seine Erfahrungen mit Orangen-, Zitronen-, und Grapefruitsäften. Dabei stellte er grundsätzlich fest:

„Trotz der steigenden Ernten von Zitrusfrüchten und der dadurch bedingten mehr als ausreichenden Rohstofflage werden immer wieder Zitrussäfte, sowohl in Dosen als auch in Flaschen, angetroffen, die trotz der vielfach verwendeten Bezeichnung ‚naturrein‘ als verfälscht zu beurteilen sind. Der Lebensmittelüberwachung ist es anscheinend noch nicht in ausreichendem Umfange gelungen, diesem Mißstand Herr zu werden, wie sich aus Klagen des deutschen Einfuhrhandels, der die lebensmittelrechtliche Verantwortung für die eingeführten Säfte trägt, sowie ausländischer Fruchtsafthersteller, die um Lieferung einwandfreier Erzeugnisse bemüht sind, ersehen läßt. Für diese Erscheinung können verschiedene Ursachen verantwortlich sein.

Es ist denkbar, daß bei der amtlichen Probenahme die Bedeutung der Fruchtsäfte aus Zitrusfrüchten nicht in dem erforderlichen Umfang erkannt wird und wegen einer verhältnismäßig zu geringen Probenzahl immer wieder ein Teil der verfälschten Säfte unerkannt bleibt. Diese Annahme gewinnt dadurch an Wahrscheinlichkeit, daß bei diesen Säften der Dosen- oder Flascheninhalt ein und derselben Marke einmal in Ordnung, ein anderes Mal verfälscht ist. Weiterhin besteht die Möglichkeit, daß ausgeklügelte Verfälschungen, durch welche sich Zitrussäfte bei einer Kurzanalyse als analysenfest erweisen, nicht erkannt werden oder mangels eigener Erfahrungen und widersprechender Angaben im Fachschrifttum vorsichtshalber unbeanstandet bleiben.

Auch die Tatsache, daß bei den Staatsanwaltschaften anhängige Verfahren laufend deswegen eingestellt werden, weil ein dem amtlichen Gutachten widersprechendes Gegengutachten vorgelegt wird, mag an dem unbefriedigenden Erfolg in der

Überwachung des Verkehrs mit Zitrussäften mitbeteiligt sein. Es ist bekannt, daß auch berechtigte Beanstandungen, wenn sie mehrmals ohne Erfolg bleiben, schließlich nicht mehr ausgesprochen werden."

Auch hier also erweist sich die Industrie als Sieger, verzichtet nur auf die entsprechende Pose.

Erfrischungsgetränke mit Terpentingeschmack

Noch weniger Fruchtsaftanteile sind in den sogenannten Limonaden, egal wieviel Früchte auf dem Etikett abgebildet sind, ob sie trüb oder klar sind, egal was da außer den geforderten Kennzeichnungen noch auf dem Etikett steht. Die Phantasie mancher Hersteller scheint sich hier so zu verausgaben, daß für das Produkt selbst keine mehr übrig bleibt.

Limonaden werden in der Regel aus Essenzen hergestellt, mit reinem Zucker – mindestens 7% – und kohlensäurehaltigem Wasser oder Mineralwasser. Die Bezeichnungen dieser Getränkegruppe sind dann: Limonade mit . . . -Geschmack oder Limonade mit . . . -Essenz, mit . . . -Auszug. Dabei ist jeweils nur auf die jeweilige Geschmacksrichtung hinzuweisen.

Wenn diese Getränke Fruchtsaft enthalten, dann braucht wiederum nur die Hälfte der ohnehin schon geringen Mengen Fruchtsaft verwendet zu werden, bis runter zu 3% also. Aber selbst das sind oft noch die besseren Produkte.

Im August 1970 veröffentlichte die Stiftung Warentest die Ergebnisse einer Prüfung von einigen der bekanntesten Produkte, kümmerte sich aber weniger um den Inhalt, der ja auch nach allem, was wir wissen, ziemlich unbedeutend ist. Weil das ja dann eher einer Analyse von Trinkwasser gleichkommen würde. Bewertet wurden also hauptsächlich Geschmack, Geruch und Farbe.

Von 15 Limonaden erhielten nur drei das Zeugnis „gut", fünf dagegen wurden mit „noch zufriedenstellend" bewertet, was bei den von der Stiftung verwendeten, sehr zurückhaltenden Zeugnissen einigermaßen bestürzend ist.

Unter diesen schlecht bewerteten Produkten sind einige mit sehr bekannten Namen anzutreffen, etwa die klare Zitronenlimonade von Sinalco, die klare Limonade Sprite, die trübe Limonade Bluna von Afri-Cola. Die anderen beiden wenig zufriedenstellenden Produkte waren Vorlo und Olympia.

(Da wir im Gegensatz zu manchen Verkäufern hier nicht absichtlich täuschen wollen, möchte ich besonders darauf hinweisen, daß die erwähnte Limonade von Sinalco auf dem Etikett groß das Wort „Limonade“ stehen hat. Die gleiche Firma stellt zum gleichen Preis ein Fruchtsaftgetränk her, auf dessen Etikett groß „Sinalco“ steht. Dieses Produkt wurde mit „gut“ bewertet.)

Aber die drei zuerst genannten erhielten den besonderen Vermerk:

Phenolgeruch (Medizingeruch) – bei Sinalco,
leicht phenolisch (Medizingeschmack) – bei Sprite,
leicht phenolisch (Medizingeschmack) – bei Bluna.

Während die Prüfer bei Sprite noch einen muffigen, öligen Geschmack registrierten, erwähnten sie bei Sinalco nur einen Fremdton im Geschmack, fügten hinzu „wenig fruchtig“, „wenig fruchtig“ auch bei Bluna.

Dieser ungewünschte Geschmack kann nach Ansicht der Tester verschiedene Ursachen haben: „Das Alter der Abfüllung oder die Verarbeitung von Grundstoffen minderer Qualität. Für schlechte Qualität einiger klarer Limonaden im Test ist nach Ansicht des Prüfinstituts wahrscheinlich die Verwendung bereits oxydierter und überalterter Essenzen oder ätherischer Öle verantwortlich zu machen. Besonders gefährdet in dieser Hinsicht sind Limonaden, die neben einem Zitronenauszug Limettenöl enthalten. Schnelles Altern der Grundstoffe und des daraus hergestellten Produkts hat sogenannte Off-Flavour-Bindungen zur Folge: das Getränk hat dann einen terpentinähnlichen Geschmack und Geruch.“

Wir haben also wieder einmal ein Produkt vor uns, das nur frisch genossen, aus frischen Stoffen hergestellt brauchbar ist. Limonaden sind kurzlebige Produkte, die schnell verbraucht werden sollen. Aber selten sieht der Käufer einen Hinweis darauf, wie alt die Flasche ist, die er kauft.

Für den Käufer also wieder einmal eine Lotterie, bei der er gewinnen oder verlieren kann. Die Hersteller, jedenfalls die großen drei, die 85% des gesamten Marktes dieser Getränke unter sich aufteilen, haben die Sorge, zu verlieren, nicht. Entsprechende Zahlen stehen am Anfang dieses Kapitels.

Cola-Limonaden

Vermutlich ist es unsinnig, darauf hinzuweisen, daß viele Limonaden Säuren enthalten. Wir schmecken sie ja, trinken die Limonaden gerade, weil sie säuerlich schmecken oder weil die enthaltene Kohlensäure prickelt.

Nun gibt es leider nicht nur harmlose Säuren in diesen Getränken, sondern viele Limonaden enthalten auch Phosphorsäure, von der niemand mit letzter Sicherheit behaupten kann, sie sei besonders gesund.

Merkwürdigerweise sind die Hersteller solcher Getränke nicht verpflichtet, diesen Zusatz zu deklarieren; merkwürdig ist das deshalb, weil vergleichbare Zusätze in anderen Lebensmitteln gekennzeichnet sein müssen.

Aber die Deklaration von Fremdstoffen in Getränken hat ohnehin eine ungewöhnliche Geschichte. So kämpften amerikanische Cola-Hersteller jahrzehntelang mit den Behörden, weil sie nicht einmal den Gehalt von Koffein angeben wollten (der hierzulande von der Werbung sogar unterstrichen wird).

James S. Turner berichtet, daß es den Herstellern von Cola-Getränken – „insbesondere Coca-Cola“ – nach 28 Jahren endlich gelungen sei, das Weiße Haus und die zuständigen Herren des staatlichen Gesundheitsamtes davon zu überzeugen, daß man sie von der sonst für andere Hersteller von Erfrischungsgetränken geltenden Pflicht zur Kenntlichmachung ausnehmen könne. Begründet wurde das damit, daß jedermann wisse, in Cola-Getränken sei Koffein. Merkwürdig bleibt nur, daß sie sich weigern, den Inhalt zu deklarieren, wenn die Gesundheitsbehörde ihnen bestätigt, daß ohnehin jedermann wisse, daß in diesen Getränken Koffein sei.

Aber auch vor unseren Gerichten sind die Hersteller von Coca-Cola außerordentlich erfolgreich. So veröffentlichte die „Koordinationsstelle für deutsche Getränke e. V.“ vor mehreren Jahren den sogenannten Test eines Herrn Dr. Rudolf Finke.

Dieser Dr. Finke hatte rohes Kalbfleisch in Coca-Cola gelegt und nach 20 Stunden gemerkt – ich zitiere nach einem Bericht der Stiftung Warentest –: „Es ist eine helle bouillonähnliche Flüssigkeit geworden, mit Schleim und Faserstückchen durchsetzt. Nun übertrage man diese Wirkung auf das innere Geschehen im menschlichen Körper ..."

Dieser Test konnte das Gericht natürlich nicht überzeugen; Coca-Cola hatte geklagt, und das Kölner Landgericht erkannte auf Schadenersatz. Dagegen hat „test" (8/1969, Seite 12) dem Produkt das Qualitätsurteil „sehr gut" erteilt.

Auch ein anderer Einzelkämpfer gegen die Weltmacht in Erfrischungsgetränken, Helmut Bickel, hat bereits über 100.000 DM Prozeßkosten zahlen müssen, weil ihm nicht geglaubt wurde, daß Coca-Cola gesundheitsschädlich sei.

Vermutlich ist es einfach so, daß, wenn Coca-Cola gesundheitsschädlich wäre, andere Cola-Getränke oder Limonaden es ebenfalls sein müßten.

Die Stiftung Warentest empfiehlt darum jedem, der Angst um seine Gesundheit hat, „nach dem Genuß von Cola den Mund gründlich auszuspülen. Dann können Säuren den Zahnschmelz nicht so leicht zerfressen."

Das Prüfinstitut der Stiftung hielt in seinem Gutachten auch fest, daß keines der getesteten Cola-Getränke den zugelassenen Gehalt von 700 mg Phosphorsäure pro Liter überschritt.

Auch vor zuviel Koffein braucht man sich im Grunde wohl nicht zu fürchten. Es wurde errechnet, daß durchschnittlich in drei 0,2-l-Flaschen ebensoviel Koffein ist wie in einer Tasse Kaffee.

Die Stiftung Warentest weist darauf hin, daß man beim Kauf von Cola in Dosen nicht etwa vermuten dürfe, man habe da ein haltbares Getränk erwischt. „Die Dose ist keine Dauerkonserve. Bei längerer Lagerung, ab etwa zwei Monaten, fängt das Getränk zu ‚faulen' an."

Bei dem erwähnten Test hat sich auch herausgestellt, daß das gleiche Getränk, besonders bei kleineren Herstellern, mengenmäßig oft anders zusammengesetzt ist, je nachdem, wo es abgefüllt wurde.

Die großen Firmen kontrollieren ihre Abfüller ziemlich scharf. Sie liefern jeweils nur eine Essenz, über deren Zusammensetzung die abenteuerlichsten Legenden in Umlauf sind. So wird besonders gern erzählt, daß nur drei Matadoren der Firmen Coca-Cola das

„Geheimnis“ der Zusammensetzung kennen und deshalb angeblich nie gemeinsam in ein Flugzeug steigen dürfen.

Nun verkauft Coca-Cola mit einem Werbeaufwand von jährlich 200 Millionen Mark weltweit sechs Milliarden Liter. Solche Geschichten scheinen demnach dem Ruf des Hauses nicht zu schaden. In der Bundesrepublik ist Coca-Cola mit etwa 70% am Cola-Umsatz beteiligt. Das ist ein angenehmer Brocken. Wem es gelungen ist, irgendwann einmal eine Abfüllstation zugeteilt zu bekommen, der braucht sich um seine Zukunft wenig Sorgen zu machen.

Aber auch andere Firmen kokettieren mit Legenden. Vorlo beispielsweise, der Getränkeheimdienst, wirbt mit der Bezeichnung „aus Naturprodukten exotischer Provenienz“. In einer Veröffentlichung der Stiftung Warentest wird dazu festgestellt: „Bei den Naturprodukten exotischer Provenienz, die in Cola-Limonaden enthalten sein können, handelt es sich um extrem kleine Mengen, wie zum Beispiel ätherische Öle und andere Gewürze.“

Die Hauptbestandteile sind eben bei fast allen: Zucker, Phosphorsäure, Koffein, Zuckercouleur. Fast hätte ich das Wichtigste vergessen: Wasser.

Aber der Markt ist auch mit diesen Getränken noch lange nicht erschöpft. Wenn nicht alles täuscht, stehen wir unmittelbar vor einem Boom in bitteren Getränken. Die Tester sind schon vor Jahren an die Arbeit gegangen. Allein Schweppes investierte ab Mai 1969 für die Konzeption in einem kleinen Werbemarkt zwischen Köln und Bonn eine halbe Million, 1970 ging man mit 2 Millionen in Nordrhein-Westfalen ran. Noch macht der Tonic-Markt nur 1% vom Cola-Markt aus. Doch die Verdienstspanne ist wesentlich höher.

Die Produktionskosten sind geringer, die Flaschen meistens kleiner, dafür die Preise höher. Gibt es überzeugendere Motive, uns mit allen Mitteln dazu zu bringen, so was zu trinken?

Allmählich sind wir sogar schon so gut konditioniert, daß man sich traut, uns Wasser als Wasser zu verkaufen. Es sind bereits erste Anzeigen erschienen, ganzseitig, etwa im „Stern“, mit folgendem interessanten Text:

„Einem Glas Wasser sieht man nicht an, was drin ist.
Aber unseren Flaschen. Da ist reines Wasser drin.“

Aber auch die Großen der Getränkebranche, vor allem in den USA, haben bereits entdeckt, wieviel Geld mit Wasser zu verdienen ist. Sie verkaufen Wasser nicht einmal gefärbt, nicht einmal mit Zucker oder irgendeinem der anderen mehr oder weniger riskanten Zusätze, sondern sie verkaufen Wasser schlicht als Wasser. So beliefert die Deer Park Spring Company (zum Konzern Nestlé gehörend) die Amerikaner mit Wasser. Auch Coca-Cola ist in das lukrative Geschäft eingestiegen. Die Erfolge dieser Firmen haben Canada-Dry nicht ruhen lassen. Auch dieser Getränke-Gigant hat Wasser in Flaschen auf den Markt geworfen. Sie alle verkaufen abgefülltes, normales Wasser, verlangen für eine Flasche 35 Cents und – kriegen sie auch. Bis zum Herbst letzten Jahres hat beispielsweise Coca-Cola allein in Kalifornien 40.000 Flaschen Wasser verkaufen können.

Auch wenn es zunächst unvorstellbar erscheint: selbst das kann noch überboten werden. Das hat jedenfalls kürzlich ein Lebensmittelhändler in Los Angeles bewiesen. Er hatte einen Erfolg mit Leitungswasser, das er in Flaschen füllen ließ. Nur nannte er es nicht Leitungswasser, sondern „Instant-Water".

Bombengeschäfte mit der Gesundheit

Vitamin C für die Gesundheit (der Hersteller)

Die Frage „Schützt Vitamin C vor Erkältungskrankheiten, beugt es vor, heilt es?“ scheint der Frage zu ähneln: „Um welche Seite unser Herr Jesus wohl um den See Genezareth herumgegangen ist, links oder rechts?“ Die Antwort auf beide Fragen lautet: Wir wissen es nicht.

Nun streitet sich, soviel ich weiß, niemand um die Antwort auf die letzte Frage; um die Frage nach der Bedeutung von Vitamin C liegt man sich seit zwanzig Jahren in den Haaren, und wenn nichts dazwischenkommt, wird man sich noch weitere zwanzig Jahre in den Haaren liegen.

Einigkeit dürfte nur mit der Behauptung erreicht werden: Es läßt sich unheimlich viel Geld damit verdienen.

Die Diskussion um den medizinischen Wert wurde erst kürzlich wieder auf Touren gebracht, als vom zweifachen Nobelpreisträger Linus Pauling ein Buch erschien, „Vitamin C and the Common Cold“ (New York, 1970), worin Pauling behauptet, daß der tägliche Genuß von 1 bis 2 g Vitamin C vor Erkältungen schütze, 4 g täglich dagegen heilen, wenn man schon erkältet sei.

Pauling hält Vitamin C für eine Wunderdroge. Er sei durch einen befreundeten Biochemiker auf dieses Wunder gestoßen worden, sagt Pauling. Dieser hatte behauptet, er verdanke diesem Präparat fünfzig Jahre seines Lebens.

Daraufhin gestattete sich Pauling einen Selbstversuch. Gemeinsam mit seiner Frau nahm er täglich mehrere Gramm Vitamin C. „Wir bemerkten sofort ein gesteigertes Gefühl des

Wohlbefindens und vor allem einen schlagartigen Rückgang der Zahl der Erkältungskrankheiten gegenüber früher."

Da gut dreieinhalb Liter reiner Orangensaft nur etwa 1 g enthalten, empfiehlt sich, wenn überhaupt, der Verzehr von Tabletten.

Nun ist allerdings die erwähnte Behauptung Linus Paulings nicht die letzte zu diesem Thema. Im Novemberheft 1970 von „Today's Health" veröffentlichte Dr. Philip White das Ergebnis sorgfältiger und langwieriger Laboruntersuchungen. Diese, so sagt er, hätten ergeben, daß sich alle uns bekannten Erkältungen hervorrufenden Virusarten Vitamin C gegenüber als widerstandsfähig erwiesen hätten. Also: Fehlanzeige. Keine Wirkung.

Dennoch verordnen einige Ärzte flott und fleißig Vitamin C in der doch hoffentlich begründeten Überzeugung, es wirke infektionshemmend. Andere Ärzte lächeln nur mitleidig, wenn sie so was hören, und halten an ihrer Überzeugung fest, das alles sei Aberglaube.

Daß hier Aberglaube tatsächlich eine Rolle spielt, hat der weltbekannte Spezialist für Erkältungskrankheiten, der englische Virologe Sir Christopher Andrews, sogar in Versuchen nachgewiesen. Wenn die Versuchspersonen wußten, daß man ihnen Vitamin C gab, hatte das Präparat Erfolg. Der gleiche Erfolg stellte sich jedoch ebenso beim Placebo-Versuch ein. Nachdem man Versuchspersonen sagte, sie würden Vitamin C erhalten, ihnen aber tatsächlich Leertabletten verabreichte, waren gleichfalls Heilerfolge zu konstatieren. Bei allen anderen Versuchen jedoch zeigten sich keinerlei infektionshemmende Wirkungen durch die Einnahme von Vitamin C.

Der Schweizer Arzt Dr. Ritzel wiederum, der seine Versuche in einem Skilager vornahm, erzielte mit Vitamin C vorbeugende und heilende Wirkung. Gleichfalls positive Ergebnisse konnte die AOK Kiel verzeichnen, die in den Jahren 1965/1966 einen Großversuch veranstaltete.

Anders wieder der deutsche Arzt Dr. H. C. Heinrich, der die Forschungsberichte eines Vierteljahrhunderts überprüfte und feststellen mußte, daß sich bei Versuchen an einigen Tausend Personen keine infektionshemmenden Wirkungen durch Vitamin C nachweisen ließen.

Einige Experten gehen dabei grundsätzlich davon aus, daß das natürliche Präparat immer wirksamer und „gesünder" ist als das künstliche. So ganz möchte ich diesen Fachleuten nicht zustimmen. Wenn ich mich nicht irre, ist auch Strychnin ein Naturprodukt, aber nicht unbedingt ausschließlich gesundheitsfördernd. Jedenfalls hat die staatliche amerikanische Aufsichtsbehörde für Nahrungs- und Arzneimittel, die Food and Drug Administration (FDA), nach allen gesammelten Erfahrungen der pharmazeutischen Industrie in den USA verboten, Vitamin-C-Präparate als spezifische Heilmittel für Erkältungen zu bezeichnen.

Das ist bei uns anders. So jagt beispielsweise das am meisten gekaufte Cebion „die Erkältung zum Teufel, bevor sie da ist. Nehmen Sie es deshalb täglich."

Nun schön: man ist sich eben nicht einig, ob es nützt oder nicht nützt, obwohl man nach genauer Untersuchung von Qualität und Quantität eher dazu neigt, an das „Nicht-Nützen" zu glauben.

Aber zunächst schien jedenfalls Einigkeit darüber zu bestehen, daß auch der Genuß großer Mengen von Vitamin C keine schädlichen Nebenwirkungen habe, was man sonst von kaum einem Medikament behaupten konnte.

Doch als Linus Pauling mit seinen gewaltigen Vitamin-C-Dosen kam, löste er damit neue Diskussionen aus. Pauling hatte die vorhergegangenen Untersuchungen mit dem Argument vom Tisch gefegt, daß stets zuwenig Vitamin C eingenommen worden sei. Sofort meldete sich eine bedeutende amerikanische Ärztevereinigung und wies darauf hin, daß gewisse Personengruppen auf keinen Fall zuviel Vitamin C nehmen dürften. Im amerikanischen Arzneimittelbrief warnten die Ärzte vor allem Gicht- und Zuckerkranke vor einer Dosis von mehr als 1 g täglich. Durch Übersäuerung des Blutes könnten Nierensteine entstehen, auch Entzündungen und Verformungen in den Gelenken (Arthritis).

Der angesehene Chemieprofessor Gerhard Schrauzer von der Universität Kalifornien warnte ebenfalls vor Vitamin C: „Größere Mengen ... verleihen keinen dauerhaften Schutz vor Krankheiten; sie können sogar das Gegenteil bewirken, nämlich eine größere Anfälligkeit für Erkältungen und andere Infektionen, wenn man mit der Überdosis des Vitamins plötzlich aufhört."

Ohne ärztliche Anweisung solle man auf keinen Fall Vitamin C grammweise einnehmen. Von Nebenwirkungen wie Schlaflosigkeit, Unruhe, Bluthochdruck, Übelkeit, Kopfschmerz und Durchfall abgesehen, stehe die Substanz im Verdacht, bei hoher Dosierung die Bildung von Nierensteinen zu fördern.

Ohne Widerspruch bleibt demnach ganz allein die Behauptung, mit Vitamin C sei viel Geld zu verdienen. Selbst der Marktführer der Cebion-Hersteller, der Darmstädter Merck-Konzern, teilt diese Ansicht. Und wer wollte dann noch widersprechen?

Als Merck den Verkauf seiner Vitaminpräparate auf die Drogerien ausweitete, hieß es in der Offerte an die Drogisten: „Mit Multibionta und Cebion werden Sie nicht nur ein guter Drogist sein, sondern auch ein gutes Geschäft machen.“ Versprochen wurden „problemlose Gewinne“.

Probleme folgten freilich nach dieser Aktion – für die Firma Merck. Denn damit hatte sie einen der heiligsten Stände deutscher Händler massiv angegriffen: die Apotheker. Die wurden nun einigermaßen rabiat. Neben allgemeinen Beschimpfungen gab es sogar handfeste Drohungen. So annullierte beispielsweise der Apotheker Ludwig Langer aus Idar-Oberstein eine Cebion-Bestellung: „Nehmen Sie bitte auch zur Kenntnis, daß mir künftig Besuche aus Ihrem Haus unerwünscht sind. Sollte wider Erwarten trotzdem jemand in Ihrem Auftrag ... meine Apotheke betreten, müßte ich darin den Tatbestand des Hausfriedensbruchs sehen und entsprechende Konsequenzen ziehen.“

Nun könnte uns diese Rangelei ziemlich kaltlassen, wenn die Begründung, die die Zeitschrift „Werben + Verkaufen“ für den Absatz der Merck-Produkte über Drogerien gibt, vollständig ist. Dort heißt es, daß Merck auf „seinem Markt nicht weiter expandieren konnte“. Mit einem Werbeetat von ca. 2,3 Millionen für klassische Medien reichten die etwa 10.800 Apotheken nicht aus, man brauchte auch die rund 14.500 Drogerien. Wenn jedoch der „Spiegel“ richtig ergänzt, dann war ein anderer Grund maßgebend, nämlich die marktbeherrschende Situation (mit einem Marktanteil von über 70% bei diesen Vitaminpräparaten), die Merck zu diesem Schritt veranlaßte. Danach hatte der Merck-Konzern Angst vor dem Bundeskartellamt. Nach der „Spiegel“-Version, die ziemlich glaubhaft klingt, mußten die Merck-Juristen befürchten, daß man ihnen im Bundeskartellamt in dieser Situation den gebundenen Verkauf und über Apotheken ankreiden würde.

Allerdings bezweifelten die Apotheker diese auch von den Merck-Leuten verbreitete Version. Denn sie fanden nach einiger Zeit heraus, daß der Multibionta-Start in den Drogerien durch eine Änderung des Präparats vorbereitet worden war. In den neuen Tabletten fehlte das bisher verwendete Vitamin D 3, und die Vitamin-A-Dosis war reduziert worden.

Auf alle Fälle erklärt sich daraus für uns etwas Entscheidendes: der extrem hohe Preis für Vitamin-C-Tabletten, auch wenn er für fast alle einschlägigen deutschen Produkte etwa gleich ist, aber eben gleich hoch.

Für 10 g Vitamin C in Tabletten zu meistens 1 g verlangt man beispielsweise bei:

CEBION DM 4,40,
CEDOXON DM 4,35,
XITIX DM 4,40.

Brausend oder nicht brausend: für 10 g Vitamin C also über vier Mark.

Es ergibt sich die Frage, wie die Hersteller auf diese Phantasiepreise kommen, wenn man schon in New York, in einer Stadt also, die bei Gott nicht als Paradies für sparsame Käufer gilt, für die gleiche Menge umgerechnet etwa DM 0,80 bezahlen muß (100 Tabletten zu je 1 g kosten 2,49 Dollar).

Ein unbegreiflicher Unterschied. Auch bei uns ist jeder selbst schuld, wenn er sich diese Tabletten kauft, wo sich doch auch hier allmählich herumgesprochen haben dürfte, daß Vitamin C auch unter dem Namen Ascorbinsäure erworben werden kann. Denn in den erwähnten Tabletten ist auch nichts anderes drin, vielleicht zusätzlich ein bißchen Zucker.

Allerdings werden einem auch für Ascorbinsäure oft noch 2 Mark für 10 g abgeknöpft, aber nur, wenn man so dämlich ist – oder keine andere Möglichkeit hat –, sie in Apotheken zu kaufen.

In Geschäften für Laborbedarf etwa kann man die gleiche Menge zu Preisen kaufen, die von 35 bis 80 Pfennig für 10 g schwanken.

Ascorbinsäure ist ein Pulver und kann in jeder Flüssigkeit aufgelöst werden. Das zarte Viertel eines Eßlöffels Ascorbinsäure in einem halben Glas Wasser, etwas Zucker dazu und ein paar Eiswürfel darauf – so jedenfalls empfiehlt es Linus Pauling – ergibt ein flottes Getränk.

Aber noch steigen bei uns die Umsätze von Vitaminpräparaten rasant, was bei der intensiven Werbung auch nicht verwunderlich ist. Jährlich geben wir dafür und für ähnliche Präparate 100 Millionen Mark aus. Vielleicht tröstet uns, daß allein die Einwohner von New York im vergangenen Jahr für derartige Mittel 20 Millionen Dollar ausgegeben haben – bei wesentlich niedrigeren Preisen.

Doch noch etwas muß erwähnt werden: Am 18. Februar 1971 wurde in der Universitäts-Poliklinik München Versuchspersonen je 1 g Vitamin C verabreicht. Nach fünf Stunden wurde der Urin der Versuchspersonen untersucht. Zu diesem Zeitpunkt hatten die meisten Versuchspersonen bereits bis zu einem Drittel dieses Präparates wieder ausgeschieden.

Dr. Wolfram von dieser Klinik erläuterte im Deutschen Fernsehen diesen Versuch und folgerte: „Das Experiment zeigt deutlich, daß bei der großen Zufuhr von 1000 mg Vitamin C (1 g) nur ein Teil im Organismus verwertet oder gespeichert wurde. Der Rest ging durch die Niere verloren.

Dies hat folgende Gründe:

1. Der Organismus vermag nur eine begrenzte Menge von Vitamin C zu speichern, und zwar, wie zahlreiche Untersuchungen ergeben haben, 50 bis 100 mg pro Tag. Steigert man die Zufuhr von 100 auf 200 oder 300 mg, so wird die Speicherung nur unwesentlich verbessert.
2. Bei Menschen, die allmählich in ein Vitamin-C-Defizit geraten sind, ist es medizinisch angezeigt, die Depots durch einen kurzdauernden Vitamin-C-Stoß von 1000 mg (1 g) an drei aufeinanderfolgenden Tagen wieder aufzufüllen. Eine länger dauernde Zufuhr von hohen Dosen Vitamin C dürfte unnötig sein."

Es würden, wenn überhaupt, also 100 mg Vitamin C beziehungsweise Ascorbinsäure pro Tag ausreichen. Das würde uns einen Drittelpfennig kosten, oder anders: drei Tage lang Vitamin C käme auf 1 Pfennig. Da die meisten Markenprodukte aber pro Tablette bereits 1000 mg Vitamin C enthalten, kosten uns drei Tage Vitamin C dann DM 1,30.

Da es den Verkäufern glückt, uns Fahrräder, Matratzen oder Schokolade mit dem Argument zu verkaufen, sie seien unserer Gesundheit dienlich, müßte es eigentlich den Verkäufern von Pillen, Salben, Wässerchen noch viel leichter fallen. Es fällt ihnen in der Tat leichter. Aber – und das muß sofort hinzugefügt werden – oft ist der Fahrradverkäufer eher berechtigt, mit Gesundheit zu argumentieren als der Pillendreher. Ein Fahrrad kann in vielen Fällen besser vor Krankheiten (nicht gerade vor Unfällen) schützen als so manche Tablette. Anstelle vieler Medikamente könnten wir uns ebensogut Kartoffelbrei aufs Gesicht schmieren – wenn er nicht zu heiß ist.

Was am Beispiel vom Vitamin C etwas ausführlicher erörtert worden ist, gilt mit kleinen Variationen zunächst einmal für die meisten anderen Vitaminpräparate, jedenfalls für jene, denen wir in Anzeigen und Fernsehspots begegnen. Gerade da treffen wir auf ganz tolle Kombinationen, die uns angeblich vor fast allem schützen, ausgenommen vielleicht Krebs, Kinderlähmung und Syphilis.

Hätten wir wirklich Medikamente vor uns, dürfte mit ihnen jedenfalls nicht in dieser Weise öffentlich geworben werden – auch nicht für zahllose andere Mittelchen gegen Venenleiden, Hämorrhoiden, Kopfschmerzen, Rheuma, Frauenschmerzen, Arterienverkalkung, Alterserscheinungen, Müdigkeit, Schlaflosigkeit, Abgespanntheit –, aber Sie kennen ja alles, Sie lesen diese Anzeigen ja ebenfalls. Die Krankheiten werden in dieser Art Werbung oft so liebevoll beschrieben, daß es schwer ist, sich der Faszination zu entziehen. Vielen gelingt es ziemlich schnell, die beschriebenen Symptome bei sich selbst festzustellen.

Wären die angepriesenen Medikamente wirklich Medikamente, dürfte fast nichts so behauptet werden, wie es da behauptet wird. Denn fast alles verstößt gegen mehrere Paragraphen des Gesetzes über die Werbung auf dem Gebiete des Heilwesens (HWG), vor allem gegen die §§ 3, 4, 5, 8 und 10. So ist es etwa verboten, von einem Arzneimittel Wirkungen zu behaupten, die ihm nach den Erkenntnissen medizinischer Wissenschaft oder nach praktischen Erfahrungen nicht zukommen und die fälschlicherweise den Eindruck erwecken, daß ein Erfolg mit Sicherheit zu erwarten sei. Es ist verboten, mit Gutachten von fachlich hierzu nicht berufenen Personen zu werben oder ohne den Namen des Verfassers, den Zeitpunkt der Veröffentlichung und Fundstelle eines zur Werbung verwandten Gutachtens zu erwähnen. Ebenfalls unzulässig ist es, einem Arzt Werbegaben als Entgelt für die Verschreibung eines Arzneimittels anzubieten.

Es darf öffentlich überhaupt nicht geworben werden für rezeptpflichtige Arzneimittel, Schlafmittel und Medikamente gegen meldepflichtige Krankheiten, Geschwülste und Krankheiten des Stoffwechsels, Erkrankungen des Blutes, organische Erkrankungen des Nervensystems, der Augen und Ohren, des Herzens und der Gefäße, der Leber und Bauchspeicheldrüse, der Harn- und Geschlechtsorgane. Es darf öffentlich nicht geworben werden für Medikamente gegen Magen- und Darmgeschwüre, Epilepsie, Geisteskrankheiten, Trunksucht und krankhafte Komplikationen der Schwangerschaft usw.

Kurzum, es ist so viel verboten, daß man einigermaßen verstört vor diesen Anzeigen sitzt, die dann doch erscheinen, und die Hersteller nur bewundern kann, weil es ihnen gelungen ist, so viele Lücken im Gesetz gefunden zu haben. Da dieses Gesetz den Verbraucher schützen soll, folgt aus dem Umgehen des Gesetzes, daß dem Verbraucher geschadet wird.

Vermutlich werden einige Löcher, insbesondere auf dem von mir bewußt ausgelassenen Sektor Kosmetik, durch das neue Lebensmittelgesetz verstopft, falls es unverändert verabschiedet wird beziehungsweise wenn verändert, zugunsten des Käufers. Aber auch dieses Gesetz wird das Ende der Kurpfuscher und Quacksalber nicht einläuten. Die sterben nie aus, werden nur vornehmer, wohnen hinter feineren Fassaden. Außerdem betrifft dieses Gesetz nicht den richtigen Arzneimittelmarkt, der ja auch nicht ohne ist.

Nun wird dieser Industriezweig gerade in letzter Zeit immer öfter, heftiger und intensiver angegriffen, von vielen Seiten und mit vielen Argumenten attackiert.

Zunächst heißt es grundsätzlich, es gäbe viel zu viele Medikamente auf dem bundesdeutschen Markt. Bei der Eröffnung der 77. Tagung der Deutschen Gesellschaft für Innere Medizin am 19. 4. 1971 in Wiesbaden soll der Vorsitzende, Professor Doktor Grosse-Brockdorff, erklärt haben, daß von den rund 30.000 in der Bundesrepublik hergestellten Arzneien „rund 21.000 überflüssig, teils gefährlich“ seien. Jedenfalls wurde dieser Ausspruch in zahlreichen Publikationen veröffentlicht. Hier erschrecken gleich beide Zahlen.

Nun ist es aber leider völlig belanglos, was – und ob überhaupt – Grosse-Brockdorff nun gesagt oder nicht gesagt hat. Tatsächlich scheint niemand zu wissen, wieviel Medikamente überhaupt auf unserem Markt sind, geschweige denn, wie viele davon überflüssig oder gefährlich sein dürften. Hier wird in einer Weise mit Zahlen operiert, die jedem Statistiker Selbstmord nahelegen müßte.

Im Januar 1971 veröffentlichte die Zeitschrift „DM" einen ausführlichen Report über Arzneimittel. Da heißt es, daß in der Bundesrepublik gegenwärtig „schätzungsweise 65.000 Arzneimittel-Spezialitäten angeboten" werden. In der Fernsehsendung „Panorama" hieß es am 26. 4. 1971, daß bei uns rund 30.000 verschiedene Arzneien auf dem Markt seien. In der Fernsehsendung „Der Markt" sprach Professor Herxheimer, einer der lautesten Kritiker der Branche, am 27. 2. 1971 von 60.000 bis 80.000 Arzneimitteln. Die „Frankfurter Rundschau" schrieb am 5. 3. 1971 in einem Bericht über eine Broschüre des Bundesverbandes der pharmazeutischen Industrie, daß ungefähr 35.000 Spezialitäten in etwa 60.000 Darreichungsformen angeboten werden. Nun weiß man natürlich nicht, wie viele davon wirklich auf dem gesamten Markt der Bundesrepublik angeboten werden. Denn einige Apotheker stellen ja – schon weil sie nicht als akademische Schubladenzieher gelten wollen – ein paar Mittelchen selbst her und verkaufen sie, aber nicht über den Dunstkreis ihrer Alchimistenküche hinaus. Vielleicht sind diese Mittel in den Zahlen enthalten. Vielleicht nicht. Wir wohnen offenbar irgendwo in den unzugänglichen Teilen des brasilianischen Urwalds. Anders sind diese Differenzen nicht zu erklären.

In der „Roten Liste", einem Nachschlagewerk für Ärzte und Apotheker, in dem die relevanten Medikamente aufgeführt sind, also eine Art Arzneimittelkalender, stehen fast 9000 Markennamen, auf die wohl 90% des Umsatzes fallen dürften. Also irgendwo zwischen 80.000 und 9000 dürfen wir tippen, wenn wir wissen wollen, wie viele Medikamente bei uns verkauft werden.

Nun kann man diese Zahl für unwichtig halten und sagen, was da alles irgendwo von einem der 2000 Hersteller oder der rund 11.000 Apotheken an Pillen gedreht wird, sei unwichtig.

Wichtig allein sei die Anzahl der Medikamente, die tatsächlich benutzt würden. Auf diese und ähnliche seltsame Weise versuchen uns einige Betroffene davon zu überzeugen, daß von einer Arzneimittelschwemme, von einer Überflutung gar keine Rede sein könne. Wohl gäbe es ziemlich viele Arzneimittel, aber lange nicht alle wiesen einen nennenswerten Umsatz auf.

So berichtete Ende September 1970 der Direktor des Bundesverbandes der Ortskrankenkassen, Fritz Kastner, auf einer Tagung in Köln von einer entsprechenden Erhebung in Österreich, Spanien, Italien und der Bundesrepublik. In ihrer Ausgabe vom 14. 1. 1971 berichtete „Fortschrittliche Medizin“ von dieser Tagung und erwähnte auch Kastners Beispiele: In Österreich werden von 5000 zur Kassenverordnung zugelassenen Spezialitäten 1250 überhaupt nicht verordnet. In Spanien werden von 19.000 auf dem Markt registrierten Spezialitäten über 2800 überhaupt nicht verbraucht, und rund 60% des Gesamtverbrauchs beschränken sich auf 280 Spezialitäten.

Aber wir wollen freundlich davon ausgehen, daß auch in der Bundesrepublik weniger Mittel gekauft als angeboten werden, oder, wie Herr Kastner meinte, daß ein krasses Mißverhältnis zwischen nominellem Angebot und effektivem Verbrauch besteht.

Das soll uns nun alle beruhigen. Ich verstehe nicht ganz, warum. Wenn tatsächlich weniger Medikamente benutzt werden, als auf dem Markt sind, ist damit nur bestätigt, daß zu viele Medikamente auf dem Markt sind. Würden dagegen alle auch gekauft werden, könnte man davon ausgehen, daß es auch einen Bedarf für diese Riesenauswahl gäbe. Aber genau das scheint nicht der Fall zu sein. Vermutlich sind zahllose Medikamente identisch mit anderen, unterscheiden sich nur, wie Zahnpasta oder Waschmittel, hauptsächlich in Preis und Verpackung und Namen. Aber wenn eben zu viele angeboten werden, folgt daraus, daß der Arzt den Markt nicht überblicken kann. Darüber sollen wir uns nun freuen, uns besänftigt aufs Sofa fallen lassen und die Pantoffel überstreifen.

Wie viele Medikamente wirklich überflüssig sind, dürfte erst eine Rechnung ergeben, in der nicht nach Marken, sondern nach Zusammensetzung gerechnet wird. Wenn wir also nicht das Produkt X der Firma Y kaufen müssen, sondern einfach nach der chemischen Bezeichnung einkaufen können. (Wie beim Beispiel Vitamin C ist es theoretisch in vielen anderen Fällen möglich; im kürzlich veröffentlichten Kefauver-Report stehen viele Seiten mit Beispielen.)

Immerhin – und das wird in diesem Zusammenhang leider viel zu selten erwähnt –: viele Ärzte kommen mit rund 100 Medikamenten aus. Manchen reichen 50. Nun kann es ja möglich sein, daß jene Ärzte, die sich auf diese Weise einschränken, ein bißchen bekloppt oder doch primitiv sind, daß sie gar keine Ahnung haben, welche Möglichkeiten ihnen die Pharmaindustrie bietet. Ebenso möglich ist es aber auch, daß sie gerade deshalb wenige Medikamente verwenden, weil sie diese kontrollierter und virtuoser zu handhaben verstehen.

Nun soll man vom Arzt nicht verlangen, daß er sich nach einer Maxime eines großen Arztes richtet, der allerdings bereits vor mehr als vierhundert Jahren gestorben ist. Dieser Arzt und Naturforscher hieß Paracelsus und meinte: „Der Arzt ist die Arznei." Es wäre Unsinn, wenn wir uns allein auf dieses Heilmittel verlassen sollten. Aber genauso unsinnig ist es, wenn wir den Sinn des Satzes umdrehen und den Arzt nur noch als Arzneimittelverteiler benutzen.

In Schweden, so schätzt man, sind nicht mehr als 3000 Arzneimittel zu kaufen – allerdings in jetzt staatlichen Apotheken. Nach dem „DM"-Report sind die Chilenen noch radikaler vorgegangen. Dort haben Arzneisachverständige kurzerhand eine Liste aller wichtigen Medikamente zusammengestellt. Sie haben nach drei Kategorien ausgesucht: sicher, wirksam, billig. Insgesamt sind sie auf 300 Medikamente gekommen. Vielleicht herrschen in Chile besondere, spartanische Arzneiverhältnisse. Aber bei uns werden fast sechsmal so viel in einem Jahr allein neu zur Registrierung beim Bundesgesundheitsamt angemeldet, fast 1700 im Jahr; 1970 sollen es genau 1624 gewesen sein.

Im gleichen Zeitraum sind in den USA rund 100 Medikamente neu angemeldet worden. Nun muß der Arzneihersteller in den Vereinigten Staaten die Wirksamkeit seines neuen Mittels belegen. Das wird hier noch nicht gefordert – aber bald. Es kann also vorkommen, daß in den USA für ein Medikament eine ganze Lkw-Ladung Akten eingeht.

Tropfen und Tabletten kriegen unsere amtlichen Prüfer gar nicht zu sehen. Es ist den Staatspharmakologen sogar untersagt, eigene Untersuchungen mit neuen Wirkstoffen vorzunehmen.

Das kann vernünftig sein. Möglicherweise würde man sonst ziemlich schnell dem Staat die ganze Verantwortung für ein neues Medikament überlassen, den Hersteller davon befreien.

Aber: In den USA, in der staatlichen Gesundheitsbehörde FDA, arbeiten in diesem Bereich mehr als hundert, manchmal (inklusive freier Mitarbeiter) bis über tausend Wissenschaftler, also in jedem Falle mehr, als jährlich Medikamente neu angemeldet werden. Auch wenn die amerikanischen Wissenschaftler mehr arbeiten müssen, ist die Diskrepanz abenteuerlich, wenn wir hier und dort vergleichen: Neue Medikamente – Anzahl der prüfenden Wissenschaftler.

Über hundert Wissenschaftler in den USA bei rund hundert Neueinführungen gegen 1700 Neueinführungen in der Bundesrepublik und genau vier Wissenschaftlern im Bundesgesundheitsamt.

Selbst wenn die wenigsten der neuen Medikamente bei uns tatsächlich als neu anzusehen sind, kann man sich nicht vorstellen, daß die Prüfer ihrer Aufgabe gerecht werden können. In einem Bericht über das Bundesgesundheitsamt kam die Zeitschrift „akut" dann auch folgerichtig zu der deprimierenden Feststellung, daß unsere amtlichen Arzneimittelregistratoren durch ihre Arbeitsüberlastung – für einige Heilmittel kommen mehrere Ordner voll Unterlagen ins Amt – nicht einmal mehr die Zeit erübrigen können, den Fortschritt ihrer Wissenschaft zu verfolgen.

„Seit drei Jahren", heißt es da, „habe er aus Zeitmangel keine einschlägigen Veröffentlichungen mehr lesen können, bekannte im vergangenen Frühjahr BGA-Arzneimittelprüfer Professor Dr. Curt Schwietzer."

Mit der erwähnten Feststellung, daß von diesen 1700 jährlich neu in den Handel kommenden Mitteln lange nicht alle verschrieben werden, mag sich beruhigen, wer will. Daß viele der neuen Medikamente nur altbekannte Wirkstoffe enthalten, ist ein ebenfalls oberflächlicher Trost.

Aus dieser Situation folgt nämlich nichts anderes, als daß dieser Industriezweig eben nach den gleichen Prinzipien arbeitet wie jeder andere in der Konsumgüterindustrie. Auch er ist in dieser Situation fast dazu gezwungen, mit denselben Mitteln Absatz zu fördern wie die Hersteller von Sekt, Seife und Automobilen.

Genau das wird aber der Pharmaindustrie vorgeworfen, wenn man die Angriffe auf ihre wirklichen Thesen reduziert. Man nimmt ihr übel, daß sie versucht, ihre jährlich 1700 neuen Artikel auch zu verkaufen. Daß sie Mittel und Methoden, Tricks und Taktiken benutzt, wie sie von den anderen Produzenten und Händlern ganz selbstverständlich angewendet werden. Auch die Pharmaindustrie benutzt Marketing- und Werbeagenturen. Erst in diesem Jahre ist wieder eine gegründet worden, die CPM, freilich nur für rezeptfreie Pharmaprodukte. Gegründet wurde sie vom ehemaligen Werbeberater Jörg Nimmergut und dem Münchner Marketingberater Dr. Helmut Fried. CPM hat, wie „Werben und Verkaufen" berichtete, folgende drei Departements eingerichtet:

1. Präparateplanung und Aktualisierung vorhandener Produkte.
2. Concept Creation.
3. Permanente Effektivitätsunterweisung der Mitarbeiter von Pharmaunternehmen und Erarbeitung verkaufstaktischer „Werkzeuge".

Vielleicht hört sich das in puritanischen Ohren absonderlich an. Aber es ist nicht einzusehen, warum dieser Industriezweig sich nun anders verhalten sollte. Niemand zwingt ihn doch dazu. Und von den anderen Herstellern des Konsumbereiches unterscheidet er sich doch am auffallendsten nur durch einen genauer zu beschreibenden Kundenkreis. Denn diese Industrie verkauft eben in der Hauptsache an und über Ärzte. Sie hat also lediglich rund 100.000 anzusprechende Käufer. Da die Industrie gleichzeitig einen Umsatz von jährlich rund 6 Milliarden D-Mark aufweisen kann, ist es erst recht nicht verwunderlich, daß eben auch besonders hohe Beträge investiert werden, um zu verkaufen. So steht, selbst bei einer sehr großzügigen Rechnung von 300 Arbeitstagen im Jahr, die bedauernswerte Industrie vor dem Dilemma, jeden Kunden Arzt täglich mit fünf bis sechs neuen Medikamenten vertraut zu machen.

„Panorama" nannte einen entsprechenden Werbeaufwand pro Arzt und Jahr von rund 7000 Mark. Das „Deutsche Ärzteblatt" berichtete bereits vor drei Jahren, daß dem Arzt durchschnittlich an einem Tage 32 Werbebotschaften der Pharmaindustrie zugehen. Diese Zahl ist seither oft wiederholt worden, dürfte sich dennoch verändert haben, aber nach oben, nicht nach unten.

Natürlich vergißt die Industrie in ihrem Bestreben, mehr zu verkaufen, auch den Konsumenten nicht, den fleißigen Pillenschlucker. Nun darf sie aus bereits erwähnten Gründen für viele Erzeugnisse nicht direkt und öffentlich werben. Allerdings haben sich da einige Gewohnheiten entwickelt, die absatzfördernd wirken dürften, auch wenn sie vorher vielleicht nicht mit dieser Absicht eingeführt worden sind.

Dieser Effekt wird beispielsweise dadurch erreicht, daß wohl auf Schachteln und Begleitzetteln zu erkennen ist, gegen welches Leiden das Medikament gedacht ist. Allerdings setzt auch hier mancher Hersteller einen polyglotten Kranken voraus, einen, der sich in der medizinischen Fachsprache auskennt. Aber selbst diese Hinweise sind auf Röhrchen, Fläschchen und Tuben schon viel seltener. Da fast jeder Packung und Begleitzettel wegwirft, das Medikament in seine Hausapotheke stellt, wird er nach einiger Zeit nicht mehr wissen, was er da unsinnigerweise aufbewahrt hat.

Vielleicht wird es gemacht, um einer Eigentherapie vorzubeugen. Möglicherweise soll damit vermieden werden, daß ein Mensch, der die gleichen Ohrensausen hat wie im vorigen Sommer, nun darauf verzichtet, zum Arzt zu gehen, und sich statt dessen die gleichen Tropfen träufelt wie damals. Ein Verfallsdatum brauchen die Hersteller nur dann anzugeben, wenn das Medikament nicht länger als drei Jahre stabil bleibt.

Seit einigen Jahren veranstalten einige Apotheker Entrümpelungsaktionen der Hausapotheken. Dabei erweisen sich rund die Hälfte aller zur Überprüfung gebrachten Mittel als nicht mehr benutzbar. Auch das ist also eine brauchbare Verkaufsförderung. Denn wo gibt es schon Produkte, die in dieser Menge nie benutzt auf den Müll wandern.

Nun ist es auch geglückt, uns dazu zu bringen, Arzneimittel nicht nur dann zu kaufen, wenn wir sie gerade benötigen, wenn wir sie wegen irgendeiner Krankheit verschrieben bekommen haben – viele kaufen heute bereits Arzneimittel auf Vorrat. Sie kaufen sich Medikamente für den Fall, daß ... Sie kaufen sich Medikamente wie Konserven, obwohl manche von ihnen schneller verderben und man überhaupt keine Ahnung haben kann, ob man sie jemals benutzen wird.

Aber die Hersteller haben auch eine Möglichkeit, um doch

zu werben: in der Öffentlichkeit. Jedenfalls in der Öffentlichkeit der Apotheken. Die Gesellschaft für Absatzforschung und Dokumentation im pharmazeutischen Bereich mbH, Düsseldorf, hat gerade den Werbemitteleinfluß in Apotheken untersucht. Die Effektivität und der Einfluß von Werbemitteln im Verkaufsraum, in den Schaufenstern und Vitrinen ist dabei besonders ausgeforscht worden, natürlich auch Käufer und Verkäufer, qualitativ und quantitativ. Das Ergebnis ist mir leider nicht bekannt. Es ist mir zu teuer. Der Berichtsband kostet 5000 Mark. Dazu kommt dann auch noch die Mehrwertsteuer.

Aber ich bin ohnehin bescheiden. Mir reicht schon ein Blick in die Schaufenster dieser noblen Händler. Mir reicht es schon, wenn ich sehe, mit welcher Geschicklichkeit hier oft die Angst vor bestimmten Leiden erzeugt und gleichzeitig ein Mittel dagegen angepriesen wird.

Daß auch die Apotheken ihren Innenraum im Lauf der letzten Jahre erheblich verändert haben, dürfte jeder Betroffene selbst bemerkt haben. Die so vornehm, exklusiv und hilfreich tuende Kaste der Apotheker ist jedenfalls nicht so fein, daß sie auf die Erkenntnisse moderner Ladenverkaufstechnik verzichten würde.

So braucht man sich nicht zu wundern, wenn die Rezeptur immer weiter hinten im Laden verschwindet und der Handelsverkauf nach vorn drängt. Die Warterei in Apotheken wird oft dazu genutzt, um besondere Präparate in Vitrinen genau neben den Wartesesseln anzubieten. Wir brauchen nur mal hinzusehen, was an diesen Plätzen steht. Ebenfalls ist es nicht zufällig, daß so viele Apotheken in letzter Zeit ihre hölzernen Ladentische durch gläserne ersetzt haben. So finden wir unter der Glasplatte noch haufenweise Anregungen für kleine, praktische Geschenke für jene, die krank sind oder krank werden wollen.

Nun wird von Fachleuten oft behauptet, daß der Arzt tat sächlich immun sei, auf die übliche Werbung gar nicht reagiere, daß also die Milliarden, die die Pharmaindustrie dafür ausgibt, ebensogut zum Fenster hinausgeworfen werden können. Doktor Kasper Roos, Vorsitzender des Verbandes der niedergelassenen Ärzte Deutschlands, erklärte in einem Interview mit „DM“ beispielsweise: „Der Einfluß der Werbung der Pharmaindustrie auf Arzneimittel, die ein Arzt verordnet, ist sehr viel geringer, als die Kritiker der Ärzte und der Pharmaindustrie annehmen.“ Ich weiß nicht, wie Dr. Roos diese Ansicht begründet. Doch die Hersteller sind da offenbar zu ganz anderen Ergebnissen gelangt.

In einer Untersuchung über die Werbewirksamkeit von Hauszeitschriften, die vor einiger Zeit im „Marketing Journal“ veröffentlicht worden ist, hat sich der Verfasser wohl nicht zufällig auf die Hauszeitschriften für Ärzte konzentriert, sondern weil dieses Beispiel exemplarisch sein könnte. Da wurde zunächst grundsätzlich festgestellt, daß die Hauszeitschriften der Pharmaindustrie eine größere Reichweite haben als alle medizinischen Fachblätter, die ja ebenfalls in Auflagen von einigen Millionen erscheinen.

Aber abgesehen von diesem quantitativen Ergebnis, brachten die qualitativen Befunde für die Hersteller ermutigende Ergebnisse. Grob ergab sich folgendes Bild: Werbung in den Fachzeitschriften liest der Arzt nicht, Hauszeitschriften hin und wieder, Hauszeitschriften bestimmter Unternehmen regelmäßig. Es ergab sich, daß die Hauszeitschriften für Ärzte schon deshalb gründlicher gelesen werden, weil es dem praktischen Arzt „letztlich mehr darauf“ ankommt, „aktuell, praxisnah und verständlich informiert zu werden, als wissenschaftlich präzise und grundlegend“.

Die Methode dieser Hauszeitschriften ist relativ simpel. Auch hier hat sich gezeigt, daß die Anzeigen überschlagen werden, aber der Text gelesen wird. Und dieser Text nimmt den Arzt nicht nur in seiner Rolle als Arzt zur Kenntnis, sondern ebenfalls in seiner Rolle als „Steuerzahler, Wirtschaftler, Konsument, Staatsbürger, Familienmitglied, Briefmarkensammler, Tennisspieler usw. Genau diese Kombination von Rollen berücksichtigen die Hauszeitschriften in wesentlich stärkerem Maße als die medizinischen Fachzeitschriften oder die Standesblätter, aber auch in wesentlich stärkerem Maße als die irgendeines anderen Mediums.“

Die Redakteure dieser Zeitschriften haben eben diesen Arzt als Arzt „und als Menschen“ vor Augen, die komplette Figur. Wohl wird noch an der Mediastrategie gearbeitet, aber die Verkäufer gehen bereits davon aus, daß es bei der Einführung eines neuen Medikamentes für den Arzt verschiedene Stufen gibt. Die übliche Werbung wirkt erst, wenn der Arzt „das Produkt bereits übernommen“ hat. Das heißt, vorher muß er von dem Produkt überhaupt Kenntnis nehmen, dann muß sein Interesse geweckt werden, danach folgt die Bewertung und noch später der Versuch. Erst ganz zuletzt nimmt der Arzt das Produkt an. Zwischen diesen Phasen liegen oft lange Zeiträume. „Für die Mediastrategie ist nun entscheidend, daß in den unterschiedlichen Phasen auch unterschiedliche Informationsquellen beim Arzt wirksam werden".

So ist es ganz selbstverständlich, daß in diesen Hauszeitschriften auch viel weniger direkte Werbung zu finden ist als in den Anzeigen der Fachzeitschriften, 41,0% gegenüber 15,2%.

Aber die Industrie beschränkt sich ja nicht auf Hauszeitschriften in ihrer Werbung, nicht nur auf Anzeigen und Broschüren. Sie ist so wenig zurückhaltend, daß sie allein auf Messen zentnerweise Muster und Bücher verteilt, daß sie Preisausschreiben veranstaltet wie Mineralölkonzerne. Die Industrie rückt mit ihren sogenannten Arzneimittelvertretern den Ärzten auch direkt auf die Bude. Allein in Westberlin versuchen 727 Pharmavertreter die rund 5000 Ärzte dazu zu bringen, das richtige Medikament zu verschreiben. Sie geben sich manchmal als wissenschaftliche Berater aus, sind aber oft nur Hilfskräfte, in erster Linie Verkaufsprofis. Ob sie dann in den Statistiken der Hersteller auch in der Rubrik Werbung und Verkaufsförderung erscheinen, dürfte freilich nicht ganz sicher sein.

Bei der Einweihung eines neuen pharmakologischen Laboratoriums der Farbwerke Hoechst ging der Forschungsleiter Doktor Gareis kürzlich auch auf die Vorwürfe ein, die gegen die Werbung vorgebracht werden. Er hielt die Kritik für ungerechtfertigt, weil beispielsweise seine Firma für Werbemaßnahmen nur 2,8% vom Umsatz aufwende, für die wissenschaftliche Information der Ärzte dagegen 13,6%.

Aber es bleibt uns überlassen, zu entscheiden, was Werbung und was wissenschaftliche Information ist. Richtige wissenschaftliche Information wäre nicht nur eine lückenlose Unterrichtung über die therapeutische Brauchbarkeit, sondern auch über die Art und Häufigkeit von Nebenwirkungen – der Arzt muß ja zumindest übersehen können, ob das Risiko, das mit jedem Medikament verbunden ist, auch vertretbar ist.

Ob die Ärzte auf diese Weise informiert werden, wird jeder Arzt beurteilen müssen. Der Außenstehende hat diesen Eindruck jedenfalls nicht, und bei meinen Recherchen bin ich auch auf keinen Arzt gestoßen, der das Gefühl hatte, vom Hersteller gründlich und sachlich informiert zu werden. Der seit einiger Zeit bestehende Unabhängige Arbeitskreis „Arzneimittel-Politik" füllt seine regelmäßig erscheinende Publikation wohl auch nicht aus Daffke zu einem wesentlichen Teil mit Hinweisen auf Nebenwirkungen und Nichtwirkungen. Tatsächlich werden hier oft genug Beispiele dafür erwähnt, daß die Industrie nicht nur verschweigt, sondern auch verschleiert.

Nur ein Beispiel: Im „Arznei-Telegramm" Nr. 2/71 heißt es nach der Überschrift „Bayers Bluff mit Colfarit" unter anderem: „Firmeninterne (vertrauliche) Marktanalyse der Bayer AG gesteht in der Rubrik ‚Argumente gegen Colfarit': ‚Wir haben im Moment noch keinen klinischen Beweis für die Effektivität von Colfarit . . .' Solchen Einschränkungen unterliegt nicht die Colfarit-Werbung." Dann folgen Beispiele aus dieser Werbung, die dem Fachmann die letzte Behauptung bestätigen.

Wie heute wirklich geworben wird, läßt sich aber auch auf andere Weise erkennen. So hat gerade in diesen Tagen, im Frühsommer 1971, die Bundesärztekammer in Zusammenarbeit mit der Kassenärztlichen Bundesvereinigung als gemeinsamer Herausgeber des „Deutschen Ärzteblattes" neue „Grundsätze für die Arzneimittelwerbung" festgelegt.

Für dieses offizielle Organ soll vom 1. April 1972 an nicht mehr gelten, was auch hier bislang alltäglich sein muß. So soll etwa Arzneimittelwerbung bei Ärzten künftig nicht mehr darauf ausgerichtet sein, unbegründeten Bedarf zu wecken.

Natürlich haben auch diese wichtigen Institutionen Verständnis für den „werberischen Charakter" der Anzeige, aber die Ärzte sollten doch primär mit sachgerechter und zuverlässiger Information versorgt werden.

Ab April 1972 will also mindestens das „Deutsche Ärzteblatt" nur noch Anzeigen veröffentlichen, bei denen die Zusammensetzung des angebotenen Arzneimittels nach seinen pharmakologisch wirksamen Bestandteilen klar und verständlich deklariert wird. Es wird sogar gefordert, daß die Angaben zur Abgrenzung des Indikationsbereiches des Arzneimittels klar formuliert werden. Klare Hinweise auf bestehende Risiken beziehungsweise Vorsichtsmaßnahmen werden ebenfalls gefordert. Man will sogar, daß in den Anzeigen gängige Packungsgrößen und deren Preise angegeben werden.

In die Rubrik „Wissenschaftliche Information" reiht die Industrie möglicherweise aber auch ihre Werbemaßnahmen ein, die zum Stichwort „Ärztemuster" gehören. So wie Zeitungsredaktionen Besprechungsexemplare von Büchern erhalten, Disc-Jockeys kistenweise Schallplatten, werden dem Arzt die Pharmaprodukte auf Wunsch frei und franko zugeschickt. Er kann dann selbst entscheiden, ob es etwas taugt oder nicht. Das hört sich wirklich sehr harmlos an. Leider kann der Buchverleger jedoch mit dem Pharmaproduzenten nicht verglichen werden.

Der erste Unterschied besteht schon einmal darin, daß das Produkt Buch (oder Schallplatte) auf seine Qualität schnell, wenn auch subjektiv beurteilt werden kann. Das ist bei Pillen nicht möglich. Zum zweiten dürfte es einem Redakteur schwerfallen, von einem Buch, das ihm gefällt, gleich einige hundert Exemplare zu erhalten (geschenkt, versteht sich). Der Arzt aber erhält in vielen Fällen Tausende von Tabletten einer Sorte oder Marke.

Wie wichtig und nützlich den Herstellern diese verkaufsunterstützende Methode sein muß, ergibt sich aus dem Verhältnis der verkauften zu den verschenkten Medikamenten. Die meisten Hersteller rechnen in den ersten Monaten der Einführung mit einem Verhältnis 1:1, das sich dann allmählich zugunsten der zu verkaufenden Packungen verändert. So hat der „Spiegel" im Falle Menocil errechnet, daß im Lauf der Jahre, da dieses Präparat auf dem Markt war, in der Bundesrepublik 990.807 Packungen verkauft wurden und rund 400.000 als Muster an Ärzte und Kliniken gingen.

Aber das wird sicherlich nicht getan, um dem Arzt einen Gefallen zu tun, weil beide, Industrie und Arzt, gewissermaßen in einem Boot sitzen. Es lassen sich auch andere Gründe denken. Zunächst kann ein neues Medikament auf diese Weise leicht in der Praxis erprobt werden. Der Arzt gibt es seinem Patienten und kann dem Hersteller über Erfolg oder Mißerfolg berichten. Der Arzt kann den Hersteller über Nebenwirkungen informieren, weil ja kein Medikament ohne Nebenwirkungen ist und auch vor seiner Einführung oft nicht ausreichend erprobt worden ist – auch oft nicht ausreichend erprobt werden kann. Ob der als Versuchskaninchen dienende Patient übrigens von seiner Funktion erfährt, bleibt der Auffassung von Standesehre des behandelnden Arztes überlassen.

Aber dem Arzt wird durch die Ärztemuster vielfach auch die Möglichkeit gegeben, sich vor finanziellem Unheil zu schützen. Viele Krankenkassen schreiben dem Arzt einen ganz bestimmten

Betrag vor, für den er in einem bestimmten Zeitraum Medikamente verschreiben darf. Wird über diese Summe hinaus verschrieben, kann es passieren, daß dieser Betrag von seinem Honoraranteil bei der Endabrechung wieder abgezogen wird.

Daß sich also selbst das Verschenken großer Anteile der Produkte letzten Endes ebenfalls auszahlen wird, ergibt sich aus den Bilanzen besonders großer Hersteller. Wenn auch in der Branche oft behauptet wird, daß erst fünf Jahre nach der Einführung eines neuen Medikaments die Vorkosten wieder reingekommen sind, erst dann das Verdienen beginnt, so steht doch ebenso fest, daß in dieser Branche prima verdient wird.

Die feste Zuversicht der Branche, daß die „Chancen am Pharmamarkt" auch künftig „überdurchschnittlich" sein werden, illustrierte der „Spiegel" am Beispiel der Farbwerke Hoechst: „Die Pharmaproduktion hatte den Hoechstern im vergangenen Jahr 23% ihres Jahresüberschusses eingebracht, obgleich sie nicht einmal 15 Prozent zum gesamten Umsatz beitrugen."

Das heißt im Klartext: Die Verdienstspannen bei Medikamenten sind höher als bei anderen Produkten dieses Hauses. Und sie dürften durch die Preiserhöhungen von bis zu 16% (insgesamt, nicht nur Hoechst), nämlich bei genau 22.800 Packungen im Jahre 1970, auch nicht vermindert worden sein.

Wie diese Preise zustande kommen, ist eines der großen Rätsel unseres Jahrhunderts. Da gibt es gewisse Faustregeln, die in der Branche kolportiert werden, wonach Herstellungspreis mal sieben bis mal zehn den Verkaufspreis ergeben soll. Aber das dürfte tatsächlich nicht präzise genug sein.

Die Industrie behauptet natürlich zunächst einmal, daß sehr viel Geld in die Forschung gesteckt wird. Sicherlich wird in die Forschung investiert, und es soll auch – bei allem, was hier kritisch klingen kann – nicht unerwähnt bleiben, daß uns diese Industrie ja tatsächlich mit Mitteln versorgt, die uns vor Krankheiten schützen, daß sie neue Medikamente erfunden oder entdeckt hat, die uns von Krankheiten unserer Väter heilen.

Es ist ebenfalls festzuhalten, daß auch in der DDR, in der Publikumswerbung für Arzneimittel nicht zulässig ist, der Verbrauch an frei verkäuflichen schmerzstillenden Mitteln von Jahr zu Jahr überdurchschnittlich ansteigt.

Bei den Preisgebräuchen wollen wir auch anerkennen, daß

einige Firmen Arzneimitteln herstellen, die nur einen geringen Umsatz bringen und dennoch für die Therapie spezieller Krankheiten wichtig sind, daß einige Medikamente kurze Lebensdauer haben, manche sogar nur wenige Tage halten.

Wir können unterstellen, daß an vielen dieser Mittel kein Geld zu verdienen ist, im Gegenteil, daß man Geld zusetzen würde, wenn man nur sie allein im Sortiment hätte. Ein Teil des hier nicht einzunehmenden Geldes muß also bei den umsatzstärkeren wieder hereingeholt werden. In diesen Firmen wird sicherlich gemischt kalkuliert.

Nun hat aber, gerade was die Forschung angeht, das Bundeskartellamt festgestellt, daß vom Umsatz durchschnittlich 10% für die Forschung aufgewendet würden, aber 15 bis 25% für Werbung jeglicher Art, also im Schnitt doppelt soviel für die Werbung wie für die Forschung.

Der Vizepräsident des Bundesgesundheitsamtes, Professor Erwin Jahn, nannte sogar eine wesentlich höhere Zahl. Er meinte, daß etwa 40% vom Umsatz als Werbeaufwand gerechnet werden müssen. Seiner Meinung nach könnten Arzneimittel demnach ohne diesen gigantischen Verkaufsaufwand um durchschnittlich ein Viertel billiger verkauft werden.

Obendrein bleibt durchaus offen, wieviel von diesen 10% für Forschung nun tatsächlich in die Forschung nach neuen Substanzen gesteckt wird. Wenn jährlich bei uns rund 1700 neue Mittel angemeldet werden, aber nur ein geringer Teil tatsächlich neu ist, sondern die meisten nur eine Mixtur aus bereits bekannten, die nach Ansicht von Professor Herxheimer sogar oft willkürlich vorgenommen wird, muß man von diesem 10%-Anteil noch ein bißchen subtrahieren.

Um der Preisgestaltung der Unternehmer auf die Schliche zu kommen, haben einige interessierte Personen oder Institutionen nun hin und wieder versucht, die Preise miteinander zu vergleichen, die von den Apotheken der Krankenhäuser verlangt werden und jene, die die öffentlichen Apotheken bezahlen müssen oder gar die, die wir Käufer dann in den Apotheken bezahlen müssen.

Da ergaben sich in der Tat erstaunliche Unterschiede. Beispielsweise wird Devortin, ein Corticoid der Firma Merck, an eine Krankenhaus-Vollapotheke so abgegeben: 1200 Tabletten zu DM 64,–. In der öffentlichen Apotheke werden Packungen zu 30 Tabletten verkauft. Die würden demnach DM 1,60 kosten. Aber wir müssen DM 17,05 bezahlen; der Apotheker etwa DM 8,–.

Aquacillin, ein Penicillin-Präparat von der Firma Bayer, wird an Krankenhaus-Vollapotheken für 50 bis 55 Pfennig je 1 Mega abgegeben. In den öffentlichen Apotheken müssen wir für 2 Mega DM 14,40 bezahlen, also das fast Fünfzehnfache.

Paraxin, ein Breitbandspektrum-Antibiotikum der Firma Boehringer, wird ans Krankenhaus so verkauft, daß neun Kapseln zirka DM 1,89 kosten würden, wir aber müssen DM 13,85 bezahlen.

Diese Liste ließe sich endlos fortsetzen. Die meisten dieser Zahlen stammen aus Untersuchungen des Bundeskartellamtes, aber auch der bereits erwähnte Arbeitskreis Arzneimittel-Politik hat lange Listen veröffentlicht.

Das sind alles erschreckende Zahlen. Aber ich bin nicht so zuversichtlich, daß wir hier wirklich eine brauchbare Methode gefunden haben, um über die Preispraktiken dieser Industrie mehr zu erfahren. Mich irritiert da einfach das ganze Verkaufssystem dieser Branche, die sich darin eben von den anderen nicht unterscheidet. Das heißt, ihr dominierendes Bestreben ist doch einzig das, diese Mittel möglichst viel und oft zu verkaufen. Kann es da nicht möglich sein, daß die Hersteller hin und wieder an die Krankenhaus-Vollapotheke zu Preisen verkaufen, die die eigenen Kosten nicht decken? Kann es nicht sein, daß man hier unter den Selbstkosten bleibt, aber im freien Verkauf dann durch den Mehrverkauf diesen „Verlust“ wieder ausgleicht?

Es könnte doch sein, daß die Hersteller sich etwa folgendes überlegen: Den Krankenhaus-Apothekern wird man schwerlich Markennamen andrehen können, ihnen muß man Inhalte, also pharmakologische Bestandteile verkaufen. Die dort angestellten Apotheker verkaufen das Produkt auch nicht weiter. Es sind pharmakologische Experten, die aber keine Möglichkeit haben, aus einem Handel Gewinn zu erzielen. Sie werden also versuchen, von den angebotenen Arzneien mit vergleichbarer Wirkung die billigsten zu kaufen.

Gleichzeitig werden diese Medikamente in den Kliniken für Patienten benutzt, die vielleicht weiter Medikamente einnehmen müssen, nachdem sie das Krankenhaus verlassen haben. Wer also für ein bestimmtes Leiden im Krankenhaus mit einem bestimmten

Medikament behandelt worden ist, wird es möglicherweise auch außerhalb des Krankenhauses weiter benutzen.

Die Hersteller haben also ein Interesse daran, daß ihr Mittel in den Krankenhaus-Apotheken ist. Außerdem kann ich mir vorstellen, daß auch den Herstellern bekannt ist, wie viele junge Ärzte – in ihrer Ausbildungszeit die meisten – in den Krankenhäusern beschäftigt sind. Man rechnet da nämlich mit dem hohen Anteil von 40%. Fast die Hälfte unserer Ärzte in den Krankenhäusern steht am Beginn ihrer Karriere. Kann es nicht möglich sein, daß die Hersteller versuchen, diese Ärzte in dieser wichtigen Periode mit den Produkten der Firma vertraut zu machen?

Ich weiß nicht, ob man sich diese Gedanken macht. Aber es würde mich wundern, wenn man in der Industrie anders dächte. Am Anfang dieses Kapitels habe ich registriert, daß die Pharmaindustrie ihre Verkaufspraktiken und -taktiken denen der anderen Branchen angepaßt hat. Wenn diese These richtig ist, nützt uns also der Preisvergleich nach dieser Methode überhaupt nichts oder doch nur sehr wenig.

Auf die Gefahr hin, diesen Industriebereich zu verteidigen: Mich irritiert in der Abteilung Arzneimittel die Gruppe der Verkäufer viel weniger als die andere, die der Käufer. Was wird denn, ganz nüchtern betrachtet, der Industrie vorgeworfen? Daß sie zu viele Produkte herstellt, daß diese manchmal gefährlich sind, daß einige sinnlos sind, daß sie zu teuer sind, daß mehr Aufwand für Werbung und Verkaufsförderung getrieben wird als für die Forschung. Alles schön, richtig und angreifbar. Es ist schwer verständlich, daß die Industrie so lange mit diesen Methoden durchgekommen ist, daß wir unsere amtlichen Gesundheitshüter so vernachlässigen, daß sie ihre wichtige Arbeit nicht angemessen ausüben können.

Aber noch weniger begreiflich ist, daß diese Methoden der Absatzförderung erfolgreich sind. Welche Industrie von vergleichbarer Größenordnung hat es mit einem Käuferkreis zu tun, von dem Warenkunde verlangt werden muß. Wo finden wir einen Käuferkreis, von dem wir erwarten sollten, daß er aus kritischen Käufern besteht. Hier haben wir doch endlich einmal kompetente Käufer, gut ausgebildete und qualifizierte Kunden. Es sind an Hochschulen und Kliniken ausgebildete Ärzte, denen Dinge verkauft werden, die zu ihrer Arbeit gehören. Mit hundert Medikamenten soll ein Arzt auskommen, von mir aus mit zwei- oder dreihundert. Zehn-, dreißig- oder sechzigtausend sind aber auf dem Markt. Wo, um Himmels willen, bleiben die denn? Hat jeder Arzt ein anderes Sortiment? Irgendwo müssen die Arzneien ja bleiben. Von uns aus, also ohne den Arzt, können wir nur wenige kaufen. Wir kriegen sie vom Arzt verordnet, und damit hat es sich. Als Krankenkassen-Untertanen können wir oft nicht einmal sagen: Nein, das Zeugs wollen wir nicht. Die meisten Krankenkassen haben festgelegt, daß wir uns an die Weisungen des Arztes zu halten haben.

Wohl lassen sich auch andere promovierte Käufer beim Einkaufen bescheißen und übers Ohr hauen. Auch sie sind gegen die Tricks und Taktiken der Verkäufer nicht geimpft. Aber sie kaufen dann für sich und lassen sich dementsprechend leichter manipulieren, was wir an einigen Beispielen bereits erkennen konnten. Da nützt die bessere Ausbildung wenig, immerhin ein bißchen, wie jede Untersuchung ergibt. Aber wie werden Ärzte dazu gebracht, für Fremde von Fremden den Verkaufsvermittler zu spielen? Warum dulden sie diesen Dschungel? Warum rezeptieren sie den ganzen Mist eigentlich? Warum verschreiben sie ein Präparat, wenn sie wissen können – und deshalb wissen müssen! –, daß ein gleichwertiges unter einem anderen Namen wesentlich billiger gekauft werden kann. Denn auch da gibt es erhebliche Unterschiede, größere oft als bei allen anderen Konsumgütern.

Deshalb scheinen mir die ganzen Angriffe, so nützlich, so berechtigt sie im Einzelfall sein mögen, das wichtigste Ziel noch gar nicht im Visier zu haben. Der Herr Doktor, der auf die Primitivität der Werbung reinfällt, der Preisausschreiben mitmacht, Gefälligkeitsgutachten gegen Honorar fabriziert, sich nicht ausreichend und nicht an der richtigen Quelle informiert, um wissenschaftlich auf dem laufenden zu bleiben, sich von Handelsvertretern medizinisch beraten läßt, die neben seinen Patienten die Wartezimmer bevölkern, die Universitäten, die den Arzt mit oft mangelhaften pharmakologischen Kenntnissen auf uns loslassen – kurz: Ärzte, die bedenkenlos rezeptieren, was ihnen nach dem Prinzip der Waschmittelreklame im Gedächtnis geblieben ist (oder nach geschickt gewählten Markennamen), die reagieren wie ein Automat: diese Sorte von Arzt ist als williger Erfüllungsgehilfe nicht zu entschuldigen.

Denn er kann es nicht nur besser wissen, er muß es besser

wissen! Wer es nicht tut, wer nur als Arzneimittelverteiler einer fleißigen Industrie fungiert, hätte einen anderen Beruf ergreifen sollen. Nur seine berufliche Schwäche macht es möglich, daß die Pharmaindustrie auf die geschilderte Weise erfolgreich ist.

Sex im Mund

Zu den wenigen Herstellern, denen man abnehmen kann, daß sie sich um unsere Gesundheit sorgen, gehören zweifellos die Zahnpastahersteller. Wer seine Zähne regelmäßig putzt, möglichst zweimal täglich, schützt sich dadurch vor einer der häufigsten Zahnkrankheiten, der Karies. Bis hierher sind sich fast alle einig, Zahnpastaverkäufer und Zahnmediziner. (Natürlich glauben einige Forscher, daß Zähneputzen grundsätzlich schädlich ist. Bislang ist es ihnen aber nicht gelungen, die Mehrheit der Fachleute davon zu überzeugen.)

So wollen wir die seltene Chance nutzen und endlich einmal volle Einigkeit zwischen Industrie und unabhängiger Wissenschaft konstatieren.

Gleich besorgt zeigen sich beide Gruppen darüber, daß bestenfalls jeder zweite Bewohner unserer Republik sich die Zähne einigermaßen regelmäßig putzt; und von denen, die es tun, tun es wieder sehr wenige mindestens zweimal täglich.

Damit sind auch schon fast alle Gemeinsamkeiten von Industrie und Wissenschaft aufgezählt.

Während die Mediziner der Ansicht sind, daß es wichtig ist, sich überhaupt die Zähne zu putzen, womit, ist dabei ziemlich egal, sind die Interessen der Hersteller anders gelagert.

Im Februar 1971 veröffentlichte die Stiftung Warentest das Ergebnis ihrer Untersuchung von 28 Zahnpasten (von 17 Herstellern). Das wesentliche Ergebnis dieses Tests kann in einem Satz zusammengefaßt werden: Unterschiede zwischen den einzelnen, in der Hauptsache aus Schlemmkreide bestehenden Pasten konnten im

Preis festgelegt werden,
in der Verpackung,
in der Größe der Tuben
und in der Werbung.

In diesen Punkten gibt es tatsächlich erhebliche Unterschiede, nur in einem hat man fast keine gefunden: in der Qualität. Da ist eine Zahnpasta wie die andere.

Wenn also Zähneputzer ihre Zahnpasta vor allem nach der Qualität aussuchen – nach einer Divo-Untersuchung 61% –, dann haben sie sich nicht das beste Kriterium gewählt. In zweiter Linie (31%) wird auf den Preis geachtet. Das hat mich besonders beunruhigt, weil dann eine ganze Menge von Leuten über einen Taschencomputer verfügen muß oder auf eine frappierende Weise rechnen kann. Ich traue es mir jedenfalls nicht zu, bei Tubeninhalten von 42 g, 49 g, 52 g, 59 g, 63 g, 72 g oder 67 ccm, 68 ccm usw. usw. die Preise tatsächlich vergleichen zu können.

Was die Preise angeht, so ist das Ergebnis einer Contest-Untersuchung interessant. Danach erwartet sich der Konsument bei Preisen bis DM 1,20 pro Tube (was immer das bedeutet) eine rein mechanische Wirkung, bei mittleren Preisen bis DM 1,60 eine kosmetische Wirkung. Bei höheren Preisen jedoch glaubt er an einen medizinischen Effekt.

Da die Preise von durchschnittlich DM 0,85 im Jahre 1955 auf durchschnittlich DM 1,80 im Jahre 1968 gestiegen sind, dürften sich die Zähneputzer demnach von fast allen Fabrikaten eine medizinische Wirkung erwarten. Anderseits kann man natürlich auch andersherum fragen, ob nicht die Verkäufer den Preis hochgetrieben haben, weil sie wissen, daß wir Käufer uns dann eben eine medizinische Wirkung erwarten.

In demselben Jahr, nämlich 1968, fand die Arbeitsgemeinschaft der Verbraucherverbände heraus, daß bei Zahnpasta nicht nur die Hersteller, sondern auch die Händler gut zurechtkommen. Sie stellte ungewöhnlich hohe Verdienstspannen fest. Damals waren 74 Typen Zahnpasta von 20 Herstellern preisgebunden. Der Einzelhändler rechnete dem Kunden einen Aufschlag von 48% auf seinen Einkaufspreis. Einzelhändler, die es verstanden, alle vom Produzenten gewährten Mengenrabatte auszunutzen, konnten sogar bis zu 100% aufschlagen.

Mit dem Argument „Gesundheit für die Zähne“ hat schon einmal eine Zahncreme-Marke der anderen das Leben schwer gemacht. Das war aber bereits Anfang der dreißiger Jahre. Damals war „Chlorodont“ fast ein Synonym für Zahnpasta. Später konnte man das eher von „Blendax“ sagen. Aber interessant wurde das Ganze für Außenstehende erst, als die Pasten wegen ihrer Zusätze berühmt wurden. Was ist den Chemikern (oder waren es die Werber?) nicht alles eingefallen, von Chlorophyll über das rätselhafte Irium bis zum Urlium. Der richtige Knüller kam 1964 aus Amerika, der große Auftritt von Colgate Fluor S. Fluor, das ist bis heute geblieben.

Vielleicht glauben tatsächlich einige Zahnpastaproduzenten, daß Fluor gewisse Schutzfunktionen ausübe. Damals wurden statistische Untersuchungen veröffentlicht, wonach fluorhaltiges Wasser bei Kindern Zahnfäulnis verhindere. Man war sich ziemlich sicher, daß Fluor den Zahnschmelz abhärte, wenn auch nur bei Heranwachsenden, also bis etwa zum 15. Lebensjahr.

Doch waren auch damals die Fluorverbindungen in der Zahnpasta viel zu schwach, um selbst auf die Zähne der Gläubigen einzuwirken. Schon damals war den Wissenschaftlern klar, daß bestenfalls ein Einpinseln der kindlichen Zähne, etwa zweimal im Jahr, nützen würde. Daß Fluor, den Zähnen Erwachsener zugeführt, irgendwie nützlich sein würde, hat offenbar niemand ernsthaft geglaubt, abgesehen von uns Konsumenten natürlich, denen so was eingeredet wurde und heute noch eingeredet wird.

Dagegen sind viele Fachwissenschaftler heute sicher, daß eine gesunde Zahnentwicklung bei Jugendlichen und eine dauerhafte Zahngesundheit bei Erwachsenen nur durch eine entsprechende Ernährung gesichert werden kann: durch Vollkornbrot, Vollkorngerichte, rohe Milch und Wurzelgemüse, Salate und Obst. Industriezucker (auch Traubenzucker ist in größeren Mengen schädlich) und Feinmehl und die daraus hergestellten Produkte sollen vermieden werden.

Heute sind viele Wissenschaftler davon überzeugt, daß Zahnkaries weder eine Folge von Fluormangel ist, noch daß Fluorverbindungen Zahnkaries heilen oder verhindern könnten. Sie glauben sogar, daß es völlig egal ist, wie sie an den Zahn oder in den Organismus gebracht werden. Natriumfluorid mag ihrer Ansicht nach den Ausbruch der Karies vielleicht ein, zwei Jahre verzögern. Wenn sie dann aber ausbreche, seien die Zahnschäden um so verheerender.

Einer der fanatischsten Anti-Fluor-Kämpfer, Dr. J. G. Schnitzer, stellte in der „Reform-Rundschau“ (Juni 1970) fest, daß die ohnehin zur „medizinischen Groteske entartete Fluor-Ära“ auch bei den Zahnpastaherstellern bald zu Ende gehen dürfte. „Das ganze Fiasko der weltweiten Fluorkampagne wurde während des zweitägigen Fluor-Symposiums Ende April 1969 im Bundesgesundheitsministerium... offenbar", schreibt er.

Bei diesem Symposium wurde die Bedenklichkeit langfristiger Massenanwendung des Giftes erwähnt – schließlich ist Fluor 2,5mal giftiger als Arsen. Der Schweizer Fluor-Befürworter Prof. König erklärte: „In den USA erhalten 60 Millionen Menschen seit 10 Jahren fluoridiertes Trinkwasser, und man hat noch keine schädlichen Nebenwirkungen festgestellt." Der Erlanger Zahnmediziner und Hygieniker Prof. Gräfe stellte die Gegenfrage: „Hat man denn bei diesen 60 Millionen Menschen in diesen 10 Jahren Fluoranwendung schon einen spürbaren Kariesrückgang beobachtet?" Die Antwort Prof. Königs: „Dazu ist es noch zu früh."

Tatsächlich ist man sich heute darüber klar, daß Fluor giftig ist, daß eine ständige Aufnahme selbst in kleinsten Mengen die Gefäße und den Knochen- und Bindegewebsstoffwechsel schädigt.

Als vor ein paar Jahren interessierte Gruppen in den USA propagierten, Fluorverbindungen an Schwangere zu verabreichen, um die Zahnentwicklung des Kindes „günstig" zu beeinflussen, konnten die Wissenschaftler einwandfrei nachweisen, daß durch die Abgabe fluorhaltiger Medikamente an Schwangere bei den Neugeborenen schwere Gefäßschäden auftraten. Fluorhaltige Mittel für Schwangere wurden daher verboten. („Gesundheitspolitische Umschau", Dezember 1970, S. 302/3.)

Vielleicht ist es nach alldem letzten Endes tröstlich, daß etwa die Hälfte der getesteten Zahnpasten bereits ein Vierteljahr später weniger als 80% der ursprünglichen Fluoranteile enthielten, viele wesentlich weniger. Und selbst für jene, die noch immer an die Bekömmlichkeit des Fluors glauben (und das müssen zumindest die Hersteller), ist der Fluorgehalt nicht mehr annähernd so interessant, wie uns vorgegaukelt wird. Sonst müßte man ja mindestens ein Herstellungsdatum auf die Tube drucken. Aber vermutlich findet sich einfach kein Platz mehr auf Tuben oder Packungen, weil auf so viele andere Eigenschaften hingewiesen wird, die freilich ebenfalls kompletter Unsinn sind.

Etwa, daß die Zähne „weiß" werden, „blendend weiß", „strahlend weiß" und was es an weißestem Weiß sonst noch geben mag. Genau das kann Zahnpaste nicht. Zähne können nicht heller werden, als sie von Natur aus sind. Sie können dunkler werden, braune Flecken kriegen – durch Fluor.

Oder es wird mit „Reinheit des Atems“ geworben, mit einer Pasta, die Mundgeruch beseitigt. Da ändert die Zahnpasta nicht allzuviel, oder genauer gesagt gar nichts. Wer seine Zähne regelmäßig putzt – von mir aus mit Scheuersand –, der riecht genausoviel und genausowenig aus dem Mund. Eben weil der Mundgeruch durch Speisereste entsteht oder viel öfter durch Entzündungen im Bereich des Mundes und des Rachens oder durch ein Magenleiden. Was die Zahnpaste hier bewirkt, ist lediglich, daß unangenehmer Geruch überdeckt wird und eine mögliche Krankheit schwerer zu erkennen ist.

Die Stiftung Warentest warnt vor anderen medizinischen Argumenten der Zahnpastaverkäufer. Wenn es da etwa heißt, diese Zahnpasta „verhütet Zahnfleischbluten“ oder „enthält Bakteristatikum“. Man hat darauf verzichtet, die „bakterienhemmende“ Wirkung von Zahnpasta zu testen, „weil feststehen dürfte, daß keine Zahnpasta in hohem Maße antibakteriell wirken kann. Zum Glück nicht, denn eine Paste, die dies könnte, würde das Gleichgewicht der Mundflora empfindlich stören, hätte also einen negativen Effekt.“

Auch eine Zahnpasta gegen Zahnfleischbluten gibt es nicht so, wie es möglicherweise vom Käufer verstanden wird. Das heißt, sie kann möglicherweise Blutungen unterdrücken, aber nichts gegen die Ursache des Blutens ausrichten. Zahnfleischbluten wird hervorgerufen durch scharfkantigen Zahnstein, der unsichtbar unter dem Zahnfleisch sitzt und daher nur vom Zahnarzt entfernt werden kann.

In ihrer üblichen zurückhaltenden Vornehmheit hat die Stiftung Warentest ihre Ansichten über den tatsächlichen Wert der Zahnpasta nicht preisgegeben. Sie hat auch nicht näher untersucht, ob der Inhalt unserer Zahnpastatuben einen echten Wert von ganz wenigen Pfennigen hat. Immerhin hat man Preise verglichen. Da die Tubengrößen und die Inhaltsangaben viel zu unterschiedlich sind, hat man sich nach der Anzahl der Anwendungen gerichtet, also pro Putzen 2 cm, was der tatsächlichen Praxis entsprechen dürfte, auch wenn die Hersteller von Tuben mit dicken Öffnungen sich vielleicht ungerecht behandelt fühlten oder mindestens so tun, als ob.

Bereits hierbei haben sich extreme Unterschiede ergeben. So kostete dann „einen Monat Zähneputzen“ mit „Ajona“ aus dem Hause Dr. Liebe DM 0,50, mit „Viofluor“ aus dem Hause

Albrecht DM 0,80, mit „Colgate Fluor S" aber dann bereits DM 1,75; „Strahler 70" aus dem Hause Blendax und „Lacalut" aus dem Hause Anasco kommen auf DM 2,—, „Fluor Lacalut" gleich auf DM 2,30 und „blend-a-med", wieder von Blendax, darf sich brüsten, mit DM 2,40 von allen getesteten Zahnpasten die teuerste zu sein. Nach einer gerade laufenden Anzeigenkampagne ist dies die Zahnpasta, die Zahnärzte ihrer Familie geben. Welche sie selbst benutzen, wird nicht erwähnt.

Da im Augenblick alles darauf hindeutet, daß insbesondere die drei großen Häuser Palmolive-Colgate, Unilever (mit Marken wie „Signal extra" und „Pepsodent") und Blendax sich auf eine neue Runde im Kampf um die Gesundheit unserer Zähne vorbereiten – mit Werbeetats von jährlich 7 Millionen D-Mark für einzelne Marken –, darf man gespannt sein, mit welchen Argumenten sie uns in der neuen Phase verunsichern werden. Daß die meisten von uns ein schlechtes Gewissen haben, was das Pflegen unserer Zähne angeht, wissen nicht nur die Zahnärzte, sondern leider auch die Zahnpastaproduzenten. Der Bauersche Marktdienst hat das so formuliert:

„Die Werbung erzeugt beim Verbraucher unterschwellig ein schlechtes Gewissen. Er wird aufgefordert, sich aus gesundheitlichen Gründen zweimal täglich die Zähne zu putzen; wer es trotzdem nur einmal tut, putzt sie mit schlechtem Gewissen, aber – wegen des erhofften gesundheitlichen Ausgleichs – mit teurer Zahncreme." Daß deshalb der Kampf der Konkurrenten nicht etwa durch Preisunterbietungen geführt wird, „sondern im wesentlichen durch die Werbung", ist nach allem, was man weiß, logisch. Unlogisch – um nicht einen weit schärferen Ausdruck zu gebrauchen – handeln nur wir, die Käufer.

Geschäfte mit und durch Jugend

Der Traum werdender und seiender Greise, ewig jung zu bleiben, ist so alt wie die Menschheit.

Rund 32 Milliarden D-Mark jährlich werden in der westlichen Welt von Älteren allein dafür ausgegeben, körperlich jung zu wirken: für Hormonspritzen, Haarteile, Wasserkuren, Schlankheitsdiäten, Feinmassagen, Gurkenmilch usw.

Nicht enthalten in diesem Betrag sind die Milliarden, die von Mitläufern ausgegeben werden, die glauben, sich durch äußere Modeapplikationen unterschiedlichster Art ums Altwerden herumdrücken zu können.

Jeder träumt von nie erlahmender Energie, von ständiger Vitalität und zeitgenössischem Schick – und die Verkäufer bedienen prompt.

Aber: Der Markt der Jugend besteht nicht nur aus den Alten. Es gibt auch junge Jugend.

Der Kakaoschnurrbart

Anläßlich einer Lebensmittelmesse wurde kürzlich in Berlin ein Supermarkt eingerichtet, den nur Kinder betreten durften. Auch Verkäufer und Kassierer waren Kinder. Bezahlt wurde in Bons.

Muster für diesen Laden und für andere, die immer mal wieder aufgebaut werden, scheint ein Warenhaus in Atlanta (USA) zu sein. Dort wird bereits seit über zehn Jahren in der Vorweihnachtszeit eine Abteilung für Kinder reserviert. Eltern dürfen den „secret-shop“ nicht betreten, abgesehen von „Notfällen“, wenn etwa die Kinder den Laden nicht mehr verlassen wollen.

Am Eingang dieses Ladens steht eine Empfangsdame, heftet den Kindern eine Karte an, auf der vermerkt wird, für wen sie etwas kaufen wollen und wieviel Geld sie ausgeben dürfen. Das Geld wird in einem Umschlag an diese Karte geheftet.

Allerdings sind hier keine Kinder als Verkäufer tätig, sondern Erwachsene, diese nennen sich freilich nicht Verkäufer, sondern Betreuer.

„Business Week“ berichtet, daß die Umsätze dieses Geschäftes reichlich bescheiden seien, und behauptet, die Warenhausleitung mache sich aus dem mäßigen Gewinn nichts, sie sei damit zufrieden, daß es einfach Spaß mache, die Kinder zu betreuen.

Die Welt der Verkäufer ist eben voll von rührenden, besorgten, hilfreichen Wesen. Niemand von ihnen hat jemals gehört oder ist selbst darauf gekommen, daß viele menschliche Verhaltensweisen durch Erziehung zu verändern sind. Ganz sicher haben die selbstlosen Warenhausmanager nicht die Absicht, Kinder so früh wie möglich entsprechend zu konditionieren.

Die Stiftung Warentest hat vor ein paar Wochen einen ihrer Büroräume verliehen. Die Schulbehörde hat dort einen ihrer Lehrer einquartiert, der nun in diesem Zimmerchen darüber nachsinnen soll, ob und wie, wenn überhaupt, möglicherweise bereits Schüler zu vernünftigen Käufern erzogen werden könnten.

Vermutlich hofft man da auf „atmosphärische“ Einflüsse ähnlich jenen Lernwilligen, die hoffen, fremde Sprachen dadurch zu erlernen, daß sie sich entsprechende Bücher während des Schlafs unters Kopfkissen legen.

Dagegen hat man beispielsweise in Australien bereits 1965 mit diesem Ziel Schulversuche begonnen. Heute gehören Unterrichtsthemen wie „Kluges Kaufen“, „Etikettierung“, „Werbung“, „Verbraucherschutz“ zum allgemeinen Pensum der Kinder.

Zu kritischen Käufern werden die schwedischen Schulkinder mit längst akzeptierter Selbstverständlichkeit erzogen. Dort hat man früh erkannt, daß es nicht ausreicht, bestimmte Äußerlichkeiten der Konsumenten-Umwelt zu kontrollieren und notfalls zu verändern – stets zum Nutzen der Verbraucher –, sondern man weiß, daß nur dann erfolgreiche Verbraucherpolitik betrieben werden kann, wenn die Verbraucher von Kindheit an zu kritischen Käufern erzogen werden.

Das geschieht in Schweden bereits seit 1946. Haushaltskunde ist seit 1952 Pflichtfach in den Realschulen, in den Volksschulen seit 1955. Der Stoffplan ist umfangreich; je nach Art der Schule sind wöchentlich 5 bis 16 Stunden für dieses Thema vorgesehen.

Selbstverständlich weiß man auch in unserem Lande, daß Kinder zu Käufern werden bzw. es schon sind. Ebenfalls ist bekannt, daß unsere Kinder schon in den ersten Schuljahren bestimmte Konsumvorstellungen haben. Eine Umfrage bei Kindern, durch die festgestellt werden sollte, wie sie sich ihren künftigen Ehepartner vorstellen, hat nebenher sowas ergeben. Das kindliche Anspruchsniveau ist außergewöhnlich günstig – jedenfalls in den Augen der Verkäufer. So soll der künftige Partner ein Auto haben und in einer Villa wohnen. Präzises kann von Kindern ja noch nicht erwartet werden. Aber die Richtung stimmt.

Wer wegen des oben Gesagten befürchtet, daß unsere Kinder in der Schule keinerlei Anregungen bezüglich des Kaufverhaltens erhalten, kann beruhigt werden. Auch unsere Kinder werden in den Schulen in ihrem Kaufverhalten beeinflußt. Allerdings etwas anders als in Schweden oder in Australien. Die Erziehung hat bei uns dankenswerterweise die Industrie übernommen. Ja sie läßt es sich nicht einmal nehmen, zu warten, bis die Kinder in die Schule kommen. Sie fängt schon vorher mit ihrer Erziehung an.

Daß man bereits auf Kleinkinder erfolgreich einwirken kann (dabei gleichzeitig in einem schrumpfenden Markt den Umsatz steigern kann), bewies – ein Beispiel für viele – die Firma Van Houten im Frühjahr 1970. Hans Wiesweg, Marketingleiter von Van Houten, berichtete, ohne dabei seinen Stolz verbergen zu können, im zweiten Novemberheft 1970 der „Absatzwirtschaft" ausführlich über die Aktion Kakao-Schnurrbart.

Nachdem aus den Opfergaben der Azteken ein Getränk für viele geworden war – nicht zuletzt durch die Unterstützung des Herrn Coenrad Johannes van Houten, der 1828 ein Verfahren erfand, den Kakaobohnen das Fett zu entziehen und sodann aus den Bohnen ein lösliches Pulver zu fabrizieren –, entwickelte sich der Kakaomarkt einigermaßen normal, das heißt mit ständig steigenden Zuwachsraten.

Das änderte sich schlagartig Ende der fünfziger Jahre. Da tauchte ein Produkt auf, das sich „Instant-Kakao" nannte.

Wie immer man dieses Produkt einschätzt: sicher vermuten die normalen Käufer nicht das, was es tatsächlich ist. Eine ziemlich aggressive, oft billig verlogene Werbung gaukelt den Kunden vor, hier habe man etwas, das die Nerven stärkt, die Widerstandskraft erhöht, Sportler fit und Autofahrer munter macht.

Kann sein, möglich ist alles. Aber wenn diese Produkte diese Fähigkeit besitzen, dann gewiß nicht, weil sie vielleicht eine besondere Sorte Kakao enthalten oder besonders viel Kakao. Die Stiftung Warentest ermittelte bei diesen Instant-Produkten einen Gehalt von bestenfalls 20% Kakao, meistens weniger.

Um einige bekannte Erzeugnisse als Beispiel zu nennen:

Nesquik enthält 16% Kakao,
Kaba fit 17,2%
Pepi fix (von A & O) sogar nur 14,7%.

Hauptsächlich enthalten diese attraktiven Pakete, Dosen oder Gläser mit den phantastischsten Namen Zucker, durchschnittlich 75%. Also drei Viertel dieser oft frech als Kakao bezeichneten Produkte bestehen aus Zucker, meistens Kristallzucker; einige Produkte enthalten auch Traubenzucker. Das wird dementsprechend auffällig auf dem Etikett vermerkt. Auf die Bedeutung der ebenfalls zugesetzten und angepriesenen Bestandteile von Vitaminen brauchen wir hier nicht einzugehen. Wir haben an anderer Stelle ausführlich über dieses Thema berichtet und können kaum etwas Neues zufügen.

Wer außerdem durch die Behauptung „Instant“ den Eindruck gewinnt, hier löse sich ein Pulver wie bei Kaffee völlig auf, der muß sich belehren lassen. „Im Gegensatz zu Pulverkaffees, die sich in Wasser völlig auflösen, geht Instant-Kakao nämlich nur scheinbar in Lösung. Tatsächlich werden die winzigen Pulver-Partikelchen in der Flüssigkeit nur im Schwebezustand gehalten, sie haben nach gewisser Zeit – je nach Güte – die mehr oder minder starke Neigung, sich auf dem Boden abzusetzen“, heißt es dazu in einem Bericht der Stiftung.

Der einzige Vorteil scheint zu sein, daß man diese sogenannten Kakaos in warmer und in kalter Milch anrühren kann.

Als billig kann man diesen Kakao-Konkurrenten auch nicht gerade bezeichnen. Aber vielleicht reizt gerade das Teure. Vor allem aber kann man mit Zauberworten wie „Instant“ ja eben alles verkaufen – wie am Beispiel des Instant-Wassers ja bereits gezeigt worden ist.

Der Anteil von Instant-Kakao stieg von 11.000 Tonnen (in der BRD) im Jahre 1963 auf 19.800 Tonnen 1966 und 21.900 Tonnen im Jahre 1969. Vom altmodischen normalen Kakao wurden 1966 8200 Tonnen verkauft, drei Jahre später nur noch 5340 Tonnen.

Allerdings blieb Van Houten durch „starke Werbung“ und „beharrliche Firmenpolitik“ vor dem Sturz in den Abgrund bewahrt. Die „rückläufige Tendenz für traditionellen Kakao hat viele mittlere und kleinere Hersteller und auch Handelsmarkenabpacker dazu bewogen, sich von diesem Artikel zu trennen“, berichtet Wiesweg und fügt im gleichen Atemzug hinzu, daß diese für „Van Houten im ganzen günstige Marktsituation“ noch verstärkt werden sollte. So startete man im Februar 1970 die erwähnte Aktion „Kakao-Schnurrbart“, das heißt genau am 27. Januar. An diesem Tage wurden an die rund 5100 Kindergärten der Bundesrepublik Briefe abgeschickt. Das Motto des Briefes: „Gesucht: Der schönste Van-Houten-Kakao-Schnurrbart.“ In diesem Brief wurde gleichzeitig ein Paket angekündigt.

Der Inhalt dieses Pakets: 500 g Kakao (in Sonderaufmachung), 50 Malkarten (mit anhängendem Prospekt) und ein „schöner Trinkbecher“.

Außerdem lag in jedem Paket wieder ein „persönlicher Brief an die Kindergärtnerin bei mit der Bitte, den Kakao aufzuschütten und ein lustiges Kakao-Trinken im Kindergarten durchzuführen“. Durchzuführen!

Von den Kindern sollte dann ein Kakao-Schnurrbart angefertigt und natürlich an Van Houten eingeschickt werden. Grandiose Gewinne waren ausgesetzt: maximal für jeden gewinnenden Kindergarten 60 Kakao-Trinkbecher, und das insgesamt 50mal.

Die Kindergärtnerinnen wurden weiter gebeten, die Malkarten zu verteilen. Die Kinder sollten sie mit nach Hause nehmen, um dort „auch mit Hilfe ihrer Eltern“ ihr Bild mit Kakao-Schnurrbart zu malen oder auch fotografieren zu lassen.

Die Spielregeln auf diesen Karten lauteten:

„1. Köstlichen, kräftigen Van-Houten-Kakao trinken. Tief in die Tasse mit dem Mund und euren Schnurrbart fotografieren lassen. Von Vati oder Mutti, wer gerade Lust und Liebe hat. Oder: Malt euch euren Kakao-Schnurrbart selbst. Mit Buntstiften oder Wasserfarben. Wie ihr wollt.

2. Foto oder Schnurrbartzeichnung auf die weiße Fläche kleben... die Van-Houten-Kakao-Packung ergänzen und mit Farben ausmalen."

3. Dann eben alles an Van Houten, Krefeld, abschicken.

Auch dafür waren natürlich Preise ausgesetzt, „bewußt kinderlike" gehalten: 5mal DM 500,– in bar, 10 Klappfahrräder und 2000 Malkästen.

Erfahrungsgemäß wird bei solchen Aktionen eine Rücklaufquote von 3% als gutes Ergebnis angesehen. Aber die Kindergärtnerinnen waren besser. Insgesamt schickten sie etwa 500 Gruppenphotos kakaotrinkender Kinder ein, das entsprach einer Rücklaufquote von etwa 10%. „Darunter zum Teil großformatige Farbaufnahmen, deren Herstellung sicher nicht geringen finanziellen Aufwand erforderte", teilt der stolze Marketingchef mit.

Außer diesen Gruppenphotos kamen von Einzelkindern 20.000 Malkarten zurück (und ausgemalte Van-Houten-Kakao-Packungen).

Die Aktion hat noch eine zweite Phase. Zunächst wurde der einschlägige „deutsche Großhandel" angeschrieben und auf die Aktion hingewiesen. Diese Briefe wurden in Pakete gelegt, die 500 g Kakao enthielten, 1 Trinkbecher und 50 Malkarten, man machte also wenig Unterschied zu den Kindergärten.

Auch der Einzelhandel erhielt etwas, über den Großhandel natürlich, und zwar sogenannte Aktionskartons, wenn auch nicht geschenkt. (Die Verkaufseinheit wurde erhöht. Jedes Aktionspaket enthielt 30 Päckchen à 200 g Kakao, 50 Tragetaschen, 50 Teilnahmeprospekte (mit Malkarten) und 1 Schaufensterplakat. Dazu die beliebten Aktionsrabatte.

In der dritten Phase wurden dann noch extra Regalbogen verteilt – an die Einzelhändler über die Verkäufer Van Houtens, also ohne Sonderaufwand, dazu Schaufensteraufkleber, und um „möglichst viele Zweitplazierungen zu erreichen, kamen Schütten-Displays mit Aufsteckschildern und Aktionsstreifen zum Einsatz".

Außerdem wurden Tragetaschen hergestellt und verteilt. Auf der einen Seite der Tragetaschen fand sich die komplette Beschreibung der Aktion und eine Fläche zum Malen.

Die Jungens sind ja nicht doof. Mit diesen Taschen wollte man gleichzeitig testen, wie weit auf diesen Taschen aufgedruckte Werbung vom Käufer wahrgenommen wird, ob sie also Werbung für den Hersteller sein kann oder doch nur für den einzelnen Händler.

Die gesamten Kosten der Aktion, einschließlich aller Trinkbecher, Preise, Kartons, Verpackungskosten, Porto und Nebenarbeiten, Tragetaschen und Fensterplakate: alles in allem ganze DM 184.500,–.

Der Umsatz konnte um 20% gesteigert werden.

Ob sich freilich traditioneller Kakao gegen die Instant-Produkte auf die Dauer behaupten kann, ist damit noch nicht erwiesen.

Schon vor der Geburt: Kunden

Spielzeug – mit einem Umsatz von mehr als einer Milliarde D-Mark jährlich –, Kinderkleidung – mit rund zwei Milliarden Umsatz – sind sich ausweitende, aber einigermaßen klassische Bereiche im Markt der Kinder.

Besonders erfreulich entwickelte sich der Baby-Markt, erfreulich jedenfalls für die Hersteller und Händler. Da gibt es unübliche Zuwachsraten. Außerdem scheint es ein fröhlicher Markt zu sein.

„Diese Branche ist einfach herrlich“, jubilierte kürzlich Marshall B. Sidman, Präsident von Kiddie Products Co. Inc. Er begründete laut „The Boston Sunday Globe“ seine Euphorie so: „Es ist nicht die Anzahl der Babys schlechthin; es ist dasselbe Baby, das die gleichen Sachen von fünfzehn verschiedenen Leuten geschenkt bekommt. Die Leute kaufen und überlegen gar nicht, ob das Baby das braucht, was sie kaufen, oder nicht.“

Allein die Hersteller von Baby-Fertignahrung können diese günstige Situation nicht ausnutzen. Hier wird nicht 15fach gekauft, nicht mal doppelt. Obendrein ist die Geburtenrate hierzulande rückläufig.

Während das gesamte Marktvolumen „Baby“ auf zwei Milliarden jährlich geschätzt wird, entfielen im Jahre 1970 bereits mehr als 600 Millionen auf Babynahrung:

Milchfertignahrung	140 Millionen
Eßfertige Beikost	290 Millionen
Getreidenährmittel	170 Millionen

Am schnellsten wuchs der Umsatz in der Artikelgruppe „Eßfertige Beikost“. 1963 wurden in der Bundesrepublik noch 122 Gläser pro Baby verkauft, 1970 waren es bereits 300. Was aber im Markt drinnen ist, zeigen England mit 370 Gläsern, Schweden mit 400 Gläsern. Amerikanische Mütter verfüttern für ein Baby 640 Gläser.

Das hat verschiedene Gründe. Einmal sind die Mütter heute offenbar besorgter um ihre Figur als früher, insbesondere um deren Oberteil. Außerdem sind sie überlastet, und fertige Nahrung erleichtert die Arbeit mit den Säuglingen sehr. Ebenfalls darf nicht vergessen werden, daß die Herstellung dieser Produkte ungewöhnlich scharf kontrolliert wird und die Hersteller sich bemühen, zumindest den Kleinsten gesunde Nahrung zu verkaufen.

Allerdings: sie lassen sich diese Mühe bezahlen. Die Preise sind hoch, die Gewinnspannen liegen weit im oberen Bereich. Außerdem ist in einigen Gläsern mehr, als die Kinder essen können. Der Rest muß in den Mülleimer, woraus sich eine weitere Möglichkeit ergibt, Konsum zu erhöhen, ohne den „Verbrauch“ zu steigern.

Doch die interessanteren Vorgänge spielen sich hinter geschlossenem Vorhang ab, beim Kampf um die Marktanteile. Die Anzeigen der Hersteller in den Fachzeitungen der Händler verschleiern mehr, als sie erläutern, was freilich in unserer Werbung ohnehin bevorzugte Praxis ist.

Wenn etwa Glücksklee die Lebensmittelhändler fragt: „Warum verkaufen Drogerien durchschnittlich fast 10mal soviel Babykost wie der Lebensmittelhandel?“ und die Händler auffordert: „Geben Sie uns die Möglichkeit, Ihren Babykost-Umsatz zu erhöhen. Umsatzsteigerungen bis zu 65% können wir nachweisen“, dann wird das wirkliche Problem nur angedeutet. Denn „Glücksklee“ antwortet auf die selbst gestellte Frage so: „Weil die Drogerien fast alle Babyartikel führen. Sie binden so die jungen Mütter auch als Kundinnen für Babykost an sich.“

Sicher ist das ein Grund. Doch es gibt noch andere.

Auch Alete geht der Sache nicht auf den Grund, wenn sie in einer anderen Ausgabe der gleichen Zeitschrift auf einer Seite die Werbung mit dem Satz beginnt: „12 Millionen D-Mark schlummern in Deutschlands Kinderzimmern", und dann auf der nächsten Seite erklärt: „Alete weckt sie auf. Mit Alete-Kleinkind-Menüs. Bisher ging dem Handel ein zirka 12-Millionen-DM-Umsatz verloren, weil zwei Millionen Kinder zwischen ein und drei Jahren vergessen wurden. Total vergessen."

Wichtig ist vor allem, daß schon die Klinik entscheidet, mit welchem Fabrikat das Baby aufgezogen wird. Deshalb kümmerten sich auch die Verkäufer in erster Linie um Ärzte und um Schwestern. Denn „sie bestimmen, welche Marken in der Klinik geführt werden. Der Säugling wird auf ein bestimmtes Produkt eingestellt und der Mutter empfohlen, nach Verlassen der Klinik dabei zu bleiben", berichtete kürzlich der Marketingmann von Alete, Biniakowski, Journalisten von „Capital".

Biniakowski wies auch auf Praktiken hin, mit denen die Verproviantierungsprobleme der Babys gesteuert werden: „Kleine Geschenke an Ärzte und Krankenschwestern sollten da nachhelfen."

Die Ernährungswissenschaftlerin der zur Maizena-Gruppe gehörenden Gerber Kinderkostfabrik findet allerdings mindestens ebenso bedenklich, daß sich „Krankenhäuser einen erheblichen Teil der Medikamente und Nahrungsmittel schenken lassen". Gerber freilich habe diese Praktiken niemals mitgemacht. Vielleicht liegt hier mit ein Grund für den Minimarktanteil Gerbers von 5%.

Inzwischen haben sich jedoch alle Kinderkostfabrikanten freiwillig geeinigt, auf diese „bestechungsähnlichen Geschenkpraktiken" zu verzichten, heißt es in „Capital".

Doch auch die Babynahrung, die nach der ersten Milchzeit verabreicht wird, hängt weitgehend von den Empfehlungen der Ärzte ab. Diese haben sogar „weitgehend Rezeptcharakter", meint Biniakowski.

So wickeln viele Hersteller ihre „Kostproben" an die Ärzte nicht nutzlos in Spielzeug ein. Erklärlich wird außerdem, warum sich manche Fabrikanten so intensiv um den Lebensmittelhandel kümmern.

Denn allein dadurch, daß sich die Hersteller der Fabrikate

Hipp rechtzeitig unter die Fittiche des Fachhandels, hauptsächlich der Apotheken und Drogerien, begeben haben, führen noch heute viele dieser Läden ausschließlich Produkte dieser Firma oder empfehlen zumindest diese Produkte ihren Kunden, was sie dann als fachliche Beratung bezeichnen. Tatsächlich jedoch sind sie über andere Hersteller verärgert, die ihre Produkte auch dem Lebensmittelhandel angeboten haben.

Firmen, die gemerkt haben, wie einflußreich Vertriebswege sein können oder die vielleicht nur die Hartnäckigkeit deutscher Apotheker und Drogeristen unterschätzt haben, versuchen jetzt das Manko durch verstärkte Werbung auszugleichen. So hat allein Alete im Jahre 1969 in Presse, Funk und Fernsehen für 5,5 Millionen D-Mark geworben. Damit will man also bereits die Aufmerksamkeit jener Frauen auf sich lenken, die noch gar nicht schwanger sind. Sonst wäre ja wohl der Streuverlust der Werbung zu groß.

Leute der Firma Gerber halten von solchen Methoden weniger. Sie verschaffen sich statt dessen die Anschriften von soeben zu Müttern avancierten Damen und versuchen so direkt an sie heranzukommen. (Was andere Firmen freilich ebenfalls versuchen.)

Der so angedeutete Schlachtenlärm auf diesem Markt soll freilich nicht den Eindruck vermitteln, als käme er vom Kampf vieler Konkurrenten. Wohl bemühen sich zahlreiche Produzenten, ihre Produkte loszuwerden. Aber es dürfte ihnen nicht besonders leichtfallen, weil sich die überall anzutreffenden Titanen den Markt bereits aufgeteilt haben.

Nach einer Aufstellung, die im „Volkswirt“ (Nr. 17/1970) veröffentlicht wurde, sehen die Anteile auf diesem Markt so aus:

Bei Babykost
Hipp 42%
Alete 41%
Weit abgeschlagen dann
Gerber mit 8% und
Glücksklee mit 5%

Bei Milchnahrung
Milupa 46%
Nestle 16%
Alete 12%

Bei Kindernährmitteln auf Getreidebasis
Milupa 56%
Alete 12%
Weiter hinten dann noch
Pomps mit 7% und wieder
Nestlé mit 6%.

Aber selbst dieses Bild täuscht mehr Vielfalt vor, als tatsächlich besteht.

Als im Januar 1971 eine der größten Transaktionen innerhalb der Nahrungsmittelindustrie bekannt wurde, als sich nämlich Nestlé die Firma Ursina-Franck angliederte, kam damit auch die Allgäuer Alpenmilch unter Nestlés schützendes, weit über den Rand reichendes Dach.

Mit der Allgäuer Alpenmilch AG erhielt Nestlé ein Produkt, das ihr half, einen alten Fehler auszubügeln. Nestlé hatte es verpaßt, „seine Milch- und Griesspezialitäten für Kinder durch fertige Säuglingsmenüs zu ergänzen", schrieb dazu Otto Eglau in der „Zeit". „Bei einem Versuch, Babymahlzeiten in Pulverform auf den Markt zu bringen, erlitten die Schweizer kläglich Schiffbruch."

Doch mit der Allgäuer Alpenmilch, die wieder zu Ursina-Franck gehörte, welche wiederum mit Nestlé fusionierte, kam das Produkt Alete.

Alete und Nestlé also. Dann Gerber von Maizena. Maizena wiederum Tochter des amerikanischen Konzerns Corn Products. Aber auch Pomps gehört zu Maizena.

Und Milupa ist auch nicht so einsam. Sie gehört zum Konzern Quandt, in einem etwas verschachtelten System freilich über Varta, bei Banken reservierten Anteilen und so weiter.

So scheint sich hier ein für unsere Zukunft möglicherweise viel einflußreicheres Konkurrenzsystem abzuzeichnen. Der Feind des einen Herstellers von Babynahrung ist nicht so sehr der andere Hersteller von Babynahrung, sondern der Hersteller der Pille.

Während aber die Steigerung des Umsatzes auf dem Markt der Winzlinge – sei es nun über Ärzte, Apotheker, Hebammen, Kindergärtnerinnen oder Eltern – letztlich einfach deshalb begrenzt ist, weil die Palette der in Frage kommenden Produkte zu eintönig ist, legen die Verkäufer richtig los, holen nach, wenn die Kinder endlich den ersten Schritt in die Erwachsenenwelt gegangen sind, wenn sie zur Schule kommen.

Das ist eine entscheidende Wendemarke.

Zunächst einmal ist es den Verkäufern endlich möglich, die meisten Waren anzubieten, die ohnehin auf dem Markt sind, also nicht nur Kinderspezialitäten, nicht nur Fußbälle, sondern bereits Schmelzkäse und modische Kleidung.

Und was viel wichtiger ist: die Verkäufer brauchen keine Umwege mehr zu gehen. Sie brauchen keine Zwischenstationen mehr, brauchen nicht mehr die Eltern anzupeilen, sondern können direkt auf die Kinder zielen, sogar auf deren Taschen.

Das ist psychologisch entscheidend.

So scheint es ganz selbstverständlich, daß für Schülerwerbung bei uns jährlich 5 Millionen D-Mark ausgegeben werden.

Diesen Betrag nennt jedenfalls die Zeitschrift „akut" in einem Bericht über die Indoktrination in Schulen durch Wirtschaftsverbände und einzelne Hersteller.

Obwohl in diesem Bericht nur ein paar, und eigentlich auch relativ harmlose, Beispiele erwähnt werden, vermutet der „Spiegel", daß wegen dieses Berichtes die wichtigsten Redakteure der Zeitschrift bereits vor Erscheinen des dritten Heftes entweder rabiat entlassen wurden oder von selbst gingen.

Daß sich eben die Interessen des beziehungsweise der Verlage (Hoffmann & Campe und „Jahreszeiten") mit den Absichten der Journalisten nicht vereinbaren ließen, weil in diesem Bericht „Namen von ‚Jahreszeiten'-Inserenten" genannt worden waren. Die Ex-„akut"-Journalisten haben demnach an eine empfindliche Stelle gepiekt.

Dabei hatten sie lediglich erwähnt, daß etwa die Köllnflocken-Werke nicht nur ihre kernigen Haferflocken herstellen, sondern auch Kinderlektüre als Klapptafel in Zahnform. Daß diese Klapptafel über Schulzahnärzte und Lehrer in die Klassen gelangt und die Schüler darüber informiert, daß Karies nicht nur

Zähne „ruiniert“, sondern auch andere Krankheiten erzeugen und „die geheime Ursache vieler anderer körperlicher Leiden sein“ kann. Nachdem die Kinder entsprechend geängstigt worden sind, wird ihnen aber auch erläutert, wie sie sich gegen diese schreckliche Bedrohung schützen können, eben durch Haferflocken.

„akut“ nennt den Deutschen Sparkassen- und Giroverband e. V., der „Schülerschriften mit Rätseln, Bildgeschichten und Abenteuerstorys“ verlegt, nennt Titel: „Der Sparefroh“ oder „Unser Freund erzählt vom Sparen“ und sagt weiter nichts als: „Über Geldinstitute gelangen die ... Sparfibeln in Klassenzimmer und Schülertaschen.“

Dabei waren die Herren des Stuttgarter Verbandes auch sonst nicht untätig, wenn es darum ging, den jugendlichen Markt zu bearbeiten. Auf der berüchtigten Düsseldorfer Messe „teenage fair 69“ startete dieser Verband seine erste wichtige Aktion in diesem Rahmen mit dem Ruf: „Hallo, Partner, weck Dein Geld auf.“

Wichtigstes Element dieser Aktion – in Op und Pop verkleidet, wie's halt so Sitte ist – waren Fragebogen. Sie wurden bereits auf der Messe an die Jugendlichen verteilt, später auch über Sparkassen, dann in Lesemappen und Zeitschriften eingelegt.

Intellektuelle Anstrengungen wurden den Jugendlichen so weit wie möglich erspart. Wichtige Punkte brauchten nur angekreuzt zu werden. Vor allem: wie oft, wieviel und wie lange sie Geld anzulegen beabsichtigten. Diese Fragebogen wurden dann einem IBM-Computer zur weiteren Bearbeitung überlassen; die Ausfüller erhielten einen persönlichen Brief mit entsprechenden Tips.

Das heißt, so persönlich waren diese Briefe auch wieder nicht. Es gab 86 verschiedene Grundtexte und rund 30 Zusatzvorschläge. Aber sie waren im Stil so, wie sich gewisse Leute eben bei jungen Leuten Gehör zu verschaffen glauben. Beispielsweise:

„Leider sind Sie noch keine 18. Unser Computer war gewaltig am Schimpfen, weil er sich darüber ärgert, daß man erst mit 18 beim prämienbegünstigten Sparen mitmachen kann ...“ Unterstützt wurde diese Kampagne durch Fernsehspots, Schallplatten, Dekorationen, Plakate und Anzeigen. Man rechnete mit einem Werbeaufwand von zwei Millionen Mark.

Die Sparkassenherren hatten sich zu dieser Aktion herausgefordert gefühlt, weil eine Marktuntersuchung ergeben hatte: Jugendliche haben, wenn sie an Sparkassen denken, eher einen alten autoritären Onkel vor Augen und nicht ein modernes Geldinstitut – vermutlich nicht zuletzt wegen früherer Werbeaktionen in Schulen.

Dieses Bild mußte aufgefrischt, das Image umpoliert werden.

Nun erwartet niemand gerade von Sparkassenvertretern, daß sie Geld zum Fenster rausschmeißen. Zwei Millionen sind ein Haufen Zeugs. Die Spareinlagen, die vom Taschengeld abgeknapst werden können, reichen sicher nicht aus, um diesen Aufwand zu rechtfertigen. Wenn der Computer den jungen Leuten also in den Beratungsbriefen fast nur Tips im Sinne von Sparkassen gab – Investmentfonds, die von Sparkassen kontrolliert werden, und ähnliches –, dann ist das auch nur eines der weniger bedeutenden Ergebnisse der Fragebogenaktion.

So war nicht der Brief an die Fragebogenausfüller wichtig, sondern der Durchschlag dieses Briefes. Denn diesen (oder eine Lochkarte) erhielt nach einem Bericht der Zeitschrift „Capital" jeweils die dem Fragesteller am nächsten gelegene Sparkasse. „Capital" lieferte auch gleich Anregungen für weitere Maßnahmen: „Die Zweigstellen können dann zum nächsten Geburtstag gratulieren oder im richtigen Moment eine Scheckkarte und einen Kredit anbieten ..."

Man hat also lange etwas von diesen Fragebogen. So ist es nicht verwunderlich, daß Karl Vogelmann, Leiter des Direktionssekretariats im Sparkassenverlag, noch Monate nach dieser Aktion von ihr schwärmte: „Es war großartig." Dabei dachte er auch an die unbezahlte Werbung, weil viele Journalisten im redaktionellen Teil über dieses Computer-Service berichtet hatten und „in Baden-Württemberg war die Frau Ministerpräsident Schirmherrin".

Zur Aktion selbst äußerte er sich nüchterner: „Der Computer muß eben marktaggressiv eingesetzt werden."

Daß die Lehrer mitmachten, brauchte eigentlich nicht vermerkt zu werden. Es scheint nachgerade selbstverständlich zu sein. Zweifel an der Harmlosigkeit sind ihnen vielleicht erst nach der Lektüre des „akut"-Berichtes gekommen. Aber auch das ist nicht sicher.

Erwähnt wird in diesem Bericht dann noch der Unilever-

Konzern, der allerdings unter seinem „Pseudonym" „Margarine-Institut für gesunde Ernährung" auftritt, was man ihm ja nicht verübeln kann.

Dieses Institut stellt den Lehrern als Unterrichtsmaterial Dia-Reihen und Schautafeln zur Verfügung. „Dabei erfahren die Schüler: Das ‚meistverbrauchte Nahrungsfett der Bundesrepublik' ist Margarine, ‚die heute aus der modernen Ernährung nicht mehr fortzudenken ist'."

Ich kenne die Gründe nicht, die meine Kollegen veranlaßt haben, gerade diesen Satz zu zitieren. Schließlich ist er offenbar korrekt. Tatsächlich haben die Bundesrepublikaner im Jahre 1970 mehr Margarine verbraucht als Butter, wenn auch nicht gerade sehr viel mehr, genaugenommen nicht mal ein ganzes Päckchen mehr, ganz genau 200 g.

1970 wurden pro Kopf durchschnittlich 8,8 kg Margarine verbraucht und 8,6 kg Butter. Andererseits betrug der Gesamtverbrauch an Speisefetten 26,2 kg (also einschließlich der Speiseöle, Schlacht- und auch Speisefette).

Vielleicht wollten sie den Margarineherstellern versteckt eins auswischen, weil der Margarineverbrauch in diesem Jahr ganz schön zurückgegangen, der Verbrauch an Butter dagegen erheblich angestiegen ist.

Aber das ist eigentlich unwesentlich. Wichtiger ist schon die grundsätzliche Feststellung in diesem Bericht: „Mit Köllnflocken und Margarinebecher, Gesundheitsappellen und Sparparolen sind clevere Unternehmer fast täglich im Klassenzimmer präsent. Längst ist der Schonraum Schule kein geschützter Bezirk mehr. Längst haben Verkaufs- und Werbestrategen Schüler als Zielgruppe entdeckt und die Schulstube als Markt geortet."

18 Milliarden sind – auch wenn sich unsereins unter solchen Zahlen kaum noch etwas vorstellen kann – fast so viel wie der größte Posten unseres Staatshaushalts. Es lohnt sich schon, sich ein bißchen anzustrengen, um an dieses Geld heranzukommen. Tatsächlich ist jedoch der Betrag, über den unsere sogenannte Jugend verfügt, erheblich höher.

(Obwohl es im Grunde heute gar nicht mehr um dieses Geld geht. Diese Beträge sind quasi Zugabe in einem viel größeren Spiel.)

„8 Milliarden in den Jeans der Teens." Mahnend und lockend zugleich versuchte Agfa-Gevaert im Frühjahr 1970 mit dieser Feststellung, die teils leicht verkalkt wirkenden, manchmal als „Foto-Professoren" charakterisierten, auf alle Fälle in unserer Welt leicht apathisch wirkenden Händler der Photobranche aufzuschrecken.

Die Agfa-Leute rechneten den Händlern vor, daß von den konsumbereiten 8 Milliarden D-Mark allein bei den Vierzehn- bis Neunzehnjährigen jährlich

4 Milliarden für Kleidung,
1,5 Milliarden für Motorisierung,
700 Millionen für Getränke,
550 Millionen für Kosmetika,
250 Millionen für Musik verpulvert werden.

Für Photoprodukte blieben nur Spurenreste der restlichen Milliarde „Sonstiges".

Nach einer im „Handelsblatt" am 25. 1. 1971 erschienenen Notiz haben jedoch die jungen Leute in der Bundesrepublik mehr als 25 Milliarden Mark zur freien Verfügung.

Prof. Karl Christian Behrens – o. Professor an der FU Berlin, Direktor des Instituts für Markt- und Verbrauchsforschung – war auf 23 Milliarden gekommen. 8,5 Millionen sind heute zwischen 14 und 25 Jahre alt, das sind 15% der Bevölkerung. Die Angehörigen dieser Altersklasse haben gegenwärtig ein jährliches Einkommen aus Lohn, Gehalt und Taschengeld von ungefähr 33 Milliarden Mark. Davon geben sie nach Behrens rund 10 Milliarden als Kostgeld zu Hause ab, weil zwei Drittel von ihnen bei den Eltern wohnen.

Aber selbst diese 23 Milliarden sind nicht alles, denn durch Zuwendungen aus der Familie werden sie noch um etliche Milliarden erhöht.

Und auch damit sind nicht mal alle Zahlen genannt. Selbst Kinder bis zum Alter von 14 Jahren geben nach einer Untersuchung der Gesellschaft für Konsumforschung (GfK) nochmal runde 2 Milliarden aus – so summieren sich die Münzen des Taschengeldes.

Nun ist es keine Erfindung moderner Werber, sich direkt an die Kinder oder Jugendlichen zu wenden. So begann bereits im Jahre 1908 die Schuhfirma Salamander ihr Namenstierchen als Markenzeichen im Hinblick auf die Kinder zu verwenden, und bereits ein Jahr später tauchte es zweibeinig als Werbefigur für Kinder auf. Seit 1936 heißt es Lurchie, wurde Held von Comics. Bis heute haben diese Heftchen eine Auflage von 141 Milliarden erreicht.

Anderseits kann gerade diese Tradition dazu führen, daß dieser Branchenleader mit 13% Anteil am Inlandsmarkt es anscheinend nicht geschafft hat, sich das Image eines modischen Großschusters zu verschaffen.

Dem jungen Fußgänger ist das Produkt Salamander wohl bekannt (85%, und das ist ungewöhnlich hoch), aber er hält Salamander für den „Schuh des Establishments". Mit intensiven Kampagnen, mit progressiver Werbung versucht diese Firma heute den offenbar früher gemachten Fehler im Marketing auszugleichen. Ob sie das schaffen wird, wird man erst in einigen Jahren wissen.

Ruth Münster, die Verfasserin des Buches „Geld in Nietenhosen", berichtete im August 1968 in der Zeitschrift „Moderner Markt", daß ihr beispielsweise die Werbeleitung von Coca-Cola bei ihren Recherchen für das Buch (im Jahre 1961) erklärte:

„Die Jugendlichen sind für uns natürlich als Verbraucher außerordentlich interessant. Auf der anderen Seite haben wir uns immer gescheut, die Jugend direkt werblich anzusprechen. Wir befürchten, damit den Unwillen der Eltern zu erregen. Wir möchten auch bestimmt nicht Schrittmacher für eine werbliche Bearbeitung der Jugend sein..."

Zehn Jahre ist das erst her. Heute ist nicht nur die Scheu verflogen, Jugendliche anzusprechen. Heute scheint es, zumindest in der Werbung, Menschen über dreißig kaum noch zu geben, bestenfalls als Opas im Hintergrund und doofe Tanten, die nicht wissen, wie man Wäsche zum Atmen bringt.

Jugendliche müssen nicht nur für Zahnpasta herhalten, für Fußbodenreiniger, schmerzstillende Tabletten, sondern selbst für Gebißhaftcreme oder Pfandbriefe. Jugendliche werden genommen, wenn Whisky oder Cognac verkauft werden soll. Der Gentleman, der für Asbach-Uralt wirbt, wirkt wie ein seniler frühmittelalterlicher Dominikanermönch gegen die auf Zirkusromantik gequälten, wie von Peter Zadek inszenierten Gruppen, die den echten Cognac aus Cognac leben lassen. Wenn ein Fernsehspot damit beginnt, daß sich Jugendliche besonders jung geben, indem sie sportlich toben, je nach Saison in Schnee oder Meer, kann mit einiger Sicherheit erwartet werden, daß sie Lord-Extra (oder eine andere Zigarette) rauchen. „In der Zigarettenindustrie rasseln die Alarmglocken, wenn bei einer Marke das Durchschnittsalter der Raucher auf 35 Jahre gestiegen ist. Eine Zigarette, die diesen Pegel überschreitet, gilt in der Branche als Abstiegskandidat", berichtete kürzlich der „Spiegel".

Dietrich Fischer, Anzeigenleiter von „Bravo", erwähnte nach einer Amerikareise unter anderem, daß bei der Schallplattenfirma CBS nur noch Produktmanager unter 25 arbeiten könnten. Er sagt nichts darüber, wie diese großen Konzerne an die jungen Leute herangekommen sind, obwohl das noch aufschlußreicher wäre. Denn meistens war es so, daß noch vor ein paar Jahren die Großen in dieser Branche verdutzt zusehen mußten, wie unabhängige, eben junge Hersteller sich auf dem Markt breitmachten. Diese Jungens wurden dann schlicht eingekauft.

Wohl sagte man ihnen, daß man sie als Personen unbedingt brauche. Tatsächlich aber wollte man ihre Produktionen. So kam beispielsweise am 23. April 1971 die erste Rolling-Stones-LP mit dem Label „Rolling-Stones-Record" (Sticky Fingers) auf den Markt. Nur die besser Informierten wußten, daß nicht etwa die Rolling Stones hier mit Eigenmarke auftraten, sondern der amerikanische Konzern Kinney – der sich aber bescheiden im Hintergrund hielt. Die Hülle war übrigens von Andy Warhol.

Daß in der amerikanischen Werbung kaum noch jemand unter 25 eine reelle Chance hat, kann einem soeben in den USA erschienen, deprimierend-komischen Buch über die Werbung entnommen werden, mit dem leider ungenutzten Slogan des 32jährigen Verfassers Jerry Della Femina (es ging darum, die Produkte der japanischen Elektrofirma Panasonic zu verkaufen): „Von diesen herrlichen Leuten, die Euch Pearl Harbor bescherten."

Ergänzt wird dieses Bild nur noch dadurch, daß sich auch die Werbemittler um diesen Markt der Jugend streiten. So erwirkte Michael Galinsky, Hauptgesellschafter der zentralen Anzeigenvermittlung für Schülerzeitungen, eine einstweilige Verfügung gegen „Bravo". Er wollte sich nicht länger gefallen lassen, daß

„Bravo“ von sich behauptet, sie sei „der einzige Weg, um ohne Streuverlust mit den jungen Menschen zu sprechen“. Galinsky verwies auf 1500 angeschlossene Schülerzeitungen mit einer Gesamtauflage von 3 Millionen Exemplaren.

Als im Frühjahr 1970 in einem Prospekt des Ehapa-Verlages gejubelt wurde: „Wir haben sie, die 10,5 Millionen“, und damit den Markt der Kinder meinte, den dieser Verlag mit Zeitschriften wie „Micky Maus“ und „Superman“ bediente, nannte Ruth Münster das sofort eine „miese Masche“. In der oft verblüffend couragierten Zeitschrift „Werben und Verkaufen“ rechnete sie mit den simplen Methoden des Addierens von Auflage und Käufer ab. Sie mußte freilich zugeben, daß es über den Markt der Sechs- bis Vierzehnjährigen nur spärliche Informationen gibt.

Um so mehr weiß man aber inzwischen über jene, die über 14 sind. Im vergangenen Jahr wurde sogar der bereits erwähnte Einfluß der jungen Leute auf die Eltern untersucht.

Diesmal untersuchte „Bravo“ gemeinsam mit „Contest“. Danach fragen Eltern ihre Kinder bei:

Freizeitartikeln 49%
Urlaubsreisen 48%
Plattenspielern 48%
Möbeln 42%
Autos 39%
Kleidung 39%

Aber damit wird ja letzten Endes nur an der Oberfläche des Kaufverhaltens herumgekratzt. Sonst würde „Bravo“ ja auch nicht auf die Idee kommen, die heutige Jugend als fügsam zu bezeichnen.

Wäre sie tatsächlich so fügsam, dann hätten sich nicht in den letzten Jahren ganze Armeen von Marketing- und Werbeexperten auf sie gestürzt, sie analysiert und imitiert, um sie dahin zu bringen, wo man sie haben will: in die Geschäfte.

Heute wissen die klugen Verkäufer, daß es nicht nur um die 8, 18, 23 oder 25 Milliarden geht, sondern um viel mehr. Es war ein harter Krieg, der jetzt zu Ende gegangen zu sein scheint. Besonders interessante Informationen lieferte – zumindest in der Bundesrepublik – die bereits erwähnte Aktion von Agfa-Gevaert im Jahre 1970.

Als die Photo-Unterhändler auf die 8 Milliarden in den Taschen der Jeans der Teens aufmerksam gemacht wurden, lag bereits zwei Jahre konzentrierte Generalstabsarbeit hinter den Mannen von Agfa-Gevaert. Übrigens beließ es Agfa zunächst bei diesem Hinweis, daß sich dort Geld befände. Auch bei den überwiegend konservativen Händlern sollte erst einmal Spannung erzeugt werden. So wurden ihnen blaue Jeanstaschen aus Pappe zugeschickt; in diesen Taschen rote Zettel mit der erwähnten Überschrift und dann folgenden Text: „8 Milliarden, die Deutschlands Vierzehn- bis Neunzehnjährige jedes Jahr übrig haben. Übrig für Dinge, die sie interessieren. Für Mode. Für Kosmetik. Für Schallplatten. Und jetzt auch fürs Fotografieren. Denn ab Mai 70 sind wir drin im Markt der Teens, im Markt der Zukunft. Und Sie auch. Womit? Das werden wir Ihnen demnächst verraten. Wir werden ‚teenage' mit Ihnen sprechen."

Dem Agfa-Vorstand für Marketing und Vertrieb, Ernst Friedländer – selbst lieber in Jeans auf einer Harley-Davidson sitzend als in Managerkluft im Firmen-Mercedes –, war aufgefallen, daß nur Opas fotografieren. Das wäre weiter nicht schlimm, wenn nicht die Gefahr bestand, mit den Opas könnte überhaupt der Wunsch zu fotografieren aussterben.

So begann er eilig mit dem Projekt, das später als „Europas heißeste Tasche" zu einem der lehrreichen Flops im Kampf um den Käufernachwuchs werden sollte.

Man verfuhr nach klassischen Spielregeln. Nachdem man wußte, wofür die jungen Leute ihr Geld ausgaben, mußte herausgefunden werden, warum sie es nicht zum Photographieren verwendeten. Was hielt sie davon ab, was dachten sie überhaupt vom Photographieren, wo saßen die Widerstände?

Diese Aufgaben übernahmen mehrere Institute, die sich nun mit Psychologen an die Arbeit machten. Ein Institut begann ganz simpel: Es lud jeweils rund 75 Jugendliche zu sogenannten Gruppengesprächen ein. Man gab vor, sich mit ihnen ganz allgemein über Freizeitprobleme unterhalten zu wollen. Unauffällig wurde dann von den Psychologen das Thema Photographieren angesteuert.

Ein anderes Institut ging gezielter vor. Zunächst wurden geeignete Testjugendliche ermittelt. Diese wurden zu Hause nach einem genauen Quotenplan aufgesucht, man unterhielt sich mit ihnen, überprüfte, ob sie für die nächsten Tests brauchbar waren.

Man wollte möglichst viele haben, die überhaupt nicht photographierten, aber auch einige, die hin und wieder mal mit einer fremden Kamera photographierten, und als letzte Hauptgruppe Jugendliche, die eine Kamera besaßen.

Endlich hatte man knapp hundert Jugendliche beisammen für die beiden letzten, entscheidenden Untersuchungen: einen Verhaltenstest und eine Motivanalyse.

Für den Verhaltenstest wurde ein Photoladen eingerichtet. Dieser Laden war natürlich präzise geplant. In ein Regal kamen die Kameras, die man möglicherweise an die Jugendlichen verkaufen wollte – mit Variationen, die besonders für diesen Zweck hergestellt worden waren. Das waren Kameras aus weißem Plastikmaterial, ganz oder nur die Frontseite mit Blue-Jeans-Stoff bezogen, Metallkameras, ebenfalls bezogen, schwarze Kameras, glatt oder genoppt, und so weiter.

Dazu kamen Kameras der Konkurrenz in einer vergleichbaren Preisklasse. In ein anderes Regal kamen nur Konkurrenzkameras, dazu Filme und Werbematerial. Auf einige Ständer verteilt wurden normale Bereitschaftstaschen, aber auch Taschen, die besonders angefertigt worden waren, sogenannte Freizeittaschen. Davon waren einige aus blauem Leinen, andere aus braunem Stoff mit Lederbesatz, wieder andere aus Knautschlack in Orange oder aus Leder in Dunkelbraunantik.

Etwas abseits war ein Platz für den Interviewer reserviert. Dieser begrüßte die Versuchspersonen, sagte ihnen, sie sollten sich vorstellen, sie wären in einem richtigen Photogeschäft, der Verkäufer habe aber im Augenblick keine Zeit. Sie könnten sich alles ansehen, es auch anfassen. Dann setzte sich der Interviewer an seinen Platz, tat so, als wäre für ihn die Sache erledigt. Aber er registrierte nach einem Reaktionsschema jede Aktivität der Versuchsperson.

Der Witz bei der Sache war freilich eine versteckte Fernsehkamera, die auf Videoband die Testperson heimlich filmte und so jede Bewegung für spätere Analyse festhalten konnte.

Wenn man glaubte, der Jugendliche habe sich genau über das Angebot informiert, wurde er aufgefordert, sich eine Kamera und eine Tasche auszuwählen.

Die letzten und wohl entscheidenden Ergebnisse brachte die anschließende Motivationsanalyse. Hier ging es nicht mehr um spontane Reaktionen. Die geschulten Psychologen versuchten in Einzelgesprächen, die jeweils etwa eineinhalb Stunden dauerten, Aufnahmebereitschaft und Widerstände zu ermitteln. Sie versuchten gleichzeitig herauszufinden, wie man detailliert auf bestimmte Kameras und Taschen reagierte und welche Werbemethoden dementsprechend erfolgreich sein würden.

Dabei stellte sich dann heraus, daß die „blauen“ Kameras, also jene, die mit Stoff bezogen waren, wohl am auffälligsten waren, von den meisten auch zuerst in die Hand genommen wurden, dann aber doch nicht das Vertrauen einflößten wie normale, altmodische Modelle in Schwarz und Silber, die in ihrem Äußeren eher eine gewisse technische Qualität glaubhaft machen konnten.

Grundsätzlich bestätigte sich jedoch, was man schon vorher gewußt hatte, wenn auch nicht so genau: daß sich junge Leute eigentlich gar nicht fürs Photographieren interessierten. Photographieren galt für sie nicht als „aktive Freizeitgestaltung“. Vor allem aber: Photographieren ist typisch für die Eltern. Wer anfängt zu photographieren, begibt sich damit freiwillig in die Welt der Erwachsenen.

Jugendliche möchten vor allem etwas „erleben“. Mit der Kamera wird dieser Wunsch nicht erfüllt. Andererseits stimmte ein bißchen hoffnungsvoll, daß kein ausgesprochener Widerstand gegen das Photographieren an sich bestand. Man hatte eben nur kein Bedürfnis, es selbst zu tun. Zu diesem Ergebnis kam man, als man die Versuchskaninchen danach fragte, was sie von Leuten hielten, die photographieren.

Photographieren vermittle keine besondere Jugendlichkeit, sei aber wiederum auch nicht elitär. Es sei nicht unbedingt kleinbürgerlich, aber doch eher konservativ als progressiv.

Eine entscheidende Barriere bildete allerdings die normale Bereitschaftstasche. Die wurde assoziiert mit dem dicken, schwitzenden Touristen mit umgehängter Kamera, der Inkarnation des Spießers.

Dieses Hindernis war am einfachsten zu überwinden. Hier boten die Agfa-Leute dann die später auf den Markt kommende Tasche an, aus Jeans-Stoff, die von den getesteten Jugendlichen auch für andere Zwecke verwendet werden konnte.

So glaubten 49%, sie könnten sie als Bade- oder Strandtasche benutzen, 41% wollten sie als Schultasche, 22% als Reisetasche verwenden.

Die Widerstände gegen das spießige Erwachsenen-Image schienen auch deshalb nicht unüberwindbar zu sein, weil sie statistisch im Vergleich zu den USA keine grundsätzliche Kinderkrankheit zu sein schienen. In der hier untersuchten Altersgruppe besaßen in der Bundesrepublik 5% eine Kamera, in den USA dagegen ganze 60%.

Nach genauer Analyse der erhaltenen Daten (die hier nur zum Teil erwähnt werden können), glaubte Agfa-Gevaert ein Angebot erfolgreich auf den Markt und die Jugendlichen damit zum Photographieren bringen zu können.

Wichtig schien vor allem die Tasche, die dann später im Werbedeutsch „Jeans mit Henkeln" genannt wurde. In diese Tasche wurde gepackt: eine leicht veränderte, aber relativ billige Kamera, 3 Blitzwürfel, 2 Batterien, 3 Filme.

Die Agfa-Leute errechneten die Kosten mit DM 59,60. Da man billig sein wollte, entschloß man sich zum glatten Preis von DM 50,–. Mit diesem runden Preis glaubte man sich den nüchtern wirkenden Jugendlichen anzupassen, indem man eben nicht sagte DM 49,80. Man glaubte, die Jugendlichen würden diese Aufrichtigkeit honorieren, sie würden überhaupt merken, daß man auf die 99,50-Tricks bewußt verzichtet habe. Daß die tatsächlichen „Kosten" höher waren, spielte in diesem Zusammenhang keine Rolle.

Als großes Wunder wird heute noch angesehen, daß es den Agfa-Leuten gelang, die Händler davon zu überzeugen, in diesem Sonderfall auf ihre übliche hohe Gewinnspanne zu verzichten und sich mit einer weit niedrigeren zufriedenzugeben. Tatsächlich verzichtete Agfa auf Gewinn beim Verkauf der Tasche. Was aber die meisten Kritiker dieser Aktion übersehen haben: Agfas Rechnung war hier nicht zu Ende. Schließlich wurden mit dieser Tasche ja drei Filme verkauft. Bei 500.000 Taschen kamen also zusätzlich 1,5 Millionen Filme auf den Markt. Selbst wenn die Käufer nur diese drei Filme verknipsten und dann die Kamera nie mehr anrührten, konnte Agfa durch den Verkauf von Photopapier für 1,5 Millionen entwickelter Filme gelassen den Gewinnverzicht beim Taschenverkauf ertragen.

Aufwendig startete dann die Verkaufsaktion, insbesondere der

Werbeteil. Hier wollte man eben „teenage“ sprechen. Um das korrekte Vokabular einzufangen, gingen Leute der Dorland-Werbeagentur mit Tonbandkoffern in die einschlägigen Teenagertreffs, vor allem in München.

Denn wie es später in den Werbedrucksachen des Hauses Agfa-Gevaert hieß: „... sie kaufen nur, wenn sie richtig angesprochen werden. Sie wollen ihre eigene Sprache hören, die Teens. Beschwatzen hilft hier nicht. Europas heißeste Werbung läuft nur dort, wo man Teens trifft. Und nur so, daß Teens ihren Stil wiedererkennen.“ Es wurden Plakate für die Händler gedruckt mit der dicken Überschrift:

„Teenage spoken. Ein neuer Markt. Agfa-Gevaert reißt ihn auf. Ein anderer Stil. Agfa-Gevaert-Stil. Teenage spoken. Sprechen wie die Teens. Denn die Teens machen diesen Sommer heiß. (Und spätere Sommer auch.) Mit 8 Milliarden ‚Lebensfriste‘ ... Kostet die Teens ganze 50 ‚Elternmuckis‘“. Als Photo ein paar Teens und deren Dialog in Blasen: „... wie hast du Jeans mit Henkeln geschafft?“ – „... fürchterlich auf Ankratz gemacht, bis die Altsippe mehr Lebensfriste hergab.“ Die Übersetzung wurde mitgeliefert.

Elternmuckis = Geld.
Ankratz = Beliebtheit.
Altsippe = Eltern.
Lebensfriste = Taschengeld.

Gleich dazu aus eigener Produktion eben „Jeans mit Henkeln“ = St.-Tropez-Tasche. So wurde sie offiziell getauft.

Auch die Plakate für die potentiellen Kunden waren selbstverständlich in dem vermutlich einzig wirksamen Stil gedrechselt. „Absolut total das Ding. Total im Inhalt. Total zu verwenden. Und – sieht aus wie Jeans mit Henkeln. Holt sie Euch also. Aber bald ... Und dann tascht ab. – Ab durch Europa.“

Preisausschreiben wurden veranstaltet. Eigens für die Händler. „10 Photohändler gewinnen je eine phantastische ‚Pilgerreise‘ ... in die Mekkas der Teens: St. Tropez, London, Kopenhagen-Tivoli, Stockholm-Gammlastan“ usw. Diese sogenannte Pilgerreise konnten sie gewinnen, wenn sie eine entsprechende „Teen-Dekoration“ des neuen Produkts nicht nur aufbauten, sondern, was sich eigentlich von selbst versteht, in Agfacolor photographierten. „Eine Teen-Jury beurteilt die eingesandten Ideen und Schaufenstergestaltungen. Denn Teens müssen es ja am besten beurteilen können, welche Werbung auf sie den größten Eindruck macht."

Doch gab man, da ja keiner sicher war, ob die Photoprofessoren überhaupt wußten, wie man zielbewußt teenagelike dekorierte, wie man neben dem üblichen und einigem unüblichen Werbematerial werben konnte, auch entsprechende Tips.

Es wurde bekanntgegeben – als wäre schon das ein Geheimnis –, wo diese seltsamen Lebewesen sich verkrochen: in Schulen, Schwimmbädern, Sportstadien, Kinos, Boutiquen, Vergnügungs-, Erholungs-, Tierpark- und Stadtgärten, in Tanzschulen, Bastel- und Hobbykursen, Jugendveranstaltungen, Lehrlingsheimen, Imbißhallen und Spielhallen, Jugendherbergen, Go-Cart-Bahnen.

Nachdem das Wo klar war, gab's „Tips zu Wie und Was": „Ihr Geschäftswagen oder Lieferwagen wird zum Werbewagen für die heiße Tasche: Tasche, Preisschilder, Plakate in die Autofenster; oder ein Spezialplakat aufs Dach, per Skiträger. Und dann: Vor dem Schwimmbad auffällig parken, bei Schulschluß vor der Schule, Kinos nicht vergessen. Und am Wochenende Sport- und kulturelle Veranstaltungen besuchen.

Verteilen Sie den Wettbewerbsprospekt an der Kasse des Nachbarkinos. Oder (durch den Trainer) in Sportvereinen. Oder in Beatlokalen. Besorgen Sie sich einige Exemplare „Bravo", legen Sie den Prospekt bei und verschenken Sie das Ganze.

Wer Jeans kauft, braucht beinahe ‚automatisch' eine heiße Tasche. Sprechen Sie mit den Textilgeschäften. Bitten Sie die Inhaber, den Werbeprospekt in die Taschen der Kleidungsstücke für Jugendliche stecken zu dürfen. Europas heißeste Tasche als Preis. Setzen Sie sie für die Besten bei Sportfesten, Schulprüfungen, Lehrlingsprüfungen als Sonderpreis aus.

Beatlokale, Fan-Clubs haben Disk-Jockeys. Sprechen Sie mit den Besitzern der Lokale und lassen Sie von den Disk-Jockeys Europas heißeste Tasche ankündigen.

Stellen Sie Ihren Mitarbeitern ‚Europas heißeste Tasche' leihweise zur Verfügung. Die richtige Aktentasche bleibt so lange zu Hause.

Verkaufspersonal in Jeans. Für zwei heiße Werbewochen sind

Jeans (Blue-Jeans und -Jackets oder White-Jeans und -Jackets) die richtige Kleidung Ihrer Mitarbeiter..."

Ein solcher Mitarbeiter sollte auch Photoreporter sein: „Lassen Sie einen Ihrer jungen Mitarbeiter, entsprechend gekleidet, als Photoreporter an die ‚heißesten Plätze' Ihres Verkaufsbezirks gehen und dort jeweils Bilder von ‚Cliquen' machen. Diese Bilder stellen Sie aus. Den Jugendlichen geben Sie Ihre Geschäftsadresse, damit sie dort Bilder ansehen und eventuell bestellen können. Die ‚heißeste Tasche' läßt sich hier einfach einbauen (in die Dekoration und im Verkaufsgespräch).

Und der Schlußtip: Tasche zusammen mit Teen-Utensilien dekorieren. Zum Beispiel: mit Badetuch, Bikini, Sonnenbrille, Federball, Tennisbällen, Coca-Cola-Flasche, ‚Bravo'."

Annonciert wurde („Teens lesen ihre eigenen Zeitschriften") vor allem in „Bravo", „Crash", „Underground", „Stafette". Nachdem man in Leverkusen erfahren hatte, daß rund 70% der heutigen Filmbesucher unter 30 sind, wurde selbstverständlich auch in den Kinos geworben (Breitwand). „Teens hören Radio Luxemburg und Ö 3. Also auch dort täglich Funkspots."

Es war an alles gedacht worden – alles, was die Jugend zu interessieren schien, wurde hervorgehoben, was sie verschreckte, blieb unerwähnt. Auf den Plakaten die heiße Tasche und fröhliche Jugend.

Das Wort Photographieren wurde umgangen, es hieß: „Europas heißeste Tasche mit dem scharfen Auge zum Bildermachen."

Auf den Plakaten hieß es nur „Action Foto. Foto is action – action is life."

Der Erfolg des Preisausschreibens bei den Jugendlichen, obwohl es ziemlich magere Preise gab, nämlich Super-Stereoanlagen und 90 Kassettenrecorder, war erstaunlich: 22.000 Einsendungen.

Der Startschuß für das ganze heißgelaufene Werbefeuerwerk fiel entsprechend: in Münchens Citta 2000 mit dem dortigen Ensemble des Musicals „Hair".

Innerhalb von vierzehn Tagen war Agfa ausverkauft – aber dann kam der Kater. Die heiße Tasche blieb bei den Händlern liegen.

Man hatte eben doch nicht an alles gedacht, doch nicht alles korrekt berechnet. Vor allem hatte man bei aller Furcht vorm Photographieren die Kamera fast vergessen. Auf den ersten

Plakaten war sie kaum zu erkennen, wenn sie überhaupt abgebildet war. Man hatte sich so auf die Tasche konzentriert, daß der Inhalt nur flüchtig angedeutet wurde.

„Capital" konstatierte fröhlich: „Marktstratege Friedländer taktierte ‚wie einst die Griechen vor Troja': Weil Fotogeräte als ‚Opas Hobby' die Jugend nicht erobern konnten, verpackte der listenreiche Verkaufsmanager Kamera und Zubehör in eine auf Jung-Käufer-Stil geschneiderte Tasche." Aber eben auch: „Der Photohandel blieb auf Europas heißester Ware sitzen. Hunderttausend Billig-Kameras, mit Film, Blitz und Tasche zum Verkaufspaket geschnürt, haben sich bislang als unverkäuflich erwiesen." Doch als dieser Bericht in „Capital" erschien, im Oktober 1970, hatten die Agfa-Leute schon lange das Konzept geändert. Bevor sie die Gründe für das Liegenbleiben gründlicher analysieren konnten, hatten sie die Werbung radikal verändert. Die „heiße Tasche" war wohl noch da, aber jetzt an jenem Platz auf den Plakaten, der vorher der Technik vorbehalten gewesen war. Nun hieß es:

„Komplette Foto-Ausrüstung zum sensationellen Preis von DM 50,–."

Dann eine auffällige Darbietung des Tascheninhalts:

„3 Philips Blitzwürfel

2 Mallory Batterien

Agfamatic 126 Camera – automatischer Blitzwürfeltransport, Kassettenauswerfer, brillanter Newtonsucher, Kompaktbauweise, Tragschlaufe

2 Agfacolor CNS-Filme

1 Schwarzweiß Isopan Film".

Und bereits ein halbes Jahr nach Beginn der Aktion hatte der Handel 80% verkauft.

Nur eben nicht an die Jugendlichen.

Die Tasche der Teens wurde gekauft – von deren Eltern.

Die Konsum-Verzichter

Andere Produzenten können sich heute bei Agfa bedanken, wenn sie vielleicht künftig Fehler vermeiden. Einige Kenner hätten Agfa schon vorher auf gewisse Gefahren aufmerksam machen können.

George E. Johnston, Promotion-Direktor einer amerikanischen Jugendzeitschrift, behauptete anläßlich eines Besuches in der BRD, daß er von einer Teenagersprache gar nichts halte. Das war allerdings im Herbst 1970, lange nach Beginn der Agfa-Kampagne. Er stellte kategorisch fest: „Die Teenager sprechen keine eigene Sprache." Nun, eine eigene Sprache kann es vielleicht nicht genannt werden. Aber ein eigenes Vokabular haben sie sicher, auch wenn es mager ist und oft schon früher von den Eltern benutzt worden war. Doch auch dazu meinte Johnston: „Ihr Vokabular wechselt schneller, als man es aufschreiben kann. Deshalb ist es nicht nötig, die gleiche Sprache mit ihnen zu sprechen oder von oben herab auf sie einzureden."

Daß diese Erkenntnis von unseren Marktstrategen überhaupt noch überrascht zur Kenntnis genommen wurde, ist nur erklärbar, weil sie sich vorher nur sehr oberflächlich mit dem Problem befaßt haben müssen. Denn bereits im August 1968 schrieb die hier bereits mehrmals zitierte Ruth Münster: „Am Beispiel der internationalen Coca-Cola-Werbung wurde noch ein anderes Problem deutlich. Sie geht ganz dicht an den aktuellen sogenannten Teenagerslang heran, der – wie wir alle wissen – unheimlich schnell wechselt und der nur für einen mehr oder weniger großen Prozentsatz der jungen Leute glaubhaft ist. Es ist kein Zweifel, daß jedes Unternehmen, jede Werbung, die mit Teenagerslangs arbeitet, Gefahr läuft, nicht ernst genommen zu werden. Sobald die Jugendlichen das Gefühl haben, daß sich jemand anbiedern will, reagieren sie negativ!"

Über derartige Mahnungen hat man sich vermutlich hinweggesetzt. Vielleicht hielt man sie nicht für wichtig, nicht für richtig oder verzichtete von vornherein auf den Markt der Jugend.

So sehen sich heute noch viele Produzenten einfach die Liste der Produkte an, die von jungen Leuten gekauft werden. Wenn ihr Produkt da nicht drinsteht, kümmern sie sich nicht weiter drum. Über diese Hersteller können wir uns nur freuen, denn sie haben noch nicht gemerkt, was los ist. Noch haben eben lange nicht alle Verkäufer erkannt, was heute eigentlich gespielt wird. Es ist ja auch nicht einzusehen, warum es ausgerechnet in diesem Beruf nur Asse geben soll, wo jeder andere Beruf in der Mehrzahl aus Nieten besteht.

Aber das Agfa-Beispiel müßte sie nachdenklich gestimmt

haben. Denn die heiße Tasche ist ja eben verkauft worden, wenn auch nicht an jene, die dazu ausgewählt waren. Sie ist verkauft worden, weil offenbar die Pappis auf die vorgespielte Jugendlichkeit angesprungen sind. Richtige Verkäufer müßten nach einer Analyse dieser Kampagne (und anderer vergleichbarer) doch eigentlich verzweifelt erkannt haben, was die Jugend in der Konsumwelt heute wirklich bedeutet: eben nicht Käufer von heute oder auch morgen. Sie müßten allmählich gemerkt haben, daß sie vor allem zum Leitbild geworden ist. Trendsetter, Trommler und Trompeter, Vorangeher für komplette Märkte der Erwachsenen. Daß sie also stilbildend ist für den Konsum schlechthin.

Es ist von nebensächlicher Bedeutung, was junge Leute selbst kaufen, wichtig ist, wen sie mit ihrem Kauf zum Kauf anregen.

Es ist sogar nicht einmal entscheidend, daß sie wirklich kaufen. Es reicht eben in vielen Fällen – wie bei Agfa-Gevaert –, daß die Erwachsenen glauben, die Jugend kaufe. Es genügt oft, wenn durch passende Werbung oder durch andere Marketing-Aktivitäten absichtlich dieser Eindruck erzeugt werden kann.

So wird auch niemand vermuten, daß man an die Neue Linke verkaufen will, wenn immer mehr linke Symbole in der Konsumgüterwerbung auftauchen. Daß man aber ähnlich überlegt hat, steht wohl fest. „Die Roten kommen“ als Werbung für Dornbusch, „Laß doch mal die Rote ran“ für Henkels Spülmittel, die Weingemeinschaftswerbung mit „Zeit, sich mit den Roten anzufreunden“.

Dazu kommen entsprechende Gestaltungselemente und die dazugehörige Terminologie.

Im „The New Yorker“ erschien Anfang dieses Jahres eine dafür wohl beispielhafte Anzeige, gleich auf einer Doppelseite. Links über die ganze Seite nur ein Photo von Karl Marx, monumental der in Stein gehauene Kopf, auf der anderen Seite dann der dazugehörige Text mit der fetten Überschrift:

„Wenn Afrika, Asien und Südamerika kommunistisch werden, gib nicht ihm die Schuld.“

Im Text wird dann erläutert, daß Karl Marx wirklich nichts für Hungersnöte in Asien kann, oder für die Epidemien in Afrika, daß es nicht seine Schuld sei, wenn der Südamerikaner durchschnittlich 75 Cents täglich verdiene. Er habe lediglich die Konsequenzen prophezeit.

Man müsse also etwas dagegen tun.

Olinkraft hat etwas getan. Olinkraft, eine Tochterfirma von Olin, hat bereits im Jahre 1958 eine kleine Papiermühle in Igaras gekauft, einer kleinen Stadt tief im Inneren von Brasilien.

Von da an ging es aufwärts mit Igaras. Vorher die absterbende Mühle, keine Ärzte, barfüßige Kinder, 84-Stunden-Woche für Arbeiter... jetzt Produktion verachtfacht, Arbeitsstunden vermindert, Lohn erhöht, Arzt engagiert, Schwestern, Lehrer – alles das von Olin beziehungsweise Olinkraft.

Das alles erwähnt Olin in dieser Anzeige und fordert die Industriekollegen auf, es ebenso zu machen: „Igaras ist natürlich nur eine Stadt. Olin ist nur eine Gesellschaft. Aber stellen Sie sich diesen Erfolg vor multipliziert mit Zehntausenden von Gesellschaften und Städten in Afrika, Asien und Südamerika. Die Taten der Industrie können sich sehr wohl als ebenso wichtig erweisen wie das Evangelium der Demokratie."

Selbst Herrensocken scheinen sich mit solchen Symbolen besser zu verkaufen. „Burlingtons Socken sind keine zahmen Socken", heißt es in einem Anzeigentext. Aber der Text ist weniger wichtig, verglichen mit dem Foto. Die Anzeige wird nämlich beherrscht von einer geballten rechten Faust, über die Faust ist wie ein Handschuh eine knallrote Socke gezogen. Überschrift der Anzeige: „Geballte Color Power".

Es sieht so aus, als wäre die Sexwelle von einer linken Welle abgelöst worden. Auf alle Fälle scheint es im Augenblick in diese Richtung zu gehen.

Wenn Marsha Hunt, durch „Hair" berühmt geworden, in Afro-Power-Look für Cola wirbt, dann kann das noch mit dem Markennamen Afri-Cola erklärt werden.

Aber auch der Bremer Kaffeehof wirbt in der Bundesrepublik mit einer wenig bekleideten schwarzhäutigen „black-is-beautiful-Dame". „.... denn wir sind Kaffee-Experten mit Erfahrung und mit einer Vorliebe für Zukunftsgeschäfte..." heißt es dazu im Text.

Doch werden die Kaffeehändler die Gegenwart nicht unbeachtet gelassen haben, als sie sich zu diesem Anzeigenmotiv entschlossen.

Nun ist nie unbekannt gewesen, daß Kinder ihre Eltern beim Einkauf beraten. Amerikanische Marketingexperten haben schon vor Jahren, früher als unsere, bemerkt, daß Kaufgewohnheiten der Jungen auf die Älteren ausstrahlen. Aber viel mehr wußte man nie. Man glaubte, daß die Kinder beim Autokauf eine Rolle spielten, beim Kauf eines Radios – überhaupt bei vielen technischen Dingen. Aber man wußte nie genau, wie weit dieser Einfluß ging.

Richtig aufgeschreckt wurde die Verkäuferwelt vermutlich, als wieder einmal ein schon seit über hundert Jahren in Europa umgehendes Gespenst aufs neue gesichtet wurde. Da war ihr der blanke Schreck in die Glieder gefahren. Da schien die ganze Welt der Verkäufer ins Schleudern zu kommen.

Doch es war nicht die allgemeine Furcht der bürgerlichen Welt vor Veränderung durch Rebellion und Umsturz. Damit hätte man sich abfinden können, da schien ein Arrangement notfalls immerhin möglich.

Das Reizwort hieß nicht Revolution. Erschrocken war man über eine ganz andere Vokabel. Dieses Wort hieß: Konsumverzicht. Sollten ganze Generationen als Nachwuchs für die Käuferherde ausfallen?

Das war ein häretischer Angriff auf die Religion vom ständigen Wachstum. Es war das Gespenst eines Volkes ohne Kinder.

Erst da wurden die Gegenarmeen aufgestellt; erst hinterher, erst jetzt hat man gemerkt, welcher Gefahr man entronnen ist.

Erst als die Verkäufer den mit dem Ruf Konsumverzicht gestarteten Angriff abschlagen mußten, stellten sie fest, daß das Schlachtfeld größer war, als sie vermutet hatten.

Nach dem ersten Schock über die aufmuckende Jugend hatten die Verkäufer zunächst nur ihre bisherige Zurückhaltung aufgegeben – siehe Coca-Cola. Aber richtig rangegangen sind sie erst, als sie merkten, daß vom Kaufverhalten der Jugend mehr abhing.

Heute scheint es, als hätten die Konsumverzicht-Rufer den träumenden Löwen erst geweckt. Es sieht so aus, als hätte die Lethargie der Verkäufer gegenüber dem Markt der Jugend länger angehalten, wenn die Jugend nicht so rebellisch geworden wäre. Aber nach Tisch weiß eben jeder besser, wie das Essen war.

Brian Jones von den Rolling Stones ist eben nicht auf der Barrikade gestorben, was naive Zuhörer nach dem Text von „Street Fighting Man“ erwartet haben mögen, sondern im eigenen Swimming-pool, umgeben von, ebenfalls eigenem, Park und Schlößchen.

Damit soll den Leuten nicht vorgeworfen werden, daß sie Geld verdient haben. Im Gegenteil. Reichtum an sich ist ja nichts Böses, schlimm sind nur die meisten Leute, die reich sind. Und da sind mir die Beatles eben noch lieber als viele andere, die ich besser kenne.

Außerdem dürfte ja wohl ein Unterschied sein, ob man durch eigene Arbeit reich geworden ist oder durch die Arbeit anderer.

Die vermutlich wichtigere Frage muß lauten: Hätten die Beatles auch ohne Brian Epstein so viel Geld verdient, das heißt: ohne ihren Verkäufer? Aus John Lennons Erinnerungen ist herauszulesen, daß die Beatles-Mode ein bißchen rascher vorübergegangen wäre ohne ihn.

Das alles sind Erkenntnisse, die heute einen smarten Verkaufsingenieur nicht mehr vom Stuhl reißen. Er weiß bereits, daß alles vom Konsum verarbeitet wird, was jugendliche „Außenseiter" sich ausgetüftelt haben mögen, gerade um sich von der Eintönigkeit dieser Konsumwelt zu distanzieren.

Einer glaubt, sich am besten durch einen zerzausten afghanischen Schafspelz gegen Kälte schützen zu müssen. Schon haben die Textilkonzerne massenhaft afghanische Schafspelze auf dem Markt.

Gerade weil heute ein paar mehr „anders" sein wollen, fördern sie den massenhaften Absatz. Einzelgänger zu sein und zu bleiben, scheint heute fast unmöglich. Die meisten, die sich darin versuchen, werden nicht nur ganz schnell konformistische Mitläufer, sondern absatzfördernde Leithammel.

So reicht es eben nicht, teenage zu sprechen, um an Teens zu verkaufen. Man muß sich den Denkkategorien der jungen Leute anpassen.

Aber diese Erkenntnis stammt – vielleicht leider – nicht von irgendeinem Vater oder Erzieher, sondern von Hermann Finck. Hermann Finck wiederum ist von der Firma Intermarco. Intermarco wieder kümmert sich beispielsweise um die Firma Philips und deren Produkte auf dem Sektor Unterhaltung. Er sorgt mit dafür, daß heute an die Jugendlichen Geräte bis zu 300 Mark verkauft werden, damit der Markenname bekannt ist, wenn „es später darum geht, hochwertige Entertainment-Anlagen zu kaufen". Aber das ist nur ein Teil seines Geschäfts. Er hat sich darum zu kümmern, daß das Image von Philips jugendlich bleibt.

Markenbewußtsein allein schafft noch keinen Verkauf. Das haben Untersuchungen bereits im Jahre 1967 ergeben. Im Auftrag des Verlages Kindler & Schiermeyer ermittelte das Institut für Demoskopie Allensbach das Konsumverhalten junger Käufer. Dabei stellte sich dann heraus, daß junge Käufer zwischen 14 und 24 Jahren besser über Markennamen Bescheid wußten als Erwachsene über 25. Woran das auch immer gelegen haben mag – vielleicht nur daran, daß ihr Gedächtnis besser funktioniert –, gleichfalls wurde festgestellt, daß die Jugendlichen gar nicht daran dachten, nach diesen Markenkenntnissen einzukaufen.

Anfang 1970 fand in New York schon zum zweiten Mal der Kongreß über Jugendmarketing statt, nachdem die Teilnehmer des ersten Kongresses kaum wieder zu Hause waren. Auf dem zweiten Kongreß fragte niemand mehr, ob man überhaupt Jugendmarketing machen solle oder nicht, oder gar, ob es so was wie einen Jugendmarkt überhaupt gäbe. Dr. Dietrich Buchner aus Düsseldorf berichtete in der Zeitschrift „Absatzwirtschaft“ (April 1970) von diesem Kongreß: „Heute interessiert, wie der Jugendmarkt genau zu definieren ist, was zu tun ist, um das Jugendmarketing zu verbessern. Die Tatsache, daß wir alle einmal jung waren, legitimiert nicht zu der Annahme, die heutige Jugend zu kennen ... Jugend ist nicht immer die gleiche. Jede Jugend ist anders ... Wenn Sie die Jugend in Begriffen der Marktforschung definieren, werden Sie kaum in der Lage sein, ihre Philosophie, ihre Denkungsweisen, ihre Sprache, ihre Musik zu verstehen.“

Buchner warnte die Verkäufer davor, die Jugend nach Fernsehen und Zeitungsberichten zu beurteilen. „Uns interessiert nicht die rebellierende Jugend auf Linksaußen, uns interessiert die Jugend als Markt oder besser als Marktsegment.“

Politisch kann sie stehen, wo sie will.

Deshalb macht er auch gleich darauf aufmerksam, daß es ebenso falsch ist, nun umgekehrt zu schließen, daß die Jugend, wenn sie nicht so ist, wie sie uns in der Publizistik geschildert wird, so ist, wie man sie sich wünscht.

Alterseinteilung nach Jahren besagt noch gar nichts. Interessant sind die Verhaltensweisen und nicht die Jahrgänge. Schließlich gibt es 20jährige Supermarktmanager, 30jährige Mannequins und 40jährige Hippies.

Um nun herauszufinden, wie die Jugend ist, wie man an sie herankommt, haben sich einige Marketingstrategen ganz auf die Jugend eingeschossen. So hat beispielsweise der 36jährige Unternehmensberater Roland Berger 1970 ein Marktforschungsinstitut gegründet („IJF", Institut für Jugendforschung), dessen Mitarbeiter alle wesentlich jünger sind als er.

600 Teenager und Twens im Alter von 16 bis 25 Jahren stellte er an, weil er es besser machen wollte als seine Kollegen. So sollen die Interviewer nicht nur befragen, sondern zum Beispiel auch photographieren oder „die besten Freunde beobachten und tagebuchartig beschreiben".

Als wissenschaftlicher Institutschef hat sich Kurt H. Benz unter die Fittiche Bergers begeben. Benz scheint gut vorbereitet zu sein. Vier Jahre lang war er bei Allensbach, ebenfalls vier Jahre lang leitete er die Leser- und Marktforschung für die jugend- beziehungsweise kinderorientierten Blätter „Bravo", „Twen" und „Eltern". Benz hat ebenfalls schnell begriffen, daß irgendwann die Hersteller von Erwachsenen-Produkten darauf kommen werden, bei Jugendlichen zu überprüfen, wie ihr Produkt ankommt. Da es schwerer geworden ist, „richtige Informationen über die Jugend zu erhalten... bedarf es dazu besonderer Anstrengungen und spezieller methodischer Wege".

Der Markt der Jugend ist also nicht nur lebendig geblieben, er wächst gesund und heiter weiter. In den USA wird für die Gruppe unter 25 eine Kaufkraft von 43,5 Milliarden Dollar berechnet. 1975 hofft man die 50-Milliarden-Marke zu erreichen. Nicht alle Marktforscher sind so optimistisch, aber sie sind sicher, daß dieser Markt expansiv bleibt.

Gene Reilly, New Yorker Meinungsforscher, erklärte kürzlich, daß von den klugen Marktexperten „die Jugend als Trendsetter anerkannt worden ist. Ihnen wird allmählich klar, daß die Jungen der Vortrupp einer radikalen Veränderung unserer Werte sind. Es ist nicht mehr damit getan, sich auf ihr Niveau zu begeben, sondern wir müssen uns auf das einstimmen, was sie vom Leben halten."

Für eine völlig neue Strategie im Jugendmarketing setzt sich nicht zuletzt aus diesen Gründen auch Dietrich Buchner ein. Er wirft in einer leidenschaftlichen Predigt im „Marketing Journal" (5/70) sogar den Sozialwissenschaftlern vor, die Situation nicht begriffen zu haben. „Während die Sozialwissenschaftler noch von ‚Hineinwachsen‘ des jungen Menschen in die Gesellschaft sprechen, was oft mit Anpassung an die Erwachsenennormen und -werte gleichgesetzt wird, müssen wir heute und in Zukunft mehr denn je davon ausgehen, daß ein ‚acceptance-gap‘ entsteht, der ein statistisches Gleichgewicht verhindern wird."

Gerade darüber aber sollten sich die Verkäufer freuen, meint Buchner, das sei ein fruchtbarer Boden. „Wir können heute davon ausgehen, daß die Jugend neue Maßstäbe setzen wird. Die zukünftigen Anpassungsprozesse werden somit nicht mehr reine Assimilation sein, sondern Lösungen darstellen, die sich aus der Auseinandersetzung der Normen und Werte der Erwachsenengeneration mit denen der nachwachsenden Generation ergeben."

Lösungen sind dann eben neue Produkte oder neue Konsumstile. Es wird, wie Buchner klar sieht, also allein von dem Gespür der Produktentwickler und Produktplaner abhängen, wie der Markt von morgen beschaffen sein wird.

Wenn heute noch viele Verkäufer daran glauben, ihre jungen Kunden nach der Anpassungsthese disziplinieren zu können, sollten sie sich nicht zu früh freuen. Es sieht nicht danach aus, als würde auf die Dauer an der Jugend, also am Nachwuchs und Vorbild, vorbeiproduziert, vorbeigeworben, vorbeiverkauft werden.

Buchner behauptet sogar, daß – die Tendenz des Ungleichgewichts zwischen Normen und Werten von Erwachsenen und Jugend unterstellt – sich jene Gruppen, in denen beide Generationen zu finden sind, dementsprechend ändern werden. Daß sich also die Funktion der Familie ändern wird.

Buchner erwähnt in diesem Zusammenhang amerikanische Untersuchungen, bei denen schon vor zehn Jahren festgestellt wurde, daß sich Jugendliche immer mehr an ihren Altersgenossen orientieren – nicht mehr an ihren Eltern.

So liest Buchner seinen Kollegen der Praxis die Leviten und hält ihnen entscheidende Fehler vor, vor allem eben den, zu glauben, die Jugend wachse organisch in die jetzt bestehende Erwachsenenwelt hinein. „Für den altehrwürdigen Marketingdirektor ist Jugend primär ein Markt für Jugendprodukte und allenfalls ein Markt für Marketing-Investitionen in die Zukunft. Dabei haben die Jugendlichen längst begriffen, daß die

Welt von morgen ganz anders aussehen wird, daß sie nicht in das Erwachsenensystem hineinwachsen werden und daß sie deshalb eigene Vorstellungen und Ansprüche durchsetzen wollen und können – ja müssen. Die alten Prestigestrukturen gelten nicht mehr, keine etablierten Gewohnheiten und Traditionen."

Buchner weist auch auf die entscheidende Tatsache hin, daß sich die Erwachsenen, so „unerträglich sie einerseits die Spannungen zum Jugendlichen empfinden mögen", doch mit der nachfolgenden Generation auseinandersetzen. Und sich eben dann letzten Endes nach ihr richten. „Kinder, die ihren Eltern exakt vorschreiben, was sie zu Weihnachten in welcher Form und Marke haben wollen, sind keine Ausnahme mehr."

„Jugendliche, die nicht genügend Geld haben", schreibt Buchner, „sind oft genug in der Lage, die Geldbörse ihrer Eltern zu öffnen, um neue Dinge anzuschaffen, zu denen Eltern erst Zugang erhalten über den Jugendlichen selbst." Und also: „So werden junge Menschen auch zum Türöffner für Produkte, die sie selbst nicht bezahlen können."

Die Mobilität der neuen Gesellschaft wird eben am schnellsten von der Jugend begriffen. Da sie keine Versammlung hilfloser Individuen ist, sondern sich vermutlich sogar stärker in Gruppen zusammenfindet, als ihre Eltern es getan haben, ist ihr Einfluß auch wesentlich wirksamer.

Interessant ist, daß diese Tendenz auch in der DDR aufmerksam beobachtet, wenn auch nicht begrüßt wird. In einer Kritik an der „teenage-fair 69" heißt es beispielsweise: „... die direkte und indirekte Marktposition der jungen Menschen in den kapitalistischen Industriestaaten ... sind als Indikator für das zunehmende Interesse der Wirtschaftswelt am Konsumverhalten der Jugend anzusehen. Sie versucht möglichst einen Kontakt zu ihr, zu ihren Lebens- und Interessensphären zu gewinnen, um mittels entsprechend ausgerichteter Marketing-Strategien an der Stimulierung und Orientierung ihres Konsumstrebens mehr oder weniger unauffällig, aber unbedingt wirkungsvoll arbeiten zu können."

Dann werden einige Beispiele dieser Taktik aufgezählt, naserümpfend oder gar angewidert, etwa ein Kursus über die Einführung in die „Kunst der Lidschattentechnik".

Ziemlich erleichtert stellt der Verfasser fest, daß man in der DDR diese Sorgen nicht habe. „Die fortschrittliche Jugend unseres Staates – die jungen Sozialisten – demonstrierte zu Ehren des 20. Jahrestages der Gründung der DDR auf ihrer XII. MMM in Berlin, daß sie für die Meisterung der großen Aufgaben bei der weiteren Gestaltung des entwickelten gesellschaftlichen Systems des Sozialismus im dritten Jahrzehnt der Republik gut vorbereitet ist... Unsere Jugend wird von der Gesellschaft, von den Erwachsenen ernst genommen."

Die Vorturner

„Love and Peace" ist als Verkaufsschlager schon lange entdeckt und ausgenutzt. Subkultur und Underground sind unheimlich rasch als absatzfördernd erkannt worden.

Da brauchen wir uns keine Sorgen zu machen.

Es ist auch müßig, zu untersuchen, wer damit angefangen hat. Wenn die konsumwilligen jungen Leute lieber in Boutiquen kauften, weil sie glaubten, Gleichaltrige, Gleichgesinnte hätten sie eingerichtet, dann mußten sie spätestens dann mißtrauisch werden, wenn ganze Warenhäuser sich in Boutiquen aufgelöst hatten.

Auf alle Fälle sollten sich die jungen Leute endlich darüber klarwerden, daß sie nicht nur simple Käufer sind, sondern eben Leitbilder.

Leitbilder zu haben, Vorturner, Obertrompeter, ist für den Verkauf nämlich entscheidend.

Alles was neu ist oder neu erscheint, muß ja von irgend jemand zuerst gekauft und vorgeführt werden. Nicht zuletzt durch die Vorturner erhält die Ware ja etwas von dem Marxschen Fetischcharakter.

Nur naive Käufer glauben, sie seien den Waren überlegen. Der Eindruck ist nur entstanden, weil sie sich nicht annähernd so intensiv damit beschäftigt haben wie ganze Generationen von Motivforschern, Marktanalytikern und was es eben sonst noch in diesen Berufssparten gibt, seien sie nun umstritten oder akzeptiert.

Ware hat eben nicht nur einen Nutzwert. Wir brauchen nicht Ernest Dichter zu lesen, um zu wissen, daß ein Rolls-Royce oder (falls der Laden bis zum Erscheinen dieses Buches doch pleite gegangen ist) von mir aus ein Mercedes nicht bloß andere Fahreigenschaften hat als ein NSU-Prinz.

Eine Dunhill raucht sich nicht nur anders als eine Maiskolbenpfeife, sie bewirkt auch etwas anderes beim Raucher und beim wissenden Betrachter.

Die Waren scheinen lediglich Dienstcharakter zu haben. Tatsächlich enthalten sie jedoch meistens eine bei toten Dingen nicht vermutete Aktivität.

Die Aktivität, von mir aus als Image zu bezeichnen, wird eben häufig erst von den Vorturnern produziert. Da entsteht etwas heute noch nicht gründlich Ausgeforschtes. Vielleicht haben wir es mit einer Konsum-Avantgarde zu tun? Das steht noch nicht genau fest. Aus welchen Motiven diese Vorturner überhaupt vorturnen – das alles weiß man noch nicht genau.

Es ist ja nicht einmal bis heute überzeugend belegt, warum die Beatles ihre Haare wachsen ließen. Aber wir wissen, daß andere sich dann ebenfalls eine ähnliche Frisur zulegten. Wir wissen heute auch, daß lange Haare keineswegs mehr Zeichen von Progressivität sind. Aber wissen wir mehr darüber?

Wir wissen nur, daß es immer Vorturner gegeben hat.

Für den Verkäufer ist nur wichtig, daß er schnell genug an das zunächst als „inside-information“ geltende Produkt herankommt. Aber das schafft er schon deshalb, weil die Kumpane, die Mitläufer, die Nachgeher ja ebenfalls eine Weile brauchen, um den Trend zu bemerken und sich nach ihm zu richten.

So sind gerade die Mitläufer – und sie sind ja die Käufermasse – besonders beliebte Kunden. „Sie haben mir freundlicherweise Zeit gegeben, die Waren hereinzubringen“, meinte dazu Peter Kaufmann und fügte amüsiert hinzu: „Manchmal machen mir die Kumpane noch die ganz besondere Freude, spät in der Saison anzurücken – dann nämlich, wenn wir schon das Ende einer Idee herankommen sehen.“

Am liebsten schaffen sich die Verkäufer natürlich ihre Leithammel selbst. Und wenn heute viele Hippies zu Millionären geworden sind, dann manchmal deshalb, weil sie sich selbst als Leithammel erkannt haben. Und wenn 20jährige Designer und Modeschöpfer heute so viel (und mehr) verdienen wie Top-Manager, dann eben deshalb, weil sie die Dynamik des jungen Marktes miterleben und schneller analysieren.

Gewiefte Verkäufer produzieren heute nicht nur die Ware,

sondern gleichzeitig den Verbraucher, den Obertrompeter, der anderen vormacht, daß diese Ware benutzt wird.

Auch das ist ein alter Hut. Bereits im Jahre 1927 begannen die Hersteller der Lux-Seife damit, Hollywoodstars zum Seifenverkauf zu benutzen. Damals erschien bereits eine Anzeige (vermutlich die erste ihrer Art) mit den Photos von 15 Filmstars und dem Text: „9 von 10 Leinwandstars sorgen sich um ihre Haut mit Lux-Toilettenseife."

Natürlich versucht man das heute auch noch, mit Millowitsch, Marianne Koch oder Franz Beckenbauer. Aber die smarteren Verkaufstechniker verlassen sich schon lange nicht mehr auf diese Sorte Prominenz.

Sie haben längst erkannt, daß man sich nach anderen Vorreitern orientiert. Aber bei allem, was in diesem Zusammenhang deprimiert, ist gerade hier auch der berühmte Silberstreif am Horizont zu entdecken. Weil die Jugend Waren anders beurteilt und die Verkäufer sich nach ihr richten müssen, wird sich vielleicht dadurch auf dem Markt ein anderes Prinzip durchsetzen.

Der Marktforscher Hugh Edwards aus Chikago beschrieb diese neue Situation so: „Die Jugend geht heute ganz anders an Produkte heran. Sie fragt ‚Was nützt mir das Produkt?‘ Sie interessiert sich nicht mehr für psychologische Qualitäten."

Seiner Meinung nach sind die Jugendlichen vor allem daran interessiert, „Erfahrungen zu kaufen, kein physisches Produkt". Damit erklärt er nicht nur den Boom von Marihuana, psychedelischen Postern und Motorrädern. Er glaubt, daß hierin der Grund zu suchen ist, warum der Student nur Blue-jeans trägt, sich aber in einen Stereo-Set verliebt, für den er dann 1000 Dollar anlegt. „Die ‚Arbeitsklamotten‘ erfüllen einen Zweck. Aber der Stereo-Set verbindet ihn mit der Musik seiner Generation."

Daß sich auch an den ‚Arbeitsklamotten‘ Geld verdienen läßt, bewies der große Sieger der Gegenwart, der Jeans-Produzent Levi Strauss Inc. 1969 hatte Levi noch einen Umsatz von rund 250 Millionen Dollar, 1970 waren es bereits 300 Millionen. Levi mußte seine Lieferungen an die Einzelhändler sogar rationieren, weil er mit der Produktion nicht nachkam.

So haben sich auch die Händler sofort auf diesen Boom eingestellt. Weil die Jugend nicht mehr „in den Kaufhäusern des Establishments" kaufte, wurden Jeans-Fachgeschäfte eingerichtet.

Aber die Verkäufer haben durch vorsichtiges Marketing nicht nur die gewünschten Artikel verkauft. Auf dem Campus hatte sogar „American Express“ große Erfolge, Hamm's Brauereien oder eine der solidesten Hemdenfirmen, die Hersteller von Arrow-shirts (Werbung: „If you're fat and forty, forget it“).

Selbst die Automobilhersteller, die während der letzten Jahre besonders heftig attackiert worden waren, hatten einigen Erfolg mit ihren kleineren Wagen.

Zum Unterschied von ihren Eltern kaufen die Jungen eben einen Volkswagen, am liebsten gebraucht, weil sie es ernst meinen, wenn sie sagen, „wir wollen vier Räder, um uns bequemer fortzubewegen“. Sie sagen es nicht nur, sie handeln auch danach.

Bisher haben sie mit dieser Haltung allerdings nur einen Wechsel der Produkte erreicht. Aber der ist nicht unwichtig. Denn die Verkäufer haben eingesehen, daß es sinnlos ist, ihnen etwas vorzuschwindeln über Produkteigenschaften, die es gar nicht gibt oder die völlig unwichtig sind.

Aber es kann ja passieren, daß es den Jugendlichen gelingt, tatsächlich weniger zu kaufen und sich daran mehr zu erfreuen. Was passiert, wenn die jungen Leute älter werden und immer noch nicht daran glauben, daß bestimmte Waschmittel besser sind als andere, nur weil für sie geschickter geworben wird?

Vielleicht schaffen sie es sogar, daß bei weniger Konsum auch weniger gearbeitet zu werden braucht.

Aber soweit ist es noch nicht. Noch sind die jungen Kunden fest in der Hand der Verkäufer, heute fester noch als im vorigen Jahr. Sie konsumieren mehr, sie geben mehr Geld aus – eben nur auf andere Weise und für andere Produkte. Noch helfen sie mit, daß immer mehr verkauft wird.

Vor einigen Jahren noch wurde etwa Bier verkauft mit dem Hinweis, daß Durst erst durch Bier schön werde. Heute heißt es: „Bier hat Wumm.“ Früher wurde in der FAZ geworben, die neuen Anzeigen erscheinen in „Bravo“ und „Twen“, die Funkspots über Radio Luxemburg.

Pauline, laß das Reiben sein

Es ist ein bißchen bedauerlich, daß das eigentliche Produkt Waschmittel nur noch selten besprochen wird, weil Folgen und Nebenerscheinungen sich sofort nach vorn drängen, wenn ein bestimmter Name genannt wird.

Da stürzt sich eine Gruppe sofort auf die Holzhammer-Werbung, die mit bösartig-schwachsinnig nur unzureichend beschrieben ist, und von der zweiten Gruppe wird sofort Umweltverschmutzung abgeleitet.

Doch vermutlich ist diese Entwicklung gar nicht zu vermeiden gewesen. Ohne rabiate Idiotenwerbung kann sich niemand mehr ein Waschmittel vorstellen, auch keins, das nicht mindestens unsere Gewässer vergiftet, wenn nicht mehr, das heißt: ohne Umweg uns selbst.

Aber es muß über das Produkt gesprochen werden, weil die Hausfrau – nicht zuletzt wegen dieser Werbemethoden – überhaupt nicht mehr weiß, welches Pulver sie in ihre Waschmaschine kippen soll, wenn sie einigermaßen vernünftig waschen möchte.

Über zweitausend Jahre lang wurden Körper und Wäsche mit Seife gewaschen. Selbst das erste Waschpulver, das Ende des vorigen Jahrhunderts entstand, war nur pulverisierte Seife.

Die neue Art zu waschen begann im Grunde erst im Jahre 1907, als der hessische Dorflehrersohn Fritz Henkel aus den Grundstoffen Perborat und Silikat das erste „selbsttätige Waschmittel“ auf den Markt brachte, mit dem erläuternden Werbespruch: „Pauline, laß das Reiben sein.“

Die ersten Silben seiner Grundstoffe wurden zum Markennamen: Persil.

Heute werden uns so viele Marken angeboten, daß wir sie gar nicht alle kennen können. Wir werden mit Werbesprüchen eingedeckt, die mit dem Wirken des Produkts überhaupt nichts mehr zu tun haben.

Waren bis Anno Persil die Frauen darauf angewiesen, bleichbare Flecken der Luft auszusetzen, dem natürlichen Luftsauerstoff, so machte Henkel das durch den Zusatz sauerstoffabspaltender Bleichmittel chemisch.

Aber bei diesen geringen chemischen Zusätzen ist es nicht geblieben. Am hartnäckigsten hat sich im Grunde nur der Werbeunsinn gehalten. Aus dem Jahre 1926 stammt die erste Anzeige mit dem weißesten Weiß. Damals inserierte Rinso: Who else wants a *whiter* wash...? Das hat sich gehalten, auch wenn das zu Waschende immer farbiger geworden ist. So trugen die Männer bis vor wenigen Jahren zu 90% weiße Hemden, heute sind es bestenfalls nur noch 50%.

Das hat die Industrie natürlich auch bemerkt und sich umgestellt. Aber nicht, indem Hersteller nun ein Spezialwaschmittel entwickelten – das taten zwar einige –, sondern, wie in „Werben und Verkaufen“ konstatiert wurde: „Ein starkes Waschmittel mit dem Faktor ‚bunt‘ ist ein Spezialwaschmittel und kein Vollwaschmittel! Und dies wäre ein zu kleiner Markt – nur zwischen 8 und 10% des Waschmittelmarktes gehören den Spezialwaschmitteln.“

Vor allem wurde die Werbung entsprechend umgedichtet. So konnte ab Herbst 1967 etwa mit Fakt die frohe Botschaft verkündet werden: „...Macht Weißes wieder weiß und Buntes wieder bunt!“

Während man den ersten Teil der Behauptung noch diskutieren kann, ist, wie selbst die kreuzbrave Stiftung Warentest in einer lange fälligen Untersuchung über Vollwaschmittel im April 1971 feststellte, die „zweite Hälfte des Sprüchleins... glatt geschwindelt. Etwas übertrieben müßte es heißen: ‚Macht Weißes wieder weiß und Buntes auch...‘ Das gilt bei Kochwäsche für alle Vollwaschmittel. Ohne Ausnahme. Kräftige Farben leiden nicht stark, doch Pastelliges wird langsam, aber sicher verwaschen-schmutzig.“

Und was das „etwas übertrieben“ angeht, so ist diese Einschränkung vermutlich nur so gemeint, daß eben das Bunte nicht gerade weiß wird, wenn wir mal unterstellen, daß Weißes weiß wird, noch weißer als weiß.

Vermutlich läßt es sich nicht vermeiden, daß wir uns darum kümmern, was nun angeblich die Wäsche so weiß macht, daß es nicht weißer geht, oder was Deutschlands Wäsche wieder atmen läßt. „Um das richtige Waschmittel richtig einsetzen zu können, ist es notwendig, die wichtigsten Waschmittelbestandteile und ihre Wirkweise zu kennen. Gleichzeitig hilft dies aber auch, der sich überschlagenden Waschmittelwerbung etwas mehr Kritik entgegenstellen zu können." So heißt es in einer gründlichen Arbeit der beiden Textilingenieure H. Sauer und G. Weber vom Forschungsinstitut Hohenheim, die im Februar 1971 veröffentlicht wurde.

Wir können uns vermutlich gegen die Vernebelungstaktik der Werber und der sie beauftragenden Industrie wirklich nicht anders wehren. Schließlich geben wir zu viel Geld für dieses Zeugs aus. Allein in den zehn Jahren von 1960 bis 1970 hat sich unser Verbrauch an Weiß-, Grob- und Buntwaschmitteln mehr als verdoppelt. Bereits 1967 überschritt der Umsatz der Seifen- und Waschmittelindustrie die Milliardengrenze.

Der amerikanische Gigant Procter & Gamble, der vor knapp zehn Jahren mit Dash den deutschen Markt richtig aufschäumen ließ, gab 1969 allein auf dem amerikanischen Markt 275 Millionen Dollar für Werbung aus. Damit stand er einsam an der Spitze. Der zweite Konzern, General Motors, folgte mit 171,5 Millionen fast unter ferner liefen.

In der Bundesrepublik herrschte jahrzehntelang provinzielle Ruhe. An Persil hatte sich niemand herangewagt. Als der Enkel des Firmengründers, Dr. Jost Henkel, Persil nach dem Zweiten Weltkrieg wieder auf den Markt brachte, reichte für die Werbung der schlichte Hinweis, wieder „in Friedensqualität".

Aber dann, fast über Nacht, kam aus dem benachbarten Holland der erste Schock. Da wurden Henkels brutal aus ihren Träumen gerissen. Die zu Unilever gehörende Sunlicht brachte ein synthetisches Waschmittel auf den Markt, Sunil, später dazu Omo, Suwa und Skip. Schon 1958 hatte Persil laut „Spiegel" vom 10. März 1965 nur noch einen Marktanteil von 20%, Sunil dagegen bereits das doppelte, 40%. Henkel entwickelte Persil 59, Unilever konterte mit Omo und dem Omo-Reporter.

Der Kampf der beiden Riesen war gerade ein bißchen ruhiger geworden, als sich ein neuer Konkurrent in Frankfurt niederließ: eben Procter & Gamble. Nach einem Bericht im „Volkswirt" (24. 10. 1969) gehört diese Firma umsatzmäßig zu den dreißig, „gewinnmäßig" sogar „zu den zwanzig größten amerikanischen Industrieimperien".

Zunächst betrachtete man in aller Ruhe den deutschen Markt, etwa drei Jahre lang, bereitete in der Zeit eine Werbekampagne vor, errichtete bei Worms eine Fabrik, übernahm die Rei-Werke AG (damals mit den Marken Rei, später Spüli) und startete 1964 die Dash-Offensive.

Spätestens seit diesem Sommer werden wir mit einer Werbung bombardiert, die auch robustere Naturen betäubt haben dürfte.

Wir können die verschiedenen Produkte nicht mehr auseinanderhalten, wissen nicht mehr, was wir glauben sollen, welche Behauptungen blanker Unsinn sind, ja nicht einmal mehr, was teuer und was billig ist. Völlig hilflos ist die waschende Hausfrau diesen Mitteln ausgesetzt, die täglich neue Eigenschaften entwickeln sollen, sie weiß nicht einmal mehr, welches Mittel nun für welchen Stoff gedacht ist, sie kann kaum noch Vollwaschmittel von Spezialwaschmitteln unterscheiden.

Ihr wird der Eindruck vermittelt, als wären da Zauberkräfte am Werk, geheimnisvolle Ingredienzen; putzige PSE-Kügelchen versuchen sich vor gierigen Enzymen zu retten, und wer die Werbung durcheinanderbringt, wird auch Jod-S-11-Körnchen im Waschmittel vermuten dürfen oder gar Fluor S. Da fehlt nur noch TNT – leider. Tatsächlich sind die modernen Waschmittel ein Gemisch aus verschiedenen Substanzen. Aber die Zusammensetzungen sind nicht annähernd so geheim wie die Rezepte der Seifensieder unserer Urahnen.

Moderne Waschmittel setzen sich zusammen aus sogenannten waschaktiven Substanzen, aus Gerüststoffen und Hilfsstoffen.

Auch ihre Wirkung ist eindeutig und übersichtlich.

Waschaktive Substanzen sollen Schmutz, auch fettigen, aus dem Gewebe herauslösen oder, wie Sauer und Weber sagen, „den Schmutz zerkleinern, umhüllen und abschwemmen".

Perborate sind drin, das sind Bleichmittel; ihre Wirkung ist bereits oben bei Fritz Henkel erwähnt. Sie sollen, grob gesagt, Flecken entfernen, genauer, farbstoffhaltige Verschmutzungen. Sie wirken von einer Temperatur ab 60° an. Je heißer es wird, desto mehr bleichen sie. Perborate können in die Gruppe der Hilfsstoffe eingeordnet werden.

Gerüststoffe dagegen sind Phosphate. Da unser Wasser viel Kalk enthält, werden die Phosphate zugesetzt. Sie sollen verhindern, daß sich Kalk im Gewebe oder in der Waschmaschine festsetzt. Das schaffen sie auch. Durch die Phosphate bleibt der Kalk in der Flüssigkeit verteilt wie das Fett in der Wurst.

Außerdem sind die sogenannten optischen Aufheller in den Waschmitteln. Sie sind, wie der Name sagt, eher Farb- als Reinigungsstoffe. Durch sie werden unsichtbare ultraviolette Strahlen sichtbar. Das heißt aber, daß Wäsche, die weiß aussieht, nicht deshalb schon sauber sein muß. Wir haben nur einen optischen Zaubertrick vor uns. Das ist alles.

Diese Weißtöner sind sehr gründlich und bewirken, daß auch farbige Textilien weißer werden, „daß die Farben beim Waschen häufig scheinbar verblassen“, wie Sauer und Weber berichten. „Speziell Pastelltöne, und hier wieder Gelb- und Rotnuancen, erleiden bei Einwirkung von Weißtönern starke Farbverschiebungen. Wenn also die zartgestreifte Bettwäsche oder die cremefarbene Bluse immer heller werden, ist daran meist nicht ein unbeständiger Farbstoff, sondern der ‚Weißmacher‘ im Waschmittel schuld.“

Diese Ingredienzen – waschaktive Substanzen, Gerüststoffe, Bleichmittel, optische Aufheller – sind in allen Vollwaschmitteln enthalten. Nicht in allen Vollwaschmitteln gibt es, und darauf kommen wir noch zu sprechen, Enzyme.

Aber die wichtigsten Bestandteile sind bei allen Waschmitteln gleich, sie sind nicht geheim; da alle Waschmittelhersteller die gleiche Aufgabe zu lösen haben, zwischen den gleichen Grundstoffen auswählen müssen, ist schwer einzusehen, wie sich der Inhalt laut Werbebehauptungen unterscheiden kann.

Theoretisch besteht natürlich die Möglichkeit, daß der eine Hersteller mehr von dem einen Zusatz nimmt als sein Konkurrent, dafür weniger von einem anderen. Oder wie es im Bericht der Stiftung Warentest heißt: „Große Qualitätsunterschiede kann es also nur noch durch unterschiedliche Anteile an den einzelnen Ingredienzen geben.“

Aber selbst da Fehlanzeige: „Doch auch hier bleibt den Herstellern nicht viel Spielraum. Denn die Waschmittel sollen außerdem die Wäsche schonen.“

Und das heißt wiederum: „Zuviel Waschkraft, d. h. vor allem zu kräftiges Bleichen, ‚knackt' die Fasern an, bedeutet also zwangsläufig geringere Wäscheschonung."

Das erwies sich beispielsweise im Test bei den Marken „Dash", „Der neue Weiße Riese" und „Fakt". Die Waschwirkung war bei diesen Fabrikaten sehr gut, dafür „eine vergleichsweise weniger günstige Wäscheschonung".

Tatsächlich komme ich mir allmählich schon ein bißchen doof vor, weil ich wieder einmal, wenn auch mit den Worten der Tester, feststellen muß: „Die großen Unterschiede beginnen erst bei den Preisen. Weitere Unterschiede werden wohl erst an den Schreibtischen der Werbetexter ausgekocht."

Dieser Test muß die Damen und Herren der gemeinnützigen Stiftung überhaupt unheimlich erregt haben. Denn selbst sie, die sonst so Redlich-Frommen, immer Übervorsichtigen gaben diesem Bericht gleich zwei Überschriften:

„Werbung macht Wäsche nicht weißer."

„Marktriesen übertreffen die Kleinen nur im Preis."

Leider dürfte es dem Käufer schwerfallen, Preise zu vergleichen, obwohl es heute viel einfacher ist als noch im vorigen Jahr. Denn auch die Waschmittelhersteller kämpften selbstverständlich leidenschaftlich gegen das neue Meß- und Eichgesetz. Sie wollten weder glatte Gewichte liefern, also bei ihren 432-g- und 147-g-Paketen bleiben, noch wollten sie dann den Grundpreis pro Kilo oder Liter angeben, den das Gesetz vorschreibt. Sie behaupteten schlicht: „Preisvergleiche würden bloß irreführen, da ausschlaggebend eben die – nicht absolut meßbare – Waschkraft sei und nicht das Verhältnis zwischen Gewicht und Preis."

Dieser Punkt ist erledigt. Aber die Hausfrau muß auch beim Einkauf aufs Gewicht achten, weil die Größe des Pakets noch gar nichts besagt, jedenfalls nicht viel. Denn die Körnchen des Waschmittels sind hohl. Je mehr Luft sie enthalten, desto leichter sind sie, desto mehr Platz brauchen sie, um so größer ist die Packung – sogar ohne Mogeln.

Doch auch Gesamtgewichte allein lassen keinen präzisen Preisvergleich zu, weil je nach Waschkraft unterschiedlich viel Waschpulver verwendet werden soll.

Da jedoch die Qualität, wie die Untersuchung der Stiftung Warentest ergeben hat, bei allen bekannten Produkten fast gleich ist, wäre der Käufer komplett behämmert, wenn er sein Waschmittel nach einem anderen Kriterium aussuchte als nach dem des Preises.

Leider bleibt der Hausfrau keine andere Möglichkeit, als selbst praktische Versuche anzustellen, es sei denn, sie hat einen Computer zu Hause. Sie muß den Preis pro Wäsche errechnen.

Aber es lohnt sich, weil es weniger bekannte, aber gleichwertige Produkte gibt, die halb so teuer sind wie ihre berühmten Geschwister. Einige Hinweise lassen sich aus dem erwähnten Test entnehmen. Auch die Tester haben den Preis pro Kilogramm Kochwäsche errechnet und kommen bei gleich gut beurteilten Produkten beispielsweise auf:

pro dixan (Henkel)	0,87 DM
Der neue Weiße Riese (Henkel)	0,83 DM
Dash (Procter & Gamble)	0,80 DM
Fakt mit PSE (Henkel)	0,80 DM
Persil 70 (Henkel)	0,70 DM
All (Sunlicht)	0,68 DM
Aber dann eben:	
Tandil (Albrecht KG)	0,42 DM
Orion (Gedelfi)	0,48 DM
Uni mit Biokraft (GEG)	0,48 DM

Leider ist dieses Preischaos für fast identische Waren in unterschiedlich reizvoller Verpackung nicht das einzige, was die Käufer verwirrt. Mit bewundernswerter Geschicklichkeit haben die Hersteller es auch verstanden, verschiedene Waschmitteltypen auf den Markt zu bringen, deren unterschiedliche Wirkung weder auf der Packung noch in der Werbung deutlich erkennbar gemacht werden.

Bis jetzt haben wir uns nur mit den Vollwaschmitteln beschäftigt. Aber es gibt ja noch Mittel „für jede Wäsche", für alles „Weiße" und „Bunte", fürs „Flauschige", „für die Klarwäsche bis 60°".

Neben den Vollwaschmitteln gibt es „Vor- und Einweichmittel". Dazu gehören Marken wie „Ariel", Bioluzil", „Burnus", „Henk-o-mat", „Xtra".

In diesen Mitteln sind mehr Enzyme als in den Vollwaschmitteln (falls diese überhaupt welche enthalten). Sie können benutzt werden, wenn besonders starke eiweiß- oder stärkehaltige Verschmutzungen entfernt werden müssen. „Die beste Wirkung erzielt man beim Einweichen", schreiben die beiden, „möglichst über Nacht". Das kann auch in der Maschine geschehen, und es ist dann auch ziemlich egal, wie man es nennt, ob Einweichen oder Reinweichen. Wenn diese Mittel zum Vorwaschen benutzt werden, soll man möglichst lange vorwaschen, damit die Enzyme auch optimal wirken können.

Dann haben wir Spezialwaschmittel für weiße Synthetics. Marken wie „Dato", „F 4" und „Neulan".

Diese Waschmittel haben einen Spezialaufheller für bestimmte Kunstfasern. „Sie wirken dem Vergilben von Nylon, Perlon usw. entgegen." Bei anderen Kunstfasern helfen sie kaum oder gar nicht. „Textilien aus Polyester (z. B. Diolen, Trevira) und Acryl könnten unter den üblichen Haushaltswaschbedingungen z. Z. noch nicht merklich aufgehellt werden."

Hier vor allem beginnt das Waschen also bereits beim Einkaufen der Textilien.

In der nächsten Gruppe, „Feinwaschmittel", finden wir Marken mit und ohne optische Aufheller.

Mit sind zum Beispiel „Korall" und „Rei", zu *ohne* gehören „Burti" und „Fewamat".

„Die Anwendung ist sinnvoll bei empfindlichen sowie bei allen gefärbten Textilien, wenn sich der Farbton nicht durch optische Aufheller verändern soll." Aber hier muß darauf geachtet werden, daß man nicht gleichzeitig Wäsche mitwäscht, die bereits Aufheller aus einer vorigen Wäsche enthalten. Die können dann hier weiter wirken.

Zum Schluß die Gruppe der „Wollwaschmittel".

Marken wie „Perwoll" und „Sanso". Das sind Spezialwaschmittel für die Handwäsche von Wolle und anderen empfindlichen Textilien. Sie sind frei von Bleich- und Aufhellmitteln.

Wer bis jetzt tapfer durchgehalten hat, weiß aber wenigstens – hoffe ich zumindest –, daß er kaum aus jedem Dorf einen Köter braucht. Mir – als Nichtwäscher freilich, dazu ein bißchen schlampig, was Wäscheweiß betrifft, gleichfalls aber aus vielen Jahren Asien verwöhnt, kurz: komplett unzuständig – scheint etwa der Kundenkreis von Produkten der Reihe „Dato", „F 4", „Neulan" einigermaßen begrenzt zu sein. Wenn ich nur weiße Synthetics damit waschen soll und da nicht mal alle Arten – aber ich will auch nichts dagegen sagen. Sicher gibt es

Leute, die nur weiße Nylonhemden tragen und ihre Perlongardinen regelmäßig waschen. Für sie sind diese Mittel ideal, unübertrefflich sogar.

Vielleicht zitiere ich, weil ja vielleicht irgend jemand gleich zur Waschmaschine rennen möchte, zusammenfassend die Hinweise aus dem Bericht der Stiftung Warentest.

Auf die Frage „Wie wäscht man nun richtig?“ gibt es wieder zwei Antworten:

1. „Wenn eine Hausfrau nicht so pingelig ist, wenn ihr Farbverschiebungen gleichgültig sind, kommt sie mit zwei Waschmitteln aus:
   * einem Feinwaschmittel für Feinwäsche und Wolle,
   * einem Vollwaschmittel für alles übrige.“
2. Ist unsere Hausfrau dagegen doch pingelig und möchte ganz perfekt waschen:
   * Vorwäsche mit einem Vorwasch- oder Einweichmittel...
   * Hauptwäsche für Weißes mit einem Vollwaschmittel,
   * Hauptwäsche für Buntes mit einem speziellen, aufhellerfreien Buntwaschmittel,
   * weiße Synthetics mit einem dafür konzipierten Spezialwaschmittel.“
     (Allerdings aber sind nicht alle Synthetics gleichwertig – entsprechend den Hinweisen von Sauer und Weber.)
   * Wolle und andere empfindliche Textilien, die bei 30° gewaschen werden, mit einem aufhellerfreien Feinwaschmittel, am besten mit einem speziellen Wollwaschmittel.“

Zu diesen Haushaltstips fühlte ich mich herausgefordert, weil die Hersteller und die von ihnen beauftragten Werber künstlich dieses Chaos erzeugt haben. Deshalb darf ich mir auch abschließend vielleicht die eindringliche Mahnung erlauben: Glauben Sie kein Wort von dem, was die Hersteller und Werber Ihnen einreden wollen.

Die Qualität der modernen Marken-Vollwaschmittel ist fast identisch. Sie sind, wie auch Sauer und Weber betonen, „in Zusammensetzung und Waschwirkung ähnlich“. Außerdem besitzen sie „optimale und gleichbleibende Eigenschaften“. Egal, was von ihnen behauptet wird.

Darum: Kaufen Sie nur nach dem Preis! Kaufen Sie immer das

billigere Produkt, wenn Sie Preisvergleiche machen können! Nutzen Sie Sonderangebote von Markenmitteln aus!

Zum Reinigen: Gift

Nun werden seit einiger Zeit im Zusammenhang mit Waschmitteln immer eifriger gesundheitliche Probleme diskutiert. Vor einigen Jahren ging es mit ersten Alarmmeldungen über Umweltverschmutzung los, mit Schaumbergen auf Seen und Flüssen.

Diese stark schäumenden Zusätze sind mittlerweile ersetzt worden. Das ist der Industrie schon deshalb leichtgefallen, weil sich bei den meisten Hausfrauen mit der Zeit herumgesprochen hatte, daß viel Schaum noch lange nicht bessere Reinigungsfähigkeit bedeutete.

Im Gegenteil: Zu viel Schaum kann bedeuten, daß die Wäsche schlechter gewaschen wird.

In letzter Zeit konzentrieren sich die Kritiker mehr auf die durch Presse, Funk und Fernsehen bekanntgewordenen Klabautermänner, genannt Enzyme.

Sie werden erst seit einigen Jahren vielen Vollwaschmitteln zugesetzt. Vorher gab es sie nur in Einweichmitteln. In „Burnus" traten sie bereits im Jahre 1914 an die Öffentlichkeit.

Seit diese Enzyme jedoch in Vollwaschmitteln enthalten sind, haben sie auch gleich einen besonderen Werbeorden angeheftet bekommen: „biologisch aktiv".

„Mit ihrem Slogan ‚biologisch aktiv' hatten die Werbesprüchedichter der Branche den Nagel auf den Kopf getroffen", spottete kürzlich Thomas von Randow in der „Zeit" (9/71). Die eiweißabbauenden Enzyme „erwiesen sich in der Tat als biologisch wirksam, und das nicht nur beim Zersetzen von Proteinen in Kakao-, Ei- oder Blutflecken auf der Wäsche, sondern auch in den Bronchien und Lungen der Arbeiter, die in den Seifenfabriken mit den Weißmachern hantieren".

Seit in Großbritannien mehrere Arbeiter einer Waschmittelfabrik erkrankten, tauchte immer wieder die Befürchtung auf, nicht nur beim Herstellungsprozeß könnten Gesundheitsschäden auftreten, sondern auch beim Waschen.

Tatsächlich ist das jedoch noch unbewiesen. Dr. Fritz Griepentrog vom Bundesgesundheitsamt hält die Allergiegefahr für „relativ klein“. Er meint, „das betrifft höchstens ein Prozent der Hausfrauen“.

Sollte diese Zahl stimmen, wäre die Nonchalance ein bißchen seltsam; schließlich wären dann allein in der Bundesrepublik bereits mindestens 30.000 Hausfrauen betroffen. Das ist ja auch was.

Aber es ist eben noch nicht sicher, ob diese Zahl stimmt, ob Enzyme tatsächlich unsere Gesundheit angreifen, jedenfalls die Enzyme in den Vollwaschmitteln. Prof. Hagen Tronier berichtete am 18. 4. 1971 im Deutschen Fernsehen von einem Versuch an 600 Hausfrauen im doppelten Blindversuch. Dabei wurden überhaupt keine Unterschiede zwischen enzymhaltigen Vollwaschmitteln und Vollwaschmitteln ohne Enzyme festgestellt.

Doch der Verdacht besteht, und er mag begründet sein. Im Augenblick ist es tatsächlich noch nicht zu übersehen. Die Bundesregierung hat zwei Forschungsaufträge vergeben. Wenn deren Ergebnisse vorliegen, wird man wissen, ob Enzyme in Vollwaschmitteln gesundheitsgefährdend sind oder nicht. Anderseits ist nicht einzusehen, warum die Industrie nicht dazu gebracht werden kann, auf ihre Packungen nicht mehr bloß draufzudrucken: „biologisch aktiv“, sondern zumindest auch noch „enzymhaltig“.

Wer sich vor möglichen Gefahren schützen möchte, sollte es doch tun können. Selbst wenn die Industrie darauf verweisen kann, daß in Vollwaschmitteln viel weniger Enzyme enthalten sind als in den Einweichmitteln, tatsächlich 0,5% bei den einen und bis zu 5% bei den anderen, besteht keine Ursache, die Hersteller von einer deutlichen Kennzeichnung zu befreien. Solange ein Risiko besteht, ist überhaupt kein Grund zu erkennen, dieses noch zu verschärfen.

Diese Enzyme sind ja wohl hauptsächlich deshalb in den Vollwaschmitteln, um wieder neue Werbebehauptungen aufstellen zu können. So hat der Waschmitteltest der Stiftung ergeben, daß beim Waschergebnis von „der Zugabe der fleißigen kleinen Enzyme allerdings wenig zu bemerken“ ist. „Der neue Weiße Riese“ etwa, der gar keine Enzyme enthält, „hat sehr gute Waschwirkung“. Nach Angaben von Sauer und Weber enthalten zum Beispiel auch „Burmat“, „Prodixan“ oder „Sunil“ keine Enzyme.

Was es wirklich mit der Waschwirkung von Enzymen auf sich hat, haben die Vorgänge der letzten Monate in den USA gezeigt.

Zunächst hatte ein Sprecher der amerikanischen Seifenindustrie erklärt: „Wir denken nicht daran, den Hausfrauen enzymhaltige Waschmittel, die ein echter Fortschritt sind, wieder zu nehmen, nur weil ein paar geltungsbedürftige Mediziner die Enzyme verteufeln und professionelle Scharfmacher dies in der Presse hochspielen."

Aber auf einmal sind sie dann doch verschwunden. Auf einmal haben die meisten amerikanischen Hersteller „freiwillig" darauf verzichtet, ihren Waschmitteln weiter diese biologisch so unheimlich progressiven und aktiven Enzyme zuzusetzen. Allerdings sind die Enzyme wesentlich leiser verduftet, als sie gekommen waren, auf Zehenspitzen durch die Hintertür.

Procter & Gamble bestritten zunächst sogar, nach einem Bericht in der „Zeit", ihrem Waschmittel-Bestseller „Tide" keine Enzyme mehr beizumengen.

Bald darauf gaben aber auch die anderen Großen bekannt, sie würden ihre bioaktiven Detergentien künftig enzymfrei anbieten. „Die Waschkraft wird dadurch sowieso nicht beeinträchtigt", sagte dazu ein Colgate-Pressereferent.

Das ist korrekt, nur wurde von denselben Herren achtundvierzig Stunden vorher sehr viel lautstärker das Gegenteil behauptet.

Aber sie hatten auch andere Gründe für ihren Verzicht. So mußten sie damit rechnen, daß die FDA ihnen die Enzyme verbieten würde. Ein solches Verbot hätte auf die Verbraucher keinen besonders günstigen Eindruck gemacht, vor allem nicht auf amerikanische Verbraucher, die immer allergischer werden, was die Probleme der Ökologie angeht.

Obendrein hatten ihnen andere, kleinere Firmen vorexerziert, daß man auch weniger schädliche Produkte herstellen kann.

Enzyme scheinen wirklich harmlos zu sein. Vielleicht sind sie grundsätzlich ungefährlich, auch wenn noch so viel über ihre Gefährlichkeit geschrieben wird. Vielleicht sind die Phosphate in den Waschmitteln wesentlich gefährlicher, auch wenn viel weniger darüber geschrieben wird.

In der Abteilung Lebensmittel habe ich ziemlich ausführlich über Phosphate geschrieben, kann mich hier also bescheiden.

Aber daß Phosphate in den Waschmitteln enthalten sind, sollte schon deshalb bedenklich stimmen, weil diese Phosphate, wenn auch auf Umwegen, in unser Trinkwasser gelangen.

In der „New York Times“ stand kürzlich eine zweiseitige Anzeige, auf der ersten Seite nur der Satz: Turn this page for the dirtiest word in the English language.

Wer nun umblätterte, um zu erfahren, welches das schmutzigste Wort in englischer Sprache sei, wurde kurz informiert:

water

Natürlich wollte der Inserent nicht nur auf die Beschaffenheit des Wassers hinweisen, sondern wollte sein Waschmittel anpreisen. Vor allem wies der Inserent Church & Dwight darauf hin, daß sein Waschmittel kein Phosphat enthalte. Da vergleichende Werbung in den USA erlaubt ist (bei uns bekanntlich leider nicht), enthielt die Anzeige eine Liste jener Waschmittel mit Phosphat, die bei der Verunreinigung des Wassers mithalfen.

Wir können uns eine solche Liste ersparen, weil unsere Vollwaschmittel wohl alle Phosphat enthalten, und was die Verschmutzung unseres Wassers angeht, so dürften wir mit den USA mithalten können.

Daß wir an vielen berühmten Stränden Europas nicht mehr in frischem Meerwasser baden – wie wir oft arglos vermutet hatten, wissen wir seit einigen Jahren. „Wir baden in Abwässern“, stellte schon vor langer Zeit das Centre d'Etudes et de Recherches Bactériologiques d'Océanographie Médical in Nizza fest.

Aber nicht nur das Mittelmeer, auch die Nord- und Ostsee sind vielfach verseucht.

Und wir baden nicht nur in Wasser, das mit Fäkalien und Gift durchsetzt ist, wir trinken es sogar. In 17 Städten und Dörfern quer durch die Bundesrepublik wurde kürzlich im Auftrage des „Stern“ das Trinkwasser analysiert. Das alarmierende Ergebnis ist in Heft 18 vom 25. 4. 1971 veröffentlicht worden. Dr. Schneider vom untersuchenden Institut faßte es lakonisch in die Worte: Wenn sich nicht bald etwas ändert, „werden wir alle eines Tages Jauche trinken müssen“.

Nun klingt Jauche noch insofern erträglich, weil es eher peinlichen Geschmack suggeriert als tödliches Gift. Tatsächlich enthält jedoch unser Trinkwasser heute bereits viele Sorten von Gift. Einwandfrei war nicht eine einzige Probe, nicht einmal gefiltertes Grundwasser aus eigenen Quellen.

An vielen Plätzen wurden Nitrit- und Nitratrückstände durch Überdüngung ermittelt, also Stoffe, die Krebs erzeugen können, und fast von jeder Trinkwasseranalyse hieß es resignierend: „... durch Waschmittelreste verschmutzt".

Von Bad Dürkheim, das filtriertes Grundwasser hat, über Ingolstadt, Kröv an der Mosel, Lorch am Rhein, Reckerode in Hessen und Stuttgart bis Hamburg – überall hieß es: schwach, mäßig oder stark durch Waschmittelreste verschmutzt. Waschmittelreste bedeuten: Phosphat. Phosphate tragen dazu bei, schreiben Sauer und Weber zurückhaltend, jedoch eindeutig genug, „daß stehende Gewässer ‚umkippen', d. h. aus dem biologischen Gleichgewicht geraten".

Phosphate gelangen auch nicht nur aus Waschmittelrückständen ins Wasser. Da geistert immer wieder eine Schätzung durch die Presse, auch durch die Fachpresse, nach der nur 10% der in diesen Gewässern enthaltenen Phosphate aus Waschmitteln stammen.

Damit tröstet man sich allgemein. Immerhin sollte bedacht werden, daß diese Ziffer von einem der größten Phosphathersteller der Bundesrepublik stammt, einer Firma, die Phosphate an die Waschmittelindustrie liefert.

Merkwürdigerweise haben sich viele offizielle Stellen über diesen Bericht im „Stern" entrüstet. Dabei sind diese Zustände doch schon lange genug bekannt.

Was los ist, hatte man ja spätestens erfahren können, als Frau Bundesminister Strobel auf dem 1. Europäischen Abwassersymposium, das vom 9. bis 13. September 1969 in München stattfand, ein paar Zahlen bekannt gab. Danach waren Ende 1968

* „für 23 Millionen Einwohner biologische Kläranlagen,
* für 13 Millionen Einwohner nur mechanische, also nicht ausreichende Kläranlagen vorhanden,
* für weitere 10 Millionen Einwohner zwar Kanalisation, aber noch keine Kläranlagen vorhanden;
* die übrigen Einwohner wohnen in nicht kanalisierten Gemeinden".

Der leitende Direktor des zuständigen Instituts beim Bundesgesundheitsamt, Prof. Dr. Willy Maasen, kommentierte diese Angaben im April 1970 unter anderem so:

„Durch die übermäßige Zufuhr von Phosphor- und Stickstoffverbindungen über die Abwässer und über die Erosion landwirtschaftlich genutzter Flächen kommt es zu einer Erhöhung der Produktion organischer Substanz in der Oberflächenschicht des Sees (gemeint ist hier der Bodensee), was zu einer intensiven Veralgung und nach dem Absterben der Organismen zu einem starken Sauerstoffschwund führt...

Zur Reinhaltung des Sees genügen nicht die jetzt im Bau befindlichen mechanischen und biologischen Kläranlagen. Zur Vermeidung der Eutrophierungsvorgänge ist die Fernhaltung der Nährstoffe erforderlich."

Übrigens weist Maasen in diesem Zusammenhang auf Praktiken in der UdSSR hin. Um das Wasser rein zu halten, „haben das Staatskomitee für Arbeit und Lohn und der sowjetische Gewerkschaftsbund beschlossen, Industriedirektoren, leitenden Ingenieuren und verantwortlichen Arbeitern das Recht auf Prämien zu entziehen, wenn ihr Betrieb die Auflagen zur Reinhaltung der Gewässer von industriellen Abfällen nicht erfüllt".

Aber der „Stern"-Bericht hat auch nützliche Reaktionen gehabt.

So ergab die „Stern"-Analyse, daß eine Trinkwasserprobe aus Reil an der Mosel einen Nitratgehalt von 130,7 mg pro Liter Wasser enthielt, „mehr als dreimal soviel, wie vom Bundesgesundheitsamt in Berlin als unbedenklich angesehen wird".

Daraufhin recherchierte die „Trierische Landeszeitung" weiter und stellte (nach einem zweiten Bericht im „Stern") fest, daß in einigen weiteren Moseldörfchen die Wassersituation „noch weit schlimmer" sei als in Reil. „Hier müssen Säuglinge bis mindestens ein halbes Jahr nach der Geburt auf Anordnung des Gesundheitsamtes mit speziell herbeizuschaffendem Wasser versorgt werden. Das Trinkwasser in diesen Gemeinden ist nicht geeignet, einen Brei anzurühren."

Das alles ist selbstverständlich nicht der Waschmittelindustrie in die Schuhe zu schieben. Grundsätzlich aber begnügt man sich immer mit dem euphemistischen Begriff „Umweltverschmutzung". In diese Kiste kann man alles reintun und in ihr verschwinden lassen. Nicht jeder, dem noch ein bißchen Sensibilität für unsere Sprache geblieben ist, wird durch diese Vokabel erschreckt. Das klingt wie „ein bißchen Schmutz reinigt den Magen“.

Aber das tut er leider nicht, dieser ganz gewiß nicht. Dieser Schmutz ist kein Schmutz, sondern Gift.

Grundsätzlich sollte in diesem Zusammenhang also nur von Umweltvergiftung oder Umweltverpestung gesprochen werden. Das sind die einzigen Wörter, die zu dem passen, was gemeint ist.

Nun bescheinigen Sauer und Weber der Waschmittelindustrie, sie suche nach Möglichkeiten, die Phosphate durch „Substanzen zu ersetzen, die nicht zur Umweltverschmutzung beitragen.“

Das braucht nicht angezweifelt zu werden. Ich kann mir durchaus vorstellen, daß man einem kränkelnden Chemiker, der elf Kinder hat und den man deshalb ungern entläßt, nun sagt: Geh in dein Zimmer und such einen Phosphatersatz.

Daß die Suche intensiv betrieben wird, kann ich mir nämlich nicht vorstellen. Warum sollten die Hersteller auch? Wer oder was zwingt sie, Geld zu riskieren für etwas, das kein Geld bringt. Nur wegen einer schwer zu beweisenden Gefährdung unserer Gesundheit? Das paßt doch nicht in die Landschaft. Das macht die Industrie sonst ja auch nicht. Das verstößt doch gegen die ungeschriebenen Spielregeln.

Ich kann an die Leidenschaft dieser Suche nicht glauben. Anderseits bin ich bereit, hohe Wetten abzuschließen (für meine bescheidenen Verhältnisse hohe), daß die Industrie uns einen brauchbaren, unschädlichen Phosphatersatz vorführen wird. Und sie wird uns diesen Phosphatersatz auch unheimlich schnell präsentieren, von einem Tag auf den anderen – aber erst, wenn man ihr das Zusetzen von Phosphaten in Waschmitteln verboten hat. Am Tage danach werden sie ein brauchbares Verfahren entwickelt haben.

Theoretisch könnten wir freilich schon heute auf Phosphate in Waschmitteln verzichten. Die meisten Großwäschereien arbeiten bereits seit langem mit phosphatfreien Waschmitteln.

Diese phosphatfreien Waschmittel werden nun vermutlich nicht von darauf spezialisierten Herstellern geliefert, sondern von jenen, die auch uns versorgen. Nur wir können diese Mittel nicht kaufen. Sie sind nicht im Handel.

Hier ist es also etwas anders als bei enzymfreien Mitteln. Da soll ein bekannter Markenhersteller sein Waschmittel einmal mit und einmal ohne Enzyme produzieren. Mit ist dann für seine Eigenmarke und ohne, dazu noch wesentlich billiger, wird unter einer Handelsmarke an eine der größten Einzelhandelsketten geliefert.

Es ist schon deshalb bedauerlich, daß wir kein phosphatfreies Waschmittel im Laden kaufen können, weil Phosphate in vielen Gegenden der Bundesrepublik schon deshalb unnötig sind, weil das Wasser weich genug ist.

Die Großwäschereien übrigens, die in Landschaften mit hartem Wasser arbeiten, lösen ihr Entkalkungsproblem mit Hilfe von sogenannten Ionenaustauschern. Das sind Geräte, die Wasser harmlos enthärten. In vielen Haushalt-Geschirrspülmaschinen sind sie ebenfalls eingebaut. Bei Waschmaschinen, so heißt es, würde ihre Kapazität nicht reichen. Und größere würden zu teuer kommen. Das kann möglich sein. Sicher ist, daß die Großwäschereien Ionenaustauscher benutzen, weil sie die Kosten für dieses Gerät wieder reinholen, indem sie bei den Waschmitteln sparen. Phosphatfreie Waschmittel sind nämlich billiger. Ob man dann auch weniger Waschmittel braucht – so wurde kürzlich in der ARD-Fernsehsendung „Ratgeber" behauptet; dort wurde gesagt, nur die Hälfte reiche aus –, ist umstritten.

Wie auch immer. Sollte das am Ende der Grund dafür sein, daß unsere Waschmittel Phosphate und Enzyme enthalten?

Verkauf als Gesprächs-System

Peter Jessen ist Verkaufstrainer eines Elektrokonzerns. (Damit kein Mißverständnis entsteht: er trainiert nicht den Verkauf, sondern die Verkäufer.) Peter Jessen nun schreibt in der Einleitung zu seinem Buch „Die neuen Verkaufstechniken“ (München 1970):

„Beim Verkaufstraining fragen mich oft Verkäufer, was wohl geschähe, wenn die Einkäufer eine entsprechende Information und Übung erhalten wie die Verkäufer. Meine Antwort: Das Verkaufsgespräch würde dadurch versachlicht werden und damit für beide Partner erfreulicher, weniger zeitraubend und weniger gefühlsbestimmt ... Der Kunde ist nicht mehr König, der einen Verkäufer gegen den anderen ausspielt. Der Verkäufer ist weder Repräsentant noch Bittsteller. Beide begegnen einander gleichberechtigt.“

Es fällt einigermaßen schwer, einen so sympathischen Hinweis nicht zu befolgen. Aber Übungen sind in unserem Rahmen wirklich ausgeschlossen. Selbst Informationen können wir nicht annähernd so qualifiziert und reichhaltig anbieten wie Verkaufstrainer, die aber auch sehr oft keine Anfänger von sich haben, sondern erfahrene Verkäufer, sogar Oberverkaufsleiter. Das ist uns schon deshalb versagt, weil wir kaum alles erfahren, was diese Verkaufstrainer den schlichten Verkäufern, den Oberverkäufern, den Reisenden, Oberreisenden, den Felddienstreisenden, den Vertretern und Vertreterleitern alles eintrichtern, damit diese dann „mehr und besser verkaufen“.

Wobei „besser“ nicht mit freundlicher oder angenehmer zu übersetzen ist (was möglicherweise dazugehören kann). Besser heißt hier bloß: gewinnbringender.

Selbst die glänzend informierten Herren von „Blick durch die Wirtschaft“ müssen am Beispiel einer solchen Schulungsstätte zugeben: „Die Arbeit der Verkaufsleiterakademie ist dem Eisberg vergleichbar. Nur der kleinste Teil ist öffentlich sichtbar, besteht also aus öffentlichen Seminaren. Der öffentlich sichtbare Teil wird sogar immer kleiner. Der Schwerpunkt der Arbeit liegt innerhalb der einzelnen Unternehmen. So ist die Zahl der öffentlichen Veranstaltungen – zum Beispiel ‚Aktive Verkäuferführung‘ mit einer Woche in Hilperts Parkhotel in Bad Nauheim für 850 DM reinen Kursusgebühren – von 1966 bis 1968 nur von 7 auf 11 gestiegen. Die Zahl der internen Seminare nahm jedoch im gleichen Zeitraum von 57 auf 131 zu.“

Auch die meisten Kurse, die mir schriftlich festgehalten vorliegen, ob anonym für einen Autokonzern oder mit Namensnennung einer bekannten Management-Schule auf jeder Manuskriptseite, haben den Charakter von Geheimdokumenten. Nicht ein einziger Satz darf aus diesen Arbeiten zitiert werden. Stets sind sie „nur für den internen“ Gebrauch, dürfen vom Verkäufer „nie aus der Hand gegeben“ werden.

Das steht natürlich Jessens Wunschvorstellung entgegen.

Immerhin mag es Außenstehende interessieren, wenn sie erfahren, daß Verkäufer überhaupt und meistens sehr aufwendig geschult werden und warum sie überhaupt geschult werden.

Dr. Jan L. Wage ist ein holländischer Absatzwirtschaftler mit europäischer Ausbildung und amerikanischer Verkaufserfahrung. In der Zeitschrift „Absatzwirtschaft“ begründet er, warum die Profis noch die Schulbank drücken, „.... zunächst mit einer Aufzählung der Faktoren, von denen der Erfolg des Verkäufers überhaupt abhängt“.

„1. Im rationalen Bereich: Wissen und Einsicht sind die Grundvoraussetzungen, um überzeugen und Meinungen und Einstellungen beeinflussen zu können. Diese Fähigkeiten und ihre Basis müssen durch die Aus- und Weiterbildung vermittelt werden.
2. Im emotionalen Bereich: Der Verkäufer lebt ständig in der Spannung zwischen Sieg und Niederlage. Deshalb braucht

er Mut und Selbstvertrauen, um sein Unternehmen zu verteidigen. Dazu gehört ein ausgeprägter Wille.
3. Im Verkaufsbereich: Und, was nutzen letztlich Wille und Mut, Wissen und Einsicht, wenn der Verkäufer nicht die Fähigkeit hat, sich im Gespräch zu bewähren?"

Wage wirft den Unternehmern vor, sie hätten jahrzehntelang den Verkäufer nur mit Moralpredigten traktiert. „Durch solche Art Seelenmassage wurde versucht, den Außendienstmitarbeitern ‚kostenbewußt' und ‚planungsgeneigt' zu machen."

Aber damit erreicht man überhaupt nichts. Tatsächlich muß mit ausgetüftelten Methoden etwa das Verkaufsgespräch systematisiert und intensiv geübt werden.

Der Verkaufstrainer Heinz Kirchhoff proklamierte: „Die Zeit der geborenen Verkäufer ist vorüber... Die Zeit planvoller und gut vorbereiteter Verkaufsgespräche ist gekommen."

Allzu leicht kann ja in unserer automatisierten Selbstbedienungswelt das Gefühl aufkommen, die Person des Verkäufers sei unbedeutend geworden, sei kaum mehr als eine Erinnerung an vergangene Zeiten.

Ich möchte darauf verweisen, daß vielleicht dieser Versuch von Kirchhoff, von Wage, von Jessen und anderen Verkaufstrainern nur ein letztes Aufbäumen der alten klassischen Händler sein kann, von Leuten also, die sich gegen das anonyme Verkaufen behaupten wollen, gegen das geplante Anbieten von Waren ohne die Vermittlung von Menschen. Von da aus gesehen, erhalten sie sogar einen Hauch von Romantik, der uns mit der von ihnen betriebenen Manipulation versöhnen kann.

Natürlich wird es immer Händler, Verkäufer geben, aber bald werden sie vielleicht überhaupt keine Waren mehr anbieten. Möglicherweise wird der Händler von morgen psychische Ausstattungsdienste liefern. Aus dem romantischen Bazar-Überredner wird der Erlebnis-Magier. Sein Konkurrent ist dann der Verkaufsingenieur des Selbstbedienungsmarktes. Mit diesem Trend zeigt sich uns schon heute die Entwicklung in manchen Kaufhäusern. Da brauchen wir nicht mal mehr zu extrapolieren. Wir haben ja schon heute einerseits die geheimnisvolle Traumfabrik, die mit Düften, Lichtern, Farben und Geräuschen zu wirken versucht, und daneben die alten Kaufhäuser mit Massenwaren zu niedrigen Preisen.

Noch aber haben wir es mit „altmodischen" Verkäuferpersonen zu tun. Noch stehen sie in vielen Verkleidungen zwischen mir und der Ware. Noch lange können wir sie nicht alle in einen Topf werfen.

Schließlich besteht diese lustige Truppe aus Industrievertretern und Hausierern, aus Mercedes-Verkäufern und sogenannten Studenten, die mir auf der Straße Grzimeks Tierleben in 154 Bänden andrehen wollen. Die Makler, die möblierte Zimmer für Gastarbeiter anbieten, sind Verkäufer – und jene, die die Gastarbeiter liefern.

Es ist sogar zu unterscheiden zwischen dem Verkäufer, der in der Lederwarenabteilung eines Kaufhauses steht, und seinem Kollegen im Fachgeschäft, auch wenn beide ein möglicherweise identisches Sortiment zu gleichen Preisen an ähnlich strukturierte Käuferschichten verkaufen. Und natürlich besteht schließlich ein Unterschied darin, ob ein Verkäufer an Verbraucher verkauft oder aber an Händler, die weiterverkaufen, die also Verkäufer und Einkäufer in einer Person sind, nur nicht beides zur gleichen Zeit.

Es ist etwas anderes, ob ich als Verkäufer meinen fahrbaren Schmuckstand am Rentenzahltag vors Berliner Postamt Sonnenallee rolle, um arglose Omis übers Ohr zu hauen, oder ob ich als Angehöriger von IBM versuche, den Direktor eines Edelstahlwerkes zu überreden, einen bestimmten Arbeitsprozeß zu automatisieren.

Der IBM-Verkäufer kann es sich eigentlich bereits verbitten, daß ich ihn hier in einem Atem mit dem fliegenden Händler nenne.

Denn der Schmuckhändler weiß zum Beispiel, daß die meisten seiner Kunden das Produkt, das er ihnen aufschwatzt, nicht bezahlen können. Selbst bei in dieser Branche üblichen Monatsraten von 12 bis 15 DM lebt er im Grunde nicht vom Verkauf, sondern vom Nichtverkauf. Seine wichtigsten Unkosten dürften die hektographierten Anzeigen sein, die er bei Nichtzahlen einer Rate an die Polizei schickt, um diese als Inkassobüro auszunutzen. Meistens erhält er dann seine Ware zurück, die Anzahlung verfällt, und er kann den gleichen Schmuck zum zwanzigsten Mal verkaufen.

Selbstverständlich geht IBM von einem anderen Verkaufsprinzip aus. Dennoch bestehen Gemeinsamkeiten – wenn auch nicht in der Moral. Sie bestehen in vielen Besonderheiten der Verkaufstechnik, des Verkaufsgesprächs, der Systematik.

Beide müssen Regeln beachten, wenn sie erfolgreich sein wollen. Vielleicht hält der eine sie unbewußt ein, während der andere sie rationalisiert hat.

Beide müssen sich persönlich mir, dem Käufer, gegenüberstellen. Und da kann keiner von ihnen sich damit begnügen, die Ware stumm auf den Tisch zu stellen – abgesehen von einfachen Bedarfsartikeln, aber diese Art Einkäufe sind hier ja nicht gemeint.

Der Verkäufer darf mich nicht als „Nummer mit menschlicher Maske“ nehmen, wie Martin Buber es formuliert hat, sondern er muß mich, ohne Anstrengung, als Person wahrnehmen.

Der Verkäufer muß vor allem reden und hören. Jeder Verkäufer.

Reden und Hören sind eigentlich seine einzigen Waffen, um aktiv verkaufen zu können, auf jeden Fall seine wichtigsten. Wegen der besonderen Situation, in der er sich befindet, darf er allerdings nur ganz selten sagen, was er denkt, darf nicht dann reden, wann er möchte, muß zuhören, auch wenn er unser Geschwätz schon gar nicht mehr ertragen kann.

Vielleicht ist das mit ein Grund dafür, daß so viele Verkäufer Bücher geschrieben haben. Auch Lehrer haben ihre schulischen oder didaktischen Probleme in Büchern abgehandelt, Ärzte haben über ihre Patienten geschrieben, Anwälte über Prozesse. Aber aus dem Hut kann ich keinen Beruf nennen, dessen Angehörige so viel über ihre Tätigkeit geschrieben haben wie die Gilde der Verkäufer.

Doch vielleicht ist das die natürliche Reaktion eines Verkäufers. Sein Leben lang hat er sich zurückhalten müssen, hat sich Türen vor der Nase zuschlagen lassen, hat sich bemühen müssen, aus der Arroganz von Käufern noch ein Geschäft zu machen, hat sich das Blechgeschwätz seiner Kunden anhören müssen, ohne korrigieren zu dürfen, mußte zustimmen und den Quatsch noch loben: „Wie Sie die Situation wieder richtig erfaßt haben, Herr Susemann.“

Er muß schmeicheln und loben, wie ein unbekannter Verkaufstrainer bereits im 16. Jahrhundert empfahl: „Ist dir an aine Kundin was gelegen, so mache dich gesellig, sage, daß sie schönleibig sey und du Wohlgefallen an ihr findest, sie wird geblendet sain und kannst auf vorteilhafften Verkauff sicher sain, auch wenn die Waiber häßlich und narbig saint, thue ihnen schön, es bringt Nutz."

Er muß Artikel loben, die er beschissen findet, jemandem einreden, daß ihm ein grüner Hut steht, wenn er glaubt, dieser Mensch möchte gern einen grünen Hut tragen. Und das muß er von morgens bis abends tun und ist obendrein eben „nur" ein Verkäufer, hat einen Beruf ohne ein besonders anziehendes Sozialprestige.

Dabei ist er in seiner ökonomischen Bedeutung kaum zu unterschätzen, und viele Raffinessen, die in anderen Abschnitten erwähnt wurden, die angewendet werden, um zu verkaufen, muß er personalisieren, kennen und nutzen. Er muß den Cicero geben und wie Zettel auch noch den Löwen spielen.

Er muß sich selbst psychologisch analysieren, damit er nicht falsch reagiert, muß möglichst schnell Kunden erkennen, um herauszufinden, was der Käufer wirklich will, und sich dann dementsprechend verhalten.

Das beginnt ganz simpel damit, daß etwa ein Mann ein Textilgeschäft betritt und sagt: „Ich brauche einen Anzug, aber es soll Qualität sein."

Damit kann der Verkäufer nicht besonders viel anfangen. Es ist auch ein reichlich schwachsinniger Wunsch, weil es keine Qualität sui generis gibt, auch bei Anzügen nicht. Es gibt bestimmte subjektive Qualitäten, je nachdem, was ich mit dem Anzug anfangen will. Gäbe es eine solche Qualität, würden wir unterstellen, es gäbe Produkte, die sich selbst dienen. Das erwartet niemand, denn die Ware ist für mich, den Verbraucher, hergestellt worden. Es gibt nur eine Qualität für eine bestimmte Situation, in der ich die Ware benutzen will – abgesehen von allem, was die Ware sonst noch bedeuten mag.

Nun kann aber der Verkäufer auch nicht antworten: „Lieber Mann, wir führen nur Qualitätsanzüge aus Qualitätsstoffen."

Ein Kunde fühlt sich bei solcher Antwort sicher veralbert. Der Verkäufer muß möglichst schnell herauszufinden versuchen, welche Qualität dieser Kunde meint, das heißt, wofür er die Qualität zu brauchen glaubt. Angenommen, er entdeckt oder vermutet in seinem Käufer einen Reisenden, der täglich einige hundert Kilometer Auto fährt, zwischendurch Kunden besuchen muß, wird er die Qualität in etwa so erläutern: „Also hier habe ich ein fast knitterfreies Modell. Da können Sie stundenlang im Auto sitzen. Wenn Sie aussteigen, ist die Hose wie frisch gebügelt, am Rücken des Jacketts sind keine Falten zu sehen. Und wenn, hängen sie sich sofort aus. Wenn es heiß wird, können Sie schwitzen, wenn es kalt ist, frieren, am Anzug merkt man nichts. Er ist immer wie neu."

Wird der Käufer dagegen als unterprivilegierter Beamter ausgemacht, dann wird der Verkäufer denselben Anzug nehmen, nur ein anderes Qualitätsgedicht aufsagen: „Also diesen Anzug, den können Sie jahrelang Tag für Tag anziehen, er wird nicht speckig, er wird sich nicht durchscheuern. Dieser Anzug ist aus so robustem Material, daß man ihn fünf Jahre lang strapazieren kann. Da können Sie acht Stunden täglich auf einer harten Bank sitzen ohne Kissen, ohne Polster..."

So in der Art.

Dieser Anzugverkäufer – den es natürlich heute nur noch selten gibt – hat eine wichtige Verkäuferregel richtig angewendet, wenn auch in diesem Falle noch nicht allzuviel verlangt war: Er hat sich nicht einfach nach dem geäußerten Käuferwunsch gerichtet, sondern versucht, den wirklichen Wunsch zu erkennen und zu befriedigen.

Schon dieser Mann hat das erkannt, was die psychologisch geschulten Verkaufstrainer dann als Motivation bezeichnen.

Auch der Anzugverkäufer ist damit belastet, die Motivation des Käufers analysieren zu müssen. Nun wollen wir hier nicht anfangen, uns mit den Verkaufstrainern darüber zu streiten, ob deren Definition von Motivation mit diesem Grundbegriff der Psychologie übereinstimmt, also alles enthält, was dort in diesen Begriff eingeht, ob unter Motivation hier wirklich alle „nicht unmittelbar aus äußeren Reizen ableitbaren Variablen" zu verstehen sind, „die das Verhalten hinsichtlich Intensität und Richtung beeinflussen beziehungsweise kontrollieren".

Wir können uns wohl darauf einigen, daß wir uns an dieser Stelle nur mit dem befassen, was die Verkäufer als Motivation ansehen. Wir müssen uns damit befassen, weil die Verkäufer es auch tun und sich entsprechend verhalten. Wenn wir Käufer uns emanzipieren wollen, bleibt uns nichts anderes übrig.

Und wenn Motive erkannt sind, wissen wir nicht einmal, ob sie richtig erkannt worden sind. Beispielsweise hat im vorigen

Jahr der Düsseldorfer Diplompsychologe Dieter Franke, Chef der Ires-Marketinggesellschaft für Markt-, Motiv- und Werbeforschung mbH eine Untersuchung vorgelegt, bei der sich herausstellte, daß die befragten Männer sich etwas ganz anderes wünschten, als sie zu wünschen vorgaben. So ergab sich ziemlich grob, daß fast alle behaupteten, unbedingt Erfolg im Beruf haben zu wollen, tatsächlich jedoch kaum mehr als Weiber im Kopf hatten. Ihren Berufserfolg strebten sie nur an, um besser an die Damen heranzukommen. Sie behaupteten, sich nicht für modische Kleidung zu interessieren, aber Franke meinte, durch seine projektiven Tests hätte er die Tiefen des Unterbewußtseins ausgelotet und herausgefunden, daß sie sich tatsächlich intensiv mit ihrer Kleidung beschäftigen. (Bis April 1970 hatte Franke übrigens diese Studien an fünf Firmen verkauft. Das Stück zu 50.000 DM plus Mehrwertssteuer.)

Seine Devise ist sicherlich richtig: „Wer die unbewußten Motive kennt, kann das Konsumverhalten besser steuern.“ Nur können wir – jedenfalls in in diesem Rahmen – nicht viel mit den Erkenntnissen der Motivforschung anfangen.

Wichtiger sind die abstrakten Schlüsse, die der Verkäufer aus unserem Verhalten zieht. Wenn er weiß, daß wir nicht kaufen, um einen Bedarf zu decken, sondern um einen unbewußten Triebwunsch zu befriedigen, verhält er sich entsprechend – wenn man so will – beschwindelt uns.

Er verkauft uns also, um es auch wieder schlicht auszudrücken, nicht die Waren, sondern unsere verborgenen Wünsche. Er verkauft nicht die Geschirrspülmaschine, sondern die Zeit, die die Hausfrau durch sie spart, den ästhetischen Reiz, daß damit ein unangenehmer Geruch beseitigt wird, den Vorteil, sich nicht mehr die Hände naß oder schmutzig machen zu müssen; er verkauft ihr keinen Bikini, sondern die Vorstellung, wie alle Männer am Strand von Las Palmas sich nach ihr umdrehen. „Verkaufen Sie nicht die Waren“, sagt Stangl, „verkaufen Sie die Erweiterung des Lebens und Machtbereich ihres Kunden. Verkaufen Sie ihm Können, zu dem die Ware verhilft! Verkaufen Sie persönliche Bedeutung und Geld, die bewundernden Blicke der Nachbarn, die Überlegenheit über die anderen! Verkaufen Sie ihm Glück und Entspannung und Erholung, verkaufen Sie ihm neue Eindrücke und Abwechslung, genußreiche und romantische Stunden, verkaufen Sie ihm innere Geborgenheit und Halt! Verkaufen Sie Ihrem Kunden Sicherheit und Gesundheit, Schönheit, Eleganz, Bequemlichkeit und Nichtstun!"

Niemand geht zu Ford, um sich ein Auto zu kaufen. Ich weiß nicht, was er da alles kauft, ich kriege es nicht zusammen. Aber es ist ungewöhnlich viel. Nur eines kauft er eben nicht: Fahrgestell, vier Räder, Motor, Sitz – auch keine Schräglenkervorderachse mit Doppelvergasern.

Und wenn sich ein paar unserer aufsässigen jungen Leute schon mal durchringen, doch ein Fortbewegungsmittel zu wählen – oder glauben, es zu tun –, dann malen sie Blümchen auf die Karosserie. Irgendwie spielt Prestige immer eine Rolle.

Der normale Bürger kauft sich heute sein Auto (und nicht nur dieses; doch wissen beim Auto die meisten von uns selber, wie sie sich dabei in die Tasche lügen) aus dem gleichen Grund, aus dem sich analphabetische Neger die Kappen von Füllhaltern kaufen und diese dann in die Hemdtasche stecken. Mit dem überlegenen Grinsen sollten wir so lange warten, bis wir uns klar darüber geworden sind, warum die meisten Männer in unserer zivilisierten Welt Krawatten tragen oder die Frauen Hüte.

„Diese Erkenntnis", schreibt Kirchhoff, „führt uns zu logischen Schlüssen:

1. Unser Angebot an sich ist für den Kaufenden nicht die Hauptsache. Er sucht Befriedigung der Trieb- und Bedarfswünsche, die seine Motivation bilden. Dazu ist unser Angebot ein Mittel.
2. Unsere Argumentation, die den Kaufentschluß zu unserem Angebot herbeiführen soll, sollte daher zielgerichtet sein: *nicht* nur auf die Darstellung unseres Angebotes, *nicht* einmal auf den konkreten Kaufwunsch allein. Auch dieser ist das Ergebnis tiefer gehender Antriebe, wie wir gesehen haben, *sondern statt dessen überwiegend auf die* Motivation."

Daraus folgt ebenfalls, daß der Verkäufer möglichst schnell aus uns herauskitzeln muß, was wir wirklich wollen, vermutlich ohne uns darüber klargeworden zu sein.

Wenn wir uns jetzt ansehen, wie etwa der renommierte Verkaufstrainer Dr. Jan L. Wage den Begriff „verkaufen" definiert, sind wir auf dem Wege, mehr zu begreifen.

„Im Mittelpunkt", sagt er, „steht die Beeinflussung des Kunden, der zu einer spezifischen Kaufentscheidung geführt wird, die er ursprünglich nicht beabsichtigte:

indem er etwas kauft, was er überhaupt nicht zu kaufen beabsichtigte,

oder indem er mehr kauft, als er beabsichtigte;

oder indem er etwas anderes kauft, als er beabsichtigte (z. B. ein Konkurrenzprodukt)."

Und damit beginnt das, was man „Verkaufsgespräch" nennt.

BEDAZA

Wie bereits erwähnt, besteht das Verkaufen hauptsächlich im Reden, im Argumentieren, im Verhandeln. Der Verkäufer ist ebensosehr Redner wie der Redner, den wir kennen, also der politische Redner, Verkäufer ist. Aber das alles haben die Trainer in ein System gebracht, weil sich kein Unternehmen auf die Persönlichkeit seines Verkäufers allein verlassen möchte. Obendrein wird ja in diesen Verkaufsgesprächsystemen nicht der Wortlaut vorgeschrieben, sondern der Aufbau einzelner Stufen auf dem Wege zum Kaufabschluß, die Struktur des Gesprächs und sein Ablauf. Das ist es, was die Trainer dem Verkäufer bewußt zu machen versuchen.

Vor allem soll dem Verkäufer eingetrichtert werden, daß Verkaufsgespräche Zweckgespräche sind, „die nur auf ein Ziel hin gerichtet sind: auf den Verkauf. Betreuung und Beratung sind wichtig, soweit sie dem Verkauf dienen. Sie dürfen nie Selbstzweck werden."

Als markante Regel bei Kirchhoff:

„Wir sind nicht in einem Beratungsinstitut, sondern in einem auf Umsatz und Gewinn gerichteten Wirtschaftsunternehmen."

Versuche, dieses Gespräch zu systematisieren, sind uralt, fast so alt wie das Reden überhaupt. Erste Hinweise zur praktischen Rhetorik durch Aristoteles sind entsprechende Versuche. Direkt auf den Kauf bezogen ist die bei uns schon klassische Formel AIDA, die aus dem Angelsächsischen stammt:
A (attention) – I (interest) – D (desire) – A (action).

Unsere Verkaufsübersetzer haben die Formel erhalten können. Bei ihnen steht das A für Aufmerksamkeit (des Kunden), I für Interesse (am Angebot), D ein bißchen gequält für Drang (zum Kauf) und für A steht bei uns der triumphale Abschluß (des Verkaufs). Geld her!

Natürlich kommen unsere Verkäufer mit dieser simplen Schablone nicht mehr aus. Fast jeder Verkaufstrainer, der etwas auf sich hält, hat sie erweitert, differenziert.

Die Begrüßung

So hat Kirchhoff die „Bedaza"-Stationen entwickelt. B ist die Begrüßungstechnik. Schon das Guten-Tag-Sagen scheint komplizierter, als wir (und viele Verkäufer) ahnen. Wir Käufer betreten einen Laden, und schon muß der Verkäufer einen Kompromiß zu finden suchen. Er muß vermeiden, daß wir uns von ihm überfallen fühlen, weil er sich auf uns stürzt, und muß anderseits vermeiden, daß bei uns der Eindruck entsteht, wir hätten keinen Laden, sondern ein Museum betreten.

Der kirchhoffgeschulte Verkäufer geht auf uns zu, „nicht zu schnell und nicht zu langsam. Sieht den Eintretenden offen, freundlich und strahlend an ... bietet die Tageszeit."

Freundlich und strahlend. Er muß schon deshalb so wirken, muß lächeln, weil er ja unser Geld haben will, von dem wir uns eigentlich gar nicht trennen wollen. Und wir sind noch weniger geneigt, es ihm zu lassen, wenn er nun noch ärgerlich und muffig wirkt, als wäre er auf unser Geld nicht angewiesen. Tatsächlich ist er es aber. Bereits hier kommt es darauf an, daß der Verkäufer Vertrauen ausstrahlt. „Ein großer Teil der Interessenten für den sogenannten gehobenen Lebensbedarf", meint dazu Stangl, „kommt heute aus sozial einfachen Schichten. Diese Kunden sind vielfach erfüllt von der instinktiven Angst, sie könnten von einem versierten Verkäufer übers Ohr gehauen werden."

Stangl meint, das erreiche man nur, wenn man sich als Verkäufer eine entsprechende „innere Einstellung" zulege. Der einzige Unterschied zwischen dem Verkäufer und dem Käufer müsse so dargestellt werden: „Der Verkäufer hat die Erfahrungen bereits gemacht, die jetzt für dich Käufer wichtig sind."

Das ist alles schon mit dem Gruß zu erreichen – und zu verderben. Der Gruß ist nach Peter Kaufmann „im Prozeß menschlicher Näherung von ganz außerordentlichem Gehalt. Beachten wir nur seine zwei Komponenten: die im Gruß zum Ausdruck kommende Sprache und daneben die Grußform. Die *Sprache* zuerst. Mit dem ersten Wort, das der Verkäufer in dieser Phase der Näherung spricht, gibt er sich als Person zu erkennen. Es gibt Grußworte, die schaffen mit einem Schlag eine Atmosphäre des Vertrauens und sogar der Zuneigung. Andere wieder versetzen den Besucher in Schrecken. Meist ist natürlich Erscheinung und Sprache kongruent. Ein von Gestalt reizendes Mädchen wird wohl auch eine sanfte Stimme ihr eigen nennen. Ein baumlanger Kerl wird eine ‚feste' Stimme besitzen und auch eine recht handfeste Sprache führen. Wenn er mir einen Eispickel erklärt, ist das durchaus in Ordnung, sogar äußerst vertrauenerweckend ... Die Stimme läßt somit den Verkäufer als Person erkennen, und diese Stimme ist nun für den weiteren Verlauf ... von Bedeutung. Ich möchte nicht behaupten, daß mein Besucher wegen dieser ‚Stimme' kauft, aber ... daß mancher Verkauf nur deshalb zustande kommt, weil man von einer ungewöhnlich sympathischen ‚Stimme' umschmeichelt worden ist ... Eine Stimme kann Gefühle wecken, die von leiser Sympathie bis zum erotischen Verlangen reichen."

Doch auch das „Bieten der Tageszeit" ist nicht so simpel, wie es sich mancher vorstellt; jedenfalls behauptet Kaufmann, daß ein Gruß einmal Form sei, aber auch durch einen bestimmten Ton den Käufer beeinflußt. Das schlichte „Guten Tag", „Grüß Gott", oder was es immer sei, kann eine gewisse Grazie haben, die den Besucher anhebt, es kann aber auch Servilität ausdrücken.

Hinzu kommt die Geste. Der Verkäufer kann seinen Kopf leicht neigen, er kann einen Diener machen. Der Verkäufer kann, wenn es geht, den Kunden mit Namen begrüßen, sogar mit Handschlag. Das alles verändert die Situation erheblich.

Hinzu kommt das menschliche Äußere. Eine pickelige Verkäuferin wird es schwer haben, einer Frau eine Salbe gegen Pickel zu verkaufen. Ein Besuch in der Kosmetikabteilung eines Warenhauses demonstriert uns das. Die Mädchen, die hier verkaufen, sind nicht deshalb wie Opernsängerinnen bemalt, weil sie eine besondere Zuneigung zu den Artikeln haben, die sie verkaufen, sondern sie führen die von ihnen angebotenen Produkte vor.

Wenn einige Opas mit ihren altfränkischen Textilgeschäften keinen Umsatz mehr machen konnten, sich daher der Lage angepaßt und über ihren Laden knallig Carnaby-Street-Boutique geschrieben haben, Posters in die Fenster kleben, keine Smokings mehr verkaufen, sondern Jeans und Pullover, dann können sie selber auch nicht mehr im Nadelstreifen-Anzug das Geschäft leiten. Sonst würde der Käufer schon gar nicht die Möglichkeit haben, ihnen zu vertrauen.

Aber dann sind wir auch bald – vorausgesetzt, wir äußern wirklich den Wunsch, möglicherweise etwas kaufen zu wollen – bei Phase 2, bei E.

Eröffnungstechnik

E ist die Eröffnungstechnik und Ermittlung des Kaufwunsches sowie der Motivation. Hier tauchen die ersten Gefahren auf. Hier kann der Verkäufer entscheidende Fehler machen.

Denn vermutlich wird der Verkäufer gefragt haben, warum wir das Geschäft betreten haben, und wir haben nach bestem Wissen und Gewissen geantwortet. Aber das reicht eben nicht, wie ich bereits angedeutet habe. Es reicht selbst dann nicht, wenn wir gesagt haben, daß wir eine Aktentasche kaufen möchten. Denn hier kann der ungeschulte Verkäufer den entscheidenden Fehler machen und etwa fragen: „Was wollen Sie denn dafür ausgeben?“

Entsetzen bei allen Verkaufstrainern, wenn sie eine solche Frage hören. „Es ist nie die Wunschvorstellung eines Menschen, Geld auszugeben“, meint Kirchhoff nicht zu Unrecht. „Niemand geht zu diesem Zweck in ein Geschäft ... Gewiß wird gerechnet und überlegt, wieviel man ausgeben kann. Das rangiert aber zeitlich und in der Bedeutung weit hinter der Kauflust und dem Besitzwunsch.“

Genausogut könnte man den Kunden ja auch fragen: „Wieviel Geld wollen Sie denn hierlassen, ehe Sie wieder aus dem Laden gehen?“ Kirchhoff hält die Frage „Wieviel wollen Sie ausgeben?“ nicht nur für unhöflich, er hält sie für gefährlich. Denn was für eine Gedankenkette kann jetzt in unserem Kopf ablaufen?

„Zweihundertfünfzig Mark will ich ausgeben. Das sage ich aber nicht. Vielleicht hat der Verkäufer auch etwas gleich Gutes schon für zweihundert Mark. Wenn ich jetzt zweihundertfünfzig sage, zeigt er mir das andere gar nicht. Höher gehen mit dem Preis kann ich immer noch. Erst einmal sehen, ob ich nicht für weniger Geld auch ..."

Und wir sagen: „Hundertachtzig."

Und was muß der Verkäufer machen? „Wir müssen im Verlaufe des Verkaufsgesprächs die Preisvorstellung nach oben treiben. Dabei müssen wir wahrscheinlich mehrfach die demonstrierte Ware wechseln." Die Frage nach dem Preis ist schon deshalb für den Verkäufer schwachsinnig, weil das seine schwächste Stelle ist. Auch bei Verkäufen anderer Art, also nicht im Laden, etwa bei Industrieverkäufern, weist Wage darauf hin, daß „bei der Preisdiskussion der Einkäufer eindeutig der überlegene Teil sein" wird.

Deshalb rät er auch dem Industrievertreter, erst dann den Preis zu nennen, „wenn das Wertbewußtsein beim Kunden gestärkt ist".

Und wenn ein Einkäufer doch so rabiat sein sollte und sich mitten im Verkaufsgespräch nach dem Preis erkundigt, rät Wage seinem Verkäufer, es sei „vernünftig, zu antworten: ‚Vom Preis sprechen wir in drei Minuten, Herr Kunde, untersuchen wir erst einmal gemeinsam, was Ihre Vorteile sind ...'"

Wage gibt dann folgendes Beispiel:

„Ist man teurer als die Konkurrenz, dann muß man nicht nur den Pluswert des eigenen Produktes betonen, sondern kann dabei gleich auch die direkte Sicht auf den Preis beeinflussen. So der Büromaschinenverkäufer, der einen Mehrpreis von DM 300,– zu verteidigen hat. Er sagt: ‚Sicherlich, wir berechnen Ihnen einen Mehrpreis von DM 300,–, Herr Kröger. Untersuchen wir aber, was das bedeutet. Wir sind uns doch einig, daß man diese Extrainvestition nicht nur für heute, sondern für eine weitere Zeitspanne macht, sagen wir: fünf Jahre.'

Und wenn der Kunde im bestätigenden Sinne geantwortet hat: ‚Das bedeutet also DM 60,– pro Jahr oder DM 5,– pro Monat. Können Sie mir sagen, was eine qualifizierte Sekretärin bei Ihnen im Unternehmen verdient?'

Die Sicht auf den Preis ist hier durch folgende Techniken beeinflußt worden:

a) Er hat seine Argumentation auf den *Mehrpreis* beschränkt.
b) Er hat diesen Mehrpreis in die *Zeitperspektive* gebracht.
c) Er hat diesen perspektivisch verkleinerten Mehrpreis *relativiert,* d. h. im Verhältnis zu anderen Kostenfaktoren behandelt."

Was Wage hier am Beispiel des Industrieverkäufers demonstriert, macht der geschulte Verkäufer natürlich auch mit uns im Laden.

Und deshalb die Warnung aller Verkaufstrainer vor der Frage: „Wieviel möchten Sie ausgeben?"

Denn es kann ja noch mehr geschehen. Jessen beschreibt das am Beispiel eines Menschen, der eine Krawatte kaufen will. Die erste Frage der Verkäuferin: „In welcher Preislage?"

Schon wird Jessen wütend. „Was weiß ich von Krawattenpreisen. Bisher habe ich mir Krawatten schenken lassen. Außerdem möchte ich mich nicht durch Nennen eines niedrigen Preises blamieren... Warum *zeigt* sie mir nicht spontan die teuersten Krawatten, die im Geschäft geführt werden?"

Stangl sieht eine weitere Gefahr. Wenn der Verkäufer gleich zu Beginn diese gefährliche Frage stellt, dann ist der Kunde „bis zu einem gewissen Grad von Anfang an auf eine bestimmte Preislage festgelegt, noch bevor er wissen kann, ob ihm nicht etwas anderes und vielleicht Teureres besser gefällt".

Grundsätzlich geht der Verkäufer davon aus, daß uns jeder Preis zu hoch ist. Also muß er mir erst einmal einhämmern,

„was ich mit der Ware tun kann,
was sie mir bedeuten kann,
wozu ich sie gebrauchen kann,
welche Vorteile sie hat". (Jessen)

Natürlich muß der Verkäufer herausfinden, wieviel Geld ich ausgeben kann oder möchte. Aber er darf es eben nicht durch die direkte Frage ermitteln. Er muß Umwege machen. Vor allem muß er zunächst, nachdem die Phase 1 mit Guten Tag, Kundenanstrahlen überstanden ist, spätestens jetzt Vertrauen und Sympathie erwecken.

Er muß gleichzeitig aus mir herauskitzeln – was mir möglicherweise eben selbst nicht bewußt ist –, welche Ware ich wirklich verlange. Also nicht die Ware, die ich nenne, sondern den Wunsch herauszukriegen versuchen, der durch das Nennen des Produktes gewissermaßen bei mir rationalisiert worden ist.

Wenn der Verkäufer hier mein Vertrauen nicht errungen hat, dann wird's schwierig. Denn ich muß ja mindestens das Gefühl haben, dieser Mensch hat jedenfalls kapiert, was ich haben will.

Aber genau das ist eben nicht immer einfach.

Obendrein hat der Verkäufer nicht viel Zeit für diesen Prozeß. Er kann nicht beliebig lange mit mir plaudern, weil er mir ja irgendwann eine Ware vorlegen muß. Und die muß dann eben möglichst richtig sein, sie muß dem nahekommen, was ich haben will und was ich dafür ausgeben will.

Solange der Verkäufer nicht weiß, welchen unbewußten Wunsch ich zu befriedigen gedenke, ist es für ihn ein Risiko, mir ein Produkt vorzulegen. Außerdem muß der Verkäufer seine Argumentation nach diesem versteckten Wunsch richten (siehe Anzug). Er muß wissen, welches Modell, welche Farbe, welche Größe mir gefällt. Er muß möglichst auch bereits wissen, wieviel ich kaufen will. Bei einigen Produkten kann auch die Menge wichtig sein.

Hier gibt Stangl dem Verkäufer den Tip, dem Kunden zu sagen: „Da möchte ich Ihnen vorschlagen, nicht zu viel zu nehmen; nehmen sie mal ..." Und dann soll nach Stangl die Menge kommen, die nach Ansicht des Verkäufers das absolute Maximum ist.

In dieser Phase muß der Verkäufer vor allem Fragen stellen – was er ohnehin nach Möglichkeit fast ausschließlich tut. Aber er darf keine beliebigen Fragen stellen, nicht ins Blaue hinein. Selbst wenn ich ziemlich präzise sage: „Ich brauche ein Geschenk für meine rothaarige Tante", darf er nicht antworten: „An was hatten Sie denn da gedacht?" Er kann dann etwa zunächst einmal fragen: „Wie alt ist denn Ihre Tante ... hat sie ... kann sie ..." Eine bei Verkäufern ebenfalls beliebte und völlig unsinnige Frage in diesem Zusammenhang ist: „Dachten Sie an was Bestimmtes?" Dann sage ich nein, und schon ist der Verkäufer wieder da, wo er war, und muß von vorn anfangen.

Als beste gezielte erste Frage nennt Kirchhoff: „Ja? ..." Nichts weiter als das, das aber freundlich und aufmerksam. „Die meisten Käufer reden dann weiter und erzählen mehr über ihren Kaufwunsch ... Voraussetzung für das Gelingen dieser Frage ist, daß wir anschließend bewußt schweigen und zuhören. Das ist nicht einfach. Nochmals ‚Ja?...' und dann stark sein und schweigen."

Gleichzeitig versuchen viele Verkaufstrainer ihren Schülern einzuhämmern, möglichst früh damit anzufangen, Fragen zu stellen, die man nur mit ja beantworten kann. Dadurch, daß wir ständig dazu gezwungen werden, ja zu sagen, immer wieder zuzustimmen, werden angeblich unsere Einwände immer schwächer. Wir sind dann offenbar schon so konditioniert, daß wir am Ende auf die entscheidende Frage, ob wir nun die Ware haben wollen, ebenfalls automatisch ja sagen.

Ich weiß nicht, wie berechtigt diese Überlegung ist. Allerdings ist es einfach, uns solche Fragen zu stellen. Wenn die These richtig ist, kann eigentlich jeder Widerstand gebrochen werden. Der Autoverkäufer beispielsweise braucht mich nur zu fragen (vorausgesetzt, er ist kein VW-Verkäufer): „Wenn Sie mit viel Gepäck verreisen, brauchen Sie doch sicher einen großen Kofferraum?" „Ja." Was soll ich anderes sagen, wenn ich mit viel Gepäck verreise.

Aber die Taktik, uns zu fragen, statt selbst irgendwelche Angaben zu machen, hat außerordentlich viele Vorteile – für den Verkäufer.

Natürlich erfährt er vermutlich, was wir uns wünschen. Aber er erreicht eben noch viel mehr. Er aktiviert uns mit seiner Fragerei. Wenn er bestimmte Dinge über das Produkt selbst sagte, würde er in Gefahr kommen, daß wir nicht zuhören. Wenn er fragt, müssen wir hinhören. Der geschickte Verkäufer wird sogar erreichen, daß wir Dinge von der Ware behaupten, die sonst er sagen müßte. Durch eine geschickte Frage kann er uns dazu bringen, die Ware zu loben. Auch diese Methode ist nicht von den modernen Verkaufsphilosophen entwickelt worden. Sokrates nannte sie, auf den Beruf seiner Mutter anspielend, Maieutik, die Entbindungskunst. Die Wahrheit soll aus der Seele des anderen heraus geboren werden.

Das impliziert keine Verniedlichung, kann es gar nicht, im Gegenteil. Richtig angewendet, galt sie als Gipfel der Wissenschaften oder, wie Platon sagte: „Dialektik ist der Sims über allen anderen Kenntnissen."

Das kann bei ganz unsinnigen Details prima funktionieren. Wir brauchen nur mal zuzusehen, wie ein Verkäufer einem

Laien eine Filmkamera vorführt und den Kunden zunächst fragt: „Möchten Sie mal selbst durch den Sucher blicken? Wollen Sie mal hier die Gummilinse betätigen?“ Das ist für den Laien oft unheimlich eindrucksvoll. Würde er in ähnlicher Geschwindigkeit, die er jetzt wählt, später auch seine Filme drehen, könnte er sich den Kauf sparen. Solche Filme kann man sich gar nicht ansehen.

Aber Fragen sind auch in anderem Zusammenhang wesentlich günstiger für den Verkäufer als die Behauptung. Der Fragende lockert nicht nur unser Gehirn dadurch, daß er uns zwingt, mit ihm zu sprechen. Er erreicht auch, daß er das Gespräch lenkt, wie *er* will. Er behält die Initiative im Gespräch. Wenn er aufpaßt, endet es da, wo er will.

Das bedeutet aber auch, daß der Verkäufer Fragen stellt, um Informationen zu erhalten, die nicht direkt mit der Ware zusammenhängen. Er kann durch Fragen etwas mehr über unsere persönlichen Eigenheiten erfahren, die für ihn auch wichtig sind. Sind wir verlegen, befangen, unsicher, maulfaul, zurückhaltend oder selbstbewußt, sicher, redselig, kontaktfreudig.

Der versierte Verkäufer wiederum unterscheidet zwischen Fragen, die allgemein sind, „offene Informationsfragen“, wie Wage sie nennt, und „Isolationsfragen“.

Zu den offenen Fragen können jene gehören, die wir mit ja beantworten sollen. Mit der Isolationsfrage versucht der Verkäufer, spätere Widerstände von vornherein auszuschließen.

Ich gehe in ein Geschäft, um eine Stereoanlage zu kaufen. Ich bleibe vor einer stehen. Die Anlage gefällt mir. Aber ich sage: „Leider ist sie ein bißchen sehr groß für mein kleines Zimmer.“ Bevor der geschickte Verkäufer auf dieses Problem eingeht, wird er fragen: „Ist das Ihr einziges Problem?“ Wenn ich dann so dumm bin und ja sage, hat er mich natürlich festgenagelt.

Ich kann hinterher nur sehr viel schwerer andere Gründe nennen, die mich vom Kauf abhalten, wenn mich der Verkäufer mit einer Anlage konfrontiert, die vergleichbare Eigenschaften, einen ähnlichen Preis und so weiter hat, aber eben tatsächlich kleiner ist.

Grundsätzlich also ist Fragen für den Verkäufer das sicherste Mittel, uns in die Enge zu treiben. Wage vergleicht die Technik des Fragens mit dem Telephonklingel-Effekt. Selbst wenn wir eine Zeitlang versuchen, den Hörer nicht abzunehmen, gehen wir vielleicht doch an den Apparat, wenn es immer weiter klingelt.

Es gibt natürlich wie in jedem Gespräch Fangfragen und Gegenfragen – aber die sind besonders raffinierten Verkäufern vorbehalten. Eine Fangfrage kann zu unerwünschten Reaktionen führen. Auch Gegenfragen sind riskant, aber oft sehr nützlich.

Die Demonstrationstechnik

Jedenfalls kennt der versierte Verkäufer uns jetzt schon so gut, daß er zur Stufe Kirchhoff 3 übergehen kann, zu D, zur Demonstrationstechnik, zur Ware.

Da unser Antrieb zum Kauf richtig erkannt worden ist – in den meisten Fällen ist es nach Ansicht der Verkaufspsychologen Geltungsstreben –, kann er jetzt fast mit Stereotypen verfahren.

Beim Vorzeigen der Ware halten sich die Verkäufer an die Wahrheit der chinesischen Behauptung „Einem Auge glaubt man mehr als zwei Ohren". Bis jetzt war alles Vorspiel, Einstimmung; jetzt, wenn der Verkäufer uns zur Ware führt oder er die Ware holt, um sie uns auf die Theke zu legen, wird's wichtig.

Natürlich hört deshalb das Gespräch nicht auf. Tatsächlich soll der Verkäufer seine Ware, besonders die technisch komplizierte, so beherrschen, daß er „blind damit spielen" kann. „Dadurch verliert er während der Vorführung den Blick- oder Augenkontakt mit dem Kunden nicht", meint Wage, „und kann sich völlig auf den Kunden konzentrieren. Denn der Gesprächspartner ist auch während der Vorführung wichtiger als das Gerät".

Viele Verkäufer machen nach Kirchhoffs Ansicht hier den Fehler, nur noch tätig werden zu wollen. Also versucht er seine Verkaufsschüler wieder darauf aufmerksam zu machen, daß es eben meistens Geltungsstreben ist, was uns zum Käufer macht. Und noch ist es unbefriedigt, weil wir ja noch nicht gekauft haben. So erwarten wir Käufer zunächst einmal, daß man unseren Entschluß würdigt, überhaupt Geld auszugeben, von dem der Verkäufer ja lebt. Aber der Verkäufer, der hier richtig reagiert, kann die aufgestauten Aggressionen des Käufers umfunktionieren. Tatsächlich ist er dann auch der Stärkere, der Klügere allemal.

Der Verkäufer kann beim Präsentieren der Ware den Fehler machen, seine besseren Kenntnisse zu demonstrieren. Er weiß ja meistens mehr, weiß besser mit dem Apparat umzugehen als der potentielle Käufer.

Insbesondere jener Verkäufer, der sich durch unser überhebliches Auftreten hat ärgern lassen, neigt dazu, nun mich, den Käufer, mit Fachhinweisen einzudecken. Da kann es passieren, daß ich reagiere: „So kompliziert habe ich mir diesen Apparat gar nicht vorgestellt. Also vielen Dank. Auf Wiedersehen."

„Beim Verkauf an Laien wirkt es aber störend und sogar verkaufshemmend, wenn der Verkaufende seine fachlichen Kenntnisse zu sehr ausspielt. Bei Laien liegen die wahren Kaufmotive meistens nicht in der sachlichen Funktion, Leistung oder Beschaffenheit der gewünschten Ware begründet. Sie sind emotional aufgeladen ... die Motivation der Kaufenden ... ist wichtiger als die Demonstration unserer Kenntnisse."

Anderseits wird der Verkäufer so tun, als ob er uns über die Ware informiert. Aber er wird eher versuchen, uns selbst Gelegenheit zu geben, mit der Ware zu hantieren. Was sich beim Supermarkt als so unerhört verkaufsfördernd erwiesen hat, nämlich die Möglichkeit, die Ware zu greifen, wird auch der Verkäufer, der uns bedient, auszunutzen versuchen. „Je mehr der Verkäufer den Kunden an der Vorführung aktiv mitwirken läßt, um so mehr ‚ergreift' der Kunde Besitz von der angebotenen Ware", meint Peter Jessen.

Wir sollen die Schalter an Tonbandgeräten drücken, die Kühlschranktür öffnen, die Gangschaltung an der Bohrmaschine betätigen.

So trichterte etwa bei einem bestimmten Modell ein großer Automobilkonzern seinen Verkäufern ein: *„Ist der Kunde erst im Vorführwagen, dann hat er ihn gekauft!"*

Denn bereits während wir ins Auto steigen, kann der Verkäufer demonstrieren, wie satt sich die Türen zuschlagen lassen. Ein außerordentlich wichtiges Geräusch, das es übrigens auch bei anderen Produkten gibt.

Vom „herrlich vollen Geräusch einer schweren Kühlschranktür" behauptet Peter Kaufmann: „Geübte Verkäufer können dem Kundengespräch eben durch dieses Zufallen den passenden sinnlichen Unterton verleihen."

Wichtig sei auch das Geräusch von Schlössern bei Koffern. Es gibt welche, die sich so blechern anhören, daß dieses Geräusch allein vom Kauf abrät.

Selbst ein Schneider arbeitet mit Geräuschen, wenn er einen Stoffballen aus dem Regal holt und ihn klatschend auseinanderrollt.

Aber was kann der Autoverkäufer nicht alles machen, wenn wir einmal drin sitzen, wenn wir fahren. Er kann sogar, falls wir mit unserer Frau, Freundin oder welch weiblicher Begleitung auch immer gekommen sind, auf den enormen Vorteil aufmerksam machen, den ein Make-up-Spiegel bietet, der in der Rückseite der Sonnenblende eingelassen ist. Damit verkauft man Autos. Das ist leider durch praktische Erfahrung belegt.

Er wird uns auch nicht den Vorzug vorenthalten, der darin besteht, daß ein einziger Schlüssel für alles ausreicht. Und bei einem anderen Modell wird er uns davon überzeugen können, um wieviel sicherer es doch ist, wenn fürs Handschuhfach ein anderer Schlüssel geliefert wird als für die linke Tür, für den Tankverschluß wieder ein anderer als für die rechte Tür und ein fünfter fürs Lenkschloß. Da immerhin die Möglichkeit besteht, daß Geräte Mängel haben, muß der Verkäufer natürlich bei der Demonstration auf geschickte Weise versuchen, uns über diese Mängel hinwegzuhelfen. Es kann sein, daß ein Küchengerät für eine normale Hausfrau zu kompliziert ist oder einen gefährlichen Schalter hat. Man läßt sie dennoch an die Maschine heran, läßt sie alles tun, kann aber den Kunden, wie Stangl meint, „klug über diesen kritischen Augenblick dadurch hinwegbringen, daß er ihm suggestiv alle sonstigen Handgriffe zu tun aufgibt". Bei einem Mixer gibt Stangl den Text: „‚Bitte schlagen Sie das Ei hier auf dem Mixerrand auf und werfen Sie es mit Dotter und Eiweiß hinein! Jetzt nehmen Sie bitte die Gewürze hier, Senf, Pfeffer, Salz, und geben Sie davon ganz nach Ihrem Geschmack in den Mixbecher. Jetzt nehmen Sie doch bitte die Ölbüchse in Ihre rechte Hand und – ich darf für Sie einschalten (schon ist die eigene Hand des Vorführers am kritischen Schalter) – und lassen Sie einen dicken, kräftigen Strahl Öl hineinlaufen!' Bleibt dann der erste Tropfen unverarbeitet in der Flüssigkeit oben stehen, schaltet er selbst ab und kann triumphierend zum Kunden sagen: ‚Sehen Sie, gnädige Frau, so rasch haben Sie ihre erste Mayonnaise selbst im Mixer gemacht. Versuchen Sie einmal mit dem Löffel, wie herrlich sie geworden ist!'

Dieser Kunstgriff des suggestiven Führens eines jeden Handgriffes läßt sich auch bei schwierigsten Arbeitsgängen anwenden, so daß der Interessent den Eindruck hat, daß alles wirklich so leicht und einfach sei, wie es für den Geübten tatsächlich ist."

War die Käuferbefragung vor dem Herzeigen der Ware einigermaßen gründlich, kann der Verkäufer es vermeiden, zu viele Artikel zu zeigen. Wohl bietet ein breites Sortiment mehr Verkaufschancen als ein mageres, aber der Verkäufer, der zu viel vorzeigt, kann uns Käufer allzu leicht verwirren. Schließlich verstehen wir nichts von der Sache, wir können Qualität, Leistung, Preis nicht mehr vergleichen – das ist ja eben das fundamentale Kennzeichen unseres Marktes –, also muß der Verkäufer versuchen, diese Situation im Rahmen seiner Möglichkeiten zu verschleiern.

„Die Blicke des Kaufenden werden immer unsicherer, je mehr Artikel der Verkaufende ihm vorlegt", meint Kirchhoff. Dann entstehen Babydiskussionen in dieser Art:

„... dies ist ein sehr schöner xy."

„Wirklich? – Ja, und dieser hier?"

„Das ist auch ein schöner xy."

„Aber vorhin haben Sie doch gesagt, der da, nein, ich meine den vorletzten. – Ja, das wäre auch ein sehr schöner xy."

„Selbstverständlich – das ist auch ein sehr schöner xy."

Es ist eben ein falsches Prinzip für den Verkäufer, zu viel Ware vorlegen zu wollen. „Überpräsentieren ist gefahrvoll", warnt Kirchhoff. Und er differenziert diese Behauptung:

1. „Je größer die Unterschiede zwischen den präsentierten Artikeln sind – preislich, qualitativ, modisch, technisch oder geschmacklich –, desto *ungefährlicher* ist es, mehrere Artikel oder Modelle zur Wahl zu stellen.
2. Je ähnlicher die angebotenen Typen oder Modelle sind, desto *gefährlicher* ist es, zu viel zu präsentieren. Wir sollten uns in diesem Falle auf die um so gründlichere Demonstration *eines* Modells beschränken."

Und sollte unsereins dann so ungehörig sein, zu fragen: „Haben Sie noch etwas anderes?", beweisen wir nach Kirchhoffs Meinung nur unsere Unsicherheit. Würde der Verkäufer jetzt tatsächlich so primitiv reagieren, indem er uns andere Artikel zeigt, würde er logischerweise unsere Unsicherheit nur steigern.

Obendrein wird der Verkäufer möglicherweise gezwungen,

einen vorgelegten Artikel abzuwerten, wenn er uns zu viele andere zeigt.

Sollte jedoch kein anderer Weg mehr bleiben, als tatsächlich einen weiteren Artikel zu präsentieren, wird der geschickte Verkäufer den zuerst gezeigten Artikel vorher wegräumen. Wir sollen uns eben nur auf einen Artikel konzentrieren.

Aber noch etwas muß der Verkäufer; er muß die Ware dramatisieren.

Jessen berichtet von einem Verkäufer für Küchenuhren, der bei seinen Kunden mit der Uhr erschien, sie aber in roten Samt eingeschlagen hatte. Langsam setzte er dieses Paket „auf den Tisch des Kunden und klappte die vier Ecken des Tuches ebenso vorsichtig zurück, bis die weiße Küchenuhr auf dem leuchtend roten Samt zu sehen war". Ein Verkäufer von Kondensatoren wieder kaufte sich für seine Muster bei einem Juwelier Schmuckschatullen. Dann erwähnt Jessen einen Verkäufer von Autozubehör, der regelmäßig seine Warnblinkanlage einschaltete, wenn er auf den Hof seiner Kunden fuhr. „Er hatte die Warnblinkanlagen verkauft, bevor er ein Wort gesagt hatte."

Der Korrektheit halber soll aber hier erwähnt werden, daß Wage manche dieser Warendemonstrationen nicht für besonders glücklich hält. Es sollte nicht die Absicht des Verkäufers sein, mit Schock – oder Jahrmarktseffekten zu überzeugen. In diesem Zusammenhang erwähnt er die typische Kundenirreführung einer Strumpffabrik. Diese hatte einen Damenstrumpf als Abschleppseil für einen Pkw benutzt. Da Laufmaschen aber durch ganz andere Ursachen entstehen, lehnt Wage Dramatisierungen dieser Art ab.

Grundsätzlich jedoch verlangen alle Verkaufstrainer die Dramatisierung. Nach allen Begrüßungsarien, nach dem Abklopfen nach versteckten Wünschen soll der Verkäufer *„den gesuchten Artikel wie einen Helden auf der Bühne auftreten lassen"*.

„Für uns", sagte Kirchhoff, „gibt es in diesem Augenblick keine Unsicherheit und kein Zögern. *Ein* Griff ins Regal, *ein* unauffälliger Blick auf den Preis ... *eine* strahlende, sichere Präsentation."

Und jeder Artikel soll sofort von uns berührt werden können. Er gehört schleunigst in unsere Hände. Wir wollen uns mit ihm identifizieren, uns an ihn gewöhnen. Erklären kann man den Artikel immer noch. Erst einmal müssen wir ihn in der Hand haben. Am besten ist es, wenn gar nichts erklärt zu werden braucht. Da könnte es auch zu leicht geschehen, daß der Verkäufer sagen muß: „Sie sollen ... Sie dürfen ... Sie können ...“ Bestehen wir hartnäckig auf einer Erläuterung, dann soll der Verkäufer sie so knapp wie möglich halten. Auch wenn wir uns als Experten erweisen, soll sich der Verkäufer nicht in ein Fachgespräch mit uns einlassen. Das kostet nur Zeit und bringt nichts ein.

Aber sind wir überzeugt, kann jetzt allmählich auch der Preis genannt werden. Sollte der Preis an der Ware angebracht sein, dann hat der clevere Verkäufer natürlich darauf geachtet, uns die Ware so zu zeigen, daß wir nicht sofort auf dieses Preisschild stoßen. Es soll Verkäufer geben, die das absichtlich tun, um dann zu beobachten, ob wir beim Anblick des Preises zusammenzucken. Aber das ist eher ein Glücksspiel als ein Verkauf im Sinne der Verkaufsexperten.

Tatsächlich soll der Verkäufer den Preis so spät wie möglich nennen, erst dann, wenn wir uns mit der Ware vertraut gemacht haben, wenn der Verkäufer gemerkt hat, daß wir sie besitzen wollen.

Kirchhoff macht diese Situation an einem praktischen Beispiel deutlich und wir können uns Abstrakta schenken:

Wir sind in den Laden gegangen, um einen Mantel zu kaufen. Wir haben uns gedacht, daß er so zwischen 250 und 280 Mark kosten darf.

In der ersten Variante sagt der Verkäufer: „Hier habe ich noch ein sehr schönes Stück. Auf Seide abgefüttert. Tadellos verarbeitet. 335 Mark.“

Was sagen wir? „Zu teuer, kommt nicht in Frage.“

In der zweiten, richtigen Variante, sagt der Verkäufer nichts vom Preis, reicht uns den Mantel, sagt statt des Preises: „Hier ist ein sehr schönes Stück für Sie. Wollen Sie kurz hineinschlüpfen, damit Sie sehen, ob die Größe stimmt?“ ... Der Kunde wird vor den Spiegel bugsiert, damit er selbst sehen kann, wie gut ihm der Mantel steht.

Der Kunde wird, während er sich im Spiegel bewundert, sich möglicherweise in vielen Situationen vorstellen – im neuen Mantel natürlich. Der Verkäufer wartet ein bißchen, weil er weiß, was der Kunde denkt, dann unterstützt er das, was dieser denkt: „Dieses Modell kommt ihrem Typ sehr entgegen. Das ist

Ihr Mantel. Und dazu ganz auf Seide abgefüttert. Ist das nicht eine einmalige Verarbeitung?" Damit fordert der Verkaufende die Frage nach dem Preis heraus. Denn „auf Qualitätslob folgt fast mit Sicherheit die Frage nach dem Preis".

Zu spät darf der Verkäufer den Preis nämlich auch nicht nennen. Es besteht immerhin die Gefahr, daß wir so viel wirklich nicht bezahlen können oder wollen. Wenn der Verkäufer also merkt, daß wir uns in dem Mantel gefallen, daß wir uns mit ihm identifizieren, ist der beste Moment gekommen.

Aber auch das Wie des Preisnennens wird sich der Verkäufer genau überlegen. Wenn er jetzt einfach brutal und nackt sagte: „335 Mark", würde er damit den Käufer nicht nur erschrecken. Dieser würde das bloße Nennen der Ziffer als unliebenswürdig empfinden. Vor allem aber bietet der Verkäufer dem Kunden damit „keinerlei Hilfe, sich innerlich mit dem Preis auszusöhnen. Auch akustisch steht die genannte Zahl nackt im Raum; es ist, als ob sie einen Nachhall hätte. Der Preis wird übertönt."

Und selbst wenn die Zahl nicht nackt genannt wird, ist die Plazierung innerhalb des Satzes wichtig. So warnt Kirchhoff davor, den Preis am Satzende zu nennen. Etwa: „Dieser hervorragend gearbeitete Mantel, ganz auf Seide abgefüttert und aus einem sehr strapazierfähigen Stoff gearbeitet, kostet 335 Mark."

Das wirkt seiner Meinung nach wie eine Ausrede, „als ob wir uns genierten, den Preis auszusprechen".

Darüber hinaus bleibt das Ende des Satzes am längsten haften. Der Kunde wird geradezu ermutigt, etwas zum Preis zu sagen, weil er ihn zuletzt gehört hat. Stangl gibt den Verkäufern den Rat: „Gewöhnen Sie sich unbedingt an, den Preis, gerade wenn er hoch erscheint, nur aus einer aufrechten Körperhaltung heraus (Kopf hoch, Schultern zurück!), mit Ihren eigenen Augen in den Augen des Kunden, mit ruhiger, fester Stimme zu sagen! Vermeiden Sie peinlich alles, was unsicher oder weich wirken könnte! Und lassen Sie unmittelbar nach der Nennung des Preises nicht jene schreckliche Stille eintreten, welche die für Sie so ungünstige, eben beschriebene Nachwirkung im Gehirn Ihres Kunden erlaubt, ... sprechen Sie also nach Nennung des Preises buchstäblich und wahrhaftig in einem Atemzug weiter und fügen Sie eine positiv beeinflussende Bemerkung an ..."

Genau das gleiche rät auch Kirchhoff und hat hierfür eine Regel aufgestellt. Er nennt es: *„den Preis vertreiben"*.

„Dabei nennen wir auf die Frage des Kaufenden sofort den Preis und reden dann ungesäumt weiter.“ Aber: „Zur Preisvertreibung benutzen wir möglichst keine sachlich-technischen Angaben zum Artikel, sondern wir zielen auf die Motivation des Kaufenden.“

Denn nur dafür sind wir ja bereit, unser Geld auszugeben. „Bei dieser Methode beenden wir unseren Satz – oder die Partie einiger Sätze – nicht mit dem Preis, sondern mit dem Angebot der Wunscherfüllung.“ Merkwürdigerweise gilt diese Methode dann als „Dienst am Kunden“. Denn die Verkäufer vermuten, daß sie uns damit den Kaufentschluß erleichtern. Dem Verkäufer wird auch geraten, am Ende seines Sermons, also nach dem Nennen des Kaufpreises und der Schilderung dessen, was uns seiner Vermutung nach unbewußt dazu bringt, den Mantel zu kaufen, mit einer Frage abzuschließen, etwa: „Gefällt er Ihnen?“ oder: „Ist es nicht genau das, was Sie suchen?“

Da wir schon vorher zugegeben haben, daß dieser Artikel uns gefällt, daß er das ist, was wir suchen, bleibt uns nichts anderes übrig, als wiederum mit ja zu antworten. Nur ganz Hartgesottene dürften fragen: „Was haben Sie gesagt? 335 Mark?“

Nun ist Kirchhoff bei seinem Mantelbeispiel davon ausgegangen, daß uns der Mantel gefällt, daß wir ihn haben wollen. Viele Geschäfte würden schließen müssen, wenn wir immer nur das kauften, was wir wollen, was uns gefällt. Der Verkäufer muß damit rechnen, daß wir Einwände haben. Er muß sogar damit fertig werden, daß wir gegen alle Artikel, die er uns demonstriert, etwas einzuwenden haben. Für manchen Verkäufer beginnt das Verkaufen überhaupt erst dann.

Das Genie Elmer Letermann hat diesen Punkt sogar als Titel für eines seiner Bücher genommen: „Der Verkauf beginnt, wenn der Kunde ‚Nein‘ sagt.“

Mancher Kunde sagt möglicherweise schon deshalb nein, weil er den Angaben des Verkäufers nicht glaubt. Er glaubt nicht, daß es Seide ist, mit der man den Mantel abgefüttert hat, er glaubt nicht, daß der Stoff was taugt. Also muß der Verkäufer versuchen, seine Behauptungen zu beweisen.

Einen Teil seiner Behauptungen kann er bei bestimmten Produkten durch die Demonstration selbst belegen. In vielen Fällen kann er es nicht. Entweder ist die Qualität nur angedichtet, oder der Käufer (oft auch der Verkäufer) kann die Qualität nicht mehr erkennen. Bei Kunststoffprodukten, bei synthetischen Stoffen weiß ja heute nicht einmal mehr der Hersteller, wie gut oder wie schlecht sie sind, wie lange sie halten, was sie aushalten.

Ein beliebtes Beweismittel sind, wie bei einem Prozeß, Zeugen. Hier werden oft Referenzen genannt. Der Industrievertreter wird bekannte Firmen nennen, bei denen seine Maschinen aufgestellt sind und seit zehn Jahren ohne Wartung arbeiten. Hier wird mit Konkurrenzprodukten verglichen – natürlich nur soweit es rechtlich zulässig ist. Ich kann als Verkäufer auch auf die Erfahrung meines Kunden hinweisen, wenn ich sie kenne. Zum Beweisen kann sogar gehören, daß der Verkäufer den Kunden einschüchtert oder verängstigt, er braucht nur mit ein bißchen Phantasie zu schildern versuchen, was alles geschehen kann, wenn der Kunde nicht kauft, sein Problem nicht so löst, wie der Verkäufer es ihm vorschlägt.

Referenzen haben auch jene schillernden Personen vorzuweisen, die bisweilen bei uns an der Wohnungstür klingeln und etwa „Das Wissen des 20. Jahrhunderts“ verkaufen wollen. In einem speziellen „Verkaufshelfer“ für dieses Werk werden diese eben nicht bei Kirchhoff und Kollegen geschulten Bücherhausierer besonders auf eine „Argumenten-Reserve“ aufmerksam gemacht, in denen „wir hervorragende Referenzen aus Deutschland, Österreich und der Schweiz“ haben. Tatsächlich erhalten diese sich auch Verkäufer nennenden Personen solche Referenzen in eleganten grünen Mappen. Heisenberg lobt dieses mehrbändige und entsprechend kostende Werk, aber auch Gerstenmaier. (Der Name kommt mir bekannt vor, wer war das noch?) Wobei aus diesem Verkaufshelfer aus der Sparte Verkaufsgespräch gleich der erste Satz zitiert werden soll, obwohl er nicht direkt zum Thema gehört: „Unsere Kundenbesuche führen wir im allgemeinen unangemeldet durch...“ In dieser für internen Gebrauch gedachten Schrift wird auch ziemlich offen begründet, warum es so wichtig ist, das „*Vertrauen* unserer Kunden“ zu gewinnen. „Schließlich handelt es sich bei unserem Nachschlag- und Bildungswerk um ein Wertobjekt von einigen hundert bis zu mehr als eintausend Mark; auch wenn wir den Gesamtbetrag in Monatsbeiträgen zwischen DM 33,– und DM 21,– aufteilen können.“

Daß Buchhausierer (nicht bei dem oben erwähnten Werk) mit diesen Methoden erfolgreich arbeiten, läßt sich schon aus der

Tatsache ablesen, daß es einigen gelungen ist, Blinden ein Lexikon zu verkaufen und Leuten, die keinen Plattenspieler besitzen, ein Abonnement für Schallplatten.

Wer einmal unterschrieben hat, kann seinen Entschluß selten revidieren. Sollte es ihm gelingen, muß er oft 400 bis 500 DM „Verwaltungskosten" bezahlen und seine gedruckte Bildung wieder zurückgeben.

Was den Blinden angeht beziehungsweise die plattenspielerlosen Abonnenten, so brauchen sich die Verkäufer keine Sorgen mehr zu machen. Zu diesen Fällen liegen einige Gerichtsurteile vor, in denen unter anderem steht: „Die von dem Buch- und Phono-Klub oder dem sonstigen Verlag zu beziehenden Schallplatten und Bücher waren auch – unabhängig von dem Besitz eines Plattenspielers – stets verwertbar, da alle Zeugen zumindest die Möglichkeit hatten, sich die Schallplatten bei anderen Personen vorspielen und die Bücher vorlesen zu lassen oder sowohl die Schallplatten wie auch die Bücher zu Geschenkzwecken angemessen zu verwenden."

Der „Konkret"-Mitarbeiter Hans Gerstof lieferte einen gründlichen Bericht über die Verkaufspraktiken eines solchen Unternehmens; in diesem Fall mußte eine 17bändige Enzyklopädie verkauft werden, in englischer Sprache, skailederner Einband mit Goldrand. Hier ist das Verkaufsgespräch noch durch einige Spezialtricks vorbereitet, dann aber „folgt die wohldurchdachte Präsentation der Enzyklopädie – man beginnt mit dem weltweiten Konzern, der dahintersteckt . . ., den Hunderten von Wissenschaftlern, die daran gearbeitet haben, denn 20.000 Abbildungen, teilweise im 40-Platten-Druck, und so fort.

Während dieser virtuosen Darbietung hat der Kunde nach jedem zweiten Satz eine Suggestivfrage zu beantworten." Das alles nach dem Prinzip der bereits besprochenen Ja-Fragen. Etwa: „Ist das Schriftbild für Sie gut lesbar?" „Würde diese Enzyklopädie, falls Sie sie im Hause hätten, geschätzt und benützt werden?" – „Der Text wurde im sogenannten Basic-Englisch abgefaßt, man kommt also mit einer geringen Anzahl von Vokabeln aus – er ist doch sicher auch für Sie verständlich?"

Grundsätzlich geht es bei diesen Typen aber nie um auch nur halbwegs ernst zu nehmende Referenzen und Beweise. Hier wird am Betrug entlangbalanciert.

Da ist selbst der Verkäufer als Zeuge in eigener Sache seriöser.

Denn selbstverständlich ist auch er Zeuge. Er kann etwa die Qualitätskontrolle des Herstellers beschreiben, vielleicht sogar demonstrieren. Er kann dem Kunden vorrechnen, wieviel Geld er spart, wenn er sein Produkt erwirbt und nicht das der Konkurrenz. Natürlich ist es sinnlos, einen Kunden von einer Ware überzeugen zu wollen, die er ganz sicher nicht haben will. Unüberwindliche Bedenken sind selten mit rhetorischen und verkaufspsychologischen Hilfsmitteln zu beseitigen.

Allerdings wird auch hier dem Verkäufer nicht ganz der Mut genommen. So meint Wage, daß nicht nur die Industrie und der Lieferant verpflichtet sind, sich den Wünschen und Bedürfnissen der Kunden anzupassen, sondern wir Kunden haben uns in unserem „Bedarf an vorhandene Herstellungsmethoden und -techniken anzupassen. Konfektion ist für die Wirtschaft als Ganzes rationeller als Maßschneiderei ... Eine Zielsetzung des Verkaufsgesprächs kann deswegen oft sein, gegenüber den Nachteilen, die im Produkt verkörpert sind, die Vorteile festzustellen."

Wage hält auch fest, daß ein kritischer Kunde vielleicht versuchen wird, die „weichen" Stellen abzutasten. Hieraus soll der Verkäufer die Konsequenzen ziehen, sämtliche Einwände mit gleicher Freundlichkeit entgegenzunehmen. Denn sonst könnten wir Käufer am Ende merken, welche Einwände vom Verkäufer ganz leicht zu beseitigen sind und mit welchen wir tatsächlich eine „weiche Stelle" erwischt haben.

Sobald wir irgend etwas einwenden, ist auch unser „Geltungsbewußtsein eingeschaltet". Das heißt, der Verkäufer muß aufpassen, daß er uns jetzt nicht etwa belehrt. Selbst bei guten Kunden wird der geschulte Verkäufer nicht sagen: „Da bin ich aber anderer Meinung, und zwar aus folgenden Gründen ..."

„Der erste Schritt", meint Wage, „ist die Technik der bedingten Beistimmung ... ‚Sie haben recht ...', und dann erst fängt die eigentliche Entkräftung des Einwands an." Gleichfalls günstig ist nach Wage einfach das Wiederholen der Frage. Ein Kunde hat behauptet, daß man beim Heizen mit Ölöfen kalte Füße bekommt. Der wagegeschulte Verkäufer antwortet: „Da stellen Sie eine berechtigte Frage, Herr Knassing. Ihre Frage ist also: ‚Besteht bei diesem Ofen die Gefahr einer kalten Zugluft am Boden entlang?' Ist das wohl Ihre Frage?" Damit kann der Verkäufer hoffen, daß „der Gesprächspartner mit Hilfe dieser Technik eine sachlichere Einstellung ... bekommt".

Auch Kirchhoff freut sich insofern über Einwände, weil sie „auch im schlimmsten Falle noch eine Stufe besser“ sind als „Nein“, „Danke“ oder „Ich komme noch einmal wieder“. Solange wir Einwände haben, kann der Verkäufer mit uns sprechen.

Der Verkäufer soll bei Einwänden auf keinen Fall aufgeben, schon weil wir nach Kirchhoffs Ansicht oft nur sowas äußern, weil wir vor uns selbst „einen Rechtfertigungsgrund für den Kauf“ suchen. „Befreien wir ihn in einem solchen Falle von seinen letzten Zweifeln, dann freut er sich schließlich, ohne Bedenken kaufen zu können.“

Selbst der oft sehr ehrlich gemeinte Einwand: „Das ist aber teuer!“ braucht den Verkäufer nicht zu entmutigen. Kirchhoff hat eine Kolonne von Reaktionen für diesen Fall vorzuschlagen:

1. Verkäufer: „Für Sie...?“
2. Verkäufer: „Ja, allerdings! Was dachten Sie denn?“

Dazu ein paar weniger brutale Vorschläge, aber auch noch welche für Verkäufer, die neben ein paar anderen Eigenschaften über „etwas komödiantisches Talent verfügen“.

Ein solcher Verkäufer soll sagen: „Schade.“ Nichts weiter. Er soll schweigen, aber: „Augenkontakt. Alles andere liegt in der Handbewegung, mit der wir das Angebot noch einmal wortlos – wie zum Abschied! – vorlegen.“ Wenn wir Käufer dann nicht so leichtfertig sind und irgendeine Bemerkung machen, die es dem Verkäufer ermöglicht, sofort wieder das Verkaufsgespräch weiterzuführen, als ob nichts gewesen wäre, wenn wir also hartnäckig schweigen, dann soll der Verkäufer einfach den bisher behandelten Artikel wegschmeißen, und „als hätte es nie eine andere Möglichkeit gegeben“, präsentiert er nun fröhlich „die nächstniedrigere Preisklasse“.

Jessen hält in diesem Zusammenhang – allerdings eher für Vertreter zutreffend – den Einwand „Ich habe kein Geld“ für einen geradezu „klassischen Vorwand“.

Denn wer „wirklich kein Geld hat, wird es einem anderen bestimmt nicht erzählen, um u. a. seine wirtschaftliche Lage noch mehr zu verschlechtern“. In Wahrheit heißt das nur, „daß es dem Verkäufer noch nicht gelungen ist, seinen Kunden vom Wert und von der Bedeutung seines Angebots zu überzeugen. Er hat noch nicht den Kaufwunsch wecken können. Also muß er weiter argumentieren und sich nicht mit diesem Vorwand herumplagen."

Grundsätzlich wird dem Verkäufer geraten, sich vor Einwänden nicht zu fürchten denn versierte Verkäufer wissen schon lange, daß Einwände die ersten Zeichen von Kaufinteresse sind. Auch sie sind „Fenster zum Seelenleben" des Kunden.

Deshalb wird der versierte Verkäufer sich über unsere Einwände eher freuen als nervös werden. Bereits vor vielen Jahren riet der Verkaufstrainer H. M. Goldmann: „Es gibt eine ausgezeichnete Methode, sich in der Erledigung von Einwänden zu üben: Nehmen Sie einen Bogen Papier und schreiben Sie auf die linke Seite alle Einwände, die Sie mutmaßlich von Ihren Kunden zu hören bekommen... Nun schreiben Sie auf die rechte Seite die nach Ihrer Meinung beste Antwort dazu!"

Hier hortet der Verkäufer sein Munitionsdepot, er muß nur aufpassen, daß es ständig aufgefüllt bleibt, nicht etwa veraltet.

Aber damit wird nicht jeder Einwand erledigt, schon weil es zu viele sind und es zu unterschiedlichen Arten von Einwänden gibt. Einige sind nur Ausreden, und auf die soll der Verkäufer am besten gar nicht eingehen. „Man kann sie überhören. Man kann den Kunden bitten, seinen ‚Einwand' zurückstellen. Vielleicht vergißt er ihn. Oder man gibt dem Kunden recht – und verkauft weiter."

Die Abschlußtechnik

Angenommen, der Käufer ist bis jetzt im Laden geblieben, hat durchgehalten, ist sogar nicht wütend aus dem Laden gerannt, als er den Preis hörte, dann beendet der Verkäufer sofort seine Demonstration und leitet A, den Abschluß, ein. „Jedes weitere Wort aus dem Themenkreis der Demonstration kann jetzt neue Fragen hervorrufen und vielleicht sogar bisher nicht aufgetauchte Bedenken erwecken. Unsere Aufgabe heißt jetzt nicht mehr demonstrieren, sondern *zum Kauf hinstimmen.*"

Jetzt kommt es nach Kirchhoff nicht mehr darauf an, daß der Käufer sich mit der Ware identifiziert; er soll *jetzt* kaufen und *hier* kaufen.

Kirchhoff nennt drei Hilfsmittel: die Projektion, die Aktualisierung und die Dramatisierung.

Unter Projektion versteht er, „daß der gegenwärtige Besitzwunsch in die Zukunft projiziert wird und der Kaufende sich gedanklich bereits als Besitzer und Benutzer des erstrebten Gegenstandes erlebt". In dieser Phase wird der Verkäufer vor allem angehalten, nun nicht mehr den bestimmten Artikel beim Nennen der Ware zu benutzen, er soll also nicht mehr von *dem* Mantel reden, von *dem* Tonbandgerät, sondern von „*Ihrem* Mantel, *Ihrem* Tonbandgerät".

Die Aktualisierung dient vornehmlich dazu, die Situation zu klären, indem der Verkäufer die Beziehung des zu kaufenden Artikels zur unmittelbar bevorstehenden Benutzung herstellt. Kirchhoff gibt dazu ein paar „Richtworte:

‚Wollen Sie nicht schon am Sonntag Ihren ersten Probefilm machen? Dann können Sie am Montagabend Ihre Bilder sehen... Wollen Sie den Anzug... am Wochenende... schon tragen? Dann machen wir Ihnen die kleine Änderung bis Freitag...'"

In diese Phase gehören dann auch Fragen, die eigentlich erst nach dem Kaufentschluß fällig werden, etwa über die Lieferzeit oder die Inbetriebnahme. („Haben Sie eine Steckdose... dann haben Sie gar keine Installationsarbeiten nötig.") Dementsprechend rät Kirchhoff, hier bereits über die Garantie zu sprechen. Viele Verkäufer machen seiner Ansicht nach den Fehler, erst dann darüber zu sprechen, wenn eine Garantiekarte ausgefüllt wird. „Bei steigender Kaufbereitschaft können wir mit der Garantie-Idee oft die letzte Unsicherheit des Kaufenden aufheben."

Das letzte Hilfsmittel in dieser Phase ist die Dramatisierung, das heißt, den „erstrebten Gegenstand dramatisch – also durch die Schilderung einer Handlung – mit dem zukünftigen Erlebnis des Besitzens und Benutzens zu verknüpfen".

Wichtig ist, daß wir Käufer nicht mehr gefragt werden, ob wir etwas kaufen wollen, sondern nur noch, welches von den vorliegenden Modellen.

Andere Verkaufstrainer schlagen vor, spätestens in dieser Phase Teilentscheidungen herbeizuführen. Spätestens jetzt also, bevor wir gesagt haben, jawohl, wir nehmen dieses Auto, soll beispielsweise der Autoverkäufer zu erreichen versuchen, daß wir uns für eine bestimmte Farbe entscheiden, daß wir bereits jetzt sagen: „Ich möchte gern Weißwandreifen und Schiebedach." Dann ist das Rennen ohnehin gelaufen.

„Abschlußtechnik“, meint Wage, „ist kein autonom funktionierender Mechanismus. Sie kann höchstens dazu dienen, einem Gesprächspartner, der sich seines Kaufdranges bewußt ist und der auch die Überzeugung hat, vernünftig einzukaufen, über die letzte kleine Schwelle zu helfen.“

Ob wir zu diesem Hinweghelfen bereit sind, sollte der Verkäufer mit beiläufigen Fragen überprüfen. Etwa beim Kauf einer Zentralheizung: „Haben Sie schon überlegt, wo Sie den Kessel aufstellen wollen?“

Antworten wir darauf ja, wir wüßten es, dann weiß der Verkäufer, daß wir uns innerlich bereits zum Kauf entschlossen haben.

Doch der geschickte Verkäufer wird auch durch andere Signale merken, ob wir zum Kauf bereit sind oder nicht. „Gesichtsausdruck, Haltung und Redeweise zeigen viel“, sagt Jessen.

Vor allem aber „wenn ein Kunde sich nach Details erkundigt – also Einzelheiten der Konstruktion, Zahlungsbedingungen, Liefertermine –“, gibt er nach Ansicht Jessers „dem Verkäufer ein Zeichen für seine Kaufbereitschaft“.

Jessen nennt vier Methoden, „die sich in der Praxis bewährt haben und die von jedem Verkäufer in sein Verkaufsgespräch eingebaut werden können.

1. Die direkte Aufforderung... Dem Kunden wird hier ein konkreter Vorschlag gemacht, zu einem bestimmten Termin oder eine bestimmte Stückzahl des Angebotenen zu kaufen. Dabei kommt es darauf an, daß der Verkäufer auch in dieser Phase vom Kunden her argumentiert. Also nicht sagt: ‚Wir liefern Ihnen...‘, ‚Ich schlage vor...‘, ‚Bestellen Sie...‘, ‚Kaufen Sie...‘

   Alle diese Formulierungen erwecken nur unangenehme Gedankenverbindungen und erinnern an ‚Geld bezahlen‘“. Jessens
2. Methode ist die Alternativtechnik: „Der Kunde wird hier vor zwei Möglichkeiten (Alternativen) gestellt, die beide für den Verkäufer günstig sind.“ Wollen Sie A oder B, wollen Sie am 1. 3. oder am 1. 4. Seine
3. Methode ist die bereits erwähnte „Methode der Einzelentscheidung“. Hier soll der Verkäufer versuchen, Teilent-

scheidungen herbeizuführen „hinsichtlich des Typs, der Form, der Farbe... Entscheidet sich der Kunde für mehrere Details, ist die Chance größer, daß er sich auch für das ganze Angebot entschließt." Als

4. nennt Jessen dann die „Schlußzusammenfassung", bei der „alle für den Kunden wichtigen Vorteile noch einmal zusammengefaßt und möglichst kurz schriftlich fixiert oder durch Skizzen... erläutert" werden.

Daß der Verkäufer für Fälle, in denen so was nötig werden könnte, einen Block griffbereit haben sollte, ist ebenso wichtig wie den Auftragsblock bei einem Kundenbesuch nicht verschämt in der Tasche stecken zu lassen, sondern ihn gleich auf den Tisch zu legen, damit sich der mögliche Käufer an dessen Anblick gewöhnt.

Geschrieben wird am Ende dieser „Abschlußphase" ohnehin oft. Selbstverständlich haben alle Verkaufstrainer für diese so wichtige Phase energische und klare Regeln aufgestellt. So bestimmt Kirchhoff:

„1. Schnell schreiben, aber nicht flüchtig, klar und lesbar schreiben. Hingekritzelte Hieroglyphen auf einem Kassenzettel verraten geringes Interesse am Kaufenden. Es entsteht der Eindruck, wir wollten ihn, nachdem er gekauft hat, schnell loswerden.
2. Den Namen des Kaufenden notieren, um ihn für unsere Kundenkartei festzuhalten. Diese Aufgabe ist manchmal kritisch. Die typische Frage: ‚Wie ist Ihr werter Name, bitte?' führt oft zu einer negativen Reaktion des Kunden." Kirchhoff schlägt vor, zu fragen: „Auf welchen Namen darf ich Ihre Quittung ausstellen?"

Außerdem gibt Kirchhoff den Tip: „Bezahlte und erledigte Kassenzettel, die der Kaufende nicht an sich nimmt oder ausdrücklich verlangt, packen wir der Ware nicht bei. Es ist nicht nötig, daß unserem Kunden zu Hause beim Auspacken als erstes ein Zettel entgegenflattert, auf dem steht, wieviel Geld er ausgegeben hat."

Interessante Hinweise gibt Stangl für diese kritische Phase, insbesondere für Fälle, bei denen vom Käufer eine Unterschrift verlangt wird, etwa bei schriftlichen Bestellungen, Kaufverträgen und dergleichen. „Wenn der Kunde sieht, daß der Verkäufer zu Antragsformular und Schreibwerkzeug greift, wird er gern nervös..." Also kommt es darauf an, „ihn von allem Anfang an auf harmlose Weise zu beruhigen, etwa durch den Hinweis gleich bei Schreibbeginn: ‚Ich mache Ihnen hier eine kleine Aufstellung, in der übersichtlich alles beisammen steht'..." Weiter: „Es ist eine alte Erfahrung routinierter Verkäufer, den Interessenten an den Anblick des ‚gefährlichen' Papiers dadurch zu gewöhnen, daß man es einige Zeit vor Beginn des Schreibens aus der Tasche herausholt und auf den Tisch legt. Dadurch wird der Übergang zu dem in aller Regel doch eine Verpflichtung enthaltenden Schreiben psychologisch beträchtlich erleichtert... Das Wichtigste ist, daß er bei seinem Kunden auch nicht für eine Sekunde eine peinliche und gefährliche Pause eintreten läßt, in der das selbständige kritische Denken des Interessenten einsetzt. Er muß möglichst unauffällig und nebenbei schreiben, während er zugleich das Gespräch fest und bestimmt weiterführt. Den Vornamen des Kunden..." – und andere Angaben dieser Art – „... erfragt er am besten so zwischendurch, wenn es die Gesamtsituation gerade günstig erscheinen läßt, damit die Kritik des Kunden nicht unnötig wach wird.

Je näher der Augenblick der Unterschrift heranrückt, um so mehr muß der Verkäufer darauf achten, den Kunden nicht wach werden zu lassen. Es ist kein Zweifel, daß die beschreibende Art der ganz konsequenten Gesprächsführung für den so Beeinflußten etwas Ähnliches wie einen Trancezustand in einfacher Form mit sich bringt. Die geringste Störung kann das ganze Geschäft kosten. Deshalb keinerlei Pausen eintreten lassen und alles, was an äußeren Voraussetzungen notwendig ist, gut vorbereitet zur Hand haben!

Ein abgebrochener Bleistift, ein versagender Kugelschreiber kostete schon manchem Verkäufer den Verkauf einer teuren Maschine..."

Also auf alle Fälle Reserven bereithalten, Verkäufer! „Ist das Formular soweit ausgefüllt, dann ist es denkbar unklug, es dem Interessenten mit der Aufforderung der Überprüfung hinzureichen. Man fordert seine Kritik geradezu selbst heraus und gibt die Initiative des Gesprächs vollkommen aus der Hand.

Deshalb sollte man, soweit es erforderlich ist, der Kontrolle halber die wichtigen Punkte selber noch einmal ganz kurz zusammenfassen...

Jetzt kann man das Schreibwerkzeug in die rechte Hand nehmen, mit der linken das Formular in eine bequeme unterschriftsbereite Lage vor ihn hinlegen, sofort an die Stelle der Unterschrift ein Kreuz machen und dazu sagen: ‚Dann sind Sie doch bitte so nett, Herr Mehlbaum, und setzen Sie hier, wo ich soeben ein Kreuz gemacht habe, Ihren Vor- und Zunamen her.'

Im selben Augenblick überreicht man ihm das Schreiben und kann sofort anfügen: ‚Drücken Sie bitte fest auf, wissen Sie, der Durchschläge wegen!' ... Die Hinweise auf das Kreuz, auf Vor- und Zuname, auf das feste Aufdrücken, auf die Durchschläge beschäftigen bewußtes Denken, geben seinen Gedanken einen harmlosen Inhalt und lenken infolgedessen von der Tatsache ab, daß jetzt eine rechtsverbindliche Unterschrift gegeben wird."

Stangl gibt zu bedenken, daß es manchmal auch ratsam sein kann, „ihm das Schriftstück erst nach einigen Minuten zu geben (Durchschlag), in denen man über irgendeine harmlose Angelegenheit sprechen kann, die ihn zunächst von dem Gegenstand ablenkt. Auch im Zusammenhang mit der Unterschrifterteilung sollte man in jedem Fall den Gebrauch von psychologisch unklugen Ausdrücken vermeiden, z. B. ‚unterschreiben' oder ‚Unterschrift'."

Es scheint übrigens eine ganze Reihe solch „psychologisch unkluger Ausdrücke" zu geben. „Geld" scheint so einer zu sein und vor allem „kaufen". Manche Ladenbesitzer verbieten ihren Verkäufern, das Wort „kaufen" jemals zu verwenden. Es ist auch in Anzeigen selten zu finden, obwohl durch sie ja auch zum Kaufen angeregt werden soll. Jedenfalls kam neulich mein sechsjähriger Sohn aus der Schule und verlangte, daß wir für den Unterricht eine Reihe von Wörtern aus Anzeigen heraussuchen und ausschneiden sollten, unter anderen das Wort „kaufen". Aber es gelang uns nicht, auch nicht nach mehrstündigem Bemühen, dieses Wort in einer Werbung zu entdecken.

Wer das Gefühl hat, er werde durch solch kleine Tricks manipuliert, der muß sich belehren lassen, daß es auf dem Wege zum Erlangen von Unterschriften noch ganz andere Methoden gibt, die dann ebenfalls rechtskräftig werden. So habe ich ein Formular vor mir, das von einer jener Firmen benutzt wird, die mehrbändige Buchausgaben verscheuern.

Dieses Formular hat eine riesige Überschrift, und die heißt: „Selbstauskunft". In Klammer darunter, etwas kleiner: „vom Kunden *persönlich* auszufüllen". Die obere Hälfte des Formulars ist dann ziemlich großzügig gedruckt und enthält übliche Angaben zum Ausfüllen, wie Name, Vorname, Geburtsdatum, Wohnort, aber auch Beschäftigungsfirma und Monatseinkommen.

Auf der unteren Hälfte braucht dann der, von dem die „Selbstauskunft" verlangt wird, schon viel weniger zu schreiben, vermutlich gar nichts mehr, denn das kann auch der Verkäufer erledigen. Dieser Text lautet:

„Hiermit bestätige ich nochmals, daß die am . . . getätigte Bestellung über . . . Reihenwerk(e) im Gesamtwert von DM . . ., zahlbar in monatlichen Raten von DM . . . (zahlbar bar bei Erscheinen jedes Bandes), unter Einhaltung der kaufmännischen Gepflogenheiten getätigt wurde. Meine wirtschaftlichen Verhältnisse sind geordnet. Ich bin in der Lage, die der Fa. XYZ in ABC-Stadt, EFG-Straße gegenüber eingegangenen Verpflichtungen pünktlich zu erfüllen. Durchschrift meines Auftrages habe ich erhalten.

. . . ., den . . . . . 19 . . Unterschrift."

Ich bin nicht so sicher, daß seriöse Kollegen dieser Verkäufer eine solche Bestellung als „unter Einhaltung kaufmännischer Gepflogenheiten" zustande gekommen einzuordnen geneigt wären.

Viele dieser windigen Vertreter überlegen sich im Grunde nur, wie sie die Unterschrift kriegen, ohne daß der Unterschreibende merkt, er habe einen Kaufvertrag rechtsgültig gemacht. Die billigsten Tricks sind Ihnen gerade gut genug. Die Berliner Polizei hat beispielsweise einen erwischt, der den Preis auf das Formular praktizierte, indem er dem Käufer sagte: „Ich diktiere Ihnen da mal eine Nummer, unter der Sie bestellen können, wenn Sie wollen." Dann nannte er eine Ziffer, die sich als Telephonnummer anhörte, nämlich 226380. Tatsächlich setzte der Verkäufer später einen Punkt vor die letzten beiden Ziffern, und heraus kam der Betrag von DM 2263.80, der seltsamerweise genau auf zwei bekannte Prachtausgaben paßte.

Andere Verkäufer verschaffen sich zuerst unter irgendwelchen Vorwänden die Unterschrift, und wenn der Käufer dann merkt, daß er einen Kaufantrag unterschrieben hat, sagt der Verkäufer: „Also gut, wenn Sie nicht wollen. Hier wird niemand gezwungen." Und er nimmt den nicht ausgefüllten, aber unterschriebenen Antrag und wirft ihn weg, in einen Papierkorb etwa. Ist der Kunde dann nicht mehr im Raum oder hat man ihn durch einen weiteren Trick abgelenkt, wird das Formular schleunigst wieder aus dem Papierkorb geholt und ausgefüllt.

Ein anderes, sehr beliebtes Verfahren einer „renommierten" Firma geht so: Ein Verkäufer klingelt, unterhält sich freundlich, will nichts verkaufen, im Gegenteil, er will etwas verschenken, nämlich eine Schallplatte. Wir nehmen die Schallplatte, und der gütige Mensch bittet nur noch: „Würden Sie mir bitte quittieren, daß ich Ihnen eben kostenlos und ohne eine andere Verpflichtung eine Schallplatte überreicht habe? Meine Firma verlangt das so." Wer jetzt nicht genau liest, was er da unterschreibt, hat todsicher einen Kaufantrag unterschrieben, und kein Gericht der Welt, nein, der Bundesrepublik, wird ihn von der Unterschrift wieder entbinden.

Ohnehin wird kaum einer dieser Vertreter, auch bei relativ ehrlichen Kaufverhandlungen, von einem Vertrag sprechen.

Die meisten nennen ihn: Anrechtschein.

Die Zusatzverkaufstechnik

Mit diesem Abschluß sind wir aber noch nicht am Ende von Kirchhoffs BEDAZA-System, obwohl die letzten Beispiele als Ende des Verkaufsgesprächs gelten können. Aber nicht jeder richtet sich ja nach Kirchhoff, und auch Kirchhoff meint, daß sein Z (= Zusatzverkaufstechnik) „sowohl vor dem Abschluß als auch anschließend erfolgen kann". Würde er diese Möglichkeit ausschließen, müßte er ja in einem Falle sein System auch umbenennen – es hieße dann BEDZAA, was nicht annähernd so schön exotisch klingt.

Unter Zusatzverkaufstechnik ist die schon in anderem Zusammenhang – etwa im Kapitel Supermarkt – erwähnte Leistung des Verkäufers gemeint, uns zu dem Artikel, den wir gerade gekauft haben, noch etwas, eben zusätzlich, anzudrehen. So wird vermutlich noch kaum jemand von uns Schuhe gekauft haben, ohne daß die Verkäuferin, spätestens an der Kasse, auf den Versuch verzichtet hätte, uns dazu zu überreden, auch noch Schuhspanner zu kaufen, Schuhcreme oder Strümpfe.

Stangl gibt ein Beispiel, das selbst bei schlichten Bedarfskäufen angewendet werden soll. „Begeben wir uns in ein beliebiges Geschäft, zum Beispiel in eine Drogerie. Da kommt irgendeine junge Frau und kauft beispielsweise einen Schnuller für ihren Säugling. Am Ende stellt der Verkäufer an die Dame die Einheitsfrage: ‚Darf es sonst noch etwas sein?', worauf diese mehr oder weniger selbstverständlich antwortet: ‚Danke, nein'. Sie bezahlt und verschwindet.

Weshalb sollte *sie* auch ihr Gehirn bemühen, nur damit der Verkäufer mehr Umsatz hat, noch dazu auf ihre Kosten? Ein anderer Verkäufer sagt zu der Dame: ‚Ja, die vielen Sauger, die bei mir verlangt werden. Ich frage mich oft, wo die alle hingeraten.' Da antwortet die junge Mutter: ‚Was meinen Sie wohl, wo mein letzter hingekommen ist? Wirft doch gestern der kleine freche Kerl (schon weiß der Drogist, daß sie einen Jungen hat!) ihn einfach aus dem Wagen heraus – das bemerkt unsere Katze, nimmt ihn ins Maul und schleppt ihn fort. Nun muß ich halt wieder einen neuen kaufen.' Schon ist der Kontakt gewonnen und ein kleines, nettes Gespräch im Gang: ‚Übrigens, gnädige Frau, trinkt Ihr Kleiner ordentlich, oder haben Sie da auch Schwierigkeiten wie viele andere Mütter, ich höre da manchmal die tollsten Klagen?' – ‚Oh, da fehlt es bei mir überhaupt nicht, aber wenn er sich nur nicht so häufig aufliegen würde, wissen Sie, er ist deswegen immer so unruhig!' Schon bietet sich die Gelegenheit, eine dafür besonders gute Spezialsalbe zu empfehlen (‚. . . . die wirkt so rasch, daß Sie auch nicht eine Nacht Geschrei im Haus haben!'). Schon folgt der zwanglose Hinweis auf eine oder zwei Reservesaugflaschen (‚Wie ärgerlich ist es doch, wenn die einzige Flasche kaputtgeht und man bei anderen Müttern eine ausleihen muß!'), auf Papierwindeln (‚Wenn Sie einmal nicht zum Waschen der Stoffwindeln kommen, wie bequem können Sie sich da helfen . . .')."

Kirchhoff bringt selbst den Einwand gegen Zusatzkäufe vor, indem er einen Gegner sagen läßt: „Wenn ich selbst etwas einkaufe, wünsche ich auch keine Zusatzangebote. Ich weiß, was ich will und lasse mir nichts aufschwatzen. Ich nehme jeden Versuch, mir mehr zu verkaufen, als ich verlangt habe, übel." Aber er läßt ihn selbstverständlich nicht gelten.

Schließlich hat er die Regel aufgestellt: „Der Zusatzverkauf ist nicht nur erlaubt, er ist unerläßlich."

Wenn die Versuche einiger Verkäufer, uns zusätzlich etwas zu verkaufen, oft aufdringlich wirken, so liegt das nach seiner Ansicht aber „nicht am versuchten Zusatzverkauf, sondern an der ungeschickten Methode. Wie oft haben Verkaufende, die den erwähnten Einwand vertreten, selbst schon Zusatzartikel gekauft, ohne sich gestört zu fühlen? Sicher öfter, als sie denken; sie erinnern sich nur nicht daran. Sie glauben, in diesen Fällen den Zusatzartikel selbst gewünscht zu haben. Gut! – Dann sind sie an den richtigen Verkaufenden geraten."

Kirchhoff fordert zunächst, daß die möglichen Zusatzartikel im Laden gemeinsam mit dem Hauptartikel lagern. Ist diese Aufgabe gelöst, gilt es nicht mehr zu fragen, ob Zusatzverkäufe versucht werden sollen, es geht nur noch darum, „wann?" und „wie?".

Das Wann macht Kirchhoff von der Größe beziehungsweise dem Preis des oder der Zusatzartikel abhängig: „Erscheint der Zusatzartikel verhältnismäßig unerheblich gegenüber dem Hauptartikel, dann kann das Zusatzangebot schon in das Verkaufsgespräch eingebaut werden... Zusatzangebote sollen aber die Übersicht des Kaufenden erschweren. Wir wollen auch nie einen möglicherweise zu hohen Gesamtpreis... wie ein Schreckgespenst vor dem Geist des Kaufenden heraufbeschwören.

Daher können wir die Regel akzeptieren: Kleine Zubehörteile... in das Verkaufsgespräch... größere wollen wir erst *nach* dem Kauf des Hauptartikels präsentieren. Der Kaufende weiß dann, zu welcher Geldausgabe er sich entschlossen hat und wieviel ihm noch zur Verfügung steht, um seinen Kauf noch wertvoller zu machen.

Wir vermeiden damit –

1. Die Unsicherheit des Kaufenden, wie hoch der Gesamtaufwand sein wird und
2. die Ablehnung des Kaufenden, den Hauptartikel zu nehmen, weil er mit dem Zusatzkauf zu teuer würde.

‚*Seinen*‘ Kauf noch wertvoller zu machen!...‘ Damit ist das

Schlüsselwort für den Zusatzverkauf gefallen. Wir wollen dem Kaufenden drei Eindrücke vermitteln:

1. Diese Ware habe ich gewählt; sie ist nun mein Besitz. (Die Entscheidung über den Hauptartikel ist gefallen.)
2. Ergänze ich diese Ware noch durch den Zusatzartikel xy, dann steigt ihr Wert *für mich* in höherem Maße, als ich für den kleinen Zusatzartikel xy mehr bezahlen muß.
3. Nehme ich xy gleich dazu, habe ich etwas Perfektes und brauche mich nicht erst mit einer Halbheit zu begnügen. Auch erspare ich mir den späteren Weg, um den xy dann noch zu kaufen."

Als anständiger, verantwortungsbewußter Mensch verlangt Kirchhoff, daß mit dem Zusatzangebot dem Käufer eine bessere Wunschbefriedigung oder eine zusätzliche Dienstleistung geboten werden muß. Trifft das nicht, ist das Zusatzangebot seiner Meinung nach eine sinnlose und schädliche „Aufdrängerei".

Für Stangl ist der Zusatzverkauf einfach deshalb nötig, weil wir zu träge zum Denken sind. Also schlägt er seinem Verkäufer vor: „Nehmen wir, die wir andere Menschen beeinflussen wollen, doch unseren Kunden das Denken ab! Sorgen wir dafür, daß ihr Denken in die Richtung gelenkt wird, an deren Ende sich ganz von allein das Bedürfnis nach unserem Artikel oder unserer Dienstleistung einstellt." Das ist für Stangl – und vermutlich hat er recht – ganz einfach. „Wir brauchen sozusagen nur die Weiche richtig zu stellen, damit der Zug der Gedanken unseres Kunden auf das für uns einzig richtige Gleis gelenkt wird."

Aber selbst wenn sich überhaupt keine Gelegenheit bietet, mit dem Käufer ins Gespräch zu kommen, soll der Verkäufer sich nicht mit der doofen Frage begnügen: „Darf es sonst noch etwas sein?" Diese Frage will Kirchhoff anders formuliert hören, nämlich: „*Was* darf es außerdem sein?"

Wir sollen uns nicht überlegen, ob wir noch etwas kaufen wollen, sondern *was* wir zusätzlich brauchen könnten. Möglicherweise ist der Laden so voll, daß der Verkäufer mit einem Gespräch andere Käufer vergrault. Aber auch dann soll der Verkäufer es versuchen, denn „Kleinartikel verkaufen sich unter dem Druck einer ‚verkaufsfördernden Enge' besonders gut".

In einer solchen Situation sind Alternativfragen angebracht.

„Nehmen Sie wieder ein xy dazu – oder wollen Sie dieses Mal diese xz benutzen?"

Die Alternativfrage „schließt die Antwort Nein! fast aus. Weil noch Wartende hinter dem Kaufenden stehen, entwickelt sich kein längeres Gespräch. Die Wahl fällt spontan auf den einen oder anderen vorgeschlagenen Zusatzartikel".

Diese Methode hat noch einen weiteren Vorzug für den Verkäufer. „Kommt dann die Reihe an den nächsten Wartenden, beeinflussen ihn sowohl der Entschluß des vor ihm Kaufenden als auch die Tatsache, daß weitere Wartende hinter ihm stehen."

Moralische Bedenken entkräftet Kirchhoff ebenfalls. Er wischt sie folgendermaßen vom Tisch: „Der Kauf von Zubehör und Zusatzartikeln ruiniert keinen normalen Menschen. Jeder macht seine Rechnung. Vielleicht kauft er in einer anderen Branche etwas weniger, wenn wir ihm zusätzlich etwas verkauft haben. Das ist alles."

In diesen Abschnitt der Zusatzkäufe baut Kirchhoff noch eine Aktivität des Verkäufers ein, bei der dieser tatsächlich nichts verkaufen will – jedenfalls im Augenblick noch nicht. Der Verkäufer soll uns jetzt noch ganz unverbindlich höherwertige Artikel vorführen. Damit soll bereits der nächste Kauf vorbereitet werden. Hier sollen wir in „drei Gedankenbahnen" beeinflußt werden. Wir sollen erfahren, daß es das, was wir gekauft haben, auch noch viel teurer gibt. Vielleicht haben wir eines Tages mehr Geld. Zweitens sollen wir wissen, daß es den Artikel auch in diesem Geschäft gibt. Und drittens ist es ein bißchen Psychomassage. Obwohl ich das preiswerte Modell gekauft habe, werde ich nicht geringgeschätzt. Man traut mir glatt zu, daß ich mir – hoffentlich bald – das teurere Gerät zulegen kann.

Die Abschiedstechnik

Jetzt haben wir endlich gekauft: Eine Kamera mit Zoom und Superweitwinkel, Bereitschaftstasche aus Kalbsleder, Scheinwerfer, Stativ, ein Buch „Wie filme ich richtig", drei Farbfilme, zwei Schwarzweißfilme, Sonnenblende, Ultraviolett-Filter und noch einige andere, die man nie braucht, Schneidegerät, Vorführgerät mit Tonsynchronisation. Das Tonaufnahmegerät haben wir uns angesehen, auch die Arriflex – für später.

Dann kommt endlich Kirchhoffs letztes A: die Abschiedstechnik. Endlich dürfen wir raus an die frische Luft. Und jetzt gibt es einige Verkäufer, die strecken einen Arm in Richtung Kasse und sagen: „Da ist die Kasse." Zahlen!

Das ist natürlich falsch. Dieser so harmlos klingende Satz ist nämlich nicht harmlos. Der bis jetzt relativ arglos gebliebene Kunde kann auf einmal merken, warum der Herr Verkäufer bis jetzt den Kunden umschmeichelt und umworben hat. „Der Übergang vom Verkaufsgespräch zur Abwicklungsphase des Kaufvorganges – kassieren, Ware verpacken und ausgeben – enthält Gefahrenpunkte", warnt Kirchhoff.

„Nach dem Verkauf eines größeren Artikels wollen wir deshalb unseren Kunden in dieser letzten Phase nicht alleinlassen. Wir begleiten ihn zur Kasse, kümmern uns um die Verpackung und geben dabei noch einige Hinweise zum Gebrauch oder zur Bedienung."

Jetzt also die Tips, die der Verkäufer auch vorher hätte geben können. Aber jetzt lenken sie natürlich schön von diesem schrecklichen Augenblick ab, an dem ich mein Geld heraushole, dabei vielleicht daran denke, wie hart ich arbeiten mußte, um es zu verdienen. Aber nicht nur Tips kriegen wir von Verkäufern, die sich nach Kirchhoff richten. Wir werden auch gelobt. „Fast alle Menschen sind mit Lob ‚unterernährt'. Lob, das in der großen Linie glaubhaft ist, hört jeder Mensch gern... Wo ein Mensch richtig – also glaubhaft – gelobt wurde, zieht ihn sein Unterbewußtsein wieder hin."

Übers Loben brauche ich mich hier nicht auszulassen. Ich teile auch nicht die Befürchtung Kirchhoffs, der seine Verkäufer davor warnt, zu dick aufzutragen, damit Lob nicht als unangenehme Schmeichelei wirke. Es geschieht so selten, daß jemand das verlogenste und dümmste Lob als unangenehm empfindet.

Hierher gehört auch der Vorschlag von Stangl: „Übrigens sollten Sie unseren Kunden, besonders auch Kundinnen gegenüber so tun, als ob die Wahl, die Sie als Verkäufer praktisch selbst getroffen haben, ganz und gar nur die eigene des Kunden wäre, ja Sie sollten ihm in geeigneter Form dazu gratulieren."

Die passenden Sätze für diesen Zweck schlägt wieder Kirchhoff vor: „Sie haben ein sicheres Urteil, ich beglückwünsche Sie zu Ihrem neuen NN..." – „Sie haben einen guten Geschmack, ich kann Sie zu Ihrem Entschluß nur beglückwünschen ..." – „Sie haben es mir sehr leicht gemacht, Ihnen die richtige Auswahl vorzulegen ..."

Dann soll man dem Kunden zum Schluß noch zurufen: „Kommen Sie bitte wieder ..."

Wohl läßt sich niemand „durch noch so gut formulierte Abschiedsworte darüber hinwegtrösten, eine unzulängliche Ware gekauft zu haben." Aber ist die Ware einwandfrei, kann es sein, daß der Käufer wiederkommt, wenn die Abschiedsworte die „richtigen und aus ehrlichem Herzen gesprochen" waren.

Dann soll der kluge Verkäufer es auch nicht verabsäumen, dem Käufer „Argumente zu liefern, damit der Kunde zu Hause auch seine Anschaffung verteidigen kann". Je schwieriger es war, mir das Zeug aufzuschwatzen, desto wichtiger ist es, daß der Verkäufer mich mit Munition für zu Hause versorgt. Jetzt ist seine letzte Chance, denn ich bin schon an der Tür.

Das alles, so ausführlich es hier auch dargestellt erscheinen mag, ist nur ein Bruchteil dessen, was die Verkäufer lernen müssen. Dabei habe ich nur sehr wenige Verkaufstrainer zitiert – ein paar in Fachkreisen besonders berühmte habe ich nicht einmal erwähnt. Ich habe mich bemüht, nur an einigen mehr oder weniger harmlosen Beispielen zu zeigen, daß wir Käufer außerstande sind, Peter Jessens Wunsch zu erfüllen: ebenso geübt und informiert zu sein wie unsere Gegner und Freunde: die Verkäufer.

Verkäuferförderung

Da eigentlich das ganze System so genannt werden müßte, reagiert mancher Außenstehende sicher zunächst leicht verdutzt, wenn er erfährt, daß „Verkaufsförderung" eine spezialisierte Tätigkeit ist und Leute, die diesen Beruf ausüben, allgemein gesucht werden. „Es gibt keinen Zweifel", meinte kürzlich Klaus Schuldes, „Verkaufsförderung und alles, was sich darum rankt, ist zur Zeit ‚in'."

Wer das einmal weiß, wundert sich freilich überhaupt nicht mehr, wenn er hört, daß es auch einen BDTV gibt, einen „Bund Deutscher Verkaufsförderer und Verkaufstrainer".

Dennoch ist die Definition dieses Begriffes nicht annähernd

so umstritten wie beispielsweise das in Verkäuferkreisen schon etwas länger benutzte Zauberwort Marketing. Marketingdefinitionen sind fast so zahlreich wie die Personen, die mit Marketing zu tun haben.

Selbst das intensive, wenn auch reichlich strapaziöse Studium einer Fachzeitschrift, etwa des „Marketing-Journals", dem der Pfeifenraucher K. A. Disch vorsteht – das soll kein Vorwurf sein, ich rauche ebenfalls Pfeife; ich erwähne diese Schwäche nur, weil ich mich beim Anblick seines Photos vom meist komplizierten oder kompliziert gemachten Inhalt erhole –, selbst diese Schinderei also schüchtert oft genug sogar Fachleute ein, wie mir glaubhaft von solchen bestätigt worden ist.

Bei interessierten Laien erzeugt die Lektüre Depressionen und Sehnsucht nach Raymond Chandler, wenn nicht sogar Karl May. Nun ist für sie diese Zeitschrift natürlich nicht gemacht und gedacht.

Aber es macht nervös, wenn man auf immer neue Marketing-Modelle gestoßen wird, mal kybernetisch, mal psychologisch determiniert. Praktiziert sind sie oft noch nie, meistens also hypothetisch. Einmal wird Marketinglogistik gefordert, im nächsten Heft wieder abgelehnt.

Freut man sich, wenn mal einer auf die einleuchtende Möglichkeit aufmerksam macht, daß durch eine neue Marktsegmentierung eine sonst vielleicht unbemerkt bleibende Lücke ausgespäht werden kann, wird auf einer anderen Seite sofort jemand mit dem Geheimtip kommen: empirische Marketing-Simulations-Modelle. Die Verlockung, sich eines vorfabrizierten Verkaufssystems bedienen zu können, Konfektion und Mechanik zu wählen, um die eigene Phantasie zu schonen, muß offenbar unüberwindlich sein. (Als Zugabe dann noch ein Wort-Masken-Verleih.)

Kurz: Wer sich nicht mit einer ziemlich groben Definition begnügen will – etwa: Marketing ist, wenn... sagen wir, ein Unternehmen vom Markt her geführt wird –, verzweifelt allzu leicht.

So registriert man erleichtert, daß offenbar weit mehr Einigkeit besteht, wenn es darum geht, aus den vielen Definitionen Aufgaben des Marketings abzuleiten. Dr. Peter Linnert hat sie so formuliert (in „Die neuen Techniken des Marketings"):

„Erforschung, Sichtbarmachung und Befriedigung der Verbraucherbedürfnisse zum Zwecke der Erzielung eines höchstmöglichen Gewinns und zur Sicherung des Fortbestandes des Unternehmens." Ich hoffe, er hat nichts vergessen.

In diesem Wolkenkratzer-Marketing hat die Abteilung Verkaufsförderung nun nur ein paar Zimmer belegt. Doch leider sind die dort verwalteten Aktivitäten noch immer so vielfältig und umfangreich, daß sie hier nicht alle aufgezählt werden können. Bereits alle jene Maßnahmen werden als Verkaufsförderung begriffen, die – in der Regel vom Produzenten – angewendet werden, um ihr, meist neues, Produkt angemessen beim Handel unterzubringen.

Viele Herren Definierer bauen sich nur die schönsten Hürden auf die Bahn, wenn sie Verkaufsförderung von Werbung abgrenzen wollen. Dem „Marketing-Journal" habe ich sogar entnommen, daß es Unternehmer geben soll, die sich entscheiden zu müssen glauben, ob Werbung oder Verkaufsförderung. Tatsächlich gehört beides zusammen und auch wieder nicht. Um ein schlichtes Beispiel aus der Praxis zu nehmen:

Wenn Onko wirbt: „Temperament in Tassen", dann ist das eindeutig Werbung. Wenn an diesem Werbeslogan ein Buchstabe geändert wird und die Anzeige in einer Verkäuferzeitschrift erscheint, ist es Verkaufsförderung. Dann lautet der Slogan auf einmal: „Temperament in Kassen."

Die Kondensmilchfirma B & B würde vermutlich in Zeitschriften, die unsereins liest, uns Kunden nie so ansprechen, wie sie es in Fachzeitschriften für ihre Kunden Einzelhändler tut. Nämlich mit: „... Sahnen Sie mit ab."

Das würde auf uns keinen Eindruck machen, wenn doch, keinen guten.

Damit ist natürlich noch nicht das gesamte Aufgabengebiet Verkaufsförderung erklärt, hoffentlich jedoch ein bißchen deutlicher. Werner Schwarz hat im „Marketing-Journal" anstelle einer Definition die Aktivitäten der Verkaufsförderung auf drei Stufen beschränkt:

Verkaufsorgane des Herstellers
Groß- und Einzelhandel
Verbraucher (über den Handel).

Immerhin ist es kein Zufall, daß die meisten Großunternehmen, die sich eine Abteilung „Verkaufsförderung" zugelegt haben, diese zunächst von ihrer Werbeabteilung abgespaltet haben. Heute ist allerdings in vielen Firmen der Betrag, der für Verkaufsförderung ausgegeben wird, bereits mindestens so hoch wie der für Werbung. Das kann auch für uns Käufer interessant sein, weil wir immer weniger erkennen können, wieviel Geld die Verkäufer dafür ausgeben, um ihre Ware verkäuflich zu machen, und nicht schon für die Herstellung des Produkts.

Thorstein Veblen hat schon im Jahre 1923 auf diese Verschleierung hingewiesen – wenn auch nicht im Zusammenhang mit Verkaufsförderung, die es als Spezialgebiet damals noch nicht gab: „Die Produzenten haben ständig mehr Aufmerksamkeit auf die Verkäuflichkeit ihres Produkts gerichtet, so daß viel von dem, was in den Büchern als Produktionskosten erscheint, eigentlich der Erzeugung gängiger Aufmachungen zugerechnet werden müßte. So ist der Unterschied zwischen Herstellungs- und Verkaufstechnik verwischt worden."

Amüsant ist, daß diese Veränderung von einigen Verkäufern auch damit begründet wird – selbstverständlich nicht ausschließlich –, daß man so besser auf die Konsumverzicht predigenden Jugendlichen einwirken könne. Von diesen Verkäufern wird befürchtet, daß sie mit der üblichen Werbung kritische Käufer nicht mehr so erreichen wie früher.

Daß das nicht die einzige Ursache dieser Entwicklung ist, ergibt sich allein aus der Tatsache, daß die Verkaufsexperten in der DDR dieses neue Spezialgebiet mit demselben Begriff eingeführt haben. Der Nutzen der Verkaufsförderung wird grob damit erklärt, daß gerade durch die rasch zunehmende Kompliziertheit aller Prozesse immer neue Tätigkeiten aus dem Gesamtprozeß der Wirtschaft herausgelöst werden müssen.

So heißt es beispielsweise in einer Arbeit von Siegfried Milarg (in „Neue Werbung", 2/69) unter anderem: „Um künftig zu optimalen Effekten zu kommen, ist es aber notwendig, gerade der Verkaufsförderung einen richtigen Platz einzuräumen und damit die Kette von der ersten Information des Kunden über Werbung und Öffentlichkeitsarbeit zur Realisierung der gewünschten Handlung dort zu schließen, wo zur Zeit noch eine Lücke klafft: am Ort des Verkaufs. Mit der richtigen Einordnung der Verkaufsförderung in das Instrumentarium aktiver Marktbearbeitung wird ein festes Koordinierungssystem notwendig..."

Dieser kurze Hinweis mag möglicherweise Typen verunsichern, die vermuten, alles was in diesem Buch geschildert wird, sei durch unser System verursacht. Leider entspricht es nicht der Wirklichkeit; was ich bedaure, aber nicht ändern kann.

Es gibt ein ganzes Rudel Gründe dafür, daß Verkaufsförderung immer mehr in Mode kommt. Das bedeutet wiederum nicht, daß die Methode, Verkauf durch Sperenzien und Spielereien anzukurbeln, so neu ist.

Verkaufsförderung gab es schon, als man Amphoren mit „Made in Rhodos" stempelte. Verkaufsförderung war es, als Aristoteles der Ungerechtigkeit auf den Grund ging, daß Menschen, „die es am ehesten verdienen, reich zu sein, es am allerwenigsten sind": „Besitz ist nicht möglich, wenn man sich nicht um die Mittel und Wege dazu kümmert."

Solche Kümmerer also sind Verkaufsförderer. Es sind jene, die sich die Glücksspiele und Lotterien ausdenken, von denen wir im Augenblick wie von einer Epidemie heimgesucht werden. Das grassiert wie eine biblische Heuschreckenplage. (Im Englischen wird indessen manchmal unterschieden zwischen game promotion und sales promotion.)

Diese Sorte Verkaufsförderer scheint seit einigen Monaten Hochkonjunktur zu haben, auf dem Gebiet der Lotterien und Preisausschreiben gibt es eine Renaissance, nachdem es bei uns jahrzehntelang um dieses Spezialvergnügen unserer Altvorderen sehr ruhig gewesen war.

Wenn ich es richtig sehe, dann haben uns die großen Mineralölfirmen im Sommer 1968 diesen Unfug wieder eingebrockt. Auf alle Fälle in diesem Umfang. Kleinere Firmen können sich diesen Aufwand kaum erlauben. Aber es kann die Absicht von Shell, Aral, BP oder Esso gewesen sein, die Freien Tankstellen in die Schranken zu weisen.

Wohl versuchen kleinere Firmen mitzuhalten, manche fühlen sich wegen der Großen dazu gezwungen. Aber sie können keine auch nur annähernd so verlockende Preise aussetzen wie die Großen. So startete die Tunis-Wein-Import GmbH eine Losaktion und versprach als Hauptgewinn eine Reise für zwei Personen in das Land der Sommerweine.

Die Lebensmittel-Filialgruppe Vivo-IFA-Vege setzte im Sommer 1970 bei einem Spiel Gewinne von insgesamt 4,5 Millionen Mark aus.

Die Mineralölfirma Gulf versprach den drei Hauptgewinnern je einen Porsche-Targa zu rund DM 25.000,– das Stück.

Das System dieser Spiele war prinzipiell einheitlich. „Die Tankstellen geben zwei Sorten von Gewinnkarten aus. Also etwa die Sorte A und die Sorte B; auf jeder Karte steht ein bestimmter Geldbetrag, den nur der gewinnt, der sowohl die Karte A als auch die auf den gleichen Betrag lautende Karte B vorweisen kann." Der Trick war simpel: Von der einen Sorte waren wesentlich weniger Karten im Umlauf als von der anderen.

Eine psychologisch lustige Variante versuchte die Berliner Einzelhandelskette Bolle. (Übrigens im Besitz der Neusser Industriesippe Wehrhahn, die sich im Jahre 1970 in diesem Bereich erheblich ausdehnte, indem sie auf einen Schlag eine ganze Kette aufkaufte, nämlich Thams & Garfs in Hamburg.)

Bolle benutzte für diese Lotterie ihr Markenzeichen, eine Glocke in memoriam Bimmel-Bolle. Auch hier gab es jeweils die Karten A und B mit gleichen Beträgen. Aber diese Beträge waren in Glocken eingedruckt, von denen jeweils eine nach links, die andere nach rechts ausschlug. Gewinnen konnte jeder, der den gleichen Betrag sowohl auf einer nach links als auch auf einer nach rechts ausschlagenden Glocke hatte.

Um nun den Eindruck zu verschleiern, daß alle Glocken nach einer Seite deuteten, wurde es so gehandhabt, daß die Masse der 10-Mark-Lose die Glocke nach links hatte, bei den 20-Mark-Losen deuteten die meisten Glocken nach rechts (oder umgekehrt).

So erhielt der Kunde mehrere Male die gleichen Beträge, mehrere Male Glocken, die nach rechts oder nach links ausschlugen.

Nur waren Lose mit dem gleichen Betrag auf Glocken nach links und nach rechts selten wie Schnee im Juli.

Aber Bolle war beileibe nicht die einzige Einzelhandelskette mit solch miserablen Verkaufsförderungsmaßnahmen. Vivo, Vege und IFA hatten ihr „Millionen-Mark-Spiel", „Kaiser's Kaffeegeschäft" (Kapital zu 95% bei der Kaiser-Finanz GmbH in der Schweiz. Im Mai 1971 übernahm Tengelmann 75% des Aktienkapitals. Damit kontrolliert die neue Vereinigung rund 930 Supermärkte mit einem Umsatz von rund 2,2 Milliarden D-Mark jährlich.) lockt mit Gewinnen, „co op" veranstaltete ein entsprechendes „Blütenfest" (womit nicht die Geldscheine gemeint waren).

Durch die Initiative der Zentrale zur Bekämpfung des unlauteren Wettbewerbs in Frankfurt gelingt es immerhin, einige dieser Glücksspiele zu verbieten. So haben die Richter des Frankfurter Landgerichts der deutschen Tochter des amerikanischen Benzinkonzerns „Gulf" die bereits erwähnte Werbelotterie „Grand-Prix-Pistensaft" untersagt, weil die Richter, wohl kaum zu Unrecht, einen Verstoß gegen das „Gesetz gegen den unlauteren Wettbewerb" erblickten, „da sich die Gewinner von 20 Litern Benzin allzu leicht veranlaßt fühlen könnten, gleich den ganzen Tank ihres Wagens zu füllen".

Nach der Rechtsprechung des Oberlandesgerichts Düsseldorf fühlen sich die Gewinner in solchen Fällen moralisch verpflichtet, „aus Anstandsgründen über den Betrag hinaus, den der Gutschein repräsentiert, noch Ware einzukaufen".

Ebenfalls in Frankfurt wurde der hessischen Filialkette Schade & Füllgrabe (laut „Spiegel": 141 Geschäfte und genau wie Bolle und Georg Schätzlein OHG im Besitz des Clans Wehrhahn, Neuss) untersagt, weiter Lose an der Ladenkasse zu verteilen. Diese Firma hatte offenbar den Fehler gemacht, ihre Lose zum „Spiel ums Geld bei Schade" erst zu verteilen, wenn die Ladenkasse vom Kunden durchschritten wurde.

Das war nach Ansicht der Richter des Frankfurter Landgerichts „psychologischer Kaufzwang". Sie meinten, daß wohl niemand durch den Laden gehe, ohne etwas zu kaufen, um dann an der Kasse das Los in Empfang zu nehmen. Damit dürften sie recht haben.

Vor diesem Argument hat sich „Kaiser's Kaffeegeschäft" geschützt und verteilt die Lose gleich beim Eingang.

Doch die Hauptgewinne kassieren natürlich nicht die Kunden. Auch wenn nach Angaben von „Werben & Verkaufen" das „Millionen-Mark-Spiel" die zuständige Marketing-Gesellschaft rund 11 Millionen Mark gekostet hat, muß es sich offenbar lohnen. Wobei die Zeitschrift vermutet, daß die „Markenartikel-Industrie auch ihr Scherflein dazu beitragen dürfte" („Werben und Verkaufen" 36/70). „Der Spiegel" nannte sogar genaue Zahlen: „Kosten für jeden in dem Werbespektakel erwähnten Artikel einer Firma: 150.000 Mark. Kommentar eines Wermutproduzenten: ‚Wer bei Verkaufsförderungsaktionen nicht mitmacht, fliegt aus dem Regal.'"

Mit diesem Hinweis kann auch die AGV beruhigt werden, die

sich besorgt zeigte und bezweifelte, „daß sich der Appell an den Spielbetrieb der Verbraucher letztlich für die Veranstalter selbst lohnt“. Für die Veranstalter lohnt es sich bestimmt. Ganz anders zu bewerten ist die gleichfalls geäußerte Befürchtung, daß sich diese sogenannten Gewinnspiele für das Heer der Verbraucher eher als Verlustspiele erweisen, denn: „Bevor sich die Verbraucher vom grassierenden Glücksspielfieber packen lassen, sollten sie sich nüchtern vor Augen führen, daß ihnen durch die Gewinnspiele nichts geschenkt wird, sondern daß sie die zumeist mehrere Millionen Mark kostenden Spiele über die Preise finanzieren müssen.“

Wie sonst.

Verkaufsförderer sind auch jene, die nicht die Käufer zum Kaufen, sondern zunächst einmal die Verkäufer zum Einkaufen bringen wollen. Kaum ein neues Produkt dürfte noch ohne entsprechende Wettbewerbe auf den Markt gelangen. Da gibt es die simple Verlosung schlichter „Großwildjagd-Reisen“ in den afrikanischen Dschungel, aber auch – im Kampf zwischen Rauhfaser-Tapetenherstellern und Herstellern bedruckter Tapeten – sowas wie die Aufforderung zur „1. Deutschen Tapeziermeisterschaft“. Meistertitel, Pokal, Medaillen, Anstecknadeln in Gold, Silber und Bronze, aber auch Geldpreise von 10.000, 5000 und 2000 DM waren für die besten Tapezierer bereitgestellt worden. Auch kleinere Gewinne. So gab es für den Vierten bis Zehnten jeweils 500 Mark und eine „wertvolle Ehrenschale mit Widmung“. Darüber hinaus stellte der Veranstalter noch drei Förderprämien „in Höhe von 1000 Mark zur Ausbildung des Maler- und Anstreichernachwuchses zur Verfügung“.

Und dieser Veranstalter war nicht etwa eine Innung oder die Gemeinschaft der Rauhfasertapetenhersteller, sondern ein einziger Hersteller von Rauhfasertapeten, nach „Werben und Verkaufen“ sogar „Europas größter Rauhfaserhersteller mit einem Jahresumsatz von 50 Millionen Mark“, nämlich die Firma Erfurt & Sohn aus Wuppertal-Bayenburg.

Das hinderte die Innungen natürlich nicht, an dieser Aktion teilzunehmen. Im April 1970 begannen die ersten Vor- und Zwischenrunden. „In den deutschen Handwerkerstuben hub ein Schneiden und Kleben nach der Stoppuhr an, daß so mancher Handwerkermeister wieder an den Spruch vom ‚Goldenen Boden‘ glauben möchte“, hieß es in „Werben und Verkaufen“.

Fünfzehn Landesinnungsverbände meldeten jedenfalls ihre „schnellsten Drei“ für das Finale, für die Endausscheidung am 28. 11. in der Essener Grugahalle, zu der man Peggy March engagiert hatte, das Tanzorchester Willy Berking, Wolfgang Sauer und Camillo Felgen als Moderator.

Aber auch das Deutsche Fernsehen ließ sich nicht lumpen und unterstützte diese Werbe- und Verkaufsförderungsaktion der Wuppertaler Firma. Sogar in der Tagesschau wurde darüber berichtet. Da der Reinerlös der Aktion Sorgenkind zur Verfügung gestellt wurde, verbreitete auch das ZDF das Programm. Die „Bildzeitung“ übertitelte einen großen Bericht plus Interview mit dem Meistermaler „Keiner klebt so schnell wie Rudi ...“

Das Kassieren dauert zweifellos länger, hält aber auch gesund.

Das alles sind eher ungewöhnliche, originelle Maßnahmen. Allgemein üblich sind Preisausschreiben für Händler, von denen eines hier als Beispiel für viele etwas ausführlicher beschrieben werden soll: ein Handelspreisausschreiben der Sektkellerei Carstens KG., Neustadt, aus dem Jahre 1970.

Viel brauchten die Händler da nicht zu machen, auch wenn Carstens, um den Verkauf des Sekts „SC“ zu fördern, vier Seiten Anzeigen zu diesem Ausschreiben benötigte.

„Gewinnen Sie mit dem SC-Glückswürfel im großen SC-Handelspreisausschreiben 1970 einen Sechszylinder-Mercedes-Benz 230.“

Soweit die erste Seite, dazu noch ein Bild des „Glückswürfels“. Auf der zweiten dann weiter: „... genauer gesagt, diese Mercedes-Benz-Limousine 230 mit reicher Sonderausstattung.“ Es folgt das Bild des Wagens und eine Beschreibung der Sonderausstattung. Aber es gab auch zweite und weitere ansehnliche Preise, vom 32. bis zum 431. Preis jeweils einen Karton Carstens SC Rosé.

„Machen Sie mit! Es ist ganz einfach!“ wurde dann auf Seite 3 der Anzeige versprochen. Und es war eben auch einfach.

In der Abteilung 1:

„Sie fordern bei uns den SC-Glückswürfel an: vorgedruckte Postkarte ausschneiden, mit Firmenstempel versehen, Händlersparte ankreuzen – und ab mit der Post.“

2: „Wir senden Ihnen prompt den SC-Glückswürfel. Ihre Anforderungskarte wandert in die große Lostrommel.“

3: „Sie hängen den SC-Glückswürfel in Ihrem Geschäft gut sichtbar auf."
4: „Jetzt losen wir unter notarieller Aufsicht alle 431 Gewinne aus. Wenn Sie dabei sind, haben Sie fast gewonnen. Denn: ein Beauftragter unseres Hauses prüft jetzt, ob der SC-Glückswürfel noch gut sichtbar in Ihrem Geschäft hängt. Wenn ja, haben Sie erst endgültig gewonnen."

Die Abteilungen 5 und 6 können wir uns schenken. Die Masche ist klar. Der Glückswürfel ist natürlich mehrere Male abgebildet, genauer beschrieben ist er nicht. Es steht auf diesem Würfel in Rot, Grün und Gold auch nicht viel drauf: SC natürlich und „pure Sektfrische".

Die Methode dieser Preisausschreiben und Wettbewerbe variiert selten. Noch seltener wird der Versuch gemacht, seinen Zweck zu verschleiern. (Wozu auch? Man ist ja unter seinesgleichen.) Wenn es jedoch um die Gewinne geht, wird die Phantasie überstrapaziert.

Um etwa Hulstkamp, den Klaren, möglichst schnell und zahlreich in den Regalen der Läden zu sehen, hat der Hersteller (Rundes Markenvertrieb GmbH, eine Eckes-Tochter) in den Fachzeitungen Anfang 1971 einen Wettbewerb ausgeschrieben, bei dem die Händler ein ganzes fünfköpfiges Werbeteam der Firma Wilkens, Frankfurt, gewinnen können.

Da Menschenhandel in unseren Breiten von den Behörden nicht gern gesehen wird, gehen diese fünf Werbeexperten natürlich nicht in den Besitz des Händlers über. Aber er kriegt sie mehr oder weniger lange geliehen, kann maßgeschneiderte Aktionen erhalten, mit Hostessen und anderem Pipapo oder auch Standortanalysen. Der Gewinner des 1. Preises kann dieses Team für „zwölf Aktionszeiträume" benutzen, der des 2. für sechs, der des 3. für drei, der des 4. für einen.

Vom Händler wird etwas mehr verlangt als bei der SC-Sekt-Aktion, aber soviel mehr auch wieder nicht. Der Händler, der sich beteiligen will, kann beim Veranstalter Instamatic-Kamera, Blitzlicht, Batterien und Film anfordern. Dann braucht er nur noch zu photographieren. Was er photographieren soll, braucht dem geübten Leser eigentlich gar nicht mehr gesagt zu werden: entweder ein auf Hulstkamp dekoriertes Schaufenster oder eine angemessene Sonderplazierung im Laden.

Immerhin erhält der willige Händler, auch wenn er nicht gewinnt, sehr brauchbares Dekorationsmaterial.

Da nicht anzunehmen ist, daß die Kameras so programmiert sind, daß man mit ihnen nur Hulstkamp-Dekorationen photographieren kann, sondern auch Tante Emma nebst Familie, hat der Händler in jedem Fall eine brauchbare Photoausrüstung. Denn „nach der Camera wird ihn niemand mehr fragen", vermutet „Werben und Verkaufen".

An dem Erfolg der Aktion zweifelt niemand, Kameras mußten vom Veranstalter bereits nachgeordnet werden; der erste Posten war bald vergriffen.

Doch es gibt noch eine andere Kategorie Verkaufsförderer. Dazu gehören solche, die weder Käufer noch Händler anspornen, sondern Verkäufer dazu bringen sollen, mehr zu verkaufen.

Wohl soll es noch Verkäuferbosse geben, die am Montag einen blauen Hunderter an die Bürotür pinnen und ihn jenem Verkäufer versprechen, der am Samstag die meisten Aufträge bringt. Doch scheint diese Methode veraltet. Selbst das Ausschreiben eines Nerzmantels ist nicht mehr so beliebt, auch wenn der Ehefrau des Verkäufers eine entsprechende Information zugeht.

Es gibt Unternehmen, die sich mit nichts anderem befassen. So hat sich besondere Verdienste um moderne Verkaufsförderung etwa die Firma E. F. MacDonald, Verkaufsförderung GmbH, erworben. Bereits vor Jahren etablierte sie sich in der Bundesrepublik und spezialisierte sich nach eigenen Angaben auf „sorgfältig geplante Verkaufswettbewerbe mit Warenpreisen".

Die Methode MacDonalds ist simpel und raffiniert zugleich. Bei möglichen Kunden wirbt sie etwa mit folgendem Hinweis: „Im Gegensatz zu Geldprämien erwecken Warenpreise auch das Interesse der Familie des Verkäufers, sie haben bleibenden Wert, schaffen viel Freude und sind die sichtbare Anerkennung für erbrachte Leistung."

Oder in einer mehr für den internen Gebrauch gedachten Schrift: „Bei der Überlegung, ob man als Ansporn zu Mehrleistungen Bargeldprämien oder Warenpreise anbieten soll, gehen wir zunächst von folgendem Gedanken aus:

Was soll erreicht werden?

Was sind die Ziele des Verkaufswettbewerbs?

Welcher Bewertungsart – Bargeld oder Waren – ist unter dieser Voraussetzung der Vorzug zu geben?"

Und MacDonald beantwortet die Fragen selbst:

„Es handelt sich ja nicht darum, den Verkäufern ein *zusätzliches Einkommen* zu ermöglichen, sondern es handelt sich darum, sie anzuspornen, größere Leistungen zu erbringen!"

Und wie spornt man die Jungens nun an? MacDonalds System basiert auf einem Warenkatalog. „Kataloge mit einem Warenangebot jeglicher Art werden für viele Zwecke angeboten. Der MacDonald-Katalog jedoch dient ausschließlich dem Zweck, Verkäufer und Mitarbeiter zu größeren Leistungen anzuspornen. Darauf basiert auch die Zusammenstellung des Warensortiments."

Wer den Katalog einmal gesehen hat, wird diese Angaben nicht anzweifeln. Der deutsche Katalog von 1971 enthält rund 1500 Artikel – MacDonald ist in vielen Ländern vertreten und hat unterschiedliche Kataloge. Aber was ist das für ein Katalog! Ich weiß nicht, ob Tiffany einen Katalog hat, aber wenn, würde er vermutlich jenem ähneln. Luxusartikel auf dickem Kunstdruckpapier im Format 30 × 30 cm. Mit einem üblichen Warenhaus- oder Versandhauskatalog ist er jedenfalls nicht zu vergleichen. Er ist wesentlich schicker und attraktiver.

Auch die angebotenen Produkte sind entsprechend ausgewählt: Brillantringe, Kolliers, Schreibmaschinen, WMF-Leuchter, Zinnleuchter, italienische Mofas, Gewehre, Angelausrüstungen, Tennisausrüstungen, Schlauchboote, Hauszelte, Photoapparate, Filmkameras, Handschrankkoffer, Teppiche, Ledersessel, Trockenhauben, Elektrorasierer, Höhensonnen, Elektrozahnbürsten, Bett- und Badewäsche, Porzellangeschirr, 60teilige Besteckgarnituren, Grills, Mixer, Wasch-, Bügel- und Nähmaschinen, Staubsauger, Fernseher (darunter sogar der gerade auf den Markt gekommene kleinste Fernseher der Welt mit 4-cm-Bildröhre), Radios, Tonbandgeräte, Plattenspieler, Kinderspielzeug usw. usw. Alles bekannte Markenfabrikate, und – was eben entscheidend ist – alles ist ohne Geld zu erwerben. Es stehen überhaupt keine Preise im Katalog. Aber es stehen Punkte da.

Jeder Artikel kann erworben werden, wenn der Verkäufer eine bestimmte Punkteanzahl erreicht.

Selbstverständlich ist MacDonald vorbereitet, Verkäuferleistung und Punktezahl gemeinsam mit der veranstaltenden Firma festzulegen. Auf dem Katalogumschlag wird nicht der

Name MacDonald stehen, sondern der Name der betreffenden Firma.

MacDonald tritt nach außen kaum in Erscheinung, auch wenn MacDonald die Kataloge verschickt, „an die Privatanschrift des Wettbewerbteilnehmers", versteht sich, denn die meisten Artikel sind einfühlsam den Wünschen der Ehefrauen angepaßt.

Den Luxus der ausgesuchten Artikel begründet MacDonald so: „Warenpreise..., in einem attraktiven Katalog angeboten, der an die Privatanschrift des Wettbewerbteilnehmers gesandt wird, lösen Wünsche aus, die im allgemeinen *über dem* liegen, was der Teilnehmer zunächst als realisierbar ansieht..." MacDonald hat richtig erkannt: „Daraus ergibt sich: Der Teilnehmer am Wettbewerb steckt sich ein höheres Ziel. Während Bargeld meist sofort ausgegeben und zum Beispiel für fällige Rechnungen verwandt wird, sind Warenpreise eine *sichtbare* und *bleibende Anerkennung* und somit wirkungsvoller als Bargeld.

Bargeld können Sie nicht schmackhaft machen. Sie können keinen *Katalog mit 50-Mark-Scheinen* an die Verkäufer und ihre Familien verteilen... Sie verlieren den bemerkenswerten Vorteil des Familieneinflusses, weil Bargeld wahrscheinlich nie nach Hause kommt!

Bargeld hat *keinen bleibenden Wert...*

Prämiengewinner erinnern sich aber gern an Warenpreise, die sie erarbeitet haben, und an den Anlaß, der es ihnen ermöglichte, sich und ihrer Familie damit eine große Freude zu machen."

Aus diesen Gründen warnt die Verkaufsförderungs GmbH davor, die Verkäufer zu fragen, ob sie lieber Waren oder Geld haben möchten. „Wenn wir... fragen, welcher Art von Belohnung sie den Vorzug geben würden, so wird der überwiegende Teil *Bargeld* bevorzugen. Dies führt wiederum zu der anfangs aufgestellten These, daß es sich *nicht darum handelt*, dem Teilnehmer am Wettbewerb ein *zusätzliches Einkommen* zu verschaffen."

Offenbar erscheinen die Preise im Warenkatalog manchen Interessierten zu hoch – das heißt natürlich, die umgerechneten Preise, jeder denkt, mit Bargeld könne man sich manche dieser „Dinge durch Beziehungen billiger beschaffen". Aber auch da kontert MacDonald mit dem aufschlußreichen Argument: „Dieser Einwand liegt nahe, kommt jedoch *in der Praxis nicht zum Zuge.* Für das Bargeld wird sich in den meisten Fällen der Gewinner eben *nicht* diese Dinge billiger kaufen, sondern das Bargeld verschwindet nach dem Motto: ‚Wie gewonnen – so zerronnen!'"

Vielleicht muß noch darauf hingewiesen werden, daß es sich bei MacDonald nicht um irgendeine obskure Hintertreppenfirma handelt, sondern um ein sehr angesehenes Unternehmen: Zentrale in Dayton, Ohio, seit 1922 auf dieses Geschäft spezialisiert, mit Niederlassungen in Belgien, Dänemark, England, Finnland, Frankreich, Holland, Italien, Norwegen, Schweden, Kanada, Mexiko und Australien.

In MacDonalds Kundenliste stehen die Namen bekannter Firmen, darunter Bertelsmann, Birkel, BP, Braun AG, die drei Großbanken Commerz, Deutsche und Dresdner, Esso, Ford, Gerling-Konzern, Henkel-Gruppe, Jacobs-Kaffee, Klöckner-Humbolt-Deutz, Kraft GmbH, Martini, Max Factor, Opel, Osram, Remington, Revlon, Scharlachberg, Deutsche Shell, Siemens, Telefunken, Trüller, Varta und VW.

Eine respektable Liste. Wir können nur gratulieren.

Variationen mit Gummibäumen

Obwohl ich mich nur auf das beschränkt habe, was für den Käufer an der Oberfläche des alltäglichen Einkaufs wichtig sein kann, habe ich viele Vorgänge, die ihn dabei beeinflussen, nicht einmal registrieren können – geschweige denn mich darüber auslassen können, welche Bedeutung dem Kaufen als ökonomischer, sozialer, psychologischer oder politischer Handlung zukommt, mit allen daraus abzuleitenden Konsequenzen für den Konsumenten-Alltag.

Es fehlt bereits das abendfüllende Thema Preise. Mit welcher Geschicklichkeit unsere Verkäufer hier vorgehen, mag durch ein Bagatellbeispiel angedeutet werden:

Als seinerzeit der Markenweinbrand Chantré eingeführt werden sollte, kosteten die bekannten Konkurrenzprodukte fast ausnahmslos um die 15 Mark. Chantré wollte in diesen Markt hinein und glaubte, es am besten über den Preis zu schaffen. Man wollte also einen Markenweinbrand anbieten, aber zu einem wesentlich niedrigeren Preis, nämlich noch unter 10 Mark.

Dann trat die neue Marke auf. Aber der Preis war fast nirgendwo in der Werbung besonders herausgestellt. Statt dessen lief die Kampagne unter dem Schlagwort: „Die weiche Welle“. Die Werbung wurde abgestimmt auf die Qualität des neuen Weinbrands. Obendrein hatte man noch einen französisch klingenden Namen.

Dem Käufer wurde somit Gelegenheit gegeben, sich einzureden, er kaufe den Weinbrand wegen seiner Qualität und nicht weil er wesentlich billiger war als die Konkurrenz. Da man damit rechnete, daß der Käufer diese Preisdifferenz ohnehin bemerken würde, konnte darauf verzichtet werden, ihn als Verkaufsargument auszunutzen.

Heute hat Chantré seinen Platz auf dem Markt gesichert und liegt im Preis zwischen anderen Marken. In seinem Buch „Verkaufsaktive Preispolitik“ folgert Scheele aus dem Beispiel Chantré: „In Zeiten aufwärtsgerichteter konjunktureller Trends hat meist derjenige den Vorteil, der mutig mit den Preisen nach oben geht, wenn er zugleich eine kleine Produktänderung mitliefert.“

Selbst für das gleiche Produkt wird mancher Verkäufer versuchen, unterschiedliche Preise zu erzielen, Scheele macht diese Methode an einem einfachen Beispiel klar: an einem Blumenhändler, der eine Partie Gummibäume zu verkaufen hat. Scheele geht davon aus, daß dieser Mann einen Gewinn von 200 Mark erzielt, wenn er hundert Gummibäume zu je 10 Mark verkauft.

Nun kann aber der Blumenhändler vermuten, daß einige Kunden, aus welchen Gründen auch immer, sogar 13 Mark für einen Gummibaum anlegen würden. Wenn der Händler nun an 30 Kunden den Gummibaum für 13 Mark verkauft und an die anderen 70 für 10, hat er bereits einen um fast die Hälfte höheren Gewinn; er erzielt 290 Mark.

Eine Nummer feiner wird dieses Verfahren, wenn der Blumenhändler annehmen darf, mehr Gummibäume verkaufen zu können, wenn er auch welche zu 9 Mark anbietet.

Scheele kommentiert diese Situation so: „Das ganze Kunststück liegt nun darin, über den niedrigeren Preis nicht nur neue Verbraucher zu erschließen, was sehr einfach wäre, sondern zu vermeiden, daß nun auch die einen höheren Preis akzeptierenden Kunden zu diesem günstigen Preis kaufen würden.“

Es kommt also auch hier, wie in vielen Fällen, darauf an, uns Käufer in Gruppen zu trennen. Wir dürfen einander nur nicht begegnen. Wir dürfen eigentlich voneinander gar nichts wissen. An diesem einfachen Beispiel, in Variationen oft erprobt, können wir erkennen, daß viele Verkäufer gar kein Interesse an einer allseits geforderten Markttransparenz haben können. Im Gegenteil: wo sie besteht, werden sie versuchen, Nebelbomben zu werfen.

Als das Bundeskartellamt im Februar 1971 zum zweiten

Male Preise aus dem statistischen Warenkorb untersuchte, stellten die Untersucher unter anderem fest, daß vom selben Verkäufer für die gleichen Produkte bereits unterschiedliche Preise gefordert wurden – weil diese Verkäufer Filialen in unterschiedlich strukturierten Wohngegenden unterhalten.

In den Bereich Preise gehören selbstverständlich die Vorschriften über Preisauszeichnungen, die nicht eingehalten, oft nicht einmal beanstandet werden. (Erdbeeren noch körbchenweise, Konserven nach Portionen und nicht nach Gewicht.) Verkäufer von Schmuck oder Pelzen begründen etwa ihren Kampf gegen die Pflicht zur Preisauszeichnung damit, daß sie dadurch zu Schaufenstereinbrüchen animieren würden.

Noch weit angreifbarer scheint mir die haarsträubende Methode der „empfohlenen Preise" zu sein. Hier haben die Verkäufer ein Schlupfloch entdeckt, in das sie sich vorm Bundeskartellamt verkriechen können – aber in vielen Fällen dem Käufer mehr schaden als durch die alte Preisbindung. Bei diesem Verfahren werden nämlich häufig astronomische Preise erzielt. Der Hersteller empfiehlt oft einen „Mondpreis". Der Händler kann sich nun hinstellen, diesen Preis auffällig unterbieten. Vor dem Käuferpublikum spielt er den billigen Jakob, nimmt aber meistens die übliche Gewinnspanne.

Durch eine Variation des Gummibaumbeispiels wird den Verkäufern ein Instrument in die Hand geben, auf dem sie virtuos zu spielen verstehen und uns kaum kontrollierbar das Fell über die Ohren ziehen. Hier tummeln sich vor allem die Hersteller von Markenartikeln mit sogenannten Handels- und Eigenmarken.

Zunächst begegnen wir der bizarr wirkenden Tatsache, daß Markenartikler mit gebundenen Preisen ihre eigenen Preise unterbieten, dem Bundeskartellamt also theoretisch die Möglichkeit bieten, die Preisbindung aufzuheben. Nur fällt es meistens sehr schwer, den Herstellern und Händlern diese Praktik nachzuweisen. Tatsächlich weiß wohl niemand auch nur annähernd, wie viele Markenartikel einfach ein anderes Etikett bekommen, bestenfalls noch eine andere Verpackung und dann, meistens über Handelsketten oder Kaufhauskonzerne, wesentlich billiger verkauft werden.

Das geschieht vermutlich bei Tausenden von Artikeln, ohne daß es gelänge, den Herstellern diese Praktiken nachzuweisen. Es geschieht natürlich ebenfalls bei Artikeln, die nicht preisgebunden sind. Es geschieht bei Strümpfen, Papiertaschentüchern bis hin zu teuren Haushaltsgeräten.

Den meisten Handelsunternehmen, die eigene Marken führen, sind, wie es in einem „Spiegel"-Bericht hieß, „eigene Produktionsstätten zu risikoreich". Vielleicht ist das der Grund. Aber sie haben es ja auch gar nicht nötig, eigene Produktionsstätten zu unterhalten, weil bekannte Markenhersteller ihre Produkte auch billiger zu liefern imstande sind. Der „Spiegel" nannte einige Beispiele, um diese Situation zu konkretisieren. So hieß es unter anderem, „daß der Schokoladenfabrikant Hans Imhoff über 60% seiner Produkte an 30 Handelsunternehmen liefert. So steht Imhoffs Schokolade... beispielsweise in den ‚Spar'-Regalen als ‚Mercedes', bei Edeka als ‚Hildebrand'." Aber auch andere Schokoladenhersteller mit sehr bekannten Namen nutzen diese Methode.

Bereits vor einigen Jahren stand immer wieder in den Zeitungen, daß große Mineralölgesellschaften das Benzin, das sie in ihren eigenen Tankstellen nicht absetzen konnten, an die Freien Tankstellen lieferten, wo es dann markenlos, aber billiger getankt werden konnte.

Wie der „Spiegel" schrieb, stammt auch der Edeka-Sekt „Schloß Königstein" „aus den Tanks der Oetker-Kellerei ‚Söhnlein', und der ‚Spar'-Champagner ‚Florett' wird bei der Henkell-Tochter ‚Mattiacus-Markenvertrieb' abgefüllt.

Die ‚Deutsche Extrakt Kaffee GmbH', die für zahlreiche Handelsunternehmen Pulverkaffee sprüht, ist eine gemeinsame Gründung führender Markenröster wie Tschibo und Eduscho. Auch die Mainzer Blendax-Werke sind sich nicht zu schade, über eine Tochterfirma Zahncreme für Aldi mit neutralen Emblemen zu liefern."

Das gleiche gilt für Spirituosen und für zahlreiche andere Artikel, die hier nicht alle angeführt werden können.

Ebenfalls schwer nachzuweisen ist die Herkunft so mancher teuren Haushaltsgeräte wie Kühlschränke, Geschirrspülmaschinen und dergleichen. Auch hier spielen viele Hersteller dem arglosen Käufer Scheinkonkurrenz vor.

Aus mehreren Untersuchungen der Stiftung Warentest ergab

sich bei vielen Produkten mit unterschiedlichen Namen – bekannten Namen, wohlgemerkt –, oft unterschiedlichen Preisangaben und manchmal sogar unterschiedlichen Produktbeschreibungen Baugleichheit oder ziemliche Bauähnlichkeit. Woraus man sicherlich nicht grundlos schließen darf, daß sie aus demselben Fabriktor gerollt sind.

Bei Geschirrspülern stellte etwa die Stiftung Warentest im Dezember 1970 fest: Die beiden einzigen getesteten Tischgeräte Siemens WG 2200 und Bosch exquisit GV 51 T sind „weitgehend baugleich".

Bei den Standgeräten wurden als baugleich angegeben: Cordes 710 mit Philips HN 3814 und Zanker GA S-T. Als baugleich entpuppten sich die Geschirrspüler Küppersbusch Stewardeß G 11, Linde HS 1000 S und AEG Favorit S.

Ebenfalls baugleich: Bosch exquisit GV 121 E, Constructa GS 120 Bio und Philips HN 3815 bio. Allerdings sind Preisunterschiede hier gering oder gar nicht vorhanden. Ebenso weiß mancher, daß einige der genannten Firmen schon lange zusammengehören und sich die Produktion etwa in trocken und feucht aufgeteilt haben. Aber die Frage bleibt, ob auch die Käufer wissen, daß verschiedene Markennamen für das gleiche Produkt gelten.

Ein ganz anderes Preisergebnis erhält man übrigens, wenn man einen „DM"-Test vom September 1970 zu Rate zieht. Dort wird die AEG Favorit SL als baugleich mit der Neff 5028 bezeichnet, mit der Juno Junomat SL und mit der BBC Rondotella und mit der Küppersbusch Stewardeß G 31. Fünf Maschinen mit fünf verschiedenen Namen, mit Preisen, die laut „DM" von DM 1148,– für die AEG bis zu DM 1450,– für die Küppersbusch reichen. Zur Gruppe der beim Test als baugleich bezeichneten Geräte gehört übrigens auch noch die Maschine Siemens Lady L WG 5020.

Die Liste wäre zu lang. Die Methode ist aber hoffentlich deutlich, und sie beschränkt sich nicht auf Geschirrspüler. Es gibt baugleiche Elektroherde unter den Markennamen Bosch und Siemens, aber auch unter Juno, Oranier und Senking. Es gibt Kühlschränke zu unterschiedlichen Preisen, die, wie die Stiftung Warentest es zurückhaltend nennt, „technisch vergleichbar" sind, etwa AEG Santo 160 N mit BBC KT 1600, mit Küppersbusch TS 160 und Linde LKS 1600 A. Selbst

Kochendwassergeräte sind unter Namen wie Junkers, Juno und Siemens baugleich auf dem Markt.

Den Tests ist außerdem zu entnehmen, daß Markengeräte auch in den Katalogen der Versandhäuser wieder auftauchen, wenn auch nicht immer unter ihrem Geburtsnamen. Meistens sind sie dort billiger, aber nicht so häufig, wie sich das manche Kunden denken. Es gibt sogar Fälle, in denen Versandhäuser – allerdings bei nicht so auffälligen Artikeln – weit über den „empfohlenen" Preis der Hersteller hinausgehen.

Das Thema Verpackung ist nicht behandelt worden.

Aus einem Hearing zu einem amerikanischen Gesetz, das etwa unserem neuen Maß- und Eichgesetz vergleichbar ist – dem Käufer also mehr „Wahrheit in der Verpackung" garantieren soll –, zitiert Margolius eine Stelle aus einem Dialog zwischen Senator Hart, Michigan, und Henry Purcell, Verkaufsmanager von Procter & Gamble.

Senator Hart hielt Purcell vor, daß es für eine Hausfrau sehr schwer sei, bei einem Paket Waschmittel mit einem Gewicht von 12¾ Unzen zu einem Preis von 35 Cent nun den Preis von einer Unze zu errechnen, um dieses Waschmittel mit einem anderen Waschmittel preislich zu vergleichen. Wie soll die Hausfrau das ausrechnen, wollte Senator Hart wissen.

Purcell erklärte: „Das kann sie ausrechnen."

Hart fragte Purcell nach dem Preis pro Unze:

Purcell: „Ich habe jetzt keine Kostentabelle bei mir."

Hart: „Das hat sie auch nicht."

Purcell: „Wenn sie es wirklich wissen will, ist sie entweder klug genug, sich das im Kopf auszurechnen, sonst muß sie eben einen Bleistift nehmen."

Ein Leser der Zeitschrift „Test", Dr. Georg Bracke aus Hemmingen-Westerfeld, hat kürzlich offenbar Bleistift und Papier benutzt. Denn von ihm wurde folgende Zuschrift veröffentlicht:

„Ein von mir verbrauchter Klebstift zeigt folgende Maße: Gesamtlänge mit Kappe 79,25 mm, Gesamtlänge ohne Kappe 75,65 mm, Länge des Hauptmechanismus 41,00 mm, gesamte Klebstiftlänge 42 mm, verwertbare Klebstiftlänge 35,35 mm,

davon in der Hülse (also unverwertbar) 6,35 mm,

Querschnitt des Klebstiftes – großzügig gerechnet – 10 mm, gelieferte Klebstoffmenge also 4,1 ccm;

verwertbare Klebstoffmenge 3,55 ccm. Bei Zugrundelegung eines Preises von DM 1,30 für den Stift kostet demnach 1 ccm verwertbaren Klebstoffes rund DM 0,317. Das entspricht einem Liter-Preis von DM 317,–!“

Zwei Variationen zum Thema „Mogelpackung“. Bei diesem Stichwort beginnt stets die landläufige Kritik. Doppelte Böden, Hohlräume, halbleere Kartons, unkontrollierbare Spraydosen, Lippenstifte, bei denen man (entsprechend dem Klebstift) eine ganze Menge nicht benutzen kann. Das alles wird erörtert und angebellt.

Manchmal auch die unpraktischen Verpackungen. Schuhcremedosen, bei denen man sich die Finger zuerst einschmiert, Lackdosen, bei denen man Messer abbricht, wenn man sie öffnen will, Flaschen und Packungen, die man nicht wieder schließen kann, die aber geschlossen werden müßten. Ölsardinendosen, denen eigentlich eine Packung Hansaplast beigelegt werden sollte. Darauf scheint sich die Kritik zu konzentrieren. In letzter Zeit kommt das Problem der Einweg-Verpackung hinzu, insbesondere der Flaschen, der vielen Kunststoffverpackungen, die unser Müllproblem nicht besonders erleichtern.

Alles wichtig, aber abgesehen vom zuletzt erwähnten Punkt, habe ich manchmal das Gefühl, als täten wir der Industrie einen Gefallen, wenn wir uns nur auf diese Mängel konzentrieren, wenn wir uns immer wieder hieran festbeißen. Natürlich wird mit Verpackung gemogelt. Und nicht nur durch das Vortäuschen von – nicht vorhandener – Menge, ebenso durch das Vortäuschen von nicht vorhandener Qualität, etwa durch die bereits erwähnten Konservenphotos, die sicher nicht den Inhalt als Modell hatten.

Es ist ebenfalls richtig, daß der Weg bis zur Verabschiedung des neuen Maß- und Eichgesetzes nicht leicht war. Viele Verkäufergruppen konnten sich überhaupt nicht mit dem Gedanken abfinden, daß man von ihnen etwas mehr Aufrichtigkeit und Markttransparenz forderte. Da wurden erbitterte Kämpfe ausgefochten.

Doch abgesehen von diesen Plänkeleien – mir scheint, daß sich die Aufmerksamkeit der Verkäufer im Zusammenhang mit Verpackung auf etwas ganz anderes konzentriert. Da nämlich die Verpackung zu einem der wichtigsten Bestandteile des absatzwirtschaftlichen Instrumentariums geworden ist, bemühen sich die Verkäufer, im Bestreben, den Konsum zu vermehren eben mit allen Mitteln, gerade hier nichts falsch zu machen. Die simple Methode, mit Verpackung zu mogeln, unterscheidet sich von der modernen, durch psychologische Verpackungsausstattung mehr zu verkaufen, wie der Kinderrechenstab von einem Computer der dritten Generation.

Tatsächlich fällt es heute bereits schwer, auch nur alle Faktoren aufzuzählen, die bei der Komposition einer Verpackung berücksichtigt werden müssen. Die Verkäufer haben gemerkt, daß sie mit emotionaler Ansprache mehr umsetzen, als wenn sie rational informieren. Also sind wir hier wiederum unkontrollierbaren Einflüssen ausgesetzt. Natürlich hat der Verkäufer gerade deshalb mehr Schwierigkeiten. Aber er strengt sich an. Er muß sich überlegen, welche direkten und indirekten Informationen von der Verpackung ausgehen sollen, die entweder mit unseren Bedürfnissen korrespondieren oder sie aktivieren oder gar erst schaffen sollen. Dann muß er berücksichtigen, wo diese Informationen überall wirken sollen, im Regal, aber auch in der Zeitungsanzeige und im Fernsehspot.

Selbstverständlich wird der gewiefte Verkäufer auch bei der Verpackung versuchen, die Zielgruppe genau zu definieren. Er wird deshalb für eine Hausfrau, die sich für preisbewußt und kritisch hält, eine andere Verpackung wählen als für eine alleinstehende Sekretärin, die gar keine Zeit hat, preisbewußt zu kaufen. Vielleicht macht die Wahl der richtigen Verpackung den Herren Verkaufsförderern, Produktmanagern und Werbeleitern (um nur die Spezialisten zu nennen) mehr Kopfschmerzen als alles andere.

Wahrnehmung muß untersucht werden, Motivation, Funktion. Das alles muß wieder zum Produkt und zur Werbung passen. Obendrein ändern sich im Lauf der Zeit viele Details. Was heute richtig ist, kann morgen schon falsch sein. Wir brauchen nur daran zu denken, mit welcher Rasanz sich vieles allein im relativ einfach überschaubaren Bereich unserer Einstellung zu Farben ändert.

Vor mir habe ich eine Packung Popcorn (Puffmais), gezuckert, aus den USA. Sie gehört dort in die Abteilung der hierzulande noch etwas unterentwickelten Spezialitäten, die hier fast nur durch

Cornflakes repräsentiert werden. Jedenfalls: es ist was zum Essen. Ich betone das so, weil ich vermute, daß unsere Packungsprofis, wenn ich die Farbe der Packung nenne, sogleich denken, ich spinne. (Außer, sie haben die Packung schon gesehen. Sie wird drüben allerdings noch nicht lange benutzt.) Die Farbe also ist nicht weiß, nicht gelb, nichts, was Appetit anregen soll. Der Karton ist richtig schön schwarz. Rundherum mit ein bißchen Text und wenigen Bildern. Dieses Popcorn aus dem Hause Ovaltine (Food Products) hat auch einen Namen. Die Dinger sind auf den Namen Zonkers getauft worden. Aber mit der ungewöhnlichen Farbe haben sich die Entwerfer nicht begnügt. Vor allem im Text machen sie sich so ziemlich über alles lustig, was zu einer anständigen Packung gehört.

Das beginnt bereits bei der Inhaltsangabe. Da steht zunächst einmal das Gewicht, also „6½ OZ". Damit man aber einen richtigen Eindruck von der Menge erhält, wird in Klammern erläutert: „Ein fünftausendvierhundertsiebenundzwanzigster Teil einer metrischen Tonne." Dann weiter, wenn auch mit unpassenden Adjektiven, das übliche: Zucker, Popcorn, Butter, Salz usw. Aber das ist ja nicht alles, es kommen die Zusatzstoffe. Da heißt es dann wörtlich: „Und all die anderen Zutaten, nach denen ganz Amerika verlangt: Emulgatoren (Lecithin), Antiodoxidanten (BHA und BHT) und Beta-Karotin."

Bevor wir uns vom Thema trennen, sollte immerhin darauf hingewiesen werden, daß die Verpackungsindustrie der Bundesrepublik einen Jahresumsatz von mehr als 12 Milliarden D-Mark vorweisen kann. Das bezahlen wir also für Verpackung. Wieviel von dieser Summe dem Schutz der Ware dient, kann jeder raten.

In vielen Fällen wird der Schutz auch gar nicht genutzt. So könnte Brot besser verpackt werden. Es wäre möglich, Brot in einer Verpackung anzubieten, die die Kruste erhält und nicht alles gleichmäßig weichwerden läßt. Aber dafür wird kein Geld ausgegeben. Auch bei der Verpackung von Hähnchen wird gespart. Sie könnten sich einige Monate länger bei minus 10 Grad halten, wenn man für die Verpackung statt rund 2 bis 3 Pfennig 10 bis 12 Pfennig berechnen würde. Aber es wird eben mehr Geld dafür ausgegeben, uns zu mehr Konsum zu verleiten. Der Wettbewerb läßt es offenbar nicht zu, daß wir auch eine machbare Qualität erhalten.

Was tun?

Die vornehme Sitte, sich öffentlich im Buch bei allen jenen zu bedanken, die, aktiv oder passiv, das Zustandekommen desselben überhaupt ermöglicht oder doch begünstigt haben, ist auch mir bekannt geworden.

Dennoch möchte ich darauf verzichten. Es gibt dafür viele Gründe. Ich finde es voreilig, andere mitverantwortlich zu machen. Selbst mächtigen Produzenten ist bislang die sichere Erfolgsprognose versagt. Selbst sie stellen unvermittelt fest, daß sie einen Fehler gemacht haben. Wie gerade in diesen Tagen die Hersteller von Autobatterien. Nach gründlichen Vorarbeiten hatten sie sich darauf vorbereitet, unsere Autos allmählich von 6 Volt auf 12 Volt umzurüsten. Zu spät entdeckten sie die katastrophalen Folgen. Die 12-Volt-Batterien hielten vier bis fünf Monate länger. Dazu dann noch der milde Winter 1970/71.

Solange also die Arbeit vom Autor fast allein – und natürlich mit „gut" – beurteilt worden ist, kann es sogar unfair sein, Dritte in ein so riskantes Unternehmen zu verwickeln. Da ein Buch der vorliegenden Art ohne die Ausbeutung anderer nicht entstehen kann, habe ich demnach genügend Veranlassung, mich bei sehr vielen zu bedanken.

In diesem Falle weiß ich überdies, daß einige Personen, die mich unterstützt haben, nicht besonders begeistert wären, wenn ich hier ihre Namen nennen würde.

Händler oder Hersteller, von mir aus auch Merchandiser oder Manager, die dieses Buch (geliehen oder geschenkt) in die

Hände bekommen haben, werden es möglicherweise lächelnd wieder beiseite legen. Einmal halten sie für kurante Kniffe, für ganz normales, gängiges Verhalten, was wir diesseits der Kassen stehende Käufer als abstrus und abwegig empfinden. Zum zweiten werden sie vielleicht lächeln, weil es ihnen gelungen zu sein scheint, doch noch so vieles zu verbergen.

Das mag richtig sein. Anderseits konnte ich nur das schreiben, was ich auch beweisen kann oder von dem ich doch mindestens belegen kann, daß ich es im Rahmen meiner Möglichkeiten sorgfältig erarbeitet habe.

Nun gewinnen die Verkäufer nicht jeden Prozeß, jedenfalls nicht jeden, der vor einem ordentlichen Gericht stattfindet. Auch wenn es hin und wieder so aussieht, als hätten wir die eine Säule unserer Verfassung etwas stärker gemauert als die andere, die Rechtsstaatlichkeit übertrieben, das Sozialstaatsprinzip vernachlässigt.

Aber die Verkäufer können mit einer kleinen Niederlage vor Gericht schon deshalb schnell fertig werden, weil sie in dem entscheidenden Prozeß, der täglich geführt wird, die ständig Überlegenen sind.

Denn mit Hilfe ihrer Kenntnisse und Techniken üben sie eine – unsere Ahnungslosigkeit vorausgesetzt – unkontrollierbare Herrschaft aus. Denn in die Definition von Marketing gehört auch, daß durch sie Herrschaft ausgeübt wird. Sie wird bestenfalls dadurch gemildert, daß wir ihr Motiv, nämlich Geld, kennen. Aber deshalb wird dieser Teil unserer Freiheit nicht weniger beeinträchtigt.

Wie weit das Gerede vom Überfluß an Waren, der allen nützt, wenn er unter die Leute gebracht wird, stichhaltig ist, vermag ich nicht zu beurteilen. Aber es scheint mir schon deshalb fragwürdig zu sein, weil es ja nicht einmal in den fortschrittlichen Industrienationen wirklichen Überfluß gibt. Da brauchen wir ja nur an unsere öffentlichen Aufgaben zu denken, insbesondere an Schulen und Erziehung, um zu wissen, daß Mangel herrscht und kein Überfluß. Vielleicht muß es so sein, daß attraktive Verwaltungszentren der Wirtschaft neben phantasielosen, zersiedelten Wohnlandschaften stehen. Aber die Diskrepanz ist auffällig.

Und es ist ja keineswegs ausgemacht, daß wir uns für den Weg entschieden haben, den wir gehen. Wir sind ja nie gefragt worden. Als Frage und Antwort auszulegen, was Abstimmung durch Einkauf genannt werden kann, ist Unsinn. Selbst wenn man uns fragt, könnten wir nicht antworten, weil wir zuwenig wissen. Wir kennen ja nicht einmal das ökonomische Kleingeld, von dem ich einige Münzen in den öffentlichen Publikumsverkehr gebracht zu haben hoffe.

Der Käufer, der sich der Rangfolge seiner wirklichen Bedürfnisse bewußt ist und sich danach richtet, steht bestenfalls in einigen Lehrbüchern. Und auch da stört er. Der Käufer hat gar keine Chance, Preis, Qualität, wirklichen Vorteil mit seinem dafür nötigen Aufwand an Arbeit zu vergleichen. Sein Verhalten hängt nicht von ihm ab, sondern wird raffiniert von außen gesteuert.

Von einer richtigen Aufklärung mag viel abhängen. Aber die müßte in der Schule beginnen. Dort kann sie aber erst beginnen, wenn auch die Partei der Käufer über „Trainer“ verfügt. Bis es soweit ist, sollten wir versuchen, uns über unser fremdbestimmtes Verhalten klarzuwerden, zumindest aber sollten wir ein bißchen mißtrauischer werden.

Wenn uns im Fernsehen ein als Arzt verkleideter weißbekittelter Kleindarsteller irgendwas anpreist, von dem er behauptet, es sei klinisch getestet, dürfen wir uns eben mit dieser Mitteilung nicht zufriedengeben. Wir brauchen nicht unbedingt zu wissen, in welcher Klinik. Aber es muß doch mindestens die Frage erlaubt sein: Und mit welchem Resultat, bitte?

Literaturhinweise

Außer den bereits im Text genannten wurden hauptsächlich folgende Publikationen verwendet:

Paul A. Baran/Paul M. Sweezy, *Monopolkapital.* Frankfurt 1967

K. Ch. Behrens (Hg.), *Handbuch der Werbung.* Wiesbaden 1970

Rudolf Bossle, *Marketing macht Märkte.* Wiesbaden 1968

Max Eli, *Die Nachfragekonzentration im Nahrungsmittelhandel.* Berlin-München 1968

Jean Fourastié, *Gesetze der Wirtschaft von Morgen.* Düsseldorf 1967

J. K. Galbraith, *Die moderne Industriegesellschaft.* München 1968

Arnold Gehlen, *Moral und Hypermoral.* Frankfurt a. Main 1969

Geiger/Heyn, *Lexikon für Marketing und Marktforschung.* Düsseldorf o. J.

Robert Gutmann/Alexander Koch, *Ladengestaltung 2.* Stuttgart 1967

Peter Jessen, *Die neuen Verkaufstechniken.* München 1970

George Katona, *Der Massenkonsum.* Düsseldorf 1965

Peter Kaufmann, *Der Schlüssel zum Verbraucher.* Düsseldorf 1969

Heinz Kirchhoff, *Leichter, schneller, mehr verkaufen.* Düsseldorf 1968

Peter Linnert, *Die neuen Techniken des Marketings.* München 1969

Marketing- und Verkaufsleiter-Handbuch. München 1970

Peter Meyer-Dohm, *Sozialökonomische Aspekte der Konsumfreiheit.* Freiburg 1965

Carola Möller, *Gesellschaftliche Funktionen der Konsumwerbung.* Tübingen o. J.

Paulhans Peters (Hg.), *Bauten für das Verkaufen.* München 1969

Günther D. Roth, *3000 Jahre Soll und Haben.* Düsseldorf 1969

H. J. Rürup, *Moderner Ladenbau.* München 1966

N. Scheele, *Verkaufsaktive Preispolitik.* München 1969

Hanno Schulze, *Grundsätze des Lebensmittelrechts.* München 1969

E. B. und Richard Weiss, *1010 Tested Ideas That Move Merchandise.* New York 1962